„Unternehmenszentrierte Gesellschaft“ und Sozialstaat in Japan

Europäische Hochschulschriften

Publications Universitaires Européennes
European University Studies

Reihe V
Volks- und Betriebswirtschaft

Série V Series V
Sciences économiques, gestion d'entreprise
Economics and Management

Bd./Vol. 3173

PETER LANG
Frankfurt am Main · Berlin · Bern · Bruxelles · New York · Oxford · Wien

Sang-Cheol Kim

„Unternehmenszentrierte Gesellschaft“ und Sozialstaat in Japan

PETER LANG
Europäischer Verlag der Wissenschaften

Bibliografische Information Der Deutschen Bibliothek
Die Deutsche Bibliothek verzeichnet diese Publikation in der Deutschen Nationalbibliografie; detaillierte bibliografische Daten sind im Internet über <http://dnb.ddb.de> abrufbar.

Zugl.: Bremen, Univ., Diss., 2005

D 46
ISSN 0531-7339
ISBN 3-631-54809-5

www.peterlang.de

Meinen Eltern

Dae-Young Kim und Yun-Hee Seo

Inhaltsverzeichnis

Tabellenverzeichnis

1 Einleitung

1.1 Fragestellung

Bis Ende der achtziger Jahre galt Japan als Musterschüler in fast allen wirtschaftlichen Feldern: Großer Handelsüberschuss, das größte Gläubigerland der Welt, hohes Wirtschaftswachstum, niedrige Inflation, hoher Beschäftigungsstand, egalitäre Einkommensverteilung. Die massenweise produzierten Automobile und elektronischen Geräte Japans überschwemmten die westlichen Märkte. Die westlichen Länder richteten viel Aufmerksamkeit auf Japan, es gab zahlreiche Untersuchungen über die Ursachen des Aufschwungs. Die Regulationsschule und einige Forscher des Postfordismus haben das japanische Produktionssystem, vor allem die JIT-Produktionsmethode beachtet und gelobt.[1] Darüber hinaus haben einige Experten sogar die Japanisierung des westlichen Produktionssystems vorausgesagt.[2]

Sobald die wirtschaftliche Blase beseitigt war, hat sich alles jedoch plötzlich geändert. Nun steht Misserfolg statt Erfolg im Mittelpunkt der Forschungen über die japanische Wirtschaft. Zwar priesen während der achtziger Jahre die Mehrheit der Experten die Kohärenz und die dynamische Effektivität der japanischen Institutionen und Organisationen, doch in den neunziger Jahren stellten sich die Merkmale, welche früher als Zeichen des Erfolges wahrgenommen wurden, als Beweis der Irrationalität und der Unangemessenheit für die neue Richtung der Weltwirtschaft dar.[3]

Anders als die japanische Wirtschaft ist das System der sozialen Sicherung in Japan wenig untersucht worden. Harold Wilensky (1975)[4] hat in den siebziger Jahren Japan in eine internationale vergleichende Analyse einbezogen. Dennoch ist Japan bis zum Ende der achtziger Jahre in vergleichenden Analysen von Sozialstaaten selten berücksichtigt worden.[5] In den letzten Jahren wird Japan allerdings immer öfter in OECD-Studien mit behandelt.[6] Jedoch wird meist versucht,

---

[1] Vgl. A. Lipietz (1987), Piore und Sabel (1984), Kenny und Florida (1988) und R. Kaplinsky (1988)

[2] Vgl. Womack, James, Daniel Jones und Daniel Roose (1990), Elger und Smith (1994)

[3] Vgl. Rudi Dornbusch (1998), Paul Krugmann (1999)

[4] Wilensky hat die sozioökonomische Theorie sozialstaatlicher Entwicklung aufgestellt. Er hat im Vorwort der japanischen Übersetzung (1984) seiner Abhandlung versucht, seine Theorie auf das System der Sozialen Sicherung in Japan anzuwenden.

[5] Vgl. Rose und Shiratori (1986), Else Øyen (1986), Francis G. Castles (1989)

[6] Vgl. Esping-Andersen (1990), Janoski and Hicks (1994), Francis G. Castles (1998), Obinger und Wagschal (2000)

Japan aus der Sicht einer westlichen Konzeption des Sozialstaates zu beurteilen. In vielen Fällen tritt Japan als eine Ausnahme bzw. ein Problem auf.[7] Währenddessen haben einige Japan-Experten versucht, ein japanisches bzw. ostasiatisches Modell,[8] das sich vom westlichen Muster unterscheidet, zu entdecken.[9] Da die bestehenden Forschungen über japanische Sozialpolitik sich meistens auf Ausschnitte beschränken und darauf verzichten, den Zusammenhang mit dem gesellschaftlichen System zu diskutieren, fehlt in aller Regel eine Gesamtanalyse.

Seit Ende der achtziger Jahre verbreitet sich in der japanischen Sozialwissenschaft, im Management und in den politischen Entscheidungen der Begriff *Kaisha Shugi* (Firmaismus) bzw. *Kigyô Shakai* (unternehmenszentrierte Gesellschaft).[10] Zwar gibt es unterschiedliche Meinungen über die Entstehungsperiode des Firmaismus in Japan und über deren Inhalt, aber der japanische Kapitalismus

---

[7] Vgl. Gøsta Esping-Andersen (1990, 1997), Charles C. Ragin (1994), Francis G. Castles (1998), Uwe Wagschal (2000)

[8] Ezra Vogel ist der erste, der die japanische Überlegenheit im Außenbereich der Wirtschaft fand und die Debatte auf den sozialstaatlichen Bereich ausdehnte (Ezra Vogel 1979).

[9] In dieser Forschungsrichtung werden viele kulturelle bzw. religiöse Erklärungen gesucht. In diesem Kontext werden einige soziale Institutionen wie Familie oder Kommunität wieder entdeckt. Öfter gelten Harmonie, Homogenität, Fleiß und konfuzianische Ethik als die Charakteristika der japanischen bzw. ostasiatischen Gesellschaft (vgl. Catherine Jones 1993, Rieger und Leibfried 1999). An der kulturellen Erklärung der japanischen Sozialpolitik wurde einige Kritik geübt. Erstens, ging es um die Rolle der Familie als Kernelement des Konfuzianismus. Esping-Andersen argumentierte, dass sich der traditionelle Familismus in Japan nicht wesentlich von kontinentaleuropäischen Ländern unterscheide, wie z.B. Italien und Spanien (Esping-Andersen 1997, S. 185-187). Zweitens, wurde der Inhalt des Konfuzianismus in Frage gestellt. In den meisten Fällen wurden konfuzianische Werte kaum abgeklärt verwendet und der Konfuzianismus öfter nur als Gegenteil vom westlichen Christentum dargestellt, um den Unterschied zu betonen. Die Aussage von Takahashi hinterließ hilfreiche Andeutungen: "Anyone knowledgeable of the various Confucian schools in China and Japan during the past Centuries should be hesitant to make wild generalisations on Confucianism, least distinguishing whole Societies as Confucian or Non-Confucian" (Mutsuko Takahashi 1997, S. 13). Drittens, hat die kulturelle Erklärung im Kontext Konfuzianismus im Vergleich zu politischen, wirtschaftlichen und demografischen Faktoren nur residual erläuternden Wert, um die Evolution der ostasiatischen Sozialsysteme begreifen zu können (White and Goodman 1998, S. 15).

[10] *Kaisha Shugi* bzw. *Kigyô Shakai* wird ins Englische als Companyism, Japanese-type Corporate Society, Japanese Style of Enterprise Society, Japanese Style Capitalism und Japanese Society dominated by Big Business u. a. übersetzt. In dieser Arbeit wird es als „Firmaismus" (*Kaisha Shugi*) bzw. „unternehmenszentrierte Gesellschaft" (*Kigyô Shakai*) übersetzt. Außerdem werden auch „betriebszentrierte Gesellschaft" (*Kigyôchûshin Shakai*) und „Körperschaftskapitalismus" (*Hôjin Shihonshugi*) als Synonyme verwandt. Der Begriff *Kigyô Shakai* ist von Yûkichi Takahashi und vor allem von Osamu Watanabe konzipiert und entwickelt worden, wobei das Wort *Kaisha Shugi* von Hiroji Baba geprägt und *Hôjin Shihonshugi* von Hiroshi Okumura verwendet wird.

der Jahre zwischen 1970 und 1990 und die japanische Zivilgesellschaft lassen sich mit diesem Konzept tatsächlich begreifen.

Auch „das japanische Modell der Wohlfahrtsgesellschaft" (*Nihon gata fukushi shakai*), die japanische Version des Sozialstaats, wie sie sich in den Jahren nach der Ölkrise entwickelte, steht im Zusammenhang der Herausbildung jener spezifischen Charakteristika, die im Begriff des Firmaismus zusammengefasst werden. Atsumi Ninomiya sprach von einem unreifen Sozialstaat in einer mächtigen unternehmenszentrierten Gesellschaft (Atsumi Ninomiya 1997, S. 11).

Schaut man nur auf die Statistik, so machen die Systeme der sozialen Sicherung in Japan einen positiven Eindruck. Einerseits sind die Aufwendungen für die soziale Sicherheit ständig gestiegen, andererseits ist der Anteil der Sozialausgaben am BIP und am Staatshaushalt in Japan durchgängig immer niedriger geblieben als in westlichen Ländern. Trotzdem scheinen die Systeme der sozialen Sicherung in Japan ohne Störungen zu funktionieren. Die Lebenserwartung liegt weltweit an der Spitze, und die Rate der Säuglingssterblichkeit ist weltweit am niedrigsten. Seit einer berühmten OECD-Untersuchung von Sawyer (1976) gilt Japan als ein Land mit niedriger Ungleichheit der Einkommensverteilung.[11] Während der neunziger Jahre ist es Japan gelungen, die Quote der Sozialhilfeempfänger, die offizielle Armutsquote, bei ca. 0,7 % zu halten.

Aber zur gleichen Zeit, da viele westliche Japan-Experten den japanischen Kapitalismus als einen Kapitalismus mit menschlichem Gesicht lobten, erregte *Karôshi*[12] (der Tod durch Überarbeitung) großes Aufsehen in Japan. *Karôshi* wird in Japan als Ausdruck ernster gesellschaftlicher Probleme geschehen. Es zeigt, dass Arbeiter und Angestellten unter einem übermäßigen Konkurrenzdruck leben.

Meine zentralen Fragen lassen sich folgendermaßen formulieren: Wie lässt sich der Zusammenhang zwischen *Karôshi* und dem Beschäftigungssystem und darüber hinaus dem System der sozialen Sicherung in Japan fassen? Sind die Systeme der sozialen Sicherheit in Japan wirklich gut etabliert? Oder funktionieren die traditionellen Sozialsysteme, vor allem das Familiesystem, noch effektiv? Ist es Japan tatsächlich gelungen, Armut zu bannen?

---

[11] Einige Untersuchungen, z. B. von Harold R. Kerbo (1991), bekräftigen das Ergebnis von Sawyer. Hingegen stellte Toshiaki Tachibanaki (1996) dar, dass sich die japanische Ungleichheit in den achtziger Jahren in allen Bereichen „(Einkommen, Wohlfahrt, Bildung und Beruf)" verschlechtert hat.

[12] Aus Anlass der *Karôshi* wurde die unternehmenszentrierte Gesellschaft ernstlich zur Diskussion gestellt.

1.2 Hypothesen

Ausgangsthese ist die Feststellung, dass sowohl die spezifische Form aktueller japanischen Sozialpolitik als auch das Ausmaß von Armut in Japan aus der Entstehung und dem Wandel des Firmaismus zu erklären sind.

Zusammenfassend lassen sich folgende sechs Arbeitshypothesen aufstellen:

1) Das japanische Sozial- und Wirtschafts-System, welches in den sechziger und siebziger Jahren entstand und das wirtschaftliche Hochwachstum sowie die stabile Integration auf sozialer Ebene ermöglichte, lässt sich als „unternehmenszentrierte Gesellschaft“ bzw. „Firmaismus“ kennzeichnen.

Die „unternehmenszentrierte Gesellschaft“ ist im engeren Sinn auf das Beschäftigungssystem in Unternehmen, in denen lebenslange Beschäftigung und das Senioritätsprinzip im Mittelpunkt stehen, zu begrenzen. Im weiteren Sinn meint das Konzept eine spezifische Zusammensetzung der Subsysteme: das auf Export zielende Wirtschaftssystem, der das Hochwachstum fördernde Staat, die Klientelorientierung der *LDP*, die Vorzugspraxis für Absolventen der Eliteuniversität und die auf dem Geschlechtsunterschied beruhende Familie. Yûkichi Takahashi, der früh den Begriff der „unternehmenszentrierten“ Gesellschaft gebrauchte, definiert diese folgendermaßen: „Unternehmenszentrierte Gesellschaft“ bedeutet im engeren Sinn die in einzelnen Unternehmen gebildete Gesellschaft und im weiteren Sinn die auf dieser Betriebsgesellschaft beruhende unternehmenszentrierte Zivilgesellschaft (Yûkichi Takahashi 1989, S. 1).

In der „unternehmenszentrierten Gesellschaft“ wird vorausgesetzt, dass die Familie die typische Arbeitskraft herstellt, und die Hausfrau den Haushalt, die Kindererziehung und die Altenpflege übernimmt. Darauf bauend sollen die Unternehmen die Hauptverantwortung dafür tragen, das Leben der Arbeitnehmer und ihrer Familien zu gewährleisten; mittels langer Beschäftigung, Senioritätsprinzip und anderer Formen betrieblicher Sozialpolitik. Diese sozialstaatliche Absicherung erstreckt sich aber nur auf die Arbeitnehmer in den Großunternehmern. Der Staat kann die Kapitalakkumulation und das Wirtschaftswachstum fördern, indem er die Sozialausgaben auf ein Minimum beschränkt. Nach der Phase des raschen Wirtschaftswachstums wird die Massengesellschaft Japans im Gegensatz zur sozialstaatlichen Integration in den westlichen Ländern durch die Form der „unternehmenszentrierten Gesellschaft“ integriert. In dieser Integration verbindet sich die „unternehmenszentrierte Gesellschaft“ mit der Klientelorientierung der *LDP*. Diese Klientelorientierung der *LDP* zielt auf die Ränder der unternehmenszentrierten Gesellschaft, vor allem die Landbevölkerung und die Selbständigen.

Unter dem Eindruck der Finanzkrise wurde die „zweite Ad-hoc-Kommission für Verwaltungsreform“ (*Daini rinji gyôsei chôsakai*) (abgekürzt als *Rinchô*) ins Leben gerufen. Sie tagte von März 1981 bis März 1983. Mit der Bildung der zweiten Ad-hoc-Kommission wurde die Herausbildung der „unternehmenszentrierten Gesellschaft“ abgeschlossen. Seit Mitte der achtziger Jahre wird die japanische Gesellschaft von der Linie der zweiten Ad-hoc-Kommission nachhaltig beeinflusst.

2) Das *Karôshi*-Syndrom spiegelt den Firmaismus. Dieses Phänomen bedeutet, dass ein soziales Leben für die regulären Arbeitskräfte außerhalb der Firma unmöglich ist.

Das Phänomen des *Karôshi* tauchte erstmals in der zweiten Hälfte der siebziger Jahre auf. Im Zuge der Überwindung der Ölkrise haben japanische Unternehmen die Löhne gekürzt und die Belastung der Arbeitnehmer erhöht. Währenddessen konnten die Gewerkschaften zu Anfang der siebziger Jahre wegen der aufeinander folgenden Niederlagen des *Shuntô* (die Frühlingsoffensive) nicht wie früher erfolgreich mit den Arbeitgebern verhandeln. Darüber hinaus mussten die Arbeitnehmer unter dem Druck der Rationalisierung der Arbeitskräfte längere Arbeitszeiten und schlechtere Arbeitsbedingungen hinnehmen. Seit 1975 wurde die Arbeitszeit, die in den Zeiten des Wirtschaftswachstums tendenziell gekürzt wurde, wieder drastisch verlängert. Die Herausbildung der Arbeitnehmer als „Firma-Mensch“ war in dieser Zeit beschleunigt. In der Folge kam es zu zahlreichen Todesfällen, welche mit der betrieblichen Arbeit im Zusammenhang stehen. *Karôshi* wurde zunächst medizinisch diskutiert, speziell in Fällen von Herzgefäßerkrankungen durch exzessive Belastung und beruflichen Stress. In der Folgezeit wurde *Karôshi* darüber hinaus rechtlich und sozial-ökonomisch diskutiert. Auch nach der wirtschaftlichen Erholung nahmen *Karôshi* nicht ab. Seit kurzem ist das Thema *Karôjisatsu* (Selbstmord wegen Überarbeitung) ebenfalls als Problem in Japan anerkannt.

3) Das „japanische Modell der Wohlfahrtsgesellschaft“ ist die Summe der sozialpolitischen Maßnahmen zur Festigung der „unternehmenszentrierten Gesellschaft“. Großunternehmen und männliche Arbeitskräfte stehen im Mittelpunkt der Politik sozialer Sicherung im gegenwärtigen Japan.

Bis zur ersten Öl- und Wirtschaftskrise hat die japanische Regierung auf der Basis des hohen Wirtschaftswachstums ständig versucht, einen Sozialstaat nach europäischem Vorbild auszubauen. Im Jahr 1973 hat Ministerpräsident Tanaka den Beginn der „Ära des Sozialstaats“ erklärt. Dann aber wurde der Aufbau des Sozialstaats aus Anlass der im gleichen Jahr ausgebrochenen Ölkrise und des Endes des wirtschaftlichen Hochwachstums unterbrochen. Seither werden die negativen Aspekte des westlichen Sozialstaats betont, und als dessen Gegensatz wird seit 1979 „das japanische Modell der Wohlfahrtsgesellschaft“ propagiert. Der zentrale Punkt dieses Modells ist die Reduktion des finanziellen staatlichen Engagements. Stattdessen werden die Kräfte der Selbsthilfe, der Familie, der lokalen Gemeinschaft und der Unternehmen beschworen. Vor allem wird die Rolle der Familie als Basis der Wohlfahrtsgesellschaft betont. „Die zweite Ad-hoc- Kommission“ hat die gründliche Ausrichtung auf die Sozialreform seit den achtziger Jahren in Japan vorgegeben. Auf der Basis der Berichte und der Ratschläge dieser Kommission wurde im Sozialbereich eine Reihe von Maßnahmen getroffen, die eine Entlastung des Staatshaushaltes durch die Delegation von Aufgaben an andere gesellschaftliche Kräfte zum Ziel hatten.

Zwar steht in Japan seit der Einführung der allgemeinen Nationalen Krankenversicherung und der Nationalen Rentenversicherung ab 1961 die ganze Nation unter dem Schutz staatlicher sozialer Sicherung, doch wurden Beschäftigte im Großunternehmen im Vergleich zur Beschäftigten in Mittel- und Kleinbetrieben auf Grund der Differenzen der Beitragsbedingungen und den Leistungen in der sozialen Versicherung durchgängig bevorzugt. Das Vorzugssystem der Großunternehmen wurde bezüglich der Sozialreformen seit den achtziger Jahren bekräftigt.

4) Infolge der Globalisierung und der beschleunigten Veränderung der Alterspyramide entwickeln sich jene Faktoren, die die Effektivität des Systems mindern.

Die „unternehmenszentrierte Gesellschaft“ funktionierte, so lange Japan noch nicht von der globalisierten Konkurrenz erfasst war. Nach dem Plaza-Abkommen von 1985 wurde der japanische Yen gegenüber dem US-Dollar drastisch aufgewertet, danach folgte die Umwandlung japanischer Unternehmen zur multinationalen Unternehmen, d. h. der Standort der Betriebe wurde von Japan nach Übersee verlegt. Aber das japanische Beschäftigungssystem lässt sich nicht einfach in andere Länder transplantieren. Die japanischen Unternehmen konnten die frühere Leistungsfähigkeit auf dem Weltmarkt angesichts der höheren Konkurrenz nicht mehr aufrechterhalten. Um die Konkurrenzfähigkeit zu verbessern, haben japanische Unternehmen inzwischen begonnen, das japanische Beschäftigungssystem zu überprüfen. Die Probleme der „unternehmenszentrierten Gesellschaft“ haben sich mit dem Platzen der Blase in den neunziger Jahren zugespitzt. Unter langer struktureller Rezession müssen die Unternehmen und die Regierung versuchen, nicht nur Maßnahmen gegen die Rezession zu treffen, sondern auch die japanische „unternehmenszentrierte Gesellschaft“ für das 21Jh. zu reorganisieren.[13]

Im Zusammenhang der Veränderung der Alterspyramide ergab sich auch eine Zunahme älterer Arbeitskräfte. Das ist eine der Hauptursachen dafür, dass derzeit versucht wird, die lange Beschäftigung und das Senioritätsprinzip im Betrieb aufzulösen. Dazu sind die Frauen massenhaft in den Arbeitsmarkt eingetreten, und folglich ist die typische Familie Japans als Basis der unternehmenszentrierten Gesellschaft, die aus dem berufstätigem Ehemann und der Ehefrau als Hausfrau besteht, zusammengebrochen. Die Einführung der Pflegeversicherung im Jahr 1994 symbolisiert gewissermaßen den Niedergang dieser typischen Familie.

5) Nach dem Niedergang des Integrationsmodells „unternehmenszentrierten Gesellschaft“ hat sich die soziale Lage zugespitzt.

Der Rückgang der Geburtenrate, die Veränderung der Alterspyramide und das niedrige Wirtschaftswachstum haben die Kosten für die soziale Sicherung erhöht, und die Kosten für die soziale Absicherung sind für die Unternehmen gestiegen. Folglich gibt es Bestrebungen, die betriebliche Sozialpolitik, die als Gegenleistung für den „Firma-Mensch“ angeboten wird, zu korrigieren.

Wegen der Umstrukturierung der Unternehmen, aber auch wegen der Flexibilisierung des Arbeitsmarkts für eine globale Konkurrenz besteht jetzt auch für viele Stammarbeitskräfte in Großunternehmen die Gefahr, zu Randarbeitern herabzusinken. In der langen Rezession der neunziger Jahre in Japan hat die Arbeitslosigkeit ein bisher unbekanntes Ausmaß angenommen. Die Zahl der Menschen, die am Rande der Gesellschaft leben, hat nach dem Platzen der *bbble-economy* ausdrücklich zugenommen.

Die Klientelorientierung der *LDP* konnte nach dem Ende der langen Alleinregierung der *LDP* 1993 und nach dem Untergang der Sozialpartei sowie der Befestigung der zwei großen konservativen Parteien im Jahr 1996 nicht mehr funktionieren. Die Interessen der Selbständigen und der Landbevölkerung, die zuvor durch die Klientelorientierung der *LDP* geschützt worden waren, werden politisch nicht mehr berücksichtigt. Selbständige und Bauernfamilien sind Opfer des verschärften Wettbewerbs im Weltmarkt geworden.

---

[13] Dies wird deutlich in einem Bericht von *Nikkeiren* (1995) finden. Der von ihm gemachte Vorschlag hat nachhaltig die Umstrukturierung Japans beeinflusst.

Zusammenfassend lässt sich vermuten, dass zahlreiche Randarbeiter, Arbeitslose, Selbständige und Bauernfamilien der Armut anheim gefallen sind und sich das Armutsproblem in Japan zugespitzt hat.

6) Die Entwicklung der Sozialhilfe in Japan lässt sich als eine Geschichte des Ausschlusses bezeichnen.

Nach dem Zweiten Weltkrieg wurden dreimal Rationalisierungen der Sozialhilfe in Japan durchgeführt. In der ersten „Rationalisierung" wurden zu Anfang der fünfziger Jahre die in Japan lebenden Koreaner und Tuberkulose-Kranke von staatlichen Hilfen ausgenommen. Eine zweite Welle betraf Unterbeschäftigte, Arbeitslose und *working poor*. Seit Ende der sechziger Jahre sind diese Gruppen von der Sozialhilfe ausgeschlossen. 1981 wurde eine Anweisung des Ministeriums für Gesundheit und Wohlfahrt an lokale Sozialämter erteilt. Diese dritte „Rationalisierung" betraf insbesondere Alleinerziehende. Diese drei Rationalisierungsmaßnahmen sind die Hauptursache dafür, dass die Quote der Sozialhilfeempfänger in Japan so niedrig ist.

Seit den siebziger Jahren wurden einige empirischen Untersuchungen über die Armut in Japan durchgeführt.[14] In den Untersuchungen wurden verschiedene Forschungsmethoden, Daten und Definitionen des Niedrigeinkommens bzw. der Armut verwendet, also zeigten die Ergebnisse verschiedene Ausmaße der Armut. Die Werte variieren von 3,7 % (Shinya Hoshino 1996) bis 33,7 % (Eiichi Eguchi 1979). Dennoch unterscheiden sich auch die niedrigen Raten beträchtlich von den offiziellen Statistiken.[15] Dass die Quote der arbeitsunfähigen Haushalte an den Sozialhilfeempfängern in Japan derzeit über 80 Prozent beträgt, heißt, dass die arbeitenden Armen von der Sozialhilfe grundsätzlich ausgeschlossen sind. Dies weist auch darauf hin, dass Niedriglohnempfänger schlechte Arbeitsbedingungen hinnehmen müssen.

---

[14] Vgl. Eiichi Eguchi (1979), Toshimitsu Takayama (1976), Toshimitsu Sohara (1985), Nobuko Kanaji (1994), Shinya Hoshino (1996) und Masami Iwata (1996)

[15] Die Gültigkeit der offiziellen Arbeitslosenquote in Japan war von einigen westlichen Experten kritisiert worden. Hingegen ist die offizielle Armutsquote in Japan von den westlichen Japan-Experten kaum in Frage gestellt worden.

2 Die Entstehung und der Wandel der „unternehmenszentrierten Gesellschaft“

2.1 Grundzüge der „unternehmenszentrierten Gesellschaft“

Die japanische Gesellschaft wurde nach dem hohen wirtschaftlichen Wachstum, vor allem nach dem Ölschock in den siebziger Jahren, auf der Basis der „unternehmenszentrierten Gesellschaft“ bzw. dem „Firmaismus“ konstruiert. Die Herausbildung der „unternehmenszentrierten Gesellschaft“ hat von siebziger bis Anfang der neunziger Jahre eine stabile Gesellschaft und eine gesicherte Kapitalakkumulation ermöglicht. Allerdings ist dieses System nur unter bestimmten Bedingungen, d. h. das japanische Beschäftigungssystem, das japanische Familiensystem und die Klientelorientierung der *LDP* zur Geltung gekommen. In diesem Kapitel sollen der Ursprung und die Entwicklung dieser Subsysteme im Kontext mit der unternehmenszentrierten Gesellschaft erklärt werden.

2.1.1 Die Entwicklungsphase der „unternehmenszentrierten Gesellschaft“

Auf die Frage, wann sich die „unternehmenszentrierte Gesellschaft“ bzw. der „Firmaismus“ herausgebildet hat, findet sich keine einstimmige Auffassung. Etliche Experten haben versucht, die Entwicklungsphase der „unternehmenszentrierten Gesellschaft“ bzw. des „Firmaismus“ zu klassifizieren. Hiroji Baba hat in einer Abhandlung die Entwicklung des „Firmaismus“ als Idealtypus wie folgt in vier Phasen eingeordnet (Hiroji Baba 1991, S. 67-71). Die unvergleichbare Wirtschaftsentwicklung bzw. die außergewöhnliche Produktivitätssteigerung Japans standen im Mittelpunkt seiner Argumentation (ebenda, S. 67).

1. Die Herausbildungszeiten des Urtypus (*Genkei Keisei Go*): Die Phase der Schwer- und Chemieindustrialisierung zu Anfang des Zweiten Weltkriegs. In diesen Zeiten zeichnete sich bereits die Entwicklung zur „lebenslangen Beschäftigung“, „Senioritätsprinzip“ und Betriebsgewerkschaft in den Großunternehmen der Schwer- und Chemieindustrie ab. Zwar bildeten diese Merkmale die Zeichenerklärung für „Firmaismus“, aber sie wurden unmittelbar nach dem Krieg nicht fortgesetzt.
2. Die Phase der Verborgenheit (*Senpu Go*): Der Zeitraum zwischen der planwirtschaftlichen Kriegszeit und der Demokratisierungszeit direkt nach dem Krieg. Die Arbeiterbewegung, in den Kriegszeiten unter Druck gesetzt, hat sich nach dem Krieg trotz ihrer klassenkämpferischen Richtung erweitert. Allerdings befand sich kein bemerkenswertes Charakteristikum in diesen Zeiten. Die Bestandteile des Firmaismus waren verborgen geblieben.

3. Die regelrechten Herausbildungszeiten des Firmaismus (*Honkakuteki Keisei Go*): Der Zeitraum des hohen Wirtschaftswachstums von 1955 bis 1973. Die Forderung der Arbeiterbewegung wurde unter der Führung des Managements von dem Firmaismus in sich aufgenommen. Das besondere Merkmal in diesem Zeitraum lag darin, dass die wirtschaftliche Entwicklung mit der Herausbildung des Firmaismus stark zusammenhing.
4. Die Phase der Festigung des Firmaismus (*Kôshin Go*): Die Zeiten nach dem Ölschock. In diesen Zeiten sank die Produktivitätssteigerung deutlich, dennoch konnte der japanische Kapitalismus mit dem Firmaismus die wirtschaftliche Krise schnell überwinden.

Mari Osawa hat aus feministischer Perspektive die unternehmenszentrierte Gesellschaft nach der Ölkrise in drei Phasen kategorisiert (vgl. Mari Osawa 1993, S. 130-157). Dafür hat sie die Veränderung des Beschäftigungsstruktur und des Anteils der weiblichen Arbeitnehmer in der Industrie im Zeitraum zwischen 1973 und 1989 untersucht. Vor allem hat sie auf die Arbeitsmarktsegmentierung mittels der geschlechtsspezifischen Kriterien und des unterschiedlichen Arbeitsverhältnisses hingewiesen. Dadurch hat sie darauf gezielt, die Zunahme weiblicher Beschäftigter im Zusammenhang mit der Reorganisation der unternehmenszentrierten Gesellschaft zu erklären. Ihr zufolge ist der Lauf dieser „Verweiblichung“ stark mit den langen Arbeitsstunden, dem niedrigen Lohnniveau und der Erweiterung der nicht regulären Arbeitnehmer verbunden (ebenda, S. 171f.).

1. 1973-75: Direkt nach dem ersten Ölschock. Der Anteil weiblicher Arbeiter, der 1973 den Spitzenwert (33,8 %) in den siebziger Jahren erreichte, sank 1975 auf einen Tiefpunkt (32 %). Zwar nahm der Anteil der Frauenarbeiter langfristig zu, aber die Vermännlichung der Arbeitnehmer war ausnahmsweise ein Merkmal zu diesem Zeitpunkt. Es lag daran, dass die japanischen Unternehmer seit 1974 Personalanpassungen, z. B. Einstellungsstopp oder freiwillige Entlassungen, durchführten. Vor allem wurden die Neueinstellung weiblicher Absolventen gestoppt und die weiblichen Arbeitnehmer mittleren Alters (35 - 44) in stärkerem Maße aus dem Arbeitsmarkt ausgeschieden.
2. 1975-84: Die Phase des stabilen Wachstums. Die Zunahme der Zahl der weiblichen Arbeitnehmer betrug 20 %, während die der männlichen Arbeiter in dem gleichen Zeitraum lediglich um 9,3 % zugenommen hat. Folglich stieg der Anteil der weiblichen Beschäftigten an der Gesamtbeschäftigung von 35,2 % auf 37,3 %. Zu dieser Zeit ist die Bedeutung der im Dienstleistungssektor tätigen Arbeitnehmer bemerkenswert angewachsen.
3. Nach 1985: Von der Yen-Krise zur *bubble economy*. In den Zeiten der Endaka-Rezession (1985-1987) hat der Anteil der weiblichen Arbeitnehmer um 0,9 % zugenommen. In diesem Zeitabschnitt wurde eine Tendenz zur Verweiblichung des tertiären Sektors sichtbar. Im Zeitraum zwischen 1987 und 1989 hat

sich die Konjunktur wieder belebt und der Anteil der Frauen an der Gesamtbeschäftigten ist auf 40,2 % gestiegen. Allerdings kam es dabei insbesondere zu einem beträchtlichen Anstieg der Zahl der weiblichen Teilzeitarbeiter.

Bei der Debatte über die Herausbildung des „Firmaismus" bzw. der unternehmenszentrierten Gesellschaft geht es darum, wie sich die „Unternehmenszentriertheit" und das Kooperationsverhalten der Gewerkschaft im Zusammenhang mit dem wirtschaftlichen Wachstum entwickelt hat (Yûkichi Takahashi 1989, S. 15). Takahashi ging davon aus, dass die Herausbildung des „Firmaismus" am Ende der sechziger Jahre an einem Wendepunkt angelangt war. Währenddessen sind die anderen Wissenschaftler der Meinung, dass die „unternehmenszentrierte Gesellschaft" bzw. der „Firmaismus" zu Anfang der siebziger Jahre anlässlich des Ölschocks entstand.[16] Nach Ansicht von Osamu Watanabe dürften die Zeiten des hohen Wirtschaftswachstums vor dem Ölschock nicht als die Entstehungsphase der „unternehmenszentrierten Gesellschaft" aufgefasst werden. Denn „die Herrschaft des Unternehmens" (*Kigyô Shihai*) wurde bis Ende der sechziger Jahre nur auf reguläre Arbeitnehmer im privaten Großbetrieb ausgeübt und Teilzeitbeschäftigte bzw. Leiharbeiter und Arbeitnehmer in Klein- und Mittelbetrieben bzw. öffentlichen Unternehmen waren davon nicht betroffen (Osamu Watanabe 1990, S. 88f. und 1992, S. 50). In den sechziger Jahren gelang es den Großbetrieben auch nicht vollständig, die Herrschaft des Unternehmens durchzusetzen. Von Ende der sechziger bis Anfang der siebziger Jahre ging es um die hohen Kündigungsquote und die schlechte Arbeitsdisziplin vor allem von jungen Arbeitnehmern im Großunternehmen in der Schwer- und Chemieindustrie (Mari Osawa 1993, S. 34). Überdies waren die Gewerkschaften in Klein- und Mittelbetrieben und öffentlichen Unternehmen politisch mit der sozialistischen Partei verbunden und beharrten auf einen militanten Standpunkt gegen die Arbeitgeber.

Aber die Situation hat sich unter der Rezession und dem niedrigen wirtschaftlichen Wachstum bezüglich des Ölschocks auf einmal verändert. Die Schlagworte, „die Selbstbeherrschung der Lohnerhöhung, die Rationalisierung und die Revision der Wohlfahrt" fanden schnelle Verbreitung. Die nachdrückliche Hervorhebung der Konkurrenz und der Effektivität und die Priorität des Unternehmens erstreckten sich auf alle Ebenen der Gesellschaft. Das japanische „Fähigkeitsprinzip" (*Nôryoku Shugi*) im Lohn- und Beförderungssystem, von *Nikkeiren* 1969 entworfen, wurde seit Mitte der siebziger Jahre verwirklicht. Seit 1974 wurde die Personalanpassung unter dem schlanken Management in Gang gesetzt und vor allem wurden *Haichi Tenkan* (Versetzung innerhalb des Betriebs) und *Shukkô* (Versetzung innerhalb der Unternehmensgruppe bzw. Konzern) als Per-

[16] Vgl. Osamu Watanabe 1992, Tomio Makino 1994, Takehisha Hirao 1994, Mari Osawa 1993 und Hirokuni Tabata 1991.

sonalanpassungsmaßnahmen verwendet. Die Arbeitsbedingungen waren auf diese Weise schlechter geworden[17]; dennoch waren die Kündigungsquote auffallend gesunken.[18]Tabata hielt dies für ein Kennzeichen dafür, dass die Arbeitnehmer stark vom Unternehmen abhängig waren. Die fortgesetzte Niederlage der Arbeitnehmer in der Frühlingsoffensive (*Shuntô*) hat zur Abhängigkeit der Arbeitnehmer von Unternehmen beigetragen (Tomio Makino 1994, S. 126). Die ständig gekürzte Arbeitszeit in den Zeiten des hohen Wirtschaftswachstums wurde von 1975 an wieder verlängert (Mari Osawa 1993, S. 37). Unter diesen Umständen sollten die Arbeitnehmer der Firma ihr ganzes Leben widmen, und demzufolge trat der „Firma-Mensch" auf. Die Arbeitnehmer im Klein- und Mittelbetrieb waren mittels des Zulieferungssystems[19] (*Shitauke*) nicht nur von ihrem jeweiligen Arbeitgeber, sondern auch von Großbetrieben abhängig.

Anlässlich der Privatisierung öffentlicher Unternehmen unter der „zweiten Ad-hoc-Kommission für Verwaltungsreform" (*Rinchô*) seit 1981 hat sich die Herrschaft der Unternehmen über die Arbeitnehmer bis in den öffentlichen Dienst verbreitet. Gleichzeitig wurde die Rationalisierung des Sozialstaats im Kontext mit einer „Revision der Wohlfahrt" durchgeführt. Die Reform des sozialen Sicherungssystems streckte sich auf alle Bereiche. Die Herausbildung der unternehmenszentrierten Gesellschaft wurde mit der Privatisierung der öffentlichen Unternehmen bzw. der Schwächung der Gewerkschaftsbewegung in den öffentlichen Unternehmen und der Reform des sozialen Sicherungssystems Anfang der achtziger Jahre unter der Verwaltungsreform abgeschlossen (Tomio Makino 1994, S. 127 und Mari Osawa 1993, S. 38).

2.1.2 Das kooperative Arbeitsverhältnis

Die Herausbildung der „unternehmenszentrierten Gesellschaft" entspricht dem Prozess, wie sich die Herrschaft der Unternehmen über Arbeitnehmer von privaten Großunternehmen auf öffentlichen Unternehmen erstreckt. Die Entwicklung

---

[17] Makino hat angedeutet, dass die Unternehmen über die Arbeitnehmer in den Zeiten des hohen Wirtschaftswachstums mittels der Verbesserung der Arbeitsbedingungen geherrscht haben (Tomio Makino 1994, S. 126).

[18] Die Kündigungsquote in der verarbeitenden Industrie betrug in den Zeiten des hohen Wirtschaftswachstums ca. 30 %, aber nach 1974 sank auf unter 10 % (Hirokuni Tabata 1991, S. 259).

[19] *Shitauke* bedeutet, dass ein kleineres Unternehmen seine Produktion im Auftrag eines größeren Unternehmens durchführt. *Shitauke* beruht auf dem ungleichen Machtverhältnis vor dem Hintergrund der dualen Industriestruktur in Japan. Häufig ist die Beziehung zwischen dem Mutterunternehmen und den Subkontraktunternehmen eine langfristige und kontinuierliche Geschäftsbeziehung.

des *Shuntô* (die Frühlingsoffensive) bezieht sich explizit auf die Entwicklung der japanischen Arbeitsverhältnisse nach dem Zweiten Weltkrieg. Das Konzept des *Shuntô* bedeutet den in jedem Frühjahr ab 1956 stattfindenden Lohnkampf der Gewerkschaften. *Shuntô* lässt sich folgendermaßen definieren:

> Durch eine Koordinierung der Lohnforderungen der Unternehmensgewerkschaften je nach Branche (*Tansan*) den Lohnkampf auf Branchenebene mit einer einheitlichen Forderung zu führen und darüber hinaus einen quasi gesellschaftlich akzeptierten „Richtwert" (*Sôba*) für die jährliche Lohnerhöhung in der Wirtschaft insgesamt zu etablieren (Wolfgang Seifert 1997, S. 79).

Die Aufspaltung der Solidarität der Arbeitnehmer auf die Unternehmen sollte durch die Verbindung der Gewerkschaften einer Branche in einer gemeinsamen Lohnrunde überwunden werden. Aber nach dem Ölschock hat sich die Frühlingsoffensive verändert. 1974 wurde die Frühlingsoffensive in *Kokumin- Shuntô* (Die Volks-Frühlingsoffensive) umbenannt. Seit 1975 stand die Frühlingsoffensive unter der Kontrolle der Arbeitgeber aufgrund mehrerer aufeinander folgenden Niederlagen der Gewerkschaften. Die Umwandlung der Kollektivverhandlungen zur Institution der Arbeitnehmer-Arbeitgeber-Konsultation (*Rôshi Kyôgisei*) unter dem sog. *Kanri-Shuntô* (kontrollierte Frühlingsoffensive) seit 1975 beeinflusste die Herausbildung des kooperativen Arbeitsverhältnisses in Japan entscheidend. Dadurch hat sich die „Unternehmenszentriertheit" (*Kigyô Shugi*) in sämtliche private Unternehmen verbreitet. Mittels Privatisierung öffentlicher Unternehmen durch die Verwaltungsreform seit 1981, hat sich die „Unternehmenszentriertheit" in der ganzen japanischen Gesellschaft ausgebreitet.

2.1.2.1 Die Entwicklung des *Shuntô* und die Herausbildung des kooperativen Arbeitsverhältnisses

2.1.2.1.1 Die Entstehung und die Entwicklung des *Shuntô*

Direkt nach dem Zweiten Weltkrieg wurde die japanische Arbeitsbewegung von dem links orientierten Dachverband *Sanbetsu Kaigi* (Nationaler Kongress der Industriegewerkschaften)[20] angeführt. Im Juli 1950 wurde *Sôhyô* (Allgemeiner Rat der Gewerkschaften Japans)[21] im Gegensatz zu *Sanbetsu Kaigi* gegründet.

---

[20] *Sanbetsu Kaigi* wurde im August 1946 unter der Leitung der japanischen kommunistischen Partei gegründet. Dieser Dachverband hat sich angesichts der Gründung von *Sôhyô* drastisch zusammengezogen, im Februar 1958 aufgelöst. Außerdem wurden im Jahr 1946 *Sôdômei* (Gesamtverband der Gewerkschaften Japans) und *Nirrô Kaigi* (Nationaler Kongress der Gewerkschaften Japans) gegründet (vgl. Sôsaku Ôba 1986).

[21] *Sôhyô* existierte bis 1989 und hat sich anlässlich der Gründung der *Rengô* (Konföderation der japanischen Gewerkschaften) aufgelöst. Von 1988 an wird *Shuntô* von *Rengô* geführt. Die

Zwar befürwortete *Sôhyô* von Anfang an den wirtschaftlichen Kampf, aber *Sôhyô* hat sich im März 1951 hinsichtlich der zweiten Generalversammlung in eine militante Richtung bewegt. Noch vor der Phase des hohen wirtschaftlichen Wachstums, also dem Zeitraum zwischen 1951 und 1954, hatte sich *Sôhyô* unter Führung des damaligen Generalsekretär, Takano, auf den politischen Kampf konzentriert.[22] Allerdings endeten die von der Unternehmensgewerkschaft organisierten, lang dauernden Streiks angesichts der technischen Innovation und unter hohem Konkurrenzdruck meistens mit einer Niederlage der Arbeitnehmer. Vor diesem Hintergrund geriet die japanische Gewerkschaftsbewegung in Schwierigkeiten und am Kurs von Takano wurde scharfe Kritik geübt. Im Jahr 1955 haben Ôta und Iwata die Führungsrolle von Sôhyô übernommen und den Lohnkampf statt der politischen Ziele betont. 1960 schlug die *Rôdôja Dôshikai* (Arbeitsgenossenschaft) unter *Sôhyô* auf der Grundlage der Initiative von Ôta und Iwata „*Nihon Teki Kumiai Shugi*" (Japanischer Korporatismus) vor (Minoru Sano 1996, S. 337).

Bereits Ende 1954 schlugen die fünf *Tansan* (Branchenföderation),[23] die zur *Sôhyô* gehörten, vor, den Lohnkampf auf Branchenebene mit einer einheitlichen Forderung zu führen (*Sangyô Betsu Tôitsu Chinkin Tôsô*) (Yûkichi Takahashi 1996, S. 73). Im Jahr 1955 wurden die acht Branchenföderationen unter der Führung von Karuo Ôta organisiert und 730.000 Arbeitnehmer haben daran teilgenommen. Von 1956 an wurde der einheitliche Lohnkampf je nach Branche als Prinzip von *Sôhyô* angenommen und als *Shunki Chinkin Kyôdô Tôsô* (Der einheitliche Frühlingslohnkampf), abgek. *Shuntô*, festgesetzt. Seitdem gilt das *Shuntô* lange Zeit als eine japanische Besonderheit im Bereich der Lohnverhandlung.[24] 1956 nahm *Korôkyô* (die Gewerkschaftsorganisationen des öffentlichen

---

Gewerkschaften seit den fünfziger Jahren ließen sich in vier Dachverbände; *Sôhyô*, *Zenrô Kaigi* (1954-1964) (Gesamtjapanischer Gewerkschaftsrat), *Dômei* (1964-1987) (Allgemeiner Arbeiterbund Japans), *Shinsanbetsu* (1952-1988) (Neuer nationale Kongress der Industriegewerkschaften) und *Chûritsurôren* (1956-1987) (Föderation der unabhängigen Gewerkschaften Japans) klassifizieren (vgl. Seifert 1997, S. 23-37). *Sôhyô* war der größte dieser vier Dachverbände und konzentrierte sich auf den öffentlichen Sektor, währen *Dômei* seit 1967 die Mehrheit im Privatsektor organisierte. *Sôhyô* war immer mehr zu einem Verband der politisch tendenziell radikaleren Gewerkschaften des öffentlichen Sektors geworden, *Dômei* war im Gegenteil die gemäßigte Organisation der Privatindustrie. *Shinsanbetsu* spielte allein schon quantitativ kaum eine Rolle.

[22] Die Strategie von Takano war als sog. *Gurumitôsô* (umfassender Kampf) genannt.

[23] Branchenföderation bezeichnet den organisatorischen Mittelbau zwischen der Unternehmensgewerkschaft und dem Dachverband: Sie ist ein Zusammenschluss von Unternehmensgewerkschaften einer Branche.

[24] Zwar können sich die Dachverbände in Japan nicht direkt in die Lohnrunden einschalten, aber *Sôhyô* konnte einen „Richtwert" formulieren und diesen seinen Mitgliedorganisationen empfehlen. Der Dachverband konnte in der Öffentlichkeit für die Akzeptanz dieses Richtwerts

Dienstes) daran teil. 1960 bildeten *Sôhyô* und der politisch neutrale Dachverband *Chûritsurôren* zusammen *Shuntô Kyotô Iinkai* (Gemeinsamer Ausschuss des Frühlingslohnkampfs). In der Folgezeit stieg die Zahl der Gewerkschaften unter anderen Dachverbänden und der organisierten Arbeiter, die an den Frühjahrsoffensiven teilnahmen, stetig. 1965 erreichte die Zahl der an den Frühjahrsoffensiven teilnehmenden Arbeiter 6,35 Mio. und somit betrug der Teilnehmeranteil an der gesamten organisierten Arbeiterschaft 63 % (ebenda, S. 73). 1974 waren 9,27 Mio. Arbeiter dabei und der *Shuntô*-Formel (*Shuntô Hôshiki*) hat sich als ein soziales Institut, an dem sich die meisten organisierten Arbeitnehmer beteiligten, etabliert (Park und Kang 1991, S. 23).

2.1.2.1.2 Die Charakteristika des *Shuntô*

In der Regel verlaufen die *Shuntô*-Verhandlungen dem Zeitplan gemäß: Im jährlichen *Shuntô* entwirft *Shuntô Kyôtôi* (Gemeinsamer Ausschuss des Frühlingslohnkampfs) im Voraus das Anspruchsniveau der Lohnerhöhung, die Frist der Forderung, die Frist der Verhandlung und die Frist des Streiks jeder Branche und jeder Unternehmensgewerkschaft (vgl. Akira Takanashi 1979, S. 145f.). Die Eisen- u. Stahlindustrie übernimmt in der Verhandlung eine entscheidende Rolle. Ihr folgen die Großunternehmen anderer wichtiger privater Industriezweige. Deren Abschlüsse werden dann mehr oder weniger von den öffentlichen Unternehmen und den Klein- und Mittelbetrieben übernommen. Schließlich orientieren sich auch die Lohnsteigerung der nichtorganisierten Arbeitnehmer und die Bezüge der Staatsbediensteten an den in der Frühjahrsrunde ausgehandelten Tarifen (vgl. Park und Kang 1991, S. 41-43).

Der Lohnkampf vermittels des *Shuntô* konnte bis 1960 kaum nennenswerte Ergebnisse erzeugen. Aber es ist *Sôhyô* gelungen, von 1961 bis 1974 erhebliche Lohnerhöhungen für die Beschäftigten in den Großunternehmen und im öffentlichen Dienst zu erzielen. *Sôhyô* hat unter dem Motto „die bedeutende Lohnsteigerung" mit dem Ziel des westeuropäischen Lohnniveaus gestreikt. Infolgedessen stiegen die Löhne zwar erheblich, blieben aber innerhalb der Zuwachsrate der Produktivität (Yûkichi Takahashi 1996, S. 74). Allerdings wurde die Tariflohnerhöhung durch den demografischen und wirtschaftlichen Hintergrund ermöglicht (Noboru Ogawa 1996, S. 103): Erstens mangelte es an qualifizierten jungen Arbeitskräften[25] im Arbeitsmarkt angesichts der hohen wirtschaftlichen Ent-

---

werben und indirekt einen gewissen Druck auf die Arbeitsgeberverbände ausüben (Wolfgang Seifert 1997, S. 54)

[25] Dieser Mangel kommt daraus, dass sich einerseits das Arbeitsangebot aufgrund der starken Abnahme der Geburtsraten verringert hat. Andererseits hat die Arbeitsnachfrage wegen der

wicklung. Zweitens wurde der Zuwachs des Verbraucherpreises auf die Lohnerhöhung übertragen. Drittens stieg der Angebotspreis der ursprünglichen Arbeitskräfte, meistens im Zusammenhang mit dem Einkommenszuwachs der Landwirte. Ogawa hat darauf hingewiesen, dass das *Shuntô* der Gewerkschaften diese vorteilhafte Konstellation nur ausgenutzt hat und somit nicht mehr als eine „Ährenlese" war (ebenda, S. 103).[26]

Neben dem *Shuntô* wurde seit 1958 *Shokuba Tôsô* (Betriebskampf) von *Sôhyô* geführt (Yûkichi Takahashi 1996, S. 74f.). Demzufolge sollte die Unternehmensgewerkschaft, gestützt auf die Masse der Belegschaftsmitglieder, die Alltagsbedingungen der Arbeit am Arbeitsplatz (*Shokuba*) verbessern und insbesondere absehbare nachteilige Folgen von Rationalisierungsmaßnahmen blockieren (Wolfgang Seifert 1997, S. 79f.). Damit zielte die Arbeitsbewegung darauf, die Menge der Arbeit, die Arbeitsweise und die Einstellung der Personalpolitik zu regulieren. Jedoch konnte der Betriebskampf aufgrund veränderter Umstände kaum beträchtlichen Erfolg haben: Der Wert des herkömmlichen Facharbeiters ist gesunken, weil sich der Bestandteil der Arbeit durch die technischen Innovationen verringert hat. Die Niederlage des Streiks von *Miike*-Kohlebergbau[27] im Jahr 1960, ungeachtet der strategischen Unterstützung von *Tanrô* (Nationale Gewerkschaft im Kohlebergbau) und *Sôhyô,* bezeichnet das Ende des Betriebskampfs und die Festlegung der Arbeitgeberherrschaft im Betrieb (Yûkichi Takahashi 1996, S. 75). Anlässlich dieser Niederlage hat sich *Shuntô* seither als reiner wirtschaftlicher Kampf dargestellt.

übertriebenen Konkurrenz der Einrichtungsinvestitionen angesichts der hohen wirtschaftlichen Entwicklung zugenommen (Noboru Ogawa 1996, S. 100).

[26] Dieser Hinweis ist berücksichtigenswert, da die Frühlingsoffensive seit 1975 unter den engeren Verteilungsspielräumen in der Regel in „Niederlagen" endete.

[27] Der Arbeitskampf in den Mitsui-Kohlengruben im *Miike*-Gebiet (ca. 17.000 Arbeitnehmer) hat sich als Kampf gegen die Entlassung der 1.200 Gewerkschaftsfunktionäre von Jan. 1959 bis Okt. 1960 fortgesetzt (vgl. Yoshihisha Tokita 1997, S. 368).

Tabelle 1: *Shuntô* und jährliche Lohnerhöhung

	Nominale Lohnerhöhung	Reale Lohnerhöhung	Lohnerhöhung durch *Shuntô*-Verhandlung		Steigerung des real BIP
	(%)	(%)	Summe (Yen/Monat)	(%)	(%)
1965	-	-	3.150	10,6	5,7
1966	-	-	3.403	10,6	10,2
1967	-	-	4.371	12,5	11,1
1968	-	-	5.296	13,6	11,9
1969	-	-	6.865	15,8	12,0
1970	-	-	9.166	18,5	10,3
1971	14,6	8,1	9.727	16,9	4,4
1972	16,0	11,0	10.138	15,3	8,4
1973	21,5	8,7	15.159	20,1	8,0
1974	27,2	2,2	28.981	32,9	-1,2
1975	14,8	2,7	15.279	13,1	3,1
1976	12,5	2,9	11.596	8,8	4,0
1977	8,5	0,5	12.536	8,8	4,4
1978	6,4	2,5	9.218	5,9	5,3
1979	6,0	2,3	9.959	6,0	5,5
1980	6,3	-1,6	11.679	6,74	2,8
1981	5,3	0,4	14.037	7,68	3,2
1982	4,1	1,5	13.613	7,01	3,1
1983	2,7	0,8	8.964	4,40	2,3
1984	3,6	1,4	9.354	4,46	3,9
1985	2,8	0,7	10.871	5,03	4,4
1986	2,7	2,3	10.146	4,55	2,9
1987	1,9	2,2	8.275	3,56	4,2
1988	3,5	3,0	10.573	4,43	6,2
1989	4,2	1,9	12.747	5,17	4,8

Anm: a) Summe besteht aus der senioritätsbedingten alljährlichen Erhöhung der Gehälter (Strukturkomponente, *Teisho*) und der jährlich verhandelten zusätzlichen Erhöhung (*Bessu Appu*, base up).

b) Nominale und Reale Lohnerhöhung betreffen die Unternehmen mit mehr als 30 Mitarbeitern.

c) Lohnerhöhung durch *Shuntô*-Verhandlung betrifft die privaten Unternehmen mit mehr als 1.000 Mitarbeitern.

Quelle: Rôdô shô (Arbeitsministerium) 1999: Rôdô hakusho (Arbeitsweißbuch), S. 432 und 440.

2.1.2.1.3 Die Veränderung des *Shuntô* nach dem Ölschock

Der Ölschock von 1973 bis 74 hat sich nachhaltig auf die japanische Wirtschaft und die Gewerkschaftsbewegung ausgewirkt. Die massive Personalanpassung und die Verminderung der Investitionen infolge der Rezession hat ein Übermaß an Arbeit verursacht. Das *Shuntô* spiegelte die Wende allerdings erst ein Jahr verspätet wider. Der Tariflohn wurde 1974 zwar angesichts der Preisexplosion[28] um durchschnittlich 32,9 % in den Großenbetrieben durch *Shuntô* erhöht. 1975 machte die durchschnittliche nominelle Lohnerhöhung durch *Shuntô* 13,1 % aus. Das Ergebnis des *Shuntô* 1975 lässt sich als vollständige Niederlage der Gewerkschaften bezeichnen, denn der tatsächliche Abschluss unterschritt die Forderungen von *Dômei* (27 %) und *IMF-JC* (25 %) beträchtlich und blieb unter den von *Nikkeiren*[29] als Obergrenze festgelegten 15 % (Wolfgang Seifert 1997, S. 109). Seit 1975 konnte die Lohnerhöhung mittels des *Shuntô* knapp die Steigerung des Verbraucherpreises decken und folglich kam „die Zeit der Minimallohnerhöhung".

In dieser Zeit kam die Zeitplan-Kampfweise der Vereinigungszentrale der nationalen Dachverbände (*Shuntô Kyôtôi*) zu Ende und der Rückgang von deren Führungsrolle ließ sich nicht vermeiden (Akira Takanashi 1979, S. 147). Die Strategie des Lohnkampfs hat sich nach der nachträglichen Gegenmaßregel verändert. Demzufolge sollten die Gewerkschaftsmitglieder im Lauf der Kollektivverhandlung über den Streik durch Abstimmung entscheiden. Diese Veränderung hängt mit der Verstärkung des Einflusses des *IMF-JC* (Japanischer Rat der internationalen Metallarbeiterföderation)[30] zusammen (Seiichirô Hayakawa 1995, S. 148). Der die Dachverbände übergreifende Gewerkschaftsrat *IMF-JC* wurde bereits

---

[28] Der Verbraucherpreisindex war von 1973 auf 1974 um 30,3 % gestiegen. Die japanische Inflationsrate war damals die höchste im Vergleich zu anderen hoch entwickelten Industrieländern (vgl. Wolfgang Seifert 1997, S. 96).

[29] *Nihon Keieisha Dantai Renmei* (Vereinigung der Arbeitgeberverbände Japans) wurde 1948 gegründet. Dieser Verband umfasst zum einen 55 nationale Dachverbände einzelner Industriebranchen, zum anderen die Regionalverbände in den 47 großen Präfekturen. Der Verband wurde als Organisation zum Schutz der Unternehmerinteressen gegen die erstarkende Gewerkschaftsbewegung nach dem Krieg gegründet. Er koordiniert mit Rahmenvorgaben die alljährlichen kollektiven Lohnverhandlungen (*Shuntô*) und fungiert als Interessenvertretung der Unternehmen bei arbeitsrechtlichen Gesetzvorhaben (vgl. Manfred Pohl 1998, S. 100f.).

[30] 1970 wurde er in *Kinzoku Rôkyô* (Gesamtjapanischer Rat der Gewerkschaften in der Metallindustrie) umbenannt. Das besondere Merkmal des *IMF-JC* liegt darin, dass er *Dômei*, *Sôhyô*, *Chûritsurôren* und *Shinsanbetsu* übergreifend organisiert und seine Mitgliedseinheiten sowohl Branchenföderationen als auch Unternehmensgewerkschaften sind. Der *IMF-JC* hat darauf gezielt, durch einen Appell an das nationale Interesse die Beschäftigten für eine Perspektive der Metallindustrie zu mobilisieren (vgl. Wolfgang Seifert 1997, S. 87-89).

1964 gegründet. Infolge des Beitritts der *Tekkôrôren* (Föderation der Gewerkschaften in der Eisen- und Stahlindustrie) im *IMF-JC* 1966 konnte *IMF-JC* seinen Einfluss schnell steigern lassen. 1968 hat *IMF-JC* allein ein Lohn-Weißbuch veröffentlicht und infolgedessen eine gehobene Position in der Gewerkschaftsbewegung eingenommen. 1974 hat Miyata Yoshiji, Vorsitzender des *IMF-JC*, ausdrücklich erklärt, dass die bisher gültige Formel für die jährlichen Lohnerhöhungen (Lohnerhöhungen in Höhe der Steigerungsrate der Produktion gegenüber dem Vorjahr und Zuschlag x) in der Phase der Abflachung des Wirtschaftswachstums nicht mehr zur Geltung kommen könne. Er fuhr fort, es müsste in Zukunft reale, planmäßige Lohnerhöhungen entsprechend dem Wirtschaftswachstum angestrebt werden (vgl. Wolfgang Seifert 1997, S. 107f.). *IMF-JC* hat vor dem Hintergrund des Ölschocks und der gründlichen Niederlage des Streiks für das „Streiksrecht“[31] im Jahr 1975 die Macht der Gewerkschaftsbewegung ergriffen (Yûkichi Takahashi 1996, S. 77f.). Seit 1975 haben die zum *IMF-JC* gehörenden vier Branchenföderationen[32] der Metallindustrie statt bisheriger *Tekkôrôren* und *Shitetsusôren* (Föderation der Gewerkschaften der Privatbahnen), die sich dem Dachverband *Sôhyô* anschlossen, die wichtige Rolle als *Sôba settei* (Der Vorschlagende des Musterkurses) im jährlichen *Shuntô* übernommen. 1976 wurde der aus dem *IMF-JC* hervorgegangene *Seisaku Suishin Rôso Kaigi* (abgek. *Seisuikaigi*) (Gewerkschaftsrat für die Formulierung von Politiken) von den Gewerkschaften in den großen Privatunternehmen gegründet. Damit erhielt die Tendenz zur Entwicklung der kooperativen Gewerkschaftsbewegung einen entscheidenden Auftrieb (vgl. Wolfgang Seifert 1997, S. 137-149).

Shuntô wurde 1974 von *Sôhyô* in *Kokumin-Shuntô* (Volks-*Shuntô*) umbenannt (Minoru Gotô 2000, S. 197). Das Konzept des *Kokumin-Shuntô* war mit dem Ziel, über Lohnerhöhungen hinaus Möglichkeiten für eine Verbesserung der all-

---

[31] Der Streik wurde für die Wiedergewinnung des Streikrechts geführt. Das Streikrecht der Beschäftigten in den öffentlich-rechtlichen Körperschaften wurde 1948 entzogen und das Recht auf Kollektivverhandlungen ebenfalls streng eingeschränkt. Der Streik wurde von 10 Branchenföderation unter *Kôrôkyô* (Rat der Gewerkschaftsorganisationen in den öffentlichen Unternehmen) organisiert und dauerte 8 Tage. Dennoch hat dieser Streik wegen des hartnäckigen Widerstands der Regierung mit der gründlichen Niederlage geendet. Dies war für die Führung des *Sôhyô*, die sich auf den öffentlichen Sektor konzentriert, ein schwerer Schlag (vgl. Yûkichi Takahashi 1996, S. 77).

[32] Die vier Branchenföderationen bestehen aus *Tekkôrôren* (Föderation der Gewerkschaften in der Eisen- und Stahlindustrie) (1951-), *Denkirôren* (Föderation der Gewerkschaften in der Elektroindustrie) (1953-), *Zôsenjûkirôren* (Föderation der Gewerkschaften in Schiffbau und Schwermaschinenbau) (1972-) und *Jidôshasôren* (Föderation der Gewerkschaften in der Automobilindustrie) (1972-). *Tekkôrôren, Denkirôren* und *Zôsenjûkirôren* schlossen sich jeweils dem Dachverband *Sôhyô, Chûritsurôren* und *Dômei* an. *Jidôshasôren* ist eine unabhängige Föderation. *Jidôshasôren* ist nicht mit der 1955 gegründeten *Jidôsharôren* (Konföderation der Gewerkschaften in der Automobilindustrie) zu verwechseln.

gemeinen Lebensbedingungen zu schaffen, entwickelt worden. Denn eine subjektive Befriedigung der materiellen Lebensbedürfnisse der abhängig Beschäftigten wurde aufgrund der inflationären Tendenzen einerseits und der Mechanismen eines ständig gesteigerten Konsumverhaltens andererseits nicht wirklich erreicht (Wolfgang Seifert 1997, S. 81). Aber die Bedeutung des *Kokumin-Shuntô* lag darin, den Mechanismus, die Errungenschaft mittels *Shuntô* in den Großunternehmen und im öffentlichen Dienst auf die Mittel- und Kleinbetriebe und die unorganisierten Arbeiter zu übertragen, zu institutionalisieren (Noboru Ogawa 1996, S. 109). Dies wurde erforderlich, weil der auf dem Mangel an Arbeit bestehende Lohnübertragungsmechanismus in den Zeiten des hohen Wachstums, wobei die Lohnerhöhung der organisierten Arbeitnehmer mit einer Zeitdifferenz von ca. drei Monaten auf die unorganisierten Arbeitnehmer direkt wirken sollte, angesichts des Übermaßes an Arbeit keine Geltung mehr hatte. Vor diesem Hintergrund sollten die Reform des Mindestlohnes, die Verbesserung der Rente und die Verminderung der maximalen Arbeitsstunden im Mittelpunkt des *Kokumin-Shuntô* stehen (vgl. Akira Takanashi 1979, S. 153). Hayakawa hat darauf hingewiesen, dass *Shuntô* unter Führung der *Sôhyô* anlässlich des *Kokumin-Shuntô* einen Wendepunkt erreichte: Im Zusammenhang mit der Verhandlung mit der Regierung ging *Shuntô* über die Bereiche der Unternehmen bzw. der Industrie hinaus (Seiichirô Hayakawa 1991, S. 45).

1975 legte *Sôhyô* trotz eindeutigen Einflusses des *IMF-JC* auf die Frühjahrslohnoffensive Gewicht auf die Fortsetzung und Weiterentwicklung des Volks-*Shuntô* des Vorjahres. Die Reaktion der Gemäßigten folgte prompt: *Dômei* kritisierte *Sôhyô* als Vertreter des Klassenkampfes, weil es politische Streiks befürwortete. Im Gegenteil kritisierte *Sôhyô* *Dômei* als revisionistischen Vertreter einer Harmonisierung von Kapital und Arbeit (Holger Tölkei 1998, S. 247f.). *Dômei* und *IMF-JC* antworteten darauf mit *Keizai-seigôshô Shuntô* (die Anpassung des *Shuntô* an die Wirtschaft) bzw. *Shakai Keiyaku* (Sozialpakt). Diese beiden Gewerkschaftsverbände, welche die Gewerkschaften nominell und faktisch eindeutig als Interessenorganisationen innerhalb des Kapitalismus begriffen und Fortschritte für die Arbeiter in Bezug auf soziale Leistungen erringen wollten, gewannen nun an Einfluss (Wolfgang Seifert 1997, S. 110). Schließlich bildeten einerseits in der Zeit zwischen Ende der siebziger und Ende der achtziger Jahre *JC* und *Dômei* den Hauptstrom im *Shuntô* und anderseits verringerte sich der Einfluss des von *Sôhyô* geführten *Shuntô Kyôtôi* auf *Shuntô* (Seiichirô Hayakawa 1991, S. 47).

2.1.2.1.4 *Kanri-Shuntô* und die Befestigung der „Unternehmenszentriertheit"

Angesichts der Spaltung der Gewerkschaften in der Lohnfrage konkretisierte sich in den führenden Wirtschafts- und Finanzkreisen eine Linie, die von der Möglichkeit ausging, Lohnerhöhungen auf niedrigem Niveau zu halten (Wolfgang Seifert 1997, S. 104). Die *Keidanren*[33]und die *Nikkeiren* vollzogen eine Abkehr von der bisherigen Formel „Lohnerhöhungen in Höhe des Anstiegs der Verbraucherpreise". Die *Nikkeiren* hat im Shuntô 1975 die Veränderung der Lohnentscheidungsinstitution durch die Fixierung des Produktivitätsprinzips zur Hauptaufgabe der Reorganisation des Arbeitsverhältnisses gemacht (Seiichirô Hayakawa 1995, S. 148). Für diesen Zweck hat die *Nikkeiren* die Umwandlung der Kollektivverhandlung zur *Rôshi Kyôgi-sei* (Institution der Arbeitnehmer-Arbeitgeber-Konsultation) eingeschlagen. Damit bezweckte die *Nikkeiren*, die Logik der Konkurrenz und der Effektivität bzw. „Unternehmenszentriertheit" in eine ganzgesellschaftliche Ebene zu verbreiten (Takehisha Hirao 1994, S. 212). Von der Verwirklichung dieser Konsultation aus sollte die Kontrollkraft der Gewerkschaft in die Arbeitsstelle verringert werden und somit die Arbeitnehmer hinsichtlich der konkurrierenden Arbeitsordnung und des „Fähigkeitsprinzips"[34] unter den Unternehmen tief subsumiert werden. Die Gewerkschaften verhielten sich immer mehr „unternehmensorientiert". Takehisha Hirao hat darauf hingewiesen, dass die Umwandlung der Kollektivverhandlungen zur Arbeitgeber-Arbeitnehmer- Konsultation unter dem sog. *Kanri-Shuntô*[35] (kontrollierte Frühlingsoffensive) die entscheidende Bedingung für die Herausbildung des „Firmaismus" gemacht (ebenda, S. 211f.). In diesem Zusammenhang betrachtet Tabata 1975 als den Wendepunkt des Arbeitsverhältnisses in Japan: Von der Struktur der streitigen Stabilität (*Funsô Teki Antei Kôzô*) zur Struktur der kooperativen Stabilität (*Kyôchô Teki Antei Kôzô*) (Hirokuni Tabata 1991, S. 259-261). Im Verlauf dieser Entwicklung, die sich bis zum Anfang der neunziger Jahre fortsetzte, verwandelten sich die Betriebsgewerkschaften immer mehr in einem zweiten Arm der Unternehmensführung (Friederike Bosse 1996, S. 296). Die

[33] *Keizai Dantai Rengôkai* (Vereinigung der Wirtschaftsverbände) wurde 1946 durch den Zusammenschluss von vier verschiedenen Verbänden aus der Vorkriegszeit gegründet. 1952 wurde der Dachverband in Fachverbände nach Wirtschafts- bzw. Industriesektoren reorganisiert. Heute ist die *Keidanren* Koordinationsorgan und gemeinsames Sprachohr aller Wirtschaftsverbände gegenüber der Regierung und nicht zuletzt auch gegenüber dem Ausland. Im Jahre 1997 hatte der Dachverband 1.205 Mitglieder; dazu zählen sowohl die nationalen Dachverbände einzelner Wirtschaftsbereiche (z. B. Bankenverband) als auch große Einzelunternehmen (z. B. Toyota) (Manfred Pohl 1998, S. 100).

[34] Es wurde 1969 von *Nikkeiren* propagiert und seit Mitte der siebziger Jahre verwirklichtet. Im Folgenden wird es ausführlich geschildert werden.

[35] Seit 1975 wird das *Shuntô* anlässlich der aufeinander folgenden Niederlagen seitens der Arbeitnehmer von den Medien als *Kanri-Shuntô* genannt.

Logik des *Shuntô*, d. h. die Aufsplitterung der Solidarität der Beschäftigten auf die Unternehmen durch die Bündelung der Gewerkschaften einer Branche zu überwinden und von dort ausgehend auch die Unorganisierten und andere Branchen mitzuziehen, war nicht mehr zu halten. Diese Entwicklung wurde als „Das Ende des *Shuntô*"[36] bezeichnet (vgl. Akira Takanashi 1979, S. 143-150).

2.1.2.2 Die „zweite Ad-hoc-Kommission" und die endgültige Herausbildung der „Unternehmenszentriertheit"

Unter dem Eindruck der Finanzkrise und der Veränderung der Alterspyramide wurde die „zweite Ad-hoc-Kommission für Verwaltungsreform" (*Daini Rinji Gyôsei Chôsakai*) (meist abgekürzt als *Rinchô* bezeichnet) ins Leben gerufen.[37] Sie tagte vom März 1981 bis zum März 1983. Die *Rinchô* diskutierte zwei Jahre lang umfassend die Lage der öffentlichen Hand und unterbreitete dem Premier in fünf Kommuniqués ihre Vorschläge. Seit Mitte der achtziger Jahre wird die japanische Gesellschaft von der Linie der zweiten Ad-hoc-Kommission nachhaltig beeinflusst. Die konkreten Resultate waren vielfältig: Die Privatisierung der öffentlichen Unternehmen (Staatsbahn, Telekommunikation), Ausgabenkürzungen beim Staatshaushalt, Änderungen bei der Staatsanleihenfinanzierung im Sozialstaat, Deregulierungen (etwa im Telekommunikationsbereich), eine allgemeine Reorganisation von Regierungsstellen. Mit der Bildung der zweiten Ad-hoc-Kommission wurde die Herausbildung der „unternehmenszentrierten Gesellschaft" abgeschlossen.[38]

2.1.2.2.1 Die Umstände der „zweiten Ad-hoc- Kommission"

Im Lauf der Überwindung der Ölkrise stiegen die öffentlichen Schulden in Japan wie in vielen Industrieländern stark an. Mit Ausnahme des Jahres 1965 wurden in den sechziger Jahren Defizitanleihen nicht ausgegeben und seit 1966 sind Aufbauanleihen emittiert worden (Kanamori und Kosai 1997, S. 125). Nach der Ölkrise kam es infolge der Rezession zu gewaltigen Steuerausfällen. 1975 gab

---

[36] „Das Ende des *Shuntô*" ist eine Rhetorik. Seit der Niederlage der Gewerkschaft im *Shuntô* bzw. nach Beginn der kollektiven Tarifverhandlungen ist in Japan häufiger die Rede vom „Das Ende des *Shuntô*".

[37] Die erste „Ad-hoc-Kommission für Verwaltungsreform" wurde 1961 gegründet und hat bis 1964 getagt. Diese hat darauf gezielt, in den Zeiten des hohen Wirtschaftswachstums die ungeordnete Verwaltungsorganisation zu simplifizieren (Susumu Satô 1985, S. 165).

[38] Kato Tetsuro bezeichnete die Rinchô als neokorporatives Organ; der damalige Ministerpräsident Nakasone Yasuhiro stellte die Weichen für die Korporatisierung von politischen Entscheidungen auf der Makroebene (vgl. Kato Tetsuro 1986, S. 96)

die japanische Regierung in großem Umfang Defizitanleihen zur Deckung der Einnahmenlücke. Das Volumen der öffentlichen Anleihen 1975 hat sich im Vergleich zum Jahr 1974 mehr als verdoppelt. Während der Anteil der öffentlichen Anleihen an den Gesamtausgaben 1974 11,3 % betrug, ist er seit 1975 stark gestiegen (26,3 %) und erreichte im Jahr 1978 32 % (Toshimitsu Shinkawa 1993, S. 146). Angesichts eines abnehmenden Handlungsspielraums durch Überschuldung war es Anfang der achtziger Jahre ein wichtiges Ziel der Regierung, die Staatsfinanzen zu konsolidieren.

2.1.2.2.2 Die Privatisierung der drei großen Betriebe und die endgültige Herausbildung der „Unternehmenszentriertheit“

Die japanische Regierung wollte durch die Einführung der allgemeinen Verbrauchersteuer die Staatsverschuldung abbauen. Dennoch hat sie angesichts der Niederlage der LDP in den Wahlen von 1979 darauf verzichtet (ebenda, S. 155). Stattdessen gab die Regierung ab 1980 der Reduktion der Haushaltsdefizite oberste Priorität und führte strikte Obergrenzen für die Aufstellung der Einzelhaushalte ein. Eine weitere Maßnahme war die Berufung der „zweiten Ad-hoc-Kommission für Verwaltungsreform“ (*Rinchô*)[39]. Dadurch erfolgte die Privatisierung der drei großen Staatsbetriebe (*Sankôsha*): der Japanischen Staatsbahn (*Nippon Kokuyô Tetsudô: Kokutetsu: JNR*), der Japanischen Telegraphen- und Telefongesellschaft (*Nihon Denshin Denwa Kôsha: NTT*) und der Japanischen Tabak- und Salzmonopolgesellschaft (*Nihon Senbi Kôsha*). Im April 1985 wurde NTT privatisiert, zwei Jahre später folgte die Privatisierung der Staatsbahn *JNR* (Dolles und Köster 1995, S. 182f.).

---

[39] Die „Ad-hoc-Kommission“ wurde im Jahre 1981 als Beratungsorgan des Ministerpräsidenten geschaffen. An der Spitze der „Ad-hoc-Kommission“ steht der ehemalige Vorsitzende der Unternehmensverbände Keidanren, Dokô Toshio. Dieser Ausschuss besteht aus Vertretern von Großunternehmen, ehemaligen Angehörigen der Staatsbürokratie, Wissenschaftlern, Vertretern der Massenmedien sowie den Repräsentanten zweier nationaler Gewerkschaftsdachverbände. Diese Verwaltungsreform zielte auf eine Reduzierung des Staatsanteils und eine sich daraus ergebende höhere Effizienz. Die „Ad-hoc-Kommission“ beschränkte sich jedoch keineswegs nur auf Fragen der anstehenden Verwaltungs- und Finanzreformen. Sie erklärte, Japan solle im Innern eine „vitale Wohlfahrtsgesellschaft“ aufbauen und nach außen einen „aktiven Beitrag zur internationalen Gemeinschaft“ leisten. „Vitale Wohlfahrtsgesellschaft“ meint dabei, statt staatlicher Sozialleistungen die Lasten der sozialen Sicherung mittels „gegenseitiger Hilfe“ auf die Bevölkerung abzuwälzen und diesen Bereich dem Markt zu überlassen. „Aktiver Beitrag zur internationalen Gemeinschaft“ lässt sich ebenfalls keineswegs nur als Wirtschaftshilfe für die Dritte Welt verstehen, sondern ebenso die von den USA geforderte Erhöhung der Militärausgaben (Tetsuro Kato 1987, S. 93). Yoichi Aizawa hat dies als einen Versuch zum neuen Imperialismus bezeichnet (Yoichi Aizawa 1993, S. 14).

Die Privatisierung der öffentlichen Unternehmen, im Rahmen der Verwaltungsreform durchgeführt, rief eine Schwächung des Gewerkschaftsverbandes *Sôhyô* hervor. In den sechziger Jahren gehörten ein Drittel der organisierten Arbeitnehmer zur *Kankôrô* (Gewerkschaft des staatlichen und öffentlichen Sektors). *Kankôrô* übernahm auf der Basis großer Organisationen, z. B. *Kokurô* (Gewerkschaft der Beschäftigten der staatlichen Eisenbahnen), *Zendentsû* (Gewerkschaft der Beschäftigten in der Telekommunikation), *Nikkyôso* (Japanische Lehrergewerkschaft) und *Jichirô* (Gewerkschaft der Präfektur- und Gemeindebediensten) einen großen Einfluss auf die Arbeiterbewegung (Hirokuni Tabata 1993, S. 92). Zudem übernahm *Kankôrô* in dieser Zeit die Hauptrolle in dem Gewerkschaftsverband *Sôhyô*. Bis Mitte der achtziger Jahre stammten ca. 60 % der *Sôhyô*- Mitglieder aus den öffentlichen Sektoren.

In den siebziger Jahren bestand eine tiefe Kluft zwischen den privaten und den öffentlichen Gewerkschaften, weil sich die Konditionen des Managements der staatlichen und öffentlichen Sektoren von denen der privaten Sektoren unterschieden. Da die meisten staatlichen und öffentlichen Unternehmen ein Monopol in den Binnenmarkt ausübten, wurden sie im Vergleich zu den privaten Sektoren von der Ölkrise nicht entscheidend beeinflusst. Vor diesem Hintergrund fand weder drastische Rationalisierung in den staatlichen und öffentlichen Sektoren statt, noch kam ein kooperatives Arbeitsverhältnis auf. *Kankôrô* beharrte auf der militanten Arbeitbewegung, stand also im scharfen Gegensatz zu *IMF-JC* und Dômei. Angesichts der „zweiten Ad-hoc-Kommission“ unterstützte die Gewerkschaft der privaten Sektoren bei der Rationalisierung des staatlichen und öffentlichen Sektors (ebenda, S. 99f.).

Die Privatisierung der drei großen Staatsbetriebe (*Sankôsha*) stand im Mittelpunkt der Rationalisierung. Diese Privatisierung wurde für die Konsolidierung des Staatshaushalts und die Erhöhung der Effektivität der japanischen Wirtschaft verlangt. Auf die drei großen Staatsbetriebe hatte der dritte Bericht der „zweiten Ad-hoc-Kommission“ von 1982 hingewiesen (Yûkichi Takahashi 1996, S. 78). Die Privatisierung wurde damit begründet, dass politische Eingriffe und Unfähigkeit die Effektivität des Managements schwächten und der Gemeinnützigkeit schadeten. Aus diesem Grund war es erforderlich, die Organisationsform des Betriebs zu verändern und gemäßigte Konkurrenzbedingungen neu zu stellen (Hirokuni Tabata 1993, S. 102). Bis 1986 wurden die drei großen Staatsbetriebe alle samt privatisiert.

Im Lauf der Privatisierung der Staatsbetriebe wurde die Reform der Japanischen Staatsbahn (*Nippon Kokuyô Tetsudô: Kokutetsu: JNR*) aufgrund des enormen Defizits zur Hauptaufgabe erklärt. Die radikalen *JNR*-Gewerkschaften *Kokurô* (Gewerkschaft der Beschäftigten der Staatlichen Eisenbahnen) und *Dôrô*

(Gewerkschaft der Lokomotivführer der Staatlichen Eisenbahnen) widersprachen heftig der *JNR*- Privatisierung. Die Regierung, *LDP*, *Rinchô* und die Medien kritisierten jedoch beharrlich die *JNR* und *JNR*-Gewerkschaften. 1986 wurde das Gesetz zur Reform der *JNR* erlassen, und im April 1987 wurde *JNR* endgültig aufgespaltet und privatisiert (Dolles und Köster 1995, S. 193).[40] Inzwischen waren viele Arbeitnehmer aus der Gewerkschaft ausgetreten, und über 100 Arbeitnehmer hatten Selbstmord verübt (Yûkichi Takahashi 1996, S. 79). Zwar gehörten 1981 über 240.000 Arbeitnehmer als Mitglieder zur *Kokurô*, aber nach der Privatisierung und Aufspaltung 1988 hat sich die Zahl der Mitglieder auf lediglich 40.000 verringert.

Die Privatisierung der drei großen Staatsbetriebe unter der „zweiten Ad-hoc-Kommission" hat dazu geführt, die bisherige Dualität der Arbeiterbewegung zwischen privatem und öffentlichem Sektor zu vereinheitlichen (Hirokuni Tabata 1993, S. 112). 1989 bildete sich der neue Dachverband *Rengô* (Konföderation der japanischen Gewerkschaften)[41] durch die Auflösung *Sôhyô*, *Dômei*, *Chûritsurôren* und *Shinsanbetsu*. *Rengô* bildete sich nach langen Jahren der Auseinandersetzung, des Sinkens der Organisationsrate, von 13 Niederlagen bei den Lohnrunden in Folge, inmitten der langwierigen Stagnation der Arbeiterbewegung, zunächst 1987 als Einheitsgewerkschaft des Privatsektors, mit dem Ziel, den öffentlichen Sektor nachzuziehen (Holger Törkei 1998, S. 245). Die Richtung der Arbeiterbewegung von *Rengô* stimmte mit den gemäßigten Positionen von *IMF-JC* und *Dômei* überein. Die alte *Sôhyô*-Linie hingegen ließ sich bei *Rengô* nur noch schwerlich ausmachen. Als grundsätzlichen Aktionsparameter verstand *Rengô* nicht den Konflikt, sondern die unzweifelhafte Betonung lag auf „Partizipation und Kooperation". In diesem Kontext ließ sich die Herausbildung von *Rengô* als eine Abschlussrechnung der kooperativen Arbeiterbewegung in Japan bezeichnen (Yûkichi Takahashi 1996, S. 79).[42]

---

[40] Es entstanden sieben Japan Railway-Gesellschaften (*JR*-Gesellschaften), und zwar sechs Personenbeförderungsgesellschaften als Töchter einer neugegründeten *JNR Settlement Corporation* und eine Gütertransportgesellschaft (*JR Freigt*). Ferner wurden die *Shinkansen Holding Corporation*, zwei kleinere Gesellschaften (*JR Telekommunikation, JR Information Systems*) und ein Forschungsinstitut (*JR Technical Research Institute*) gegründet.

[41] Die Herausbildung des Dachverbandes *Rengô* ist vorläufiger Schlusspunkt des schon länger andauernden Prozesses der Schaffung einer „vereinten Gewerkschaftsfront". Allerdings ist das Ziel der „umfassenden Einheit" der Gewerkschaftsbewegung nicht erreicht worden. Neben *Rengô* organisierten sich zwei neue Dachverbände; *Zenrôren* und *Zenrôkyô*.

[42] 1990 existierten drei Dachverbände von jeweils höchst unterschiedlichem Gewicht: *Rengô* umfasste 62,1 % aller organisierten Arbeitnehmer, der als „kämpfendes Nationales Zentrum" gegründete *Zenrôren* (Verband der japanischen Gewerkschaften) 6,8 %, und der im wesentlichen von den verbliebenen Mitgliedern der *Kokurô* (Gewerkschaft der Beschäftigten der Staatlichen Eisenbahnen) getragene kleinste Verband, *Zenrôkyô* (Verbindungsrat der japa-

2.1.3 Lebenslange Beschäftigung

Die „Unternehmenszentrierte Gesellschaft" bedeutet im engeren Sinn die in einzelnen Unternehmen gebildete Gesellschaft und im weiteren Sinn die auf dieser beruhende unternehmenszentrierte Zivilgesellschaft. Aus diesem Grund übernimmt das japanische Beschäftigungssystem eine Hauptrolle innerhalb der Gesellschaftsordnung im Rahmen der unternehmenszentrierten Gesellschaft.

2.1.3.1 Der Ursprung des Terminus „lebenslange Beschäftigung"

Das japanische Beschäftigungssystem wird öfter durch die „drei heiligen Säulen" bezeichnet: lebenslange Beschäftigung, Entlohnung und Beförderung nach dem Senioritätsprinzip und die Unternehmensgewerkschaften.[43] Die Analyse des japanischen Beschäftigungssystems beginnt mit der Institution der lebenslangen Beschäftigung. Vor dem Zweiten Weltkrieg wurde der Terminus „lebenslange Beschäftigung" (*Shûshin Koyô*) nicht verwendet. Das Wort „lebenslange Beschäftigung" wird seit 1958 gebraucht, dem Jahr, in dem J. C. Abegglen in einer Abhandlung *The Japanese Factory* ein Charakteristikum der japanischen Beschäftigung als *life time commitment* bezeichnete und Kuniyoshi Urabe dies als „lebenslange Relation" (*Shûshin Kankei*) ins Japanische übersetzte (vgl. Ikia Sakiguchi 1996, S. 1f.). In letzter Zeit werden Bezeichnungen wie „langfristige Beschäftigung" (*Chôki Koyô*), „langfristige Beschäftigungspraxis" (*Chôki Koyô Kankô*) oder „langfristige Anstellung" (*Chôki Kinzoku*) verwendet. Allerdings hat es in Japan „lebenslange Beschäftigung" niemals im Wortsinne gegeben (ebenda, S. 64). Es findet sich lediglich ein Prozent der Beschäftigten, die von ihrem Ausbildungsabschluss an bis zu ihrer Pensionierung in demselben Unternehmen ununterbrochen angestellt sind. Im Vergleich zu den anderen OECD-Ländern wurde aber festgestellt, dass Japan bei den Beschäftigungszeiten an der Spitze steht (OECD 1993, S. 121, vgl. Yoshio Higuchi 1997 S. 28-32). Japan zählt neben Deutschland und Frankreich zu den Ländern mit der längsten Betriebszugehörigkeit, die insbesondere die amerikanischen und britischen Werte übertreffen.

---

nischen Gewerkschaften), lediglich 2,4 % (vgl. Wolfgang Seifert 1997, S. 66). Außerdem hatte sich ein Drittel aller organisierten Arbeitnehmer keinem Dachverband angeschlossen.

[43] In dieser Arbeit wird die als dritte Säule des japanischen Beschäftigungssystems bezeichnete Unternehmensgewerkschaft nicht analysiert, weil die Unternehmensgewerkschaft in Japan nur in einem geringen Zusammenhang mit der Entwicklung der unternehmenszentrierten Gesellschaft steht.

2.1.3.2 Das Konzept der „lebenslangen Beschäftigung“

Im Allgemeinen ist „lebenslange Beschäftigung“ als eine Beschäftigungspraxis für die männlichen regulären Arbeitnehmer in den privaten Großunternehmen zu begreifen. „Lebenslange Beschäftigung“ wurde nicht durch das Gesetz bzw. das Abkommen festgesetzt, sie ist vielmehr ein Verständnis bzw. ein Versprechen einer hohen Beschäftigungssicherheit zwischen Arbeitgeber und Arbeitnehmer (vgl. Yônosuke Ogoshi 1994, S. 146).[44] In diesem Zusammenhang lässt sich „lebenslange Beschäftigung“ als ein über die gesellschaftliche Norm bestehender sozialer Konsens bezeichnen, der von den Beteiligten implizit akzeptiert und verlangt wird (Haruo Shimada 1994, S. 63).

Als einen Idealtyp begreift Nozuka „lebenslange Beschäftigung“ folgendermaßen: Zuerst werden neue Mitarbeiter regelmäßig einmal jährlich eingestellt. Nach der Anstellung erfolgt die Ausbildung in der Produktions- bzw. der Verkaufsabteilung des Unternehmens. Durch Rotation und Versetzungen werden verschiedene Qualifikationen erworben, und folglich wird sich die Fähigkeit zur Durchführung der Arbeitsaufgaben allmählich im Verlauf des Arbeitslebens entwickeln. Die Führungskräfte sind mehrfachlich qualifizierte Arbeitnehmer, die den Betrieb aktiv regulieren und die neuen Arbeitnehmer anleiten. Dadurch sind die Technologie und das Wissen innerhalb der Unternehmen zu akkumulieren. Aus Sicht der Unternehmen kann die effektive Produktionsorganisation im Bezug auf Führungskräfte herausgebildet werden. “Lebenslange Beschäftigung“ leistet die wirtschaftliche Rationalisierung des Unternehmens, indem diese die erforderlichen Führungskräfte stabil mobilisieren kann (Masayoshi Nozuka 1994, S. 192f.). Kanamori und Kosai haben die wirtschaftlichen Rationalität der langfristigen Beschäftigungspraxis wie folgt dargestellt: stabile Beschäftigungslage, Einsparung von Transaktionskosten wie Einstellungskosten, Ausbildungskosten und Kosten für die Arbeitssuche im Entlassungsfall, Schaffung eines Zusammengehörigkeitsgefühls von Unternehmen und Angestellten, und Anreize für Investitionen in Humankapital in Form von Ausbildung und Training, sowohl seitens der Unternehmen als auch seitens der Arbeitnehmer (Kanamori und Kosai 1997, S. 299).

---

[44] Im Unterschied zu den westlichen Ländern sind japanische Arbeitsverträge vage und allgemein, sie gestehen dem Arbeitgeber Entscheidungsmöglichkeit zu, die auch Kündigungen beinhalten kann.

2.1.3.3 Die Entstehung der „lebenslangen Beschäftigung"

Die ursprüngliche Form der „lebenslangen Beschäftigung" entstand bereits vor dem Zweiten Weltkrieg.[45] In den zwanziger Jahren konnte die Tendenz zu längeren Beschäftigungszeiten in den großen Betrieben verfolgt werden (Mikio Sumiya 1979, S. 5). Damals waren die großen Unternehmen angesichts der hohen Mobilität der Arbeitnehmer gezwungen, um zu mindest den Facharbeitern einen Anreiz zu geben, sich langfristig an ein bestimmtes Unternehmen zu binden. Die Wurzeln des heutigen Modells lagen demnach in dieser Zeit, als einige Unternehmen begannen, bewusst ein System herauszubilden, die lange Beschäftigungszeiten als Mittel zur Sicherung ausgebildeter Arbeitskräfte formulierte. In der Kriegszeit forderte das Militär die Unternehmen auch dazu auf, die Arbeitnehmer auf Lebenszeit zu beschäftigen. Denn die lebenslange Beschäftigung wurde vom Standpunkt der Produktionsplanung, die auf die Kriegführung abgestimmt war, gutgeheißen (Michio Morishima 1985, S. 139). Dennoch hatten zu dieser Zeit die Arbeitnehmer keinen Rechtsanspruch darauf, und die Arbeitgeber konnten die Mitarbeiter nach Belieben davon ausschließen (Ishida und Ogawa 1978, S. 305).

Nach dem Zweiten Weltkrieg hat die „lebenslange Beschäftigung" ihr Anwendungsgebiet erweitert. In den fünfziger Jahren wurden viele Streiks für höhere Löhne bzw. gegen Rationalisierung ausgerufen, allerdings endeten diese meistens mit der Niederlage der Gewerkschaften (vgl. Isao Sekiguchi 1996, S. 139-144). Trotz der Niederlagen haben die Streiks dazu beigetragen, einen stillschweigenden Kompromiss zwischen Unternehmen und Gewerkschaften über „lebenslange Beschäftigung" einzugehen (ebenda, S. 144f.). Die Arbeitgeber mussten den Arbeitsplatz deshalb garantieren, weil der langfristige Großstreik an der Firma schwere Verluste verursachte. Währenddessen wurden seit Mitte der fünfziger Jahre einseitige Entlassungen von Arbeitgebern gesetzlich gebremst und in den sechziger bis siebziger Jahren wurde die „lebenslange Beschäftigung" durch Gesetz bestätigt (ebenda, S. 149). Infolgedessen wurde das Kündigungsrecht seitens der Unternehmen beschränkt und „lebenslange Beschäftigung" als ein Rechtsanspruch von Arbeitnehmern anerkannt. Das hohe Wirtschaftswachstum seit 1955 ermöglichte, dass auch Zeitarbeiter (*Rinjikô*) anläss-

---

[45] Hiroshi Hamaza (1964) und Ryûko Iwata (1977) sind davon ausgegangen, dass die „lebenslange Beschäftigung" in der feudalistischen Zeit zu finden ist. Hiroshi Hamaza hat behauptet, dass die lebenslange Beschäftigungsbindung zwischen Kaufmann und Angestellten im Handelsgewerbe vor der *Meiji*-Restauration bereits vorhanden war. Ryûko Iwata versuchte, die „lebenslange Beschäftigung" im Zusammenhang mit der feudalistischen Ordnung wie zwischen *Han* (der Clan) und *Samurai* (der Krieger) bzw. der *Ie* (Familie) Ordnung nachzuweisen (vgl. Isao Sekiguchi 1996, S. 6f.).

lich des Mangels an Arbeitsangebot zum regulären Arbeiter und darüber hinaus zum Gegenstand der „lebenslangen Beschäftigung" wurden (ebenda, S. 149). Die Übernachfrage nach Arbeitskräften hat auch bewirkt, dass die Arbeitgeber den Arbeitnehmern bessere Angebote machten. Vor diesem Hintergrund konnten die Arbeitnehmer die Firma zu attraktiven Arbeitsbedingungen wechseln, und entsprechend hoch war auch die Mobilität auf dem japanischen Arbeitsmarkt dieser Zeit (Arne Holzhausen 1998, S. 26). Viele Unternehmen reagierten darauf mit dem Versuch, Mobilität zu beschränken und durch eigene Ausbildungsprogramme sowie Bezahlung nach Dauer der Unternehmenszugehörigkeit Arbeitnehmer an sich zu binden (Helmut Demes 1998, S. 144).

2.1.3.4 Der Wandel der „lebenslangen Beschäftigung"

Wenn man „lebenslange Beschäftigung" als eine Arbeitsplatz-Garantie innerhalb des Unternehmens, vor allem im Großbetrieb, bis zu einem bestimmten Lebensalter fasst, betrifft diese lediglich die Zeiten des hohen Wirtschaftswachstums der sechziger Jahre (Yônosuke Ogoshi 1994, S. 146). Die Bedingungen des japanischen Beschäftigungssystems haben sich seit den siebziger Jahren entscheidend verändert. Seit den siebziger Jahren hat sich der Alterungsprozess herausgebildet, und folglich veränderte sich die Alterspyramide der Mitarbeiter. Vor diesem Hintergrund wurde einerseits die Erhöhung der betrieblichen Altersgrenzen von den Gewerkschaften gefordert. Andererseits hat die japanische Regierung 1979 einen Kabinettbeschluss über Beschäftigungsmaßnahmen gefasst, um die Unsicherheit der alten und mittleren Mitarbeiter zu lösen. Damit hat die japanische Regierung versucht, bis 1985 die betrieblichen Altersgrenzen auf 60 zu verallgemeinern (Shôjirô Ujihara 1985, S. 365). 1974 betrug die Pensionierung im Alter von 55 Jahren 52,0 %, in der Folgezeit war ihr Anteil ständig zurückgegangen.[46] Im Gegensatz dazu stieg jährlich der Anteil der Pensionierung im Alter von 60 Jahren und betrug 1984 48,3 %, während dieser 1974 auf 32,4 % bezifferte.

Mit der Institutionalisierung der Pensionierung im Alter von 60 Jahren in den Großbetrieben stiegen die Personalkosten, und die vertikale Beförderung steckte im Stau. Mit dem Ölschock hat sich die Umwelt des Managements noch weiter verschlechtert. Die Großunternehmen sollten irgendwie rationalisieren, weil der Druck der internationalen Konkurrenz zugenommen hatte. Zwar wurden mit der Zustimmung der Gewerkschaft in einigen Unternehmen bestimmter Branchen,

[46] Als wesentliche Ursache der zu frühen Pensionierung gilt dabei das Lohnsystem, das entsprechend seiner Senioritätslogik dem Arbeitnehmer jährliche automatische Lohnsteigerungen beschert, so dass ältere Arbeitnehmer den Unternehmen schlicht zu teuer werden (Arne Holzhausen 1998, S. 57).

die in eine Strukturkrise geraten waren[47], in beachtlichem Maße „freiwillige Entlassungen" vorgenommen, dabei wollten die meisten Großunternehmen die Personalanpassung durchführen, ohne die „lebenslange Beschäftigung" gründlich zu beschädigen. Dafür haben Gewerkschaften und Arbeitnehmer mit zurückhaltender Lohnforderung geantwortet und bei der Einführung neuer Techniken kooperiert.[48] Diese Aussage lässt sich durch eine Untersuchung des Arbeitsministeriums bestätigen: Das japanische Arbeitsministerium hat 1975 eine Umfrage über Maßnahmen der Personalanpassung gemacht. Danach hatten 44 % der beantworteten Unternehmen einschließlich der Unternehmen, die keine Personalanpassung durchführten, „keine Zwischeneinstellung" vor. 22 % davon haben *Haichi Tenkan* oder *Shukkô* durchgeführt. Lediglich 7 % der Unternehmen haben freiwillige Entlassungen bzw. Kündigungen als Personalanpassung eingerichtet (Nihon Keizai Shinbun 1992, S. 472).

Tabelle 2: Wandel des Pensionierungsalters (Jahre, %)

	Insgesamt	~54	55	56~59	60	61~64	65~
1974	100	0,3	52,0	12,3	32,4	0,4	2,6
1976	100	0,3	47,3	15,9	32,3	0,3	3,3
1978	100	0,1	41,3	19,4	33,7	0,4	4,4
1980	100	0,2	39,5	20,1	36,5	0,7	2,5
1981	100	0,4	38,0	18,0	39,5	0,9	2,2
1982	100	0,5	35,5	18,2	43,0	0,8	2,0
1983	100	0,3	31,3	19,0	45,8	1,0	2,6
1984	100	0,1	29,6	18,3	48,3	1,3	2,5

Anm: Diese Untersuchung betrifft die Unternehmen mit mehr als 30 Mitarbeitern.
Quelle: Rôdôshô (Ministerium für Arbeit): Koyô kanri chôsa hôkoku (Untersuchungsbericht über Arbeitsverwaltung).
Zitiert nach: Shôjirô Ujihara 1985, S. 367.

Sekiguchi zufolge wurden die folgenden Maßnahmen für Personalanpassung seit der ersten Ölkrise unter dem Motto des schlanken Managements erfunden und stufenweise durchgeführt (vgl. Isao Sekiguchi 1996, S. 173-183): 1. Die Beschränkung der Überstunden, 2. Verlängerung des unbezahlten Urlaubs, 3. Keine Vertragsverlängerung für Zeitarbeiter bzw. Teilzeitbeschäftigte, 4. Keine Zwischeneinstellung, 5. *Haichi Tenkan* (Versetzung innerhalb des Betriebs), 6. *Shukkô* (Versetzung innerhalb der Unternehmensgruppe bzw. Konzern (*Keiretsu*)), 7. Vorübergehende Entlassung (japanische *layoff*), 8. Einstellungs-

[47] Betroffen hiervon waren vor allem der Schiffbau, die Aluminium und Textilbranche.

[48] Die Kooperation der japanischen Gewerkschaften bei der Einführung der neuen Technik wird dadurch erkennen, dass Japan das Land ist, wo die industriellen Roboter am meisten eingesetzt sind.

stopp, 9. Freiwillige Entlassungen bzw. Vorzug des Vorruhestands, 10. Entlassung

2.1.3.5 *Haichi Tenkan* und *Shukkô* als die Besonderheiten des japanischen Beschäftigungssystems

2.1.3.5.1 *Haichi Tenkan* (Versetzung innerhalb des Betriebs)

Haichi Tenkan (Versetzung innerhalb des Betriebs) und *Shukkô* (Versetzung innerhalb der Unternehmensgruppe bzw. Konzern (*Keiretsu*)) lassen sich als japanische Charakteristika für den Personalanpassung der Großunternehmen seit der Ölkrise nennen. In den westlichen Ländern hängt die Zulässigkeit der Versetzung meistens vom Inhalt des Arbeitsvertrags ab. In Japan verhandeln die Arbeitgeber auch in vielen Fällen mit der Gewerkschaft über die Bedingungen für eine Versetzung (Isao Sekiguchi 1996, S. 176f.). Da japanische Arbeitsverträge vage und allgemein sind, konnten in der Tat die Arbeitgeber über einen Arbeitsplatzwechsel allein entscheiden. Im Unterschied zu den westlichen Ländern werden die japanischen Arbeitnehmer in Großunternehmen in der Regel vom Beginn der Anstellung an durch *OJT* (*training on the job*) qualifiziert. Dadurch soll es einem Arbeitnehmer gelingen, die verschiedenen Arbeitsaufgaben im Betrieb zu erfüllen. In diesem Kontext wurde es häufig betont, dass die neuen Produktionstechniken ohne große Reibung in japanischen Betrieben eingeführt werden können, weil der Arbeitsplatz mittels der Versetzung nicht verloren gegangen ist. Diese polyvalent qualifizierten Mitarbeiter (*Tanôkô)* gelten öfter als die Hauptfiguren, die die Flexibilität und die Effektivität des Arbeitsmarkts und die Stabilität und die Effektivität des Arbeitsverhältnisses ermöglichten (Kazuo Sakuchi 1992, S. 73).[49] In diesem Zusammenhang wurde häufig darauf hingedeutet, dass das System der Versetzung (*Haichi Tenkan*) unter der lebenslangen Beschäftigung zu der Produktivitätssteigerung des Unternehmens und dem hohen Wirtschaftwachstums einen Beitrag leistete (Nihon Keizai Shimbun 1992, S. 478). Aber seit der Ölkrise funktioniert *Haichi Tenkan* auch als eine Personalanpassungsmaßnahme. In vielen Fällen wurde der Arbeitsplatz in eine schwer erreichbare Ferne versetzt. Kurzfristig, aber auch langfristig, problematisch war der mit dem Arbeitsplatzwechsel verbundene Wohnortwechsel. Die mit einem Schulwechsel verbundenen Schwierigkeiten führen dazu, dass bei örtlichen Versetzungen immer häufiger der Vater allein umsiedelt, während die Familie am Wohnort bleibt (Angelika Ernst 1986, S. 141f.). Wenn man die Versetzung verweigert, nährt man sich tendenziell der Entlassung (Yônosuke Ogoshi 1994, S. 150).

---

[49] Diese Ansicht wurde von Kazuo Koike (1977 1981) zum ersten Mal entwickelt.

2.1.3.5.2 *Shukkô* (Versetzung innerhalb der Unternehmensgruppe bzw. des Konzerns)

Shukkô ist ein Kernelement, um das japanische System der lebenslangen Beschäftigung zu verstehen. Man kann *Shukkô* begreifen als Versetzung innerhalb einer Unternehmensgruppe bzw. eines Konzerns (*Keiretsu*). Häufig handelt es sich dabei um neue Töchterunternehmen, die für eine Diversifikationsstrategie des Mutterunternehmens in neue Wachstumsbereich stehen, dabei aber auch die Funktion eines Reservoir haben (Arne Holzhausen 1998, S. 27). *Shukkô* hat sich mit der Erweiterung des internen Arbeitsmarkts[50] entwickelt (Isao Sekiguchi 1996, S. 177).[51]

Seit den sechziger Jahren verbreitete sich *Shukko* rasch. Angesichts des hohen Wirtschaftswachstums wurden viele neuen Firmen durch Ausgliederungen von Unternehmensabteilungen bzw. Fusionen gegründet. In dieser Zeit kam es auch zur Überlieferung der Managementtechnik an die Tochtergesellschaft bzw. deren Unterstützung im Zusammenhang mit der Expansion der Unternehmensgruppe (Takeshi Inagami 2002, S. 58). In Zeiten des schlanken Managements nach dem ersten Ölschock wurden *Shukkô* vorgenommen, um ein Übermaß an Arbeit zu bewältigen. Zu dieser Zeit gingen vor allem die strukturschwachen Großunternehmen erstmals dazu über, ihre überschüssigen Arbeitskräfte innerhalb ihrer Unternehmensgruppe auch in branchenfremde Betriebe mit Arbeitskräftemangel zu versetzen (Angelika Ernst 1986, S. 140). In vielen Unternehmen wurde *Shukkô* neu durchgeführt, so viel wie möglich, bevor freiwillige Entlassungen vorge-

---

[50] Naomichi Hunahashi (1975) hat die Merkmale des japanischen internen Arbeitsmarkts wie folgt dargestellt: Die Zirkulation der Arbeitskräfte im internen Arbeitsmarkt geht von der Voraussetzung aus, dass die Unternehmen unmittelbar die Arbeitnehmer beherrschen, während der Verkauf und der Einkauf der Arbeitskräfte auf dem externen Arbeitsmarkt frei ist. Im Unterschied zum externen Arbeitsmarkt gibt es auf dem internen Arbeitsmarkt keinen Mechanismus der Lohnfindung mittels Angebot und Nachfrage. Im internen Arbeitsmarkt wird die Konkurrenz von außen her ausgeschlossen. Stattdessen regulieren die Unternehmen die Arbeitnehmer direkt mittels der *Haichi Tenkan* und einer vertikalen Beförderung (vgl. Shôrin Kobayashi 1979, S. 124-127). Nach Takenaka liegt das Charakteristikum des japanischen internen Arbeitsmarkts im Arbeitsmarkt je nach Einstellungsweise. Dabei steht die „lebenslange Beschäftigung" der Stammbelegschaften in den Großunternehmen im Mittelpunkt. Interner Arbeitsmarkt und externer Arbeitsmarkt hängen organisch zusammen, weil die „lebenslange Beschäftigung" der Stammbelegschaften in den Großunternehmen unter der Bedingung besteht, dass die Teilzeitarbeiter, Leiharbeiter und Zeitarbeiter als Konjunkturmaßnahme im externen Arbeitsmarkt vorhanden sind (Emiko Takenaka 1996, S. 130).

[51] Eine ursprüngliche Form der *Shukkô* war bereits vor dem Zweiten Weltkrieg vorhanden. Aber damals betraf diese hauptsächlich die einigen Geschäftsführer, die meistens die Betriebsleitung bzw. Betriebsberatung bei anderen Unternehmen durchführten (Takeshi Inagami 2002, S. 58).

nommen wurden. Dennoch wurde in den Unternehmen, wo bereits *Shukkô* eingerichtet war, deren Merkmal, eine Strategie zur Verstärkung der Tochtergesellschaft bzw. affiliierten Gesellschaft darzustellen, nicht beeinträchtigt (Takeshi Inagami 2002, S. 59). In keinem westlichen Land findet man ein ähnliches System wie *Shukkô*. Inagami hat dies damit begründet, dass in der Tat ein dem *Keiretsu* (japanischem Konzern) bzw. dem japanischen affiliierten Unternehmen entsprechendes Unternehmenssystem in Europa nicht existiert (ebenda, S. 57).

Shukkô lässt sich in zwei Teilen, *Zaiseki Shukkô* und *Tenseki Shukkô*, klassifizieren.[52] Wenn *Shukkô* durchgeführt wird, ohne dass das förmliche bzw. tatsächliche Arbeitsverhältnis mit dem eigentlichen Arbeitgeber (Entsender) gelöst wird, wird es als *Zaiseki Shukkô* bezeichnet. Wenn es um den Lohn bzw. die einmalige Abschiedsprämie (*Taishokukin*) geht, tritt die Regelung des eigentlichen Arbeitgebers in Kraft (Shôjirô Ujihara 1985, S. 373). Häufig wird *Zaiseki Shukkô* zu Wissenstransfer, Unterstützung anderer Unternehmen bei Kräftemangel, Bildung einer guten Karriere und Nachwuchsförderung verwendet. Aus diesem Grund betrifft die *Zaiseki Shukkô* vor allem die jüngere Generation (Takeshi Inagami 2002, S. 57). Im Gegensatz dazu gilt für die *Tenseki Shukkô* die Regelung des neuen Unternehmens. Die *Tenseki Shukkô* wurde öfter als Personalanpassungsmaßnahme gegen ein Übermaß an Arbeitskräften und die alten und mittleren Arbeiter seit dem Ölschock verwendet.

---

[52] Ogoshi hat die *Shukkô* in vier Typen eingeordnet. Der erste Typ ist die häufigste Form der *Shukkô*; die zur Muttergesellschaft gehörenden Arbeitnehmer werden in eine Tochtergesellschaft versetzt, die mit Verkauf, Service bzw. Vertrieb der Muttergesellschaft betreut ist. Der zweite Typ ist *Naibu Shukkô* (interne *Shukkô*); eine Abteilung eines Betriebs wird gänzlich als ein neuer Betrieb reorganisiert. Es macht die früheren regulären Mitarbeiter durch gründlichen Geschäftswechsel zu Arbeitnehmern einer Tochtergesellschaft der *Keiretsu*. Der dritte Typ ist *Ôen Shukkô*; dieser tritt wie eine Form der Leiharbeit auf, z. B. von einem Elektrounternehmen zu einem Automobilunternehmen. In diesem Fall werden die „unregulären" Arbeiter in diesem Automobilunternehmen in der Regel bereits massiv entlassen, bevor die regulären Arbeiter im Elektrounternehmen in das Automobilunternehmen umgesetzt werden. Der vierte Typ ist *Haichi Tenkan*; in dieser Form ist das Konzept der *Shukkô* verloren gegangen und die tatsächliche *Shukkô* innerhalb Unternehmensgruppe wird als ein *Haichi Tenkan* betrachtet, weil die Einstellungen unternehmensgruppenweise durchgeführt werden (Yônosuke Ogoshi 1994, S. 151f.).

Tabelle 3: Das Verhältnis der Unternehmen, die *Shukkô* durchführen (%)

	Insgesamt	*Ichiji Shukkô*	*Taishoku Shukkô*
Insgesamt	100,0	16,4	6,9
5,000~	100,0	98,8	56,3
1,000~4,999	100,0	76,6	31,4
300~999	100,0	46,0	15,2
100~299	100,0	24,5	8,7
30~99	100,0	9,5	4,9

Quelle: Rôdôshô (Arbeitsministerium) 1981: Koyô kanri chôsa hôkoku.
Zitiert nach: Shôjirô Ujihara 1985, S. 380.

1981 führte das Arbeitsministerium eine Untersuchung über *Shukkô* durch.[53] Danach wurde *Shukkô* als *Ichiji Shukkô* (vorübergehende *Shukkô*) und *Taishoku Shukkô* (pensionierende *Shukkô)* unterteilt. *Ichiji Shukkô* setzt voraus, dass die Arbeitnehmer nach einer bestimmten Zeit in das eigentliche Unternehmen zurückkehren. Dagegen geht die *Taishoku Shukkô* davon aus, dass die Arbeitnehmer bis zur Pensionierung im aufnehmenden Unternehmen verbleiben (Shôjirô Ujihara 1985, S. 373). Nach dieser Untersuchung betrug der Anteil der Unternehmen, die *Ichiji Shukkô* bzw. *Taishoku Shukkô* durchführten, jeweils 16,9 % und 6,9 %. Aber dieser Anteil unterscheidet sich beträchtlich je nach Unternehmensgröße. In den Unternehmen, deren Belegschaften weniger als 1.000 umfasst war *Shukkô* wenig populär. Dies lag daran, dass klein- und mittelständische Unternehmen eher als aufnehmende Unternehmen der *Shukkô* funktionieren, weil diese von der *Shukkô* profitieren können (ebenda, S. 382). Hingegen wurden sowohl *Ichiji Shukkô* als auch *Taishoku Shukkô* in den Großunternehmen mit Belegschaften von mehr als 5000 allgemein eingerichtet. Im Unterschied zu klein- und mittelständischen Unternehmen haben die Großunternehmen verschiedene Betriebsorganisationen (z. B. Tochtergesell-schaften der *Keiretsu*, Zulieferbetriebe (*Shitauke Shakai*) oder Filialbetriebe mit Spezialkontrakt), die sich für *Shukkô* eignen (ebenda, S. 378f.). Was die Altersklasse der *Shukkô* angeht, lässt sich ein Unterschied zwischen *Ichiji Shukkô* und *Taishoku Shukkô* erkennen (Tabelle 4). In der *Ichiji Shukkô* haben die jüngeren Arbeitnehmer unter 44 Jahren das Übergewicht. Je kleiner das Unternehmen ist, desto mehr konzentrierten sich die jüngeren Arbeitnehmer auf *Ichiji Shukkô*. Die *Taishoku Shukkô* betreffen die älteren Arbeitnehmer zwischen 50 und 59 Jahre in den Großunternehmen am meisten. Dadurch lässt sich feststellen, dass die *Taishoku Shukkô* als eine Maßnahme gegen Altersarbeitnehmer in den Großunternehmen eingerichtet wurde.

---

[53] Vgl. Rôdôshô (Arbeitsministerium) (1981): Koyô kanri chôsa hôkoku

Im Verlauf der Überwindung der strukturellen Rezession anlässlich des Ölschocks wurden in Japan Personalanpassungen vor allem durch *Haichi Tenkan* und *Shukkô* durchgeführt. Diese Maßnahmen haben dazu beigetragen, die von der Verlängerung der Pensionierungsalter begleiteten Probleme zu lösen, insbesondere die Alterung der regulären Arbeitnehmer und die Stauung der vertikalen Beförderung (*Shôshin*). Darüber hinaus dienten diese dazu, einschneidenden Personalabbau durch Kündigungen vermeiden zu können und das System der „lebenslangen Beschäftigung" aufrechtzuerhalten. Dennoch brach die wörtliche „lebenslange Beschäftigung" innerhalb eines Unternehmens zusammen, stattdessen wurde die großräumige „lebenslange Beschäftigung" (*Kôiki Shûshin Koyô*) innerhalb der Unternehmensgruppe eingerichtet (Ogoshi Yônosuke 1994, S. 146).

Die Herausbildung der „lebenslangen Beschäftigung" hat ein Merkmal darin, dass der Arbeitnehmer bzw. die Gewerkschaft in den Großunternehmen diese durch Kampf gegen Arbeitsgeber erworben hat. Aber hinsichtlich der Gesamtheit der Arbeitnehmer ist eine gewisse Differenzierungsstruktur innerhalb der Arbeiterklasse zu beachten, weil die „lebenslange Beschäftigung" nur die männlichen regulären Arbeitnehmer betrifft. Die Teilzeitarbeiter, die weiblichen Arbeitnehmer, die untergeordnete Tätigkeit ausüben sollen, und Arbeitnehmer in Zulieferbetrieb (*Shitauke Shakai*) sind davon ausgeschlossen (Masayoshi Nozuka 1994, S. 194).

Tabelle 4: Die häufigste Altersklasse der *Shukkô* (Jahre, %)

		~30	30~ 34	35~ 39	40~ 44	45~ 49	50~ 54	55~ 59	60~	Kein Unterschied	Keine Antwort
Ichiji Shukkô											
	100,0	24,8	15,0	14,9	9,6	5,5	8,7	1,3	0,4	6,0	13,8
5,000~	100,0	10,0	14,6	17,5	12,5	5,8	10,4	1,7	----	20,0	7,5
1,000~ 4,999	100,0	16,0	15,9	14,8	11,9	10,3	9,8	3,5	0,2	10,6	7,2
300~ 999	100,0	24,7	14,5	14,9	10,0	10,9	4,4	3,1	0,2	7,1	10,3
100~ 299	100,0	27,4	18,3	11,8	12,3	3,7	3,7	0,4	1,0	5,3	16,2
30~99	100,0	25,3	12,5	17,2	6,8	3,7	14,2	0,9	0,1	4,6	14,6
Taishoku Shukkô											
	100,0	13,0	7,2	7,4	2,6	6,4	7,5	18,3	9,8	4,1	23,6
5,000~	100,0	1,4	3,5	1,4	2,1	3,5	41,3	35,7	2,1	1,4	7,7
1,000~ 4,999	100,0	5,3	4,9	3,8	3,8	5,8	30,7	29,0	3,3	5,1	8,2
300~ 999	100,0	9,4	4,1	4,1	5,3	16,0	14,3	25,8	3,2	7,2	10,6
100~ 299	100,0	25,1	3,7	7,8	5,5	1,7	2,6	15,5	14,1	6,2	17,8
30~99	100,0	9,1	10,6	9,0	----	6,6	3,0	15,3	10,7	2,1	33,6

Quelle: Rôdôshô (Arbeitsministerium) 1981: Koyô kanri chôsa hôkoku.
Zitiert nach: Ujihara 1985, S. 378.

2.1.4 „Senioritätsprinzip" und „Fähigkeitsprinzip" (*Nôryoku Shugi*)

2.1.4.1 Theorietische Überlegung zum „Senioritätsprinzip"

Das „Senioritätsprinzip" (*Nenkô Joretsu*) lässt sich als eine Praxis auffassen, bei der das Alter der Beschäftigten und die Beschäftigungsdauer im Mittelpunkt der Entscheidungen über Lohnerhöhung und Beförderungen stehen. Diese Praxis ist mit der bereits dargestellten „lebenslangen Beschäftigung" eng verbunden. Denn Lohnsteigerungen und Beförderungen erfolgen parallel zur zunehmenden Betriebszugehörigkeit im Rahmen der lebenslangen Beschäftigung. Dabei kommt es allerdings nicht zu automatischen Lohnsteigerungen und Beförderungen, sondern zwischen den Mitarbeitern entstehen Unterschiede beim Ausmaß der Lohnsteigerungen und beim Tempo der Beförderung. In diesem Zusammenhang stehen die Mitarbeiter miteinander in einer Konkurrenz zueinander, die sich auf ihr gesamtes Berufsleben erstreckt (Kanamori und Kosai 1997, S. 299).

Wie bei der „lebenslangen Beschäftigung" ist es nicht unumstritten, ob das „Senioritätsprinzip" eine spezifische japanische Eigenschaft ist. Unmittelbar nach den Kriegszeiten galt der Senioritätslohn als das unrationale und feudalistische System, weil weniger Zusammenhang zwischen dem Lebensalter bzw. der Beschäftigungsdauer und der Produktivität bestanden habe (vgl. Haruo Shimada 1994, S. 76). Im Lauf des Wirtschaftswachstums hat sich die Einstellung über das „Senioritätsprinzip" verändert. Einige Wissenschaftler sind der Meinung, dass die senioritätsgeprägten Lohn- und Beforderungssysteme eine besondere japanische Form sei. In den westlichen Ländern wird der Lohn durch Leistung oder Tätigkeit determiniert. Dagegen entspricht der japanische „Senioritätslohn" diesen Kriterien nicht direkt. Vielmehr wird der Lohn mit der Tätigkeit mittels der vertikalen Beförderung und der Personalbewertung verbunden. Aus diesem Grund ging es im japanischen Management darum, wie die Tätigkeit von jedem Arbeitnehmer ausgeübt werden und darüber hinaus organisiert werden soll. Auch wenn die konkreten Inhalte der Tätigkeit sich je nach Branche unterschieden, sollte das gemeinsame Prinzip der Tätigkeit herausgefunden werden (Manabu Mine 1978, S. 307). Im Mittelpunkt davon steht die auf Seniorität bezogene „Betriebsordnung" (*Shokuba Chitsujo*): Ein Arbeitnehmer, der am Anfang ohne betriebliche Ausbildung eingestellt wird, nimmt allmählich die erforderliche Technik durch Schulung und Übertragung von dem Vorarbeiter bzw. dem ältesten Mitarbeiter einer Abteilung auf und kann dadurch seine Hierarchie in dem Betrieb erhöhen und seinen Nachfolger schulen. Die besondere Fähigkeit, mittels dieses Prozesses erworben, bildet die Grundlage für die fachliche Geschicklichkeit des japanischen *blue-collar* und gilt als die Autorität hinsichtlich der Aufrechterhaltung der Betriebsordnung (Shôjirô Ujihara 1966, S. 382f.). Ujihara hat darauf hingewiesen, dass eine hohe Korrelation zwischen Grundlohn (*Kihon Kyû*)[54] und Beschäftigungsdauer besteht, und schließlich stimmt die Hierarchie der Geschicklichkeit mit der Hierarchie des Lohns überein. Folglich steht der Senioritätslohn mit der auf der Seniorität bezogenen Betriebsordnung in einem untrennbaren Verhältnis, und dieser Senioritätslohn entspricht der jeweiligen Geschicklichkeit (Manabu Mine 1978, S. 308). Das war eine Erklärung für die Herkunft des Senioritätslohns.

[54] Der Grundlohn (*Kihon Kyû*) bezeichnet den monatlichen Lohn ohne Zuschläge, Überstundenvergütung und Bonuszahlung.

Einige Wissenschaftler sind der Meinung, dass der Senioritätslohn tatsächlich nicht typisch japanisch ist.[55] Kazuo Koike hat darauf hingewiesen, dass der auf Seniorität bestehende Lohn in der Phase des Monopolkapitalismus in allen Länder zu finden war. Dieser Phase wurde charakterisiert durch die Expansion der Unternehmen, die Arbeitszerlegung und betriebsspezifische Produktion. Die Arbeitnehmer sollten die erforderlichen Qualifikationen erwerben und somit zu einem hohe Leistungsfähigkeit erfordernden Arbeitsplatz in demselben Unternehmen wechseln. Dadurch wurde die vertikale Beförderung verallgemeinert und der Senioritätslohn erschien als ein an diesen Zustand anpassendes Lohnsystem (Vgl. Manabu Mine 1978, S. 308). Er hat eine vergleichende Untersuchung über Lohnsysteme durchgeführt und ist zu folgendem Ergebnis gekommen: Soweit es die Fabrikarbeiter angeht, gilt der Senioritätslohn lediglich für japanische Arbeitnehmer. Aber soweit es die Angestellten betrifft, lässt sich feststellen, dass der Senioritätslohn nicht nur in Japan, sondern auch in europäischen Ländern Anwendung findet (vgl. Nihon keizai shimbun 1992, S. 497f.). Kanamori und Kosai gelangten zu einem ähnlichen Ergebnis: Im internationalen Vergleich der Lohnkurven zeigt sich, dass *blue-collar* in Großbritannien und Deutschland bis etwa 30 Jahre eine steigende Kurve aufweisen, bei über 30 Jährigen verläuft die Kurve jedoch flach. Dieses Profil ist daher nicht auf Seniorität ausgerichtet. Es gibt hingegen auch Beispiele, wie bei den US-amerikanischen *white-collar*, die bis zu einem Alter von 50 Jahren die gleiche Lohnkurve wie in Japan zeigen. Der Senioritätslohn kann also nicht nur in Japan beobachtet werden (Kanamori und Kosai 1997, S. 300). Naoki Mitani hat auch darauf hingewiesen, dass der Senioritätslohn eine ökonomische Rationalität hat: Der auf der Seniorität beruhende Lohn lässt sich unter den gegebenen Umständen allgemein finden; gleichzeitig wird es bei den veränderten Wirtschaftsumständen aufgegeben (Naoki Mitani 2002, S. 73).

Im Zusammenhang mit der ökonomischen Rationalität des „Senioritätsprinzips" gibt es verschiede Hypothesen. Naoki Mitani hat diese in vier Ansätze eingeteilt (Naoki Mitani 2002, S. 73f.).[56] Erstens, Humankapitaltheorie (*Jinteki Shihon Ron*): Die Arbeitnehmer sollen nach der Anstellung durch *OJT*, Kleingruppenaktivitäten und *job-rotation* das *Humankapital* bzw. die Leistungsfähigkeit erhöhen. Dementsprechend kommen Lohnsteigerung und Beförderung vor. Zweitens, Hypothese der Sicherung des Lebensunterhalts: In Japan erhöhen sich die Lebensunterhaltungskosten mit steigendem Lebensalter, weil die soziale

[55] Vgl. Kazuo Koike (1981), Mikio Sumiya (1974)

[56] Fumio Ôtake hat die theoretischen Erklärung des „Senioritätsprinzips" in folgende vier Ansätze unterteilt: 1. Humankapitaltheorie, 2. Theorie der unvollständigen Information, 3. Theorie des unvollständigen Kapitalmarkts, 4. Theorie des Schneeballsystems (*Nezumiko*) (vgl. Fumio Ôtake 1998, S. 84-96).

Sicherung, das Erziehungssystem und die Wohnungsversorgung nicht etabliert sind. Im Unterschied zu den USA bzw. den europäischen Ländern wird auch dieser Lebensunterhalt durch das Senioritätsprinzip determiniert (vgl. Shôrin Kobayashi 1979, S. 131f.). Drittens, *Hypothesis of Matching*: Wenn eine bestimmte Tätigkeit auf einen bestimmten Arbeitnehmer zugeschnitten ist, kann hohe Produktivität erwartet werden. In anderen Fällen soll er den Arbeitsplatz wechseln. Im Laufe der Beschäftigungsdauer bleiben nur die an den Arbeitsplatz gut angepassten Arbeitnehmer in den Unternehmen. Aus diesem Grund soll der durchschnittliche Lohn mit der langen Beschäftigungsdauer steigen. Viertens, *Hypothesis of Incentives*: Um die Motivation der Arbeitnehmer zu erhöhen, soll die Lohnkurve in den ersten Beschäftigungsjahren unter dem Produktivitätslevel bleiben. Aber mit einer steigenden Beschäftigungsdauer soll die Lohnsteigerung über den Produktivitätslevel gesichert werden. Dadurch wird es ermöglicht, die Produktivität zu steigern und lebenslang den hohen Lohn auszuzahlen.

2.1.4.2 Die Entstehung des „Senioritätsprinzips“

Die Entstehung des auf dem „Senioritätsprinzip“ basierenden Arbeitsverhältnisses in der japanischen Industrie ist bereits in den zwanziger Jahren zu beobachten. Der Senioritätslohn in dieser Zeit war aber insbesondere das Instrument, mit dem die großen Unternehmen gegen die hohe Fluktuation ihrer Mitarbeiter angingen, indem sie ihnen mit der Ansicht auf steigenden Lohn einen Anreiz zum Verbleiben im Unternehmen schufen. Allerdings galt dieses „Senioritätsprinzip“ nur für einen kleinen Teil der Arbeitnehmer, hauptsächlich in den Großunternehmen (Arne Holzhausen 1998, S. 55f.). Die Entscheidung des Lohnes nach dem „Senioritätsprinzip“ für die Fabrikarbeiter erfolgte in den Kriegszeiten, als der Ansatz zum „Lebensdauerlohn“ (*Shôgai Chingin*) sich mit der „Anschauung zur kaiserreichlichen Arbeit“ (*Kôkoku Kinrô Kan*) verband und eine Treueprämie (*Kinzoku Kyû*) und der Familienzuschuss (*Kazoku Kyû*) in das Lohnsystem eingeführt wurden (Humio Ôtake 1998, S. 80f.). „Anschauung zur kaiserreichlichen Arbeit“ bedeutet: Die Arbeit soll mit familiärer Gemeinsamkeit und Harmonie dem japanischen Kaiserreich dienen. Die Arbeitnehmer sollen mittels Arbeit ihrem Vaterland danken, und im Gegenzug sollen sich die Arbeitgeber um die Verbesserung der betrieblichen Wohlfahrt kümmern. Vor diesem Hintergrund wurde die Lohnfestsetzung mit der Beschäftigungsdauer bzw. dem Lebensalter gekoppelt und von der Leistung bzw. der produktiven Effektivität getrennt. (ebenda, S. 81). 1942 wurde eine staatliche Vorschrift zur Arbeitnehmerkontrolle in den bedeutenden Unternehmen (*Jûyô jigyô Shô Rômu Kanri Meirei*) erlassen. Danach sollte der Lohn der jeden Mitarbeiter einmal jährlich erhöht werden und zugleich Maximum, Standard und Minimum der Lohnerhöhung bestimmt werden (ebenda, S. 81). Hiermit wurden regelmäßige Lohnerhöhungen und altersabhängige Lohnerhöhungen festgesetzt.

In den unmittelbaren Nachkriegszeiten stand das Senioritätsprinzip im Mittelpunkt des japanischen Lohnsystems. Im Jahr 1945 blieb der Reallohn 13 % unter dem durchschnittlichen Niveaus der Vorkriegszeiten zwischen 1934 und 1936 (Noboru Ogawa 1996, S. 93). Von September 1945 bis Juni 1946 verdoppelte sich der Preis. Angesichts der schwierigen Lebensverhältnisse traten Überlegungen zur Existenzsicherung der Arbeitnehmer in den Vordergrund. Aufgrund der steigenden Ausgaben in einem Lebenszyklus wurde das „Senioritätsprinzip“ in der Lohnentscheidung weiter gefordert. Entsprechend dieser Verwendung der „Seniorität“ als Indikator für die Höhe der lebensnotwendigen Ausgaben wird das Lohnsystem der Nachkriegszeit auch als „System des Lebenslohns“ (*Seikatsu Kyû Taikei*) bezeichnet (Arne Holzhausen 1998, S. 56). Das Vorbild dieses Lohnsystems lieferte das Lohnmodell, das der Gewerkschaftsrat der Stromerzeuger im Oktober 1946 durchsetzen konnte. (Tomoko Ishida 2001, S. 4). Nach diesem Modell besteht der Grundlohn zu 67 % aus Lebenslohn; einer Individualkomponente, die sich nach dem Lebensalter berechnet, und einer Familienkomponente. Lediglich 20,5 % spiegeln die individuelle Fähigkeit und Leistung wieder (ebenda, S. 4). Ein Merkmal dieses Modells bestand darin, dass der Lohn nach dem Lebensalter stieg und verschiedene Zuschläge (*Teate*) eingerichtet wurden. Die Arbeitgeber haben diese Zuschläge als variable Lohnkosten interpretiert; damit ließen sich fixe Kosten einsparen. Aufgrund der damaligen Alterspyramiden - Überschuss an zumeist jungen Arbeitskräften - konnten die Arbeitgeber insgesamt niedrige Lohnkosten einsparen. Die jungen Mitarbeiter wurden unter diesem Lohnsystem nur gering entlohnt und mussten Überstunden machen, um den niedrigen Lohn zu kompensieren.

In den unmittelbaren Nachkriegszeiten stand auch der sog. „Aufgabenlohn“ (*Shokumu Kyû*) zur Diskussion. Die Diskussion über den „Aufgabenlohn“ ging von der US-amerikanischen Besatzungsmacht aus. Die US-amerikanische Besatzungsmacht hatte dazu geraten, das Personal- und Lohn-System der USA einzuführen. Aus diesem Anlass haben einige Unternehmen versucht, dieses in Japan anzuwenden (ebenda, S. 3). Jedoch verfügten die japanischen Unternehmen, mit Ausnahme von etlichen Unternehmen in der Stahlindustrie, kaum Erfahrung, den Lohn und die Beförderung per Dienstanweisung festzusetzen. In jener Zeit hat sich jedoch der „Aufgabenlohn“ unter den japanischen Umständen nicht durchgesetzt (ebenda, S. 4). Zwar haben die Unternehmen weiter versucht, verschiedene Lohnsysteme -abgesehen vom Lohnmodell des Gewerkschaftsrats der Stromerzeuger- einzurichten, aber angesichts der Frage des Lebensunterhalts sollte die Lohnerhöhung nach Lebensalter erhalten bleiben. Im Jahr 1954 wurde das System der regelmäßigen Lohnsteigerung mittels der Schlichtung durch den „Zentralrat der Arbeit" (*Chûrôi*) aufgestellt (ebenda, S. 5).

Seit 1955 hat sich die Wirtschaft stark fortentwickelt. Viele neue Technologien wurden in die japanische Industrie eingeführt und die Aufgaben wurden unterteilt. Die Arbeitnehmer standen vor steigenden technischen Anforderungen. Demzufolge hat sich der bisher vorausgesetzte Zusammenhang zwischen Zugehörigkeitsjahren und Arbeitsleistung gelockert. Die Ungleichheit des Lohns bei gleicher Tätigkeit aufgrund des bisherigen „Senioritätsprinzips" löste Unzufriedenheit bei den jungen Arbeitnehmern aus. Unter diesem Umstand sind die Arbeitgeber verpflichtet, das Senioritätsprinzip in der Anstellung und Arbeitspraxis entsprechend der „Aufgabe" (*Shokumu*) zu modifizieren. Darüber hinaus wurde ein auf den Aufgaben beruhendes Personalmanagement gefordert (Sadao Watanabe 2000, S. 153). Dafür wurde das amerikanische Personalmanagement wieder berücksichtigt und von *JPC*[57] als eine Maßnahme zur „Bewegung für die Produktivitätssteigerung" eingeführt. Dieses amerikanische System besteht aus *Human Relation*[58], „Gruppen-Arbeit" und die Einrichtung des Vorarbeitersystems (*Shokuchô*), die auf Dienstanweisungen und -bewertungen, verbunden mit der Unterteilung der Aufgaben, basieren (ebenda, S. 153). Danach sollte im Prinzip ein Arbeitnehmer die Voraussetzung der Aufgabe erfüllen, um in eine höhere Stellung aufzusteigen. Tatsächlich war jedoch nicht nur die Beförderung, sondern auch die Steigerung des Aufgabenlohns an die Beschäftigungsjahre geknüpft. Der „Aufgabenlohn" wurde lediglich als ein Bestandteil der Lohnentscheidung dem Senioritätsprinzip hinzugefügt, hat sich also zum „Senioritäts-Aufgabenlohn" verändert. Die Gewerkschaften haben auch gegen die Einführung des „Aufgabenlohns" protestiert[59], weil die Lohnsteigerung in diesem Lohnsystem ohne Aufstieg in eine höhere Stellung nicht möglich ist. In dieser Zeit setzte sich der Gedanke über die regelmäßige Lohnsteigerung in den Gewerkschaften fest (Yoshiji Suzuki 1994, S. 183). Letztendlich waren im Beförderungs- und Lohnsteigerungs-System in Japan Anfang der sechziger Jahre das Aufgabe- und das Senioritäts- Prinzip zusammengefasst.

---

[57] *Japan Productivity Center*. *JPC* wurde 1955 gegründet.

[58] *Human Relation* nennt man eine in den 1930er-Jahren von den USA ausgegangene Richtung betrieblicher Personal- und Sozialpolitik. Neben den organisatorisch vorgeschriebenen Beziehungen im Betrieb betont diese Richtung die Bedeutung der sich „informell" und „spontan" bildenden Sozialkontakte als Mittel zur Lösung betrieblicher und individueller Konfliktsituationen und zum Abbau von Gefühlen der Unzufriedenheit und damit zur Effizienzsteigerung der menschlichen Arbeit.

[59] Nach einem Bericht von *Nikkeiren* im Jahr 1964 waren 59 % der Arbeitnehmer in *Nihon*-Stahl, 75 % der Arbeitnehmer in *Fuji*-Stahl gegen die Einführung des Aufgabenlohns (vgl. Yoshiji Suzuki 1994, S. 183).

2.1.4.3 Die Entstehung des „Fähigkeitsprinzips“ im Lohn- und Beförderungssystem

1964 hat sich das japanische Wirtschaftssystem zum Weltmarkt geöffnet. Das bisherige Prinzip des Personalmanagements, das auf den Aufgaben basierte und mit der Beschäftigungsdauer gekoppelt war, konnte sich im Weltmarkt nicht mehr gegen den Druck der Konkurrenz behaupten. Vor diesem Hintergrund war eine umfassende Neubestimmung gefordert; die technologische Entwicklung stellte neue Anforderungen an den Arbeitsmarkt. Die Arbeitgeber erfanden dafür den Begriff „Fähigkeitsprinzip“ (*Nôryoku Shugi*). Das „Fähigkeitsprinzip“ konnte mit dem „Senioritätsprinzip“ übereinstimmen, weil das „Fähigkeitsprinzip“ der Akkumulation der persönlichen Bemühung zur Leistungssteigerung entspricht (Yoshiji Suzuki 1994, S. 190). Zwar wurde das „Fähigkeitsprinzip“ schon Ende der sechziger Jahre eingeführt, doch hat es sich erst seit dem Ende der siebziger Jahre regelrecht entfaltet (ebenda, S. 181).

Das „Qualifikationsrangsystem“ (*Shokunô Shikaku Seido*) ist eine Hauptfigur in dem „Fähigkeitsprinzip“ (Yoshihiko Kamii 1993, S. 69f.). In seinem Bezug bedeutet „Qualifikation“ (*Shokunô*) die Fähigkeit zur Durchführung der Arbeitsaufgabe (*Shokumu Suikô Nôryoku*), mithin sind davon die Fähigkeiten, die mit der Arbeitsaufgabe nicht direkt verbinden sind, ausgeschlossen. Diesem System zufolge sollen die Ränge der Qualifikation (*Shokunô Joretsu*) von der Entwicklung der Fähigkeit zur Durchführung der Arbeitsaufgabe abhängig sein und jeder Arbeitnehmer soll nach diesem Rang klassifiziert werden. Auf dieser Klassifikation beruhend wird das grundlegende Personalmanagement, z. B. personaler Lohn, Aufgabenteilung und die Steigerung der Leistungsfähigkeit, bestimmt (Yoshiji Suzuki 1994, S. 190).

Das japanische „Fähigkeitsprinzip“ (*Nôryoku Shugi*) ist bereits in einem Bericht vom *Nikkeiren* 1969 zu finden. *Nikkeiren* hat zwar die Einführung des „Fähigkeitsprinzips“ im Personalmanagement postuliert, jedoch wurde die „Fähigkeit“ in diesem Bericht in umfassender Weise definiert als ein Beitrag, den ein Arbeitnehmer als ein Bestandteil des Unternehmens zum Ziel des Unternehmens leisten soll. Hier geht es um die Bewertung der latenten Fähigkeit, in der die Anpassungsfähigkeit an neue Technologien, Vielseitigkeit, die Einsatzbereitschaft zum Verlangen der Unternehmen und die Kooperationsfähigkeit mit den Kollegen eingeschlossen sind (Yoshihiko Kamii 1993, S. 70f.). Damit fand das Konzept des „Qualifikationslohnes“(*Shokunô Kyû*) explizit Eingang in das japanische Lohnsystem. Beim Qualifikationslohn liegt der Akzent nicht mehr auf den feststehenden Merkmalen des Arbeitnehmers wie Alter oder Beschäftigungsjahre, sondern auf seinen relationalen Eigenschaften zum Arbeitsinhalt, auf seiner Qualifikation. In diesem Lohnsystem gilt der Wirkungszusammenhang von Alter und

Lohn ohne Weiterentwicklung der eigenen Fähigkeiten nicht mehr (Arne Holzhausen 1998, S. 58f.). Dennoch wird mit der Ausbildung, d. h. mit der Betonung des Prozesses des Qualifikationserwerbes im Zeitverlauf der Anstellung, wiederum die Nähe zum Senioritätsprinzip deutlich. Tatsächlich sind im Lohnsystem in dieser Zeit der Qualifikationslohn und der Senioritätslohn nebeneinander vorhanden.

Das japanische „Fähigkeitsprinzip" der Anfangsphase der „unternehmenszentrierten Gesellschaft" hat, von Mitte der sechziger Jahre bis Mitte der siebziger Jahre, die folgenden drei Subsysteme und den Qualifikationslohn (*Shokunô Shikaku Kyû*) herausgebildet.

Erstens, das „neue Arbeitnehmersystem" (*Shin Shain Seido*): Der Qualifikationsrang[60] (*Shokunô Shikaku*) unterscheidet z. B. Arbeitnehmer (Rang 1 - Rang 7) (*Shain*), Vize-Hauptleiter (*Fu-Shuji*), Hauptleiter (*Shuji*), Vize-Sekretär (*Fu-Sanji*), Sekretär (*Sanji*) u. a. Dementsprechend wird jede Fähigkeit zur Durchführung der Arbeitsaufgabe (*Shokumu Suikô Nôryoku*) definiert (Makoto Kumazawa 1997, S. 29). Das „neue Arbeitnehmersystem" wurde auf dem „Fähigkeitsprinzip" basierend konstruierte und dadurch wurde die Differenz zwischen Arbeitern und Angestellten für die Beförderung abgeschafft. Also kann jeder Beschäftigte bis zum *Topmanagement* aufsteigen, wenn er die erforderlichen Fähigkeiten entwickelt. Ein wichtiger Faktor der starken Loyalität japanischer Arbeiternehmer gegenüber der Firma besteht darin, dass die Unternehmen die Konkurrenz zwischen den Arbeitnehmern mittels der Chancengleichheit als eine Hauptstütze organisieren (Osamu Watanabe 1990, S. 55f.). Allerdings wurden die Frauen in diesem Beförderungssystem diskriminiert.

Zweitens, „Personalbewertung" (*Satei* oder *Jinji Kôka*): Die Personalbewertung leistete einen Beitrag dazu, die Fähigkeit der Arbeitnehmer zu beurteilen und die Entscheidung für Lohn, Beförderung, das Planen und Gestalten von Arbeitsplätzen und die Steigerung der Leistungsfähigkeit zu treffen (Yûkichi Takahashi 1996, S. 80). Der Aufstieg des Qualifikationsrangs (*Shôkaku*) unter dem „neuen Arbeitnehmersystem" wurde durch folgenden Mechanismus hervorgerufen: Zunächst werden die berechtigten Arbeitnehmer zum Aufstieg der Qualifikationsrangs durch die Beschäftigungsdauer entschieden, danach wird die geeignete Person durch die Personalbewertung gewählt (Makoto Kumazawa 1997, S. 30). Die Arbeitgeber konnten die Normen der Personalbewertung ohne Besprechung

[60] Die oben genannten Liste der Qualifikationsnamen lassen sich als Ränge der Angestellten, z. B. Sektionsleiter (*Kakarichô*), Abteilungsleiter (*Kachô*) oder Bereichsleiter (*Buchô*) und die Ränge der Arbeiter, z. B. Vorarbeiter (*Kumichô*), Gruppenführer (*Hanchô*) oder Fabrikleiter (*Kochô*), verstehen.

mit den Gewerkschaften einseitig bestimmen. Vor diesem Hintergrund stehen die Arbeitnehmer unter starkem Konkurrenzdruck, um eine gute Bewertung zu bekommen. Darüber hinaus sind die Arbeitnehmer gezwungen, freiwillig der Firma Loyalität entgegenzubringen (Yûkichi Takahashi 1996, S. 80-2). Das System der Personalbewertung wurde in fast allen japanischen Firmen eingerichtet. Nach einem Bericht von Arbeitsministerium von 1976 haben 72 % der Unternehmen die Personalbewertung eingeführt; der Anteil der Großunternehmen mit mehr als 5.000 Mitarbeiter betrug dabei 98 % (Makoto Kumazawa 1997, S. 30).

Drittens, die Entwicklung der Kleingruppenaktivität bzw. der *QC-Circles.*[61] Der Qualitätszirkel ist eine Mitarbeiterbeteiligung, bei der einige Mitarbeiter in den Prozess der Planung und Kontrolle des Leistungsprozesses einbezogen werden, um Schwachstellen aufzudecken und die Qualität, sowohl des hergestellten Produktes als auch des Produktionsablaufs, stetig zu kultivieren (Christof Zwecker 1994, S. 146). Hierauf zielte die Bewegung der *QC-Circles*; die Verbesserung der Produktivität, die Erhöhung der Sicherheit, die Einsparung unnötiger Dinge und die Erhöhung des Prozentsatzes der im Betrieb befindlichen Maschinen (Makoto Kumazawa 1997, S. 30). Daneben war der Qualitätszirkel darauf ausgerichtet, die Arbeitslustverminderung, beruhend auf der Aufgabenteilung aufgrund des technischen Fortschritts, und gleichzeitig die Schwächung des Kollektivbewusstseins, angesichts der Entwicklung des „Fähigkeitsprinzips", zu verhindern (Yûkichi Takahashi 1996, S. 76). So verstärkt die Arbeit in der Kleingruppe des Qualitätszirkels die Arbeitsmotivation und fördert zugleich die Identifikation mit dem Produkt und dem Produktionsprozess. Während sich der Qualitätszirkel zunächst zu Anfang der sechziger Jahre nur auf den Werkstattbereich beschränkte, verbreitete sich dessen Verwendungsbereich Ende der siebziger Jahre auf Banken, Dienstleistungen, Büroarbeit und Management. Die Arbeitnehmer sollten an dem Qualitätszirkel positiv teilnehmen, weil er für die Personalbewertung und die Beförderung eine wichtige Rolle spielt (ebenda, S. 82f.). In diesem Zusammenhang kann man von einer erzwungenen Freiwilligkeit sprechen.

2.1.4.4 Das „schlanke Management" und die Erweiterung des „Fähigkeitsprinzips"

Angesichts der ersten Ölkrise haben sich die wirtschaftlichen Umstände drastisch verändert, und das hohe Wirtschaftswachstum kam zum Stillstand. In einigen Unternehmen, vor allem in der Stahl- und Schiffbau-Industrie wurde die drastische Rationalisierung unter dem Namen des schlanken Managements durchge-

[61] Der Qualitätszirkel hat seinen Ursprung in den USA, wo er während des Zweiten Weltkriegs in der Rüstungsindustrie erprobt und angewandt wurde.

setzt. Angesichts der schwierigen wirtschaftlichen Bedingungen sollte das herkömmliche japanische Lohn- und Beförderungssystem, in dem das Senioritätssystem auf der Grundlage des Fähigkeitsprinzips steht, neu organisiert werden. Seit Mitte der siebziger Jahre verbreiteten sich *ME*[62] und *JIT-Produktion*[63] in der japanischen Industrie und wurden mit der Entwicklung des japanischen „Fähigkeitsprinzips" verbunden. Dies hat eine Veränderung der Inhalte und des Aufgaben-Bereichs gebracht, und folglich waren die Arbeitnehmer gezwungen, sich daran anzupassen (Makoto Kumazawa 1997, S. 34-8). In diesen Zeiten trat erstmals der „Firma-Mensch" in Erscheinung. Angesichts der Einführung der neuen Technologie, des Verlangens der Vielseitigkeit und der Verbreitung der Versetzung bzw. *Shukkô* wurde ein geeignetes Lebensverhalten[64] für die regulären Arbeitnehmer gefordert. In diesem Kontext lässt sich dieses Lebensverhalten als eine Fähigkeit begreifen, vor allem eine Anpassungsfähigkeit zu einer hohen Flexibilität zu entwickeln. (ebenda, S. 40). Die Arbeitnehmer müssen sich darum bemühen, sich an diese Verhaltensweise zu gewöhnen. In diesen Zeiten entstand die Schichtdifferenzierung innerhalb der Arbeitnehmer. Dies hatte zur Folge, dass sich im Lauf des ME-Systems die wenigen hoch qualifizierten Kernarbeitnehmer von den meist niedrig qualifizierten Randarbeitnehmern trennten (Sadao Watanabe 2000, S. 159).

Das „Qualifikationsrangsystem" hat unter dem schlanken Management weiter als das Grundprinzip für Beförderungen funktioniert. Die Bewertung der Fähigkeit zur Durchführung der Arbeitsaufgabe (*Shokumu Suikô Nôryoku*) wurde verstärkt und das System bezüglich des horizontalen Aufstiegs des Qualifikationsrangs (*Shôkaku*) und des vertikalen Aufstiegs der Arbeitsaufgabe (*Shôshin*) herausgebildet. Zwar wurde der horizontale Aufstieg (*Shôkaku*) nach Beschäftigungsdauer bis zu einer bestimmten Qualifikation weitgehend beibehalten, aber seine Gewicht wurde zurückgenommen, weil der Zusammenhang zwischen der Geschicklichkeit und Beschäftigungsdauer angesichts der Verbreitung des ME-Systems

---

[62] Die rasante Entwicklung der Mikroelektronik (*ME*) ist die Grundlage für die Fortschritte der Wissenschaft und Technologie seit dem Mitte der siebziger Jahre, vor allem im Bereich des Computers.

[63] Organisationsprinzip der Produktion, das von Autohersteller Toyota hervorgebracht und auf andere Industrien übertragen wurde. Dieses Prinzip versucht, Materialzuliefer- und Produktionstermine so aufeinander abzustimmen, dass die kurzfristige Kapazitätsplanung und Materialbereitstellung an die Fertigungs- und Auftragssituation angepasst sind und dadurch Materialbestände und Durchlaufzeiten kostengünstig minimiert werden (vgl. Yoshiji Suzuki 1994, Kapitel. 1).

[64] Das Lebensverhalten für die regulären Arbeitnehmer verlangte, dass man die Berufsarbeit absolute Priorität vor dem Privatleben haben musste. Im Zusammenhang damit sollte ein regulärer Arbeitnehmer z. B. „*challenge spirit*", gute Gesundheit und die Bereitschaft zur Überstunden haben.

geschwächt war (ebenda, S. 158). In der Zeit der Rezession seit der Ölkrise wurde die Rationalisierung des Senioritätslohns im Gang gesetzt, um die Personalkosten für Arbeitnehmer im mittleren und hohen Alter zu sparen. Diese Rationalisierung war darauf gerichtet, den Qualifikationslohn gemäß der Bewertung der Fähigkeit zur Durchführung der Arbeitsaufgabe (*Shokumu Suikô Nôryoku*) und der Erhöhung des Qualifikationsrangs zu entwickeln. Allerdings wurde bis zum Erreichen einer gewissen Qualifikationen die Beschäftigungsdauer an den Qualifikationslohn (*Shokunô Kyû*) gekoppelt (ebenda, S. 160).

2.1.4.5 Die „Totalsystematisierung" des „Qualifikationsrangsystems"

Seit Anfang der achtziger Jahre hat sich das „Qualifikationsrangsystem" neu entwickelt. Nikkeiren hat 1979 für das effektive Personalmanagement die „Totalsystematisierung" des „Qualifikationsrangsystems" vorgeschlagen und folglich hat das „Fähigkeitsprinzip" eine neue Wendung genommen. Danach sollen sich die verschiedenen Subsysteme des Personalmanagements; Lohn, Arbeitsplatzgestaltung, Arbeitsplatzwechsel, Beförderung, Personalbewertung, Ausbildung und die Steigerung der Leistungsfähigkeit, auf dem Qualifikationsrang basierend organisch zusammenschließen (Yûkichi Takahashi 1992, S. 19). In diesem Zusammenhang wurde verlangt, das Fähigkeitsprinzip mittels strenger Kriterien zu verstärken (Yoshihiko Kamii 1993, S. 72). Der Vorschlag der Nikkeiren, die „Totalsystematisierung" des „Qualifikationsrangsystems", wurde von vielen privaten Großunternehmen angenommen, und das Fähigkeitsprinzip gewann im Personalmanagement an Bedeutung. Zu diesem Zeitpunkt hat sich die absolute Personalbewertung statt der bisherigen relativen Bewertung bzw. statt des Geheimnisprinzips verbreitet. Die Betonung der absoluten Personalbewertung wurde damit begründet, dass die fähigen Mitarbeiter angesichts der Globalisierung, Entwicklung der Hochtechnologie und Veränderung der Alterspyramide gefördert werden sollen. (vgl. Yoshiji Suzuki 1994, S. 199ff.).

Der „Qualifikationslohn" und das „Qualifikationsrangsystem" haben stetig auf die Arbeitnehmer im mittleren und hohen Alter gezielt, um die Lohnkosten einzusparen und das Problem der Unzulänglichkeit vieler Posteninhaber zu lösen. Allerdings wurden diese Probleme unter der „Totalsystematisierung" auch nicht gelöst (Yûkichi Takahashi 1992, S. 21). Im Lauf der persönlichen und absoluten Personalbewertung standen die Arbeitnehmer unter einem höheren Druck. Die Arbeitnehmer sollten sich angesichts der Verstärkung des Fähigkeitsprinzips an der Firma hingeben (ebenda, S. 27). Yûkichi Takahashi hat darauf hingewiesen, dass die Personalbewertung kontinuierlich dazu diente, „Abweichler" vom „Firmaismus" herauszufinden (ebenda, S. 31).

Tabelle 5: Lohnunterschied je nach Lebensjahr

Fabrikarbeiter

	1973	1975	1980	1985	1989
20~24	100	100	100	100	100
40~44	165,5	162,9	169,4	174,1	171,3
45~49	175,4	171,7	172,1	179,2	180,4
50~54	177,3	176,3	175,6	177,2	179,7
55~59	149,8	155,0	157,7	167,8	166,7

Management. Büroarbeiter. Techniker

	1973	1975	1980	1985	1989
20~24	100	100	100	100	100
40~44	209,0	214,1	213,4	211,9	207,1
45~49	221,8	232,5	233,0	233,4	228,2
50~54	256,4	244,9	237,8	243,9	242,3
55~59	197,8	215,1	219,0	233,2	226,2

Anmerkung: Die Lohnunterschiede der männlichen Arbeitnehmer in den Unternehmen mit mehr als 1.000 Mitarbeiter.
Quelle: Rôdôshô (Arbeitsministerium): Chingin kôzô kihon kenkyû.
Zitiert nach: Makoto Kumazawa 1997, S. 45.

Seit 1977 hat sich die Lohnerhöhungskurve verändert. Viele Unternehmen konnten nicht umhin, die Lohnerhöhung der Arbeitnehmer in einen Stau geraten zu lassen. Nach einem Bericht des Arbeitsministeriums wurde die Abnahme der Lohnsteigerung in den Unternehmen von 70 % bis 80 % beobachtet, beginnend bei einem Alter der Beschäftigten von Ende 40 bis Anfang 50 (Makoto Kumazawa 1997, S. 44). Mitte der achtziger Jahre wurde der Verzicht auf Lohnerhöhungen für die Arbeitnehmer im Alter von Ende 50 in 28 % der Unternehmen ausgeübt. Seit den achtziger Jahren hat sich der Höhepunkt des Lohns für die *blue-collar* von den über 50-Jährigen auf die leicht unter 50-Jährigen verschoben. Man kann auch feststellen, dass seit den achtzigen Jahren, vor allem seit 1985, der Grad der Lohnsteigerung der über 40 Jahre alten *white-collar* -Angestellter zurückging.

2.1.5 Die Unterentwicklung des Sozialstaats und die betriebliche Sozialpolitik

In der Integrationsform der „unternehmenszentrierten Gesellschaft“ in Japan übernahm die betriebliche Sozialpolitik im Wesentlichen die Rolle der staatlichen Sozialpolitik in den westlichen Ländern. In diesem Abschnitt sollten die betrieblichen Sozialleistungen, insbesondere die Abschiedsprämie (*Taishoku Kin*) und die Firmenwohnung (*Shataku*) analysiert werden. Die staatliche Sozialpolitik in Japan sollen in Kapitel 3 ausführlich erklärt werden.

2.1.5.1 Die Struktur der Lohnkosten in Japan

Die Lohnkosten lassen sich nach der Definition des japanischen Arbeitsministeriums in vier Kategorien einordnen; Direktentgelt, Aufwendungen für Abschiedsprämien, gesetzliche Sozialleistungen und tarifliche bzw. betriebliche Sozialleistungen. Direktentgelt umfasst den Festlohn, Überstundenzuschläge sowie die saisonalen Bonuszahlungen. Die Abschiedsprämie besteht aus einer einmaligen Abfindung bei der Pensionierung bzw. der Entlassung und aus einer Betriebsrente. Bei den Kosten der gesetzlichen Sozialleistungen handelt sich um die von den Arbeitgebern getragen Aufwendungen zur Sozialversicherung, z. B. Rentenversicherung, Krankenversicherung und Arbeitslosenversicherung. Die tariflichen bzw. betrieblichen Sozialleistungen werden nicht gesetzlich festgesetzt, sondern durch Verträge zwischen Arbeitgeber und Arbeitnehmer bzw. autonom vom Arbeitgeber. Diese umfassen Wohnungsversorgung, Essenzuschuss, Krankenzuschuss, Zuschüsse zum Kulturleben, Sport und Freizeitbeschäftigung und Zuschüsse zu Familienfesten und Trauerfällen. Währenddessen wird der Bereich der betrieblichen Sozialleistung nach dem Finanzministerium breiter definiert, und schließt auch die Rücklage für die Abschiedsprämie ein (vgl. Hiroshi Miyajima 1992, Toshiaki Tachibanaki 1997, Fujita und Shinoya 1997). Die Bestimmung der Abschiedsprämie und der Firmenwohnung stellt eine Besonderheit der japanischen betrieblichen Sozialpolitik im Vergleich zu westlichen Ländern dar.[65]

Die Tabellen 6 und 7 zeigen die Entwicklung der jeweiligen Anteile der Lohnkosten und die Entwicklung der jeweiligen Kosten in den nicht gesetzlichen Sozialleistungen. Danach lassen sich folgende Merkmale der japanischen Sozialleistungen aufzeigen: Erstens beträgt der Anteil der gesetzlichen Sozialversicherungsbeiträge etwa die Hälfte des Indirektentgelts. Zweitens übertreffen die Kosten der Abschiedsprämie die nicht gesetzlichen Sozialleistungen. Drittens sind

---

[65] Eine internationale Norm der betrieblichen Sozialpolitik wurde 1966 von der ILO festgesetzt. Danach lassen sich die Lohnkosten in folgende 10 Gruppen einordnen. 1: Direct wages and salaries 2: Remuneration for time not worked 3: Bonuses and gratuities 4: Food, drink, fuel and other payment in kind 5: cost of workers' housing borne by employers 6: Employers' social security expenditure 7: Cost of vocational training 8: Cost of welfare services 9: Labour cost not elsewhere classified 10: Taxes regarded as labour cost (vgl. H. Zoeteweji 1986, S. 69-71). Die Kategorien der betrieblichen Sozialpolitik unterscheiden sich je nach Land. In Japan wird der Gegenstand *Remuneration for time not worked* nicht in die Lohnkosten eingeschlossen, weil z. B. das Urlaubsentgelt als eine Frage der Arbeitsstunde gilt.

die Kosten für Wohnungen die größte Komponente in den nicht gesetzlichen Sozialleistungen und betragen ca. 40 % davon. Viertens sind die Anteile der Abschiedsprämie und gesetzlichen Sozialleistungen gestiegen, während der Anteil der nicht gesetzlichen Sozialleistungen konstant geblieben ist. Dies ist darauf zurückzuführen, dass die Kosten der staatlichen Sozialversicherungen aufgrund der Veränderung der Alterspyramide gestiegen und die Zahl der Rentner bzw. Arbeitslosen sich erhöht hat.

Tabelle 6: Die Entwicklung der jeweiligen Anteile der Lohnkosten (%)

			c				
	a	b	d	e	f	g	h
1975	100,0	86,4	13,6	3,1	6,1	3,1	1,2
1980	100,0	85,1	14,9	3,4	7,0	2,8	1,5
1985	100,0	84,6	15,4	3,9	7,7	2,8	1,1
1988	100,0	83,3	16,2	4,2	7,9	2,8	1,5
1991	100,0	83,2	16,8	4,0	8,4	2,9	1,5
1995	100,0	82,9	17,1	4,3	8,9	2,8	1,2

Anm: a: Insgesamt b: das Direktentgelt c: die Lohnkosten außer dem Direktentgelt
d: Summe e: Abschiedsprämie f: gesetzliche Sozialleistungen
g: nicht gesetzliche Sozialleistungen h: sonstige Aufwendungen
Quelle: Arbeitsministerium: Chinkin rôdô jikan seido tô sôgô chôsa hôkoku und
Rôdôja fukushi shisetsu seido tô chôsa.
Zitiert nach: Yoshitaka Fujita und Yuichi Shionoya 1997, S. 3.

Tabelle 7: Die Entwicklung der jeweiligen Kosten in den nicht gesetzlichen Sozialleistungen (monatliche Kosten pro Kopf, Yen)

	a	b	c	d	e	f	g	h	i
1975	6.225	2.996	441	947	763	139	108	192	669
1980	8.317	3.487	555	1.255	1.034	552	212	278	944
1985	10.022	3.962	675	1.407	1.213	662	188	358	1.556
1988	11.048	4.242	1.144	1.425	1.263	842	262	367	1.521
1991	13.340	5.483	1.112	1.444	1.515	1.163	259	406	1.956
1995	13.682	6.330	760	1.456	1.179	1.144	227	466	2.120

Anm: a: Insgesamt b: die Kosten für Wohnungsversorgung c: Krankenzuschuss
d: Essenzuschuss e: Zuschüsse zur Kulturleben, Sport und Freizeitbeschäftigung
f: Zuschüsse zur Privatversicherung g: zusätzliche Leistung bei Arbeitsunfällen
h: Zuschüsse zu Familienfesten und Trauerfällen i: anderes
Quelle: Arbeitsministerium 1995: Chinkin rôdô jikan seido tô sôgô chôsa hôkoku.
Zitiert nach: Yoshitaka Fujita 1997, S. 37.

Tabelle 8 stellt den Anteil der indirekten Entgelte an den Gesamtlohnkosten je nach Unternehmensgröße dar. Je größer ein Unternehmen ist, desto höher ist bei ihm der Anteil der Indirektentgelte an den Gesamtlohnkosten. In absoluten Kosten betrachtet, sind die Beiträge bei Großunternehmen mehr als doppelte so hoch wie bei den Kleinunternehmen.

Tabelle 8: Der Anteil der Indirektentgelte an den Gesamtlohnkosten

Je nach Unternehmensgröße (Mitarbeiterzahl)	(%)	Monatliche Kosten pro Kopf (Yen)
Insgesamt	16,8	77.422
5,000~	19,3	113.346
1,000~4,999	17,1	85.870
300~999	15,8	68.944
100~299	14,8	56.802
30~99	14,7	53.137

Quelle: Arbeitsministerium 1992: Chinkin rôdô jikan seido no jittai.
Zitiert nach: Toshiaki Tachibanaki 1997, S. 101.

Zwischen regulären Arbeitnehmern und nicht-regulären Arbeitnehmern gibt es ebenfalls große Unterschiede. Nach einem Bericht über betriebliche Sozialpolitik 1996, dessen Forschungsgegenstand die Unternehmen mit mehr als 30 Mitarbeitern sind, liegt die Ausführungsquote jeder Sozialleistung für die nicht-regulären Arbeitnehmer viel niedriger als für die regulären Arbeitnehmer. Beispielsweise betrifft die Wohnungsversorgung die nicht-regulären Arbeitnehmer nur mit 5,7 %, während die regulären Arbeitnehmer dagegen mit 55,7 % betroffen sind (Fujita und Kojima 1997, S. 4). In 38,2 % der Unternehmen ist überhaupt keine Sozialpolitik für die nicht-regulären Arbeitnehmer eingerichtet.

2.1.5.2 Abschiedsprämien (*Taishokukin*)

2.1.5.2.1 Die Entstehung der Abschiedsprämien

Taishokukin wird im Fall des Abschieds (*Taisho*) von einer Firma gegeben. Hiermit bedeutet „Abschied" nicht nur Pensionierung aus Gründen von Alter, Krankheit und Tod, sondern auch betrieblich bzw. persönlich bedingte Entlassung bei einer Firma (Kiyoshi Murakami 1993, S. 223). Das System der Abschiedsprämie wurde seit den 1920er Jahren anlässlich der Rezession nach dem Ersten Weltkrieg und darauf folgender Streiks und Massenarbeitslosigkeit eingeführt (Noboru Ikeda 1997, S. 130). Am Anfang gab es die Abschiedsprämie nur bei den Großunternehmen. Einer Untersuchung zufolge 1935 haben 53 % der Unternehmen mit mehr als 1,000 Mitarbeitern dieses System eingerichtet. Doch wurde dieses System seit 1937 bezüglich der Gesetzgebung über Abschiedsreservefonds und Abschiedsgeld (*Taishoku Tsumilkin Oyobi Taisho Kuteateho*) auch in den Unternehmen mit mehr als 50 Mitarbeitern obligatorisch angewendet (Kiyoshi Murakami 1993, S. 223). Zu diesem Zeitpunkt hat das System der Abschiedsprämie die Rolle der Arbeitslosenversicherung anstelle der Rentenversicherung übernommen. Die herkömmliche Praxis des Entlassungs- bzw. Abschiedsgelds, vom Arbeitgeber beliebig entschieden, wurde als eine Maßnahme gegen Arbeitslosigkeit gesetzlich verankert. 1944 wurde aus Anlass der Verkündung des Gesetzes zur Arbeiter- und Angestellten Rentenversicherung (*Kôsei Nenkin Hokenho*) das Gesetz über Abschiedsreservefonds und Abschiedsgeld abgeschafft. In diesem Zusammenhang lässt sich vermuten, dass die japanische Rentenversicherung mittels der Übertragung des Charakteristikums des Abschiedsgelds einen Faktor des Personalmanagements enthielt (Hae-Young Lee 1997, S. 17). Aber gleich nach dem Zweiten Weltkrieg hatte das System der Rentenversicherung keine Zeit, sich zu etablieren. Vor diesem Hintergrund lebte die Abschiedsprämie als ein sich auf den Arbeitsvertrag beziehendes System schlagartig wieder auf (Noboru Ikeda 1997, S. 130). In dieser Zeit wurde die Abschiedsprämie meistens als einmalige Abfindung geleistet. Nach dem Zweiten Weltkrieg enthielt die Abschiedsprämie das Charakteristikum eines nachträglichen Lohnes und wurde als ein Teil der Vertragskonditionen angesehen (Hae-Young Lee 1997, S. 20).

2.1.5.2.2 Betriebsrenten im Rahmen der Abschiedsprämie

Von Mitte der fünfziger bis zur Mitte der sechziger Jahre haben sich die Betriebsrenten im Rahmen der Abschiedsprämie herausgebildet. Die Betriebsrenten bestehen aus „eigener Rente je nach Unternehmen" (*Jisha Nenkin*), „Qualifizierungsrente" (*Tekikaku Nenkin*) und „Rentenversicherungsfonds der Arbeiter und Angestellten" (*Kôsei Nenkin Kikin*) bzw. „Ausgleichsrente" (*Chôsei Nenkin*) (vgl. Munetake Itô u. a. 1997, S. 1-11).

Da für die herkömmliche Form der japanischen Abschiedsprämie keine Rückstellungen gebildet werden, waren die Arbeitgeber mit der Steigerung der einmaligen Abfindungskosten überlastet. Vor diesem Hintergrund wurde 1952 der Reservefonds in dem System der Abschiedsprämie eingeführt und dadurch der Schadenersatz gewissermaßen gestattet (Noboru Ikeda 1997, S. 132). 1962 wurde die „Qualifizierungsrente" (*Tekikaku Nenkin*) eingerichtet, die nach amerikanischem Modell der *Qualified Pension* konstruiert ist. Danach soll ein Arbeitgeber mit einer Treuhandgesellschaft einen Vertrag abschließen und die Summe der

Renten in der Außenfirma reserviert werden. Monatliche Rentenzahlungen unterliegen für den Arbeitgeberanteil der Einkommensteuer, während Einmalzahlungen weitgehend unversteuert bleiben. Aus diesem Grund ziehen die Versicherten meist die einmalige Pauschalzahlung vor. In diesem Fall ist die „Qualifizierungsrente" nichts anderes als eine steuerbegünstigte Form der Abschiedsprämie (Werner Kamppeter 2004e, S. 77). Die Einrichtung der „Qualifizierungsrente" hat die Verbreitung der Betriebsrente beschleunigt, 1966 gab es 10.832 Pensionsvereinbarungen (Hae-Young Lee 1997, S. 37-41). Die Zahl der Mitglieder der Qualifizierungsrente erreichte im Jahr 1995 auf dem Höhepunkt 10.776.000 (Kôsei rôdô shô 2002b, S. 416).

Die 1942 eingeführte Beschäftigtenrentenversicherung (*Kôsei Nenkin Hoken*) verlangt von jedem Arbeitnehmer mindestens eine zwanzigjährige Beitragszahlung für die Berechtigung und seit 1962 wurde die Altersrente ordentlich ausgezahlt. Dennoch sank angesichts der Wirtschaftsentwicklung und der folgenden Preis- und Lohnsteigerung der reale Rentenwert. Überdies war die Leistungssteigerung der Rentenversicherung nicht einfach gewesen, weil die Arbeitergeber auf Grund der zunehmenden Unternehmensbelastung damit nicht einverstanden waren (Noboru Ikeda 1997, S. 133). Aus diesem Grund kam die Zusammensetzung der herkömmlichen Abschiedprämie und der Beschäftigtenrentenversicherung in Frage. 1966 wurden der „Rentenversicherungsfonds der Arbeiter und Angestellten" (*Kôsei Nenkin Kikin*) bzw. die „Ausgleichsrente" (*Chôsei Nenkin*) eingerichtet, wobei die britische Betriebsrente *contract out* als Vorlage diente. Das heißt, wenn ein Unternehmen eine Betriebsrente eingeführt hat, kann es von der obligatorischen Rentenversicherung ausgenommen werden. Auch wenn ein Unternehmen nur eine einmalige Abschiedsprämie gewährt, kann diese ganz oder teilweise in die Rente umgewandelt werden. Aber im Unterschied zu Großbritannien, wo die Firma *contract out* selber übernimmt, soll in Japan eine öffentliche Körperschaft, „Rentenversicherungsfonds der Arbeiter und Angestellten" für den einkommensabhängigen Teil der „Beschäftigtenrentenversicherung" die Firma vertreten. Für diesen Fall sollte der „Rentenversicherungsfonds der Arbeiter und Angestellten" von den Arbeitgebern gegründet werden. Dadurch bekommt der Arbeitgeber die Befreiung des Versicherungsbeitrags, der dem einkommensabhängigen Teil der Beschäftigtenrentenversicherung[66] entspricht (Hae-Young Lee 1997, S. 42-45). Diese Betriebsrente wird im Prinzip lebenslang bezogen, eine einmalige Abfindung ist auch möglich. Aber weil nur die Unternehmen mit mehr als 500 Mitarbeitern einen Rentenversicherungsfonds gründen dürfen, sind die Unterschiede in der Leistung zwischen Großunternehmen und Mittel- bzw. Kleinunternehmen größer geworden. „Rentenversicherungsfonds

[66] Die frühere Beschäftigtenrentenversicherung in Japan bestand aus einem einkommensabhängigen und einem einkommensunabhängigen Teil.

der Arbeiter und Angestellten“ bzw. „Ausgleichsrente“ haben mit der „Qualifizierungsrente“ unmittelbar nach ihrer Einführung drastisch an Bedeutung gewonnen, und dadurch hat die japanische Betriebsrente einen Aufschwung erlebt. 1993 betrug die Zahl des Fonds 1.804 und die Zahl der Mitglieder 11.919.000 und deckte ca. 35 % der Mitglieder der Beschäftigtenrentenversicherung, im Jahr 1997 erreichte die Zahl der Mitglieder einen Höhepunkt von 12.254.000 (Kôsei rôdô shô 2002b, S. 415).

2.1.5.2.3 Die Entwicklung der Abschiedsprämie

In der Tabelle 9 wird die Entwicklung der Abschiedsprämie dargestellt. 1956 gab es 36,3 % der Unternehmen weder eine Betriebsrente noch eine einmalige Abfindung. Die Abschiedsprämie verbreitete sich schnell in der ganzen Wirtschaft, 1993 haben 92 % der Unternehmen irgendeine Form der Abschiedsprämie. Zwar bedeutete die Abschiedsprämie in den fünfziger Jahren nichts anderes als einmalige Abfindung, aber die Betriebsrente wurde kontinuierlich eingeführt und erreichte 1993 über die Hälfte. Bei zwei Dritteln davon gab es gleichzeitig eine einmalige Abfindung. Nach einem anderen Bericht war 1993 bei 59,4 % der Unternehmen nur die Qualifikationsrente, 15,8 % der Unternehmen nur die Rentenversicherungsfonds, und die eigene Betriebsrente war lediglich bei 5 % der Unternehmen vorhanden. Bei 19,8 % der Unternehmen war diese gleichzeitig eingerichtet (vgl. Noboru Ikeda 1997, S. 136). In dem System der japanischen Betriebsrente seit Mitte der sechziger Jahre einerseits wird die einmalige Abfindung verbreitet, anderseits wird die einmalige Abfindung in eine Betriebsrente umgewandelt.

Tabelle 9: Die Entwicklung der Abschiedsprämie (%)

	Unternehmen ohne Abschiedsprämie	Unternehmen mit Abschiedsprämie					
			Mit einmaligen Abfindung		Mit Betriebsrente		
		Insgesamt	Insgesamt	Nur einmalige Abfindung	Insgesamt	Nur Betriebsrente	Koexistenz mit einmaliger Abfindung
1956	36,3	(63,7)100,0	99,6	94,5	5,4	0,3	5,1
1966	17,2	(82,8)100,0	99,9	86,5	13,5	0,1	13,4
1975	9,3	(90,7)100,0	86,8	67,1	32,9	13,2	19,7
1985	11,0	(89,0)100,0	85,7	51,9	48,1	14,3	33,8
1993	8,0	(92,0)100,0	81,5	47,0	53,0	18,6	34,4

Quelle: Arbeitsministerium: Taishoku no seido to shikyô jittai.
Zitiert nach: Noboru Ikeda 1997, S. 135.

Tabelle 10 stellt den Unterschied der Abschiedsprämie je nach Betriebsgröße dar. Der große Unterschied je nach Unternehmensgröße lässt sich ohne weiteres feststellen. Z. B. sind die Gesamtkosten der Abschiedsprämie bei den Unternehmen mit mehr als 5, 000 Mitarbeitern mehr als fünfmal so hoch wie in den Unternehmen mit 30 ~ 99 Mitarbeitern. Dieser Unterschied wurde in den Zeiten zwischen von 1977 bis 1979 und von 1985 bis 1988 vergrößert und ist tendenziell noch stärker geworden (vgl. Hiroshi Miyajima 1992, S. 149). Darüber hinaus ist zu erkennen, dass die Kosten der einmaligen Abfindung höher als die Kosten der Betriebsrente sind.

Tabelle 10: Monatliche Kosten für Abschiedsprämie pro Arbeitnehmer (Yen)

	Insgesamt	Einmalige Abfindung bei der Pensionierung	Betriebsrente	Anderes
Durchschnitt	18.453	10.311	7.714	428
5,000~	34.257	20.716	13.541	---
1,000~4,999	20.818	10.653	10.160	5
300~999	15.204	8.443	6.667	94
100~299	10.247	5.099	4.583	565
30~99	7.735	3.868	2.455	1.412

Quelle: Arbeitsministerium 1992: Chinkin rôdô jikan seido no jittai.
Zitiert nach: Toshiaki Tachibanaki 1997, S. 105.

Die Abschiedsprämie bzw. die Betriebsrente wird durch eine private Vereinbarung zwischen Arbeitnehmer und Arbeitgeber begründet. Also hängen Organisation und Anwendung von der Unternehmenskondition ab. Wenn ein Arbeitnehmer seine Firma wechselt, sollte er in vielen Fällen aufgrund der unvollständigen Einrichtung des *Portfolios* zwischen den Firmen benachteiligt werden. In diesem Zusammenhang hat die Abschiedsprämie die Mobilität des Arbeitsmarkts verhindert (Toshiaki Tachibanaki 1997, S. 111). Darüber hinaus trug die Betriebsrente aus demselben Grund dazu bei, die unternehmenszentrierte Gesellschaft zu stabilisieren, weil wegen der Betriebsrente die regulären Mitarbeiter dem Unternehmen ihre Loyalität entgegenbringen sollen. Die Abschiedsprämie bewirkte eine massive Übertragung des Einkommens bzw. des Verbrauchs auf die Zukunft. In diesem Kontext funktionierte sie als ein Hauptfaktor, um den prozentualen Verbrauchsanteil niedriger als in westlichen Länder zu halten. Dazu hat die Abschiedsprämie in den japanischen Firmen hohe Kosten verursacht. Daraus lässt sich folgern, dass die Abschiedsprämie Einstellungsbereitschaft und Wirtschaftswachstum negativ beeinflussen konnte (Yoshitaka Fujita 1997, S. 34).

2.1.5.3 Wohnungsversorgung

Eine Besonderheit der japanischen betrieblichen Sozialleistung liegt in der Wohnungsversorgung. In den europäischen Ländern gehört in der Regel das Wohngeld bzw. der Wohnungszuschuss zur Kategorie der sozialen Versicherung. In Japan werden die Firmenwohnung bzw. das Wohnheim meist von den großen Unternehmen bereitgestellt. Die Firmenwohnung hat sich mit der Praxis der „lebenslangen Beschäftigung" verbunden. Wie früher erwähnt wurde, machte die Herausbildung der „lebenslangen Beschäftigung" die überregionale Versetzung des Arbeitsplatz (*Haichi Tenkan*) alltäglich. Die Unternehmen, die reichlich Firmenwohnungen zur Verfügung stellen können, sind in der Lage, auch ohne Mühe die Mitarbeiter beliebig nach einem anderem Ort zu schicken. Dadurch wurde ein flexibles Personalmanagement ermöglicht (Yoshitaka Fujita 1997, S. 35). Darüber hinaus beschleunigt die Firmenwohnung die Herausbildung des „Firma-Mensches" unter den Arbeitnehmern, indem sie die Firma und die Arbeitnehmer zusammenschweißt (Vgl. Yasuhiko Shima 1997, S. 220). Wenn eine Firma keine Firmenwohnung zur Verfügung stellt, verzichtet ein Arbeitnehmer, der in der Firmenwohnung wohnt, häufig auf einen Arbeitsplatzwechsel, auch wenn ein anderer Arbeitsplatz vorhanden wäre.

Der Beginn der betrieblichen Wohnungsversorgung in Japan lässt sich zwischen 1890~1900 in der Textilindustrie und Bergbauindustrie beobachten. In der Textilindustrie wurde das Wohnheim gebraucht, um die jungen Frauenarbeiter aus dem Dorf massenhaft zu rekrutieren. Während dessen sollte in der Bergbauindustrie die Wohnung vom Arbeitgeber besorgt werden, weil die Arbeitnehmer aufgrund der Besonderheit der Standorte des Bergbaus nicht selbst dazu in der Lage waren. In dieser Zeit haben die Unternehmen die Firmenwohnung für eine Produktionseinrichtung ebenso wie Maschinen gehalten (ebenda, S. 220f.). Seit 1937 mussten die Unternehmen über einer bestimmten Größe angesichts des Ausbruchs des Kriegs und des darauf folgenden Andrangs der Arbeitnehmer in die Großstadt obligatorisch Firmenwohnungen bauen. Während des Kriegs wurden viele Gebäude durch Luftangriffe zerstört, und nach dem Krieg war die Wohnungsnot noch schlimmer geworden. Aber die Arbeitnehmer, die schon eine Firmenwohnung bezogen hatten, konnten weiter ein geordnetes Leben führen. Aus diesem Grund wurde die Firmenwohnung tatsächlich als eine Arbeitskondition betrachtet, und darüber hinaus hat sie eine Rolle der Lebenssicherung für die Arbeitnehmer übernommen (ebenda, S. 223). Seit 1970 hat die Wohnungspolitik der japanischen Regierung den Besitz der eigenen Wohnung der Arbeitnehmer gefördert. Mit entsprechendem Darlehen zu niedrigen Zinsen für Wohnungsbeschaffungen haben die Unternehmen darauf reagiert. Der Staat hat diesem Darlehen steuerlich ein Vorrecht eingeräumt, weil die Unternehmen anstelle des Staats die Wohnungsversorgung übernommen haben.

Tabelle 11: Die Struktur der Wohnungsversorgung (%)

	Firmenwohnung	Darlehen für die Wohnraumbeschaffung
Durchschnitt	37.3	18.4
5,000~	91.1	94.5
1,000~4,999	88.0	72.7
300~999	71.2	44.0
100~299	48.4	25.4
30~99	28.9	11.7

Quelle: Arbeitsministerium 1994: Rôdôja fukushi shisetsu seido tô chôsa hôkoku (Ein Bericht über soziale Einrichtung und System für Arbeitnehmer).
Zitiert nach: Yasuhiko Shima 1997, S. 224.

Wie in der Tabelle 7 gezeigt wird, hat die Wohnungsversorgung den größten Anteil an der nicht gesetzlichen Sozialleistung. Der Anteil der Unternehmen, die eine Firmenwohnung anbieten, betrug 57,6 % 1980, 52,9 % 1983, 45,0 % 1990 und 37,3 % 1994 (Tabelle 11). Die Firmenwohnungen sind insgesamt tendenziell zurückgegangen. Aber es besteht ein wesentlicher Unterschied in der Firmenwohnung je nach Unternehmensgröße. 91,1 % der Großunternehmen mit mehr als 5.000 Mitarbeitern bieten Firmenwohnungen an, dagegen nur 28,9 % der Kleinunternehmen mit 30~99 Mitarbeitern. Was die Darlehen für Wohnungsbeschaffungen angeht, gibt es auch starke Unterschiede je nach Unternehmensgröße. Durchschnittlich 18,4 % der gesamten Unternehmen gewähren solche Darlehen. Der Anteil der Großunternehmen mit mehr als 5.000 Mitarbeitern, die ein solches Darlehen geben, betrug 94,5 %, dagegen gibt es diese Darlehen lediglich bei 11.7 % der Kleinunternehmen mit 30~99 Mitarbeitern. Der Unterschied der Kosten für Wohnungsversorgung nach Unternehmensgröße ist erheblich. 1991 betrugen die Kosten für die Wohnungsversorgung bei Großunternehmen mit mehr als 5.000 Mitarbeitern 11.521 Yen, während diese bei Kleinunternehmen mit 30~99 Mitarbeitern 1.183 Yen ausmachten (ebenda, S. 227). Also trugen die Kleinunternehmen im Vergleich zu den Großunternehmen nicht mehr als 10 % der Kosten für die Wohnungsversorgung. Dennoch bestand keine Aussicht, dass sich der Unterschied in der Zukunft verringern konnte; sondern der Unterschied hat sich vergrößert, wie der Aufschwung des Firmenwohnungsbaus seit 1989 zeigt.

Fazit: Die betriebliche Sozialleistung Japans lässt sich nicht als der Ersatz der sozialen Sicherung berücksichtigen, weil es große Unterschiede in der Leistung und der Gebrauchshäufigkeit je nach Unternehmensgröße und Form der Anstellung gibt. Vielmehr existiert ein abgesondertes bzw. im Einzelbetrieb geführtes Arbeits- und Personalmanagement für Maßnahmen zum Schutz der Arbeiter im Jugend- und mittleren Alter vor Unzulänglichkeiten. Diese hat sich primär bei den Großunternehmen herausgebildet. Dies kann durch einer Untersuchung bestätigt werden[67]: Danach haben mehr als 60 % der befragten Unternehmen erklärt, dass sie die betriebliche Sozialleistung eingeführt haben, um die Arbeitskraftversorgung zu stabilisieren bzw. die Facharbeiter festzuhalten (vgl. Hiroshi Miyajima 1992, S. 152f.). Miyajima hat darauf gezeigt, dass die betriebliche Sozialleistung ein doppelt diskriminierendes System darstellt, wobei die regulären Mitarbeiter in den Großunternehmen bevorzugt werden. Darüber hinaus bezeichnet er diese als ein dreifach diskriminierendes System, indem es in der letzten Zeit die Mitarbeiter im mittleren und hohen Alter ausschließt (ebenda, S. 155).

2.1.6 Familiensystem und Frauendiskriminierung

Die Frauendiskriminierung hat ihre Basis in der Entstehung der unternehmenszentrierten Gesellschaft. „Unternehmenszentriertheit" der japanischen Arbeitswelt ist gleichbedeutend mit deren „Männerzentriertheit". Es existieren in Japan viele Untersuchungen über die unternehmenszentrierte Gesellschaft, aber diese berücksichtigen meistens nicht die geschlechtlichen Aspekte. Mari Osawa hat Pionierarbeit für die theoretische Entwicklung der geschlechtlichen Perspektiven in der unternehmenszentrierten Gesellschaft geleistet (vgl. Mari Osawa 1993 1994 1995 1996 1998). Mari Osawa ist davon ausgegangen, dass das entscheidende Element der unternehmenszentrierten Gesellschaft ein patriarchalisches System ist, das die Arbeit von Frauen am Arbeitsplatz und im Heim kontrolliert. Ohne den geschlechtlichen Aspekt in die Untersuchung einzubeziehen, wäre es schwer, das Phänomen der Unternehmenszentriertheit zu erklären. So wird hier versucht, die Unternehmensorientiertheit der japanischen Arbeitswelt in ihrem Zusammenhang mit der Geschlechter- und Familienfrage zu analysieren.

2.1.6.1 Die Entwicklung des betrieblichen Familismus

2.1.6.1.1 Die Entwicklung des japanischen Familiensystems

Der betriebliche Familismus in Japan stammt aus dem patriarchalischen Familiesystem[68] seit der *Meiji*-Restauration. Im Zivilrecht von 1889 wurde das *Ie*-

---

[67] Seimei hoken bunkan senta (1990): kigyô no fukuri kôsei seido ni kansuru chôsa (Eine Untersuchung über betriebliche Sozialleistungen).

[68] Aus feministischer Sicht bezieht sich das „Patriarchat" in Japan nicht auf „feudalistische" oder „vor-moderne" Verhältnisse bzw. Systeme. Der Begriff umfasst vielmehr ein Konzept, das sich auf die Unterdrückung der Frauen und die Beherrschung der Frauen durch die Männer vor allem in den modernen Industriegesellschaften bezieht. Das lässt sich als ein

Familiesystem ausdrücklich geregelt.[69] Danach soll *Ie* von einem Familienoberhaupt (*Koshu*), in der Regel Vater bzw. dem ältesten Sohn, organisiert werden, und jedes Mitglied der Familie soll bei dem *Ie* registriert werden. Zwar hingen zu diesem Zeitpunkt die japanischen Frauen vom Familienoberhaupt ab, aber sie hatten besondere Bedeutung für den japanischen Kapitalismus. Die aus Dörfern gekommenen Mädchen bildeten die Hauptarbeitskräfte in der Zeit der Modernisierung Japans (Osamu Watanabe 1999, S. 186-8). Die zwei Exportindustrien Japans vor dem Zweiten Weltkrieg, Textil- und Seidenindustrie, waren absolut mehrheitlich von weiblichen Arbeitern geprägt, während sich die hauptsächlich von männlichen Arbeitnehmern getragene Schwer- und Chemieindustrie noch nicht bis zur Exportindustrie entwickelt hatte. Die durch Export der Textilen und Seiden erworbene ausländische Währung hat es ermöglicht, Präzisionsinstrumente zu kaufen und dadurch die Waffenindustrie bzw. die Schwer- und Chemieindustrie zu entwickeln. Erst 1936 hat die Zahl der männlichen Arbeitnehmer die der weiblichen Arbeitnehmer übertroffen. So haben die japanischen Frauen nicht nur die Familie, sondern auch den japanischen Kapitalismus getragen.

Nach dem Zweiten Weltkrieg wurde das *Ie*-System durch ein neues Zivilrecht offiziell abgelöst.[70] Dennoch bleibt *Ie* als eine Ideologie bis heute nachhaltig.[71] 1947 wurde ein „Plan für die Demokratisierung des Unternehmensmanagements" von *Keizai Dôyûkai* (Komitee für wirtschaftliche Entwicklung)[72] vorgeschlagen (vgl. Etsuko Yasukawa 1994, S. 27). Danach galt das herkömmliche, auf dem *Ie* basierende Managementsystem als überholt; stattdessen wurde gefordert, das auf dem amerikanischen Individualismus beruhende Managementsystem einzuführen. Aber seit den sechziger Jahren hat sich die *Ie*-Ideologie wieder belebt. 1965 hat *Keizai Dôyûkai* angefangen, den betrieblichen Familismus positiv zu bewerten. Der betriebliche Familismus wurde als ein Hauptschlüssel für

---

„Machtverhältnis, das Normen und Autorität ungleichmäßig verteilt, basierend auf Geschlecht und Generation" definieren (Vgl. Mari Osawa 1996, S. 72).

[69] Das *Ie*-System basiert auf der *Samurai*-Familie in der Tokugawa Zeit (1603-1868), wo das Familienbewusstsein äußerst hoch war. Dieses *Ie*-System hatte im Zusammenhang mit dem militärischen Kaisersystem gut funktioniert (vgl. Kôji Morioka 1995, S. 16f.). Diese Gesetzgebung und die Propagierung übten sicherlich einen vereinheitlichenden Einfluss auf die Entwicklung bis zum Ende des Zweiten Weltkrieges aus.

[70] Der legale Rahmen der Entwicklung der Familie in Japan seit 1945 wird umrissen in den Reformen der US-amerikanischen Besatzungsmacht. Wo früher eindeutig Gruppenbezug gefordert wurde, steht nun das Individuum mit seinen Rechten im Vordergrund.

[71] Über die Entwicklung des *Ie*-Systems bzw. den Zusammenhang zwischen *Ie*-System und japanischer Gesellschaft (vgl. Tadashi Mito 1994)

[72] *Keizai Dôyûkai* ist eine 1946 gegründete Organisation für japanisches Management. Im Gegensatz zu *Nikkeiren* und *Keidanren* nimmt *Keizai Dôyûkai* nur individuelle Mitglieder auf. Nicht die Interessen einzelner Wirtschaftssektoren oder von Unternehmen, sondern die gesamtwirtschaftliche Perspektive Japans stehen bei ihr im Mittelpunkt.

die hohe Entwicklung des japanischen Kapitalismus gehalten. Die Firma wurde als eine Lebensgemeinschaft (*Seikatsu Kyodôtai*) bzw. eine Schicksalsgemeinschaft (*Unmei Kyodôtai*) bezeichnet, die sich von einer *Ie* entwickelte (ebenda, S. 28). Ungeachtet der Restauration der *Ie*-Ideologie im Management hat die Realform der *Ie* zu diesem Zeitpunkt angefangen, zu verschwinden. Die Kernfamilie (*Mei Homu*) hat statt *Ie* als normale Familienform überwogen. Zwischen 1955 und 1985 stieg der Anteil der Kernfamilien von 62 % auf 76 % zu Lasten der Anteile der Dreigenerationen-Familien und der sonstigen Verwandten-Haushalte (Tabelle 12). Parallel dazu kommt es zu einer Reduzierung der durchschnittlichen Zahl der Personen, die in einem Haushalt zusammenleben, von 4,97 im Jahre 1950 (4,89 im Jahre 1920) auf 2,98 im Jahre 1990 (Kimiko Kimito 1995, S. 164). Die Reduzierung auf diesen Stand beginnt etwa zu Anfang der sechziger Jahre, nachdem zwischen 1920 und 1955 keine wesentliche Veränderung in der durchschnittlichen Personenzahl eines Haushaltes auszumachen war.

Tabelle 12: Familientypen 1955-1990 in Japan (%)

	1955	1960	1965	1970	1975	1980	1985	1990
Kernfamilien	62,0	63,4	68,1	71,4	74,1	75,4	76,0	77,6
Drei-Generationen-Familien	24,8	24,8	23,4	16,8	16,6	17,4	17,3	16,2
Sonstige Verwandten-Familien	13,2	11,8	8,6	11,8	9,3	7,3	6,7	6,1

Quelle: Tôyô keizai shimpô sha 1991: Kanketsu shôwa kokusei sôran (Die vollständigen Statistiken der *Shôwa*-Ära), S. 31 und Sômuchô tôkei kyoku 1992: Heisei 2 nen kokusei chôsa hôkoku, S. 260f.
Zitiert nach: Hans Dieter Ölschleger u. a 1994, S. 260.

Unter einer Verbesserung der Lebenssituation seit den sechziger Jahren stellte man sich die Befreiung der Ehefrauen von der Notwendigkeit des Mit- bzw. Zuverdienstes vor. Die Hausfrau wurde zu einem Statuswert (Thoshiko Himeoka 2000, S. 140). Von 1955 bis 1975 stieg der Anteil der Hausfrauen jährlich um ca. 20 %. Das Familien-Modell, Ehemann als Erwerbstätiger und Ehefrau als Hausfrau, wurde in den Zeiten zwischen 1960 und 1970 eingerichtet. Der Haushalt, 1-3 Kinder diesem Familien-Modell hinzugefügt, wurde als der Standardhaushalt in den Statistiken festgesetzt.

Tabelle 13: Entwicklung der Frauenarbeit

Jahr	Erwerbsquoten		Beschäftigungsrate (3)	Anteil Verheirateter (4)	Anteil nichterwerbstätiger Verheirateter (5)
	Frauen (1)	Verheiratete Frauen (2)			
1920	53,4				
1930	49,1				
1940	52,6		30,4		
1947	41,0		23,2		
1950	48,6		26,4		32,8
1955	50,6		33,2		29,9
1960	50,9		41,9	8,8	29,8
1965	49,3	49,9	49,2	14,1	31,6
1970	50,9	48,3	53,2	18,3	33,8
1975	46,1	45,2	59,6	21,3	36,9
1980	46,9	49,2	63,8	26,1	34,0
1985	47,6	51,1	70,5	29,6	31,4
1990	50,1	52,7			29,2

Anm. 1: Frauenerwerbsquote = Anteil der weiblichen Erwerbsbevölkerung an der weiblichen Bevölkerung über 15 Jahren (1950 über 14 Jahre).
Anm. 2: Erwerbsquote verheirateter Frauen = Anteil der verheirateten weiblichen Erwerbsbevölkerung an der verheirateten weiblichen Bevölkerung.
Anm. 3: Anteil der abhängig beschäftigten Frauen an allen erwerbstätigen Frauen.
1940, 1950: Erwerbstätige Frauen über 14 Jahre; 1947: Erwerbstätige Frauen über 10 Jahre; 1985: basiert auf 1 % Sample.
Anm. 4: Anteil der verheirateten Frauen an allen abhängig beschäftigten Frauen.
Anm. 5: Anteil der nicht erwerbstätigen verheirateten Frauen an weiblicher Bevölkerung über 15 Jahren.
Quelle: Sômuchô tôkei kyoku (versch. Jg.), Rôdôryoku chôsa
Zitiert nach: Hans Dieter Ölschleger u. a (1994), S. 315

2.1.6.1.2 Die Herausbildung des Familienlohnes

Aber zu Mitte der siebziger Jahre stieg die verheiratete Frauenerwerbstätigkeit in Form der Teilzeitbeschäftigung drastisch an. Damit wurde das moderne patriarchalische Familiensystem (der Hausherr, der mittels wirtschaftlicher Relationen seine Frau und Familie beherrscht) mit der „unternehmenszentrierten Gesellschaft“ in Japan verbunden: Ehemann als „Firma-Mensch“ und Ehefrau, die als Hausfrau bzw. die Teilzeitarbeiterin die Verantwortung für Haushalt, Kinder und Pflege allein trägt (Junryô Honda 1995, S. 60). Männliche Stammarbeiter sind von familiären Aufgaben freigesetzt und stehen ihren Firmen rund um die Uhr zur Verfügung, während weibliche Beschäftigte nur in solchem Umfang berufstätig werden, dass ihre familiären Aufgaben und die Unternehmensorientiertheit ihrer Ehemänner samt dem damit verbundenen hohen Einkommen nicht beeinträchtigt werden. Die verheirateten erwerbstätigen Frauen müssen sich aufgrund ihres geringen Entgelts weiter finanziell an ihren Mann anlehnen. Die starke geschlechtsspezifische Segregation des Arbeitsmarkts ist u. a. als eine Folge des Kompromisses der Familie mit der „unternehmenszentrierten Gesellschaft“ anzusehen (Toshiko Himeoka 2000, S. 145).

Das *Ie*-System als eine Betriebsideologie ist mittels der Übertragungsmechanismen „lebenslange Beschäftigung“ und „Senioritätslohn“ mit der realen Kernfamilie verbunden. Dadurch wurde die Ideologie der japanischen Beschäftigung, z. B. die Vereinheitlichung der Arbeitnehmer und der Arbeitgeber bzw. die japanische betriebliche Sozialpolitik, herausgebildet (Etsuko Yasukawa 1994, S. 30). Der Senioritätslohn und die lebenslange Beschäftigung haben im Zusammenhang mit dem japanischen Familiensystem dazu beigetragen, das Konzept des Familienlohns zu entwickeln. Das Senioritätsprinzip im Entlohnungssystem entspricht dem Lebenszyklus der Familie. Unter dem Senioritätsprinzip bleibt der Lohn der ledigen männlichen Beschäftigten niedrig; mit der Herausbildung einer Familie durch Heirat steigt der Lohn schnell. Dem männlichen Erwerbstätigen, der die Verantwortung für seine Familie tragen soll, gilt das Entlohnungssystem als zweckmäßig. In diesem Zusammenhang lässt sich der auf dem Senioritätsprinzip beruhende Lohn als der „Familienlohn“ (*Kazoku Chingin*)[73] bezeichnen. Währenddessen gelten für die Frauen die männlich zentrierten Normen des japanischen Personalmanagements nach dem Modell des regulären Arbeiters nicht (Junryô Honda 1995, S. 61). Also führte die Ideologie des Familienlohnes dazu, dass das Lohnniveau der Arbeiterinnen auf dem unzulänglichen Niveau der ledigen Arbeitnehmer bleiben soll. Darüber hinaus lässt darauf schließen, dass die allein erziehenden beschäftigten Mütter ein höheres Risiko haben, in Armut zu fallen (Etsuko Yasukawa 1994, S. 44). Zwar sollten die Arbeitnehmer , die vor der hohen Konkurrenz unter der personalen Bewertung standen und die vielen Mitarbeiter im mittleren und hohen Alter angesichts der Rationalisierung aus dem Betrieb austreten, doch fesselte das System des Familienlohnes als eine Ideologie die Kernfamilie (ebenda, S. 31).

[73] De Entwicklung des Familienlohnes wird im Kapitel 4. (S. 61-86) von Kimiko Kimoto (1995) ausführlich behandelt.

2.1.6.2 Die Struktur der Diskriminierung der Frauenarbeit

Die Erwerbsbeteiligung von Frauen war in Japan schon 1920 sehr hoch. Im Vergleich zu anderen Industrieländern, wo es meist erst in den fünfziger und sechziger Jahren zu einem steilen Anstieg der Frauenerwerbstätigkeit kam, gab es in Japan keine dramatischen Entwicklungen bei der Frauenerwerbsquote (Tabelle 13). Die Frauenerwerbsquote ging in Japan in den Jahren 1960 (50.9 %) bis 1975 (46.1 %) tendenziell zurück, weil mehr weibliche Erwerbstätige (meist mithelfende Familienangehörige) im primären Sektor (Land- und Forstwirtschaft, Fischerei) freigesetzt wurden als vom sekundären und tertiären Sektor aufgenommen werden konnten, und erreichte erst Anfang der neunziger Jahre wieder das Niveau der sechziger Jahre (vgl. Claudia Weber 1998, S. 20f.). 1975 gilt als entscheidender Wendepunkt des japanischen Familien- und Arbeitslebens. In diesem Jahr begann die Frauenerwerbsquote wieder zuzunehmen, die seit dem hohen Wachstum kontinuierlich gefallen war. Eine wichtige Folge war, dass Hausfrauen verstärkt in der außerfamiliären Arbeitssphäre integriert wurden. Der Anteil der abhängig Beschäftigten stieg aber auch bei den verheirateten Frauen stark an und lag 1992 bei etwa 35 % (Hans Dieter Ölschleger u. a 1994, S. 314).

Die Zunahme der weiblichen Erwerbstätigkeit brachte aber keine Verbesserung der beruflichen Stellung der Frauen mit sich. 1990 betrug das durchschnittliche Tarifentgelt (*Shoteinai*) weiblicher Arbeitnehmer (ohne Teilzeitbeschäftigte) 60,2 % des entsprechenden Entgelts von Männern und war damit unter den Industrienationen am niedrigsten (Thoshiko Himeoka 2000, S. 145). Berücksichtigt man zusätzlich Überstundenzuschläge (*Teiki*), weitete sich diese Differenz auf 57,1 % aus, bei Sonderzahlungen wie Bonus (*Tokubetsu*) betrug sie gar 49,1 %. Seit Mitte der siebziger Jahre hat sich die Entgeltdifferenz trotz verstärkter Präsenz von Frauen auf dem Arbeitsmarkt und deren gestiegenem Bildungsniveau nicht verringert, sondern sich im Gegenteil leicht geweitet (Hans Dieter Ölschleger u. a. 1994, S. 318f.).

Weitere geschlechtliche Unterschiede in der Arbeitswelt in Japan bestehen in dem geringen Anteil von Frauen in leitenden Positionen, der Konzentration von Frauen in Klein- und Mittelbetrieben sowie der Überrepräsentanz von Frauen in nicht-regulären Beschäftigungsformen wie in Teilzeitarbeit. In Japan gibt es nur wenige Frauen in Managementpositionen. Nach einer Untersuchung der Arbeitskraft (*Rôdôryoku Chôsa*) des Statistikamtes von 1991 lag der Frauenanteil in Managementpositionen bei 1,0 % der 200.000 Personen. Nach einer Befragung vom Arbeitsministerium, in Unternehmen mit mehr als 100 Beschäftigten durchgeführt, waren 1991 lediglich 1,6 % Frauen in Managementpositionen oberhalb des Unterabteilungsleiters; der Stufe in der Positionshierarchie, die noch nicht direkt zum Management zählt (vgl. Chieko Kanbayashi 1994, S. 459f.).

Nikkeiren (Japan Federation of Employer's Associations) hat 1981 Teilzeitbeschäftigte folgendermaßen definiert: „Arbeitnehmer, die pro Tag, Woche oder Monat weniger arbeiten als ein regulärer Firmenangestellter, ferner Arbeitnehmer, deren Arbeitsverhältnis befristet ist, und solche, deren laufende Verträge man gleichwohl bei schlechter Auftragslage, Strukturveränderungen und anderen wichtigen betrieblichen Gründen kündigen kann" (vgl. Machiko Ôsawa 1994, S. 482). Hier gibt es auch Teilzeitkräfte, deren Beschäftigung nicht befristet ist, und solche, die genauso viele Stunden arbeiten wie Stammarbeiter. Aber auch wenn sie etwa genauso viele Stunden arbeiten wie Stammarbeiter, so ist es für sie schwierig, denselben Status zu erlangen. Nach der empirischen Untersuchung zur Diversifizierung der Beschäftigungsformen des Arbeitsministeriums 1988 waren 16 % aller Erwerbstätigen in nicht-regulären Beschäftigungsverhältnissen.[74] Beschränkt man sich nur auf die weiblichen Erwerbstätigen, so stieg dieser Anteil auf 30 % an (ebenda, S. 484). Sämtliche Teilzeiterwerbstätigen zusammen umfassten 1992 ca. 8.680.000 Personen und davon machten die Frauenerwerbstätigen ca. 5.920.000 aus (Osamu Watanabe 1999, S. 182). So lag der Anteil der weiblichen Teilzeitbeschäftigten an den Teilzeitbeschäftigten insgesamt bei ca. 70 %. Dauerhaft beschäftigte Frauen wurden seit der Mitte der siebziger Jahre mehr und mehr in einfache Hilfstätigkeiten abgedrängt. Die Grundlage dafür bildete, wie oben dargelegt, das System des personalen Managements und der Arbeitsorganisation aus, das auf neuen Qualifikation bzw. fachlichen Kenntnissen basierte. Der Frauenarbeit kam die Funktion zu, den Arbeitsmarkt bei wirtschaftlichen bzw. konjunkturellen Schwierigkeit flexibel zu gestalten.

Dass den Frauen zugeteilte Arbeit schlecht bezahlt wurde, entmutigte die Frauen, für längere Zeit im Betrieb zu bleiben. Infolgedessen entwickelte sich die für weibliche Beschäftigte vorgesehene kurze Dauer der Unternehmenszugehörigkeit zu einem wesentlichen Merkmal des Beschäftigungssystems (Mari Osawa 1996, S. 57f.). 1992 betrug die Zahl der durchschnittlichen Zugehörigkeitsjahre zum Unternehmen bei Frauenerwerbstätigen 7,4; der Vergleichswert für männliche Erwerbstätige betrug 12,5. Im Vergleich zum Jahr 1980, für das die entsprechenden Zahlen 6.1 und 10.8 betrugen, nahm das Zugehörigkeitsjahr sowohl der männlichen Beschäftigten auch der Frauenbeschäftigten zu, dennoch weitete sich die Diskrepanz aus (vgl. Osamu Watanabe 1999, S. 183). Seit 1975 konzentriert sich unverändert die Hälfte der weiblichen Teilzeitbeschäftigten in kleinen Unternehmen mit weniger als 30 Beschäftigten. 1989 waren in kleinen Unter-

---

[74] Die Zahl der Personen, die als „Teilzeitkräfte" oder „Zeitarbeiter" bezeichnet werden, liegt weitaus höher als die offizielle Zahl derjenigen Arbeitnehmer, die weniger als 35 Stunden pro Woche arbeiten. Beschäftigte, die unter dem Titel „Teilzeitkräfte" geführt werden, in Wirklichkeit aber mehr als 35 Stunden pro Woche arbeiten, werden auch als „Pseudo-Teilzeitbeschäftigte" bezeichnet.

nehmen nur 13,6 % aller Beschäftigten tätig, wobei der Anteil weiblicher Arbeitnehmer mit 34,2 % relativ hoch war. Entgegengesetzt haben sich die Möglichkeiten für Frauen in den großen Unternehmen mit mehr als 1000 Beschäftigten über den Zeitraum seit 1975 verschlechtert (Mari Osawa 1996, S. 59).

Die Struktur der Erwerbstätigkeit von Frauen nach Altersgruppen weist eine besondere Eigenschaft der Frauenarbeit in Japan auf. Auch in anderen Industrieländern variiert sie bei den Frauen je nach Alter und Familienzyklus, aber so auffällige zwei Gipfel der altersgruppenspezifischen Frauenerwerbsbeteiligung ist nirgendwo zu finden als in Japan (Claudia Weber-Deutschmann 1992, S. 123). Die Erwerbsquote von Frauen zeigt nach Altersgruppen noch immer die charakteristische M-Kurve mit den zwei Gipfeln einmal in der Altersgruppe der 20- 24-Jährigen und dann bei den 45- 49-Jährigen. Mitte der siebziger Jahre war diese M-Kurve besonders deutlich. Seit den siebziger Jahren verlagerte sich das Alter des Ausscheidens aus dem Erwerbsleben von der Altersgruppe der 25- 29-Jährigen auf jene der 30- 34-Jährigen und das Ausmaß des Abfalls der Erwerbsquote in den Altersgruppen der 25- 34-jährigen wird geringer (Hans Dieter Ölschleger u. a 1994, S. 316). Ca. 60 % der erwerbstätigen Frauen trennen sich von Arbeitsplatz, wenn sie heiraten. Es liegt daran, dass eine zwangsweise Entlassung bei der Heirat für die Frauen (*Kekkon Taishoku Seido*) seit dem sechziger Jahre in den Betrieben etabliert ist (Osamu Watanabe 1999, S. 184). 20 % bis 30 % davon werden nach der durch Kindererziehung bedingten Unterbrechung zwar wieder ins Erwerbsleben integriert (etwa im Alter von Ende 30), aber nur in seltenen Fällen kehren sie zum früheren Beruf zurück. Denn in der „unternehmenszentrierten Gesellschaft" haben diejenigen, die einmal aus der Firma austreten, kaum Chancen, weiter zur Stammarbeiterschaft zu gehören. Es gibt kein System langjähriger Beurlaubung mit Arbeitsplatzgarantie. Diese Diskontinuität der beruflichen Karriere bringt notwendigerweise eine Verschlechterung ihrer Position mit sich, und die meisten von ihnen werden mit entsprechend niedrigem Verdienst eingesetzt (Toshiko Himeoka 2000, S. 145).

Osamu Watanabe hat die Gründe der Geschlechtsdiskriminierung im Unternehmen wie folgt zusammengefasst (Osamu Watanabe 1999, S. 195f.): Erstens lässt sich die qualifizierte junge weibliche Arbeitskraft ohne Unterbrechung im Zusammenhang mit einem Senioritätsprinzip und einer Zwangsentlassung bei der Heirat billig beschaffen. Zweitens gibt es die Notwendigkeit, die Zahl der Teilnehmer an der Konkurrenz zum Aufstieg in der Hierarchie zu beschränken. Zwar wurde seit den sechziger Jahren die Diskriminierung zwischen *white-collar* und *blue-collar* bei der Beförderung abgeschafft, dennoch werden weibliche Arbeitnehmer von der Konkurrenzstruktur ausgeschlossen. Drittens wird vorausgesetzt, dass Hausfrauen den Haushalt und die Erziehung übernehmen, damit männliche Stammarbeiter zur Loyalität der Firma konkurrieren können.

1986 wurde das Gesetz zur Chancengleichheit im Beruf (*Danjo Koyô Kikai Kintô-Hô*) verabschiedete. Dieses Gesetz appelliert an die Arbeitgeber, sich zu bemühen, die diskriminierenden Praktiken bei Beförderung und der für den innerbetrieblichen Aufstieg wichtigen Arbeitszuweisung abzustellen (Kôshi Endo 1994, S. 413). Es öffnete Frauen die Möglichkeit, in die bisher männlichen Spezialgebiete von qualifizierter oder anspruchvoller Arbeit vorzudringen. Unter dem Einfluss dieses Gesetzes wurde die direkte Diskriminierung von Frauen weitgehend beseitigt, dennoch hat sich die Zahl der so genannten Karrierefrauen nicht wie erwartet vergrößert. Ein Gesetz allein bewirkte keinen dramatischen Wechsel der japanischen Beschäftigungspraktiken. Selbstverständlich ist männerzentrierte Arbeitsorganisation keine japanische Besonderheit, sondern sie ist mehr oder weniger in allen Industrienationen zu beobachten. In Japan zeigt sich, dass die Entwicklung zur unternehmenszentrierten Arbeitswelt zugleich geschlechtsspezifisch männliche Arbeitsweisen verstärkte (Toshiko Himeoka 2000, S. 145).

2.1.7 Stabilisierung zur politischen Hegemonie in der unternehmenszentrierten Gesellschaft: Das Herrschaftsmonopol der Liberal-Demokratischen Partei (*Jimintô: LDP*) und die Schwächung der Sozialdemokratischen Partei Japans (*Shakaitô: SPJ*)

2.1.7.1 Die Herausbildung der Einparteien- Demokratie

Seit 1955 stellte die *LDP* ununterbrochen die japanischen Regierungen. Mit dem Zusammenschluss zweier konservativer Regierungen, der *Jiyutô* (Liberale Partei) und der *Minshûtô* (Demokratische Partei), war am 15. November 1955 eine politische Organisation entstanden. Diese knüpfte bei ihrer Gründung ideologisch wie organisatorisch an die Traditionen bürgerlicher Politik der Vorkriegszeit an und so konnte zur politischen Transmission des modernen japanischen Wirtschaftswunders werden (Manfred Pohl 1998, S. 76).

Im August 1945 wurde die *Jiyûtô* (Liberale Partei, *LP*) gegründet, sie setzte die Tradition der früheren *Seiyûkai* (Gesellschaft der Freunde der Politik) fort. Im gleichen Jahr wurde die *Shinpotô* (Fortschrittspartei) gegründet, die die Tradition der *Minseitô* (Demokratische Partei) aus der Vorkriegszeit weiterführte (Manfred Pohl 1989, S. 276). Bis 1955 vollzogen sich rasche Änderungen in dem parteilichen Milieu, ließen im konservativen Lager eine ganze Reihe neuer Parteien entstehen (ebenda, S. 277f.). 1947 wurde die Fortschrittspartei in *Minshutô* (Demokratische Partei, *DP*) umbenannt, nach Eintritt einer Gruppe von *DP*-Abgeordneten in die *LP* änderte sie 1948 ihren Namen in *Minshujiyutô* (Demokratisch-Liberale Partei, *DLP*). Im November 1954 schlossen sich die japanische Fortschrittspartei, die Separatisten aus der *LP* und einige unabhängige Fraktionen der *LP* zur Nihon *Minshutô* (Japanische Demokratische Partei, *JDP*) zusammen. Im November 1955 kam es schließlich zur Bildung der *Jiyû Minshutô*, der heutigen *LDP*.

2.1.7.2 Wachstum fördernde Politik und Klientelorientierung

In den sechziger Jahren konnte die *LDP* ihre Herrschaft stabilisieren, indem die *SPJ* einen ungleich größeren Stimmenverlust als die *LDP* erlitt, obwohl auch die *LDP* weniger Stimmen als früher erhielt. Von den sechziger bis in den siebziger Jahren hat die *LDP* verschiedene politische Strategien verfolgt. Die Hauptpunkte der *LDP*-Politik in der Zeit der Herausbildung einer „unternehmenszentrierten Gesellschaft" bestanden in der Förderung des Wirtschaftswachstums und der Klientelorientierung (Osamu Watanabe 1999, S. 64f.). In der Tat war die *LDP*-Herrschaft die unausweichliche Voraussetzung für die das Wirtschaftswachstum fördernde Politik. Der Unternehmensschutz wurde von der unangefochtenen konservativen Regierung effektiv gewährt, ohne das Wachstum wegen der Umverteilung durch sozialpolitische Maßnahmen bzw. der Kontrolle über Kapital gehemmt zu werden. Diese Wachstum fördernde Politik unter Voraussetzung des Fortbestands der konservativen Regierung hat umgekehrt zur Stabilität der *LDP* Regierung beigetragen: Die Verstärkung der unternehmenszentrierten Integration und die Herausbildung der Politik der Klientelorientierung wurde durch das Wirtschaftswachstum bzw. die Zunahme des Wirtschaftsvolumens ermöglicht.

Im Zusammenhang mit der das Wachstum fördernden Politik der *LDP* wurde die Hegemonie des auf die Entwicklung orientierten bürokratischen Apparats zu diesem Zeitpunkt ausgeübt (ebenda, S. 65). Der bürokratische Apparat Japans wurde mit der Herausbildung der Herrschaft der Unternehmen als Entwicklungsapparat neu gestaltet. Nach dem Zweiten Weltkrieg haben das Finanzministerium (*Ôkurashô*) und das Ministerium für internationalen Handel und Industrie (*Tsûsanshô*) die Hauptrolle übernommen, nachdem das Finanzministerium, das Innenministerium (*Naimushô*) und das Militär vor dem Krieg von großer Bedeutung waren. Im Gegenteil mussten das Arbeitsministerium (*Rôdôshô*) und das Ministerium für Soziales (*Kôseishô*) seit den sechziger Jahren einen Bedeutungsverlust hinnehmen, während die beiden Ministerien noch in den fünfziger Jahren die Kontrollmacht gegen Kapitalakkumulation besaßen. Infolge der Herausbildung der unternehmenszentrierten Gesellschaft wurde die Wirkung der Gewerkschaftsbewegung geschwächt. Demzufolge verloren die das Kapital regulierenden Ministerien an Einfluss und die die Kapitalakkumulation fördernden Ministerien gewannen an Bedeutung. Darüber hinaus haben sich diese Kontrollministerien, das Arbeitsministerium und das Ministerium für Soziales, zu akkumulationsfördernden bzw. -billigenden Ministerien gewandelt (ebenda, S. 65).

Verbunden mit dieser das Wachstum fördernden Politik entwickelte sich die Politik der Klientelorientierung. Die Klientelorientierung zielt auf Landwirte und Selbständige, die von dem Wirtschaftswachstum ausgeschlossen waren, während die regulären Arbeitnehmer in der unternehmenszentrierten Gesellschaft unmittelbar integriert sind. In den siebziger Jahren betrug der Anteil der regulären Arbeitnehmer in den Großenbetrieben nur ca. 20 % in der gesamten abhängig beschäftigten Arbeitnehmer (Nihon seisansei honbu 1992, S. 176). Die gesamten Beschäftigten mit Ausnahme der Landwirte machten ca. 32 Millionen aus, und davon betrugen die Arbeitnehmer in den Großbetrieben lediglich ca. 7 Millionen. In dieser Zeit betrug der Anteil der Arbeitnehmer, der Landwirte und der Selbständige an den Arbeitskräften jeweils ca. 60 %, ca. 20 %[75] und ca. 17 %. Diese Landwirte und Selbständigen wurden mittels der konservativen LDP-Politik, d. h. der Politik der Klientelorientierung, in die unternehmenszentrierte Gesellschaft indirekt integriert. Die Grundlage für die Klientelorientierung bestand darin, dass sich das inkrementelle Budget dadurch planen ließ, dass der Unternehmensgewinn und die darauf basierenden Staatseinnahmen mittels des Wirtschaftswachstums zunahmen (Osamu Watanabe 1996, S. 176f.). Durch den zugenommenen Etat konnte sich die *LDP* Zuschüsse für die Klientelorientierung leisten.[76]

2.1.7.3 Der Reispreis als ein Beispiel für die Klientelorientierung

Die Agrarpolitik Japans ist ein deutliches Beispiel für die Klientelorientierung. Der Reis steht im Zentrum der japanischen Agrarpolitik. Nach dem Zweiten Weltkrieg konzentrierte sich die Agrarpolitik zunächst vor allem auf die Steigerung der Produktion, um eine ausreichende Versorgung der japanischen Bevölkerung wiederherzustellen. Da zugleich aber die boomende Industrie immer mehr Beschäftigte aus der Landwirtschaft abzog, steigert die seit 1955 regierende *LDP* ihre finanzielle Unterstützung für die Bauern. Dahinter stand auch politisches Kalkül, denn die *LDP* hatte ein sicheres Stammwählerpotential in den ländlichen Gebieten (Friederike Bosse 1998c, S. 320). 1960 kostete die Nahrungsmittelkon-

---

[75] Seit vierzig Jahren sinkt die Zahl der Agrarbeschäftigten, und ihre Produktion trägt immer weniger zum Bruttoinlandsprodukt bei. Zwischen 1960 und 1995 sank der Beschäftigtenanteil von 26,8 % auf 0,6 %, der Produktionsanteil (vom BIP) von 9 % auf 2,1 % (Friederike Bosse 1998c, S. 319).

[76] Calder hat auch eine Aufmerksamkeit auf den Zuschuss zur Landwirtschaft und für die Selbständigen gerichtet. Er ging davon aus, dass die politische Konsequenz des japanischen Konservatismus im japanischen Finanzwesen, in der Verteilung und im Steuersystem lag (Kent Calder 1988, S. 166).

trolle ca. eine Billion Yen und hatte einen Anteil am Agraretat von 27 % (Jiyu shugi keizai suishin kiko 1983, S. 109). Der Reispreis bestimmte sich im Wesentlichen durch den Produktionspreis und eine Einkommenssubvention. Diese Preispolitik zielte darauf, das landwirtschaftliche Einkommen an die städtische Einkommensentwicklung anzupassen, indem der landwirtschaftliche Familienlohn dem städtischen Arbeitslohn angeglichen wird. Aus diesem Grund lässt sich die Politik des Reispreises als eine Verteilungspolitik verstehen. Andererseits blieb der Verbraucherpreis des Reises ständig trotz des steigenden Produktionspreises, und es kam zum größeren Defizit in der Nahrungsmittelkontrolle. Mehr Maschineneinsatz und verbesserte Technologien führten auch zu einer gestiegenen Reisproduktion, und 1967 wurde zum ersten Mal ein Überschuss produziert (ebenda, S. 110). Auch in den folgenden Jahren wurde mehr Reis produziert als verbraucht. Die Regierung hat versucht, die Produktionssteigerung zu bremsen und der sinkenden Nachfrage anzupassen, nicht zuletzt um die finanziellen Belastungen für den Staat einzudämmen. Anstatt den garantierten Abnahmepreis zu senken und damit den Anreiz zum Anbau zu verringern, versucht der Staat stattdessen, die Produktionsmenge über die Anbauflächen zu steuern. Seit 1970 wird daher die landwirtschaftliche Anbaufläche gesetzlich geregelt, und die stillzulegenden Flächen werden Jahr für Jahr festgelegt (Friederike Bosse 1998c, S. 320). Seit dem Anfang der achtziger Jahre verursachte der hohe Reispreis in den internationalen Märkten den Handelskonflikt zwischen der japanischen Regierung und den USA. Die Agrareinfuhren und die Öffnung der Agrarmärkte, insbesondere beim Reis, werden vor dem Hintergrund der ungleichen Handelsbilanz von den USA gefordert. Zudem werden Rationalisierungsmaßnahmen und Kürzungen der öffentlichen Zuwendungen in die Landwirtschaft auch von Seiten der japanischen Unternehmen gefordert (Hisao Kanamori und Yutaka Kosai 1997, S. 228f.).

Die so genannten *Zoku* (Stämme) verschiedener *LDP*-Abgeordneter in beiden Häusern des Parlaments sind auch eine Besonderheit des japanischen Konservatismus. Diese Stämme sind fraktionsübergreifend und vereinigen Abgeordnete mit demselben politischen „Anliegen" bzw. aus derselben Region. Die *Zoku* halten über die typisch japanische Informalität persönlicher Beziehungen zwischen den Abgeordneten zusammen (Manfred Pohl 1989, S. 289). Als innerparteiliche Interessengruppen suchen die *Zoku* den Entscheidungsprozess in der *LDP* und folglich in den Parlamentsfraktionen in Richtung auf bestimmte politische Ziele zu beeinflussen. Über diese Stämme leisten z.B. Japans Bauernverbände hartnäckigen Widerstand gegen eine Liberalisierung der Agrarimporte.

2.1.7.4 Die Entwicklung der Sozialdemokratischen Partei und die unternehmenszentrierte Gesellschaft

Auch wenn Japans Sozialisten auf eine lange gemeinsame Tradition zurückblicken können, gelten sie als ewige Oppositionspartei. Warum die japanische Sozialpartei keine Aussicht auf eine Regierungsübernahme hat, wird häufig damit begründet, dass sie an zunehmend unpopulären Positionen dogmatisch festhält (Holger Tölkel 1998, S. 148). Im Gegensatz dazu hat Osamu Watanabe versucht, die Schwächung der japanischen Sozialdemokratie seit den sechziger Jahren im Zusammenhang mit einem gesellschaftlichen Herrschaftssystem zu sehen.

Von der ersten „Sozialistischen Partei", 1906 gegründet von Anarcho-Syndikalisten und späteren Kommunisten, reicht die Geschichte über eine Reihe proletarischer Parteien in der so genannten „*Taishô*-Demokratie" (1912-1926) bis in das Jahr 1945, als nach dem verlorenen Krieg die „Sozialistische Partei Japans" - die erste Partei der Nachkriegszeit überhaupt - gegründet wurde (Manfred Pohl 1998, S. 80f.). Ein einziges Mal konnten Sozialisten (vor 1993) in die Regierung einziehen. Nach einem Wahlsieg von 1947 ging die *SPJ* die Regierungskoalition ein. Die Koalition zerbrach 1948 vollends über die Haushaltsfrage. Es folgte ein weiteres Koalitionskabinett unter *SPJ*- Beteiligung, dieses stürzte u. a. über einen Korruptionsskandal (Oktober 1948). Der anstehende Friedensvertrag mit den USA spaltete die *SPJ* tief. Ein Flügel wollte die Neutralisierung Japans aber die andere Gruppe wollte die Einbindung Japans in ein amerikanisch geführtes Bündnissystem gegen die Sowjetunion. 1955 suchten die Sozialisten endlich die lange währende faktische Spaltung zu überwinden. Die rechten und linken *SPJ*-Fraktionen fusionierten wieder mit Gruppen außerhalb der Parteigruppierung zur *SPJ*. Es entstand das so genannte „55er System" (*55nen Taisei*): Auf der Rechten die *LDP*, auf der Linken die *SPJ*. Watanabe hat darauf hingewiesen, dass die Vereinigung der Sozialisten im Jahr 1955 eine Vollendung der japanischen Sozialdemokratie im Gegensatz zur westlichen Sozialdemokratie symbolisiert (Osamu Watanabe 1990, S. 186f.). Die erste Besonderheit liegt in der nationalistischen und pazifischen Orientierung. Zwar akzeptierten die westlichen Sozialdemokraten die kollektive Sicherheit bzw. dem militärischen Block, aber die japanischen Sozialdemokraten opponieren dagegen. Andererseits beharrten die japanischen Sozialisten auf der militanten Einstellung gegen das Kapital. Sozialstaatliche Strategien bzw. die Kooperation von Arbeitgeber und Arbeitnehmer hingegen wurden nicht befürwortet.

In der Frühzeit des „55er Systems" stieg die Präferenz für die *SPJ*. Allerdings konnte die *SPJ* seit den sechziger Jahren ihren Stimmenanteil ungeachtet der Zunahme der Arbeitnehmerzahl durch das Wirtschaftswachstum nicht steigern. Zwar hat sich die militante Einstellung der Sozialdemokratie zwischen Mitte der sechziger und siebziger Jahre verändert, dennoch gerät die *SPJ* ins Stocken. Watanabe Osamu hat darauf hingewiesen, dass die Veränderung der Sozialisten Japans damit begründet ist, dass das gesellschaftliche Herrschaftssystem neu antritt (Osamu Watanabe 1990, S. 188). Bis 1965 hat der *SPJ-Sohyô* Block ordentlich funktioniert. Die Gewerkschaften in privaten und öffentlichen Sektoren, die im Zentrum der *Sohyô* Gewerkschaftsbewegung standen, haben auch zum Aufschwung der *SPJ* beigetragen (Osamu Watanabe 1991, S. 278). Währenddessen haben die japanischen Unternehmen im Verlauf des hohen Wirtschaftswachstums die Struktur der auf der Konkurrenz basierenden „Unternehmensherrschaft" über Arbeitnehmer herausgebildet. Damit verbreitete sich die kooperative Gewerkschaftsbewegung in den Großbetrieben. Die Arbeitnehmer in den Großbetrieben strebten nach einem Anteil bei der Verteilung der Früchte des Unternehmenswachstums. Mit der Entstehung der *IMF-JC* im Jahr 1964 war die Unternehmenszentriertheit an einen Wendepunkt angelangt. Der die Dachverbände, *Sohyô* bzw. *Dômei*, übergreifende Gewerkschaftsrat in der Metallindustrie *IMF-JC* befürwortete nachdrücklich die Kooperation mit der Unternehmensführung. In diesem Text hat die traditionelle Verbindung zwischen der *SPJ* und dem größten Dachverband *Sôhyô* ihr Bedeutungsgewicht verloren (Osamu Watanabe 1999, S. 60). Demzufolge hat sich der *SPJ*- Stimmenanteil der Arbeitnehmer in den privaten Schwer- und Chemieindustrie seit dem Mitte der sechziger Jahre drastisch vermindert.

Von 1964 bis 1968 hat sich die Vorzugspartei der Gewerkschaft in den privaten Großbetrieben stark verändert (Tabelle 14). Der Stimmenanteil der *LDP* sank mit kaum bemerkenswerter Veränderung von 10 % auf 9,2 %. Aber die *SPJ* hat im gleichen Zeitraum den großen Stimmenverlust, 14 %-Punkt (von 42,1 % auf 28,4 %), von Gewerkschaften in den privaten Großbetrieben erlitten. In den achtziger Jahren gewann die *SPJ* weniger als 20 % der Stimmen von ihnen. Die Herausbildung der unternehmenszentrierten Gewerkschaftsbewegung in den privaten Großbetrieben hat verursacht, dass sich einige *SPJ*- Anhänger über die *DSP* zur *LDP* orientierten. Die Veränderung der Stimmen der *Tekkôrôren* (Förderation der Gewerkschaften in der Eisen- und Stahlindustrie) hat dies ausdrücklich gezeigt (Tabelle 15). Folglich gibt es seit Ende der achtziger Jahre beim Stimmenanteil für die *SPJ* keinen Unterschied zwischen dem durchschnittlichen Volk und Arbeitnehmern in den privaten Großbetrieben. Dennoch konnte die *SPJ* durch die Unterstützung der öffentlichen Gewerkschaften, die zur *Sohyô* gehört, den großen Wahlverlust verhindern (Osamu Watanabe 1991, S. 280). Die Gewerkschaften in den öffentlichen Betrieben haben in den sechziger Jahren die *SPJ* mit einem Stimmenanteil von ca. 80 % unterstützt. Sie verblieben bis Mitte der achtziger Jahre noch als Stammwählerschaft für die *SPJ*. In diesem Zeitpunkt hat sich die *SPJ* zur Partei der Peripherie-Gruppen bzw. *Citizen*, die auf dem Pazifismus zielen, und der öffentlichen Gewerkschaften verändert (Osamu

Watanabe 1999, S. 62). Aber die öffentlichen Gewerkschaften wurden seit Ende der siebziger Jahre ebenfalls in die unternehmenszentrierte Gesellschaft integriert. Seit den achtziger Jahren wurden große öffentliche Unternehmen, z. B. Staatsbahn bzw. Stromerzeuger, privatisiert. Demzufolge geriet die *SPJ* in eine noch schlimmere Lage (Osamu Watanabe 1991, S. 280).

Tabelle 14: Partei-Stimmenanteil von Gewerkschaften in den privaten Großbetrieben (%)

	1964	1968	1978	1982
Liberal-Demokratische Partei (*Jimintô; LDP*)	10,0	9,2	11,7	10,1
Sozialdemokratische Partei Japans (*Shakaitô; SPJ*)	42,1	28,4	28,3	19,2
Demokratisch-Sozialistische Partei (*Minshatô; DSP*)	4,0	5,4	10,3	13,6
Kommunistische Partei Japans (*Kyôsantô; KPJ*)	2,3	4,2	2,2	3,0
Keine Präferenzpartei	21,7	27,4	42,7	47,8

Zitiert nach: Osamu Watanabe 1999, S. 61

Im Vergleich zur *SPJ* gilt die *DSP* als die realere Partei, die der westlichen Sozial-Demokratie ähnlich ist. 1959/60 zerbrach die SPJ wieder, nachdem der amerikanisch-japanische Vertrag verlängert worden war (Manfred Pohl 1998, S. 82). Die Linke hatte den Vertrag erbittert bekämpft und den „US-Imperialismus" als Hauptgegner ausgemacht. Auf dem 6. Parteitag (Oktober 1959) kam es zu einer neuen Spaltung. Folglich wurde die Demokratisch-Sozialistische Partei (*Minshatô: DSP*) im Jahr 1960 gegründet. Die *DSP* erklärte sich als reale Sozialdemokratische Partei und befürwortete sozialstaatliche Eingriffe (vgl. Osamu Watanabe 1990, S. 205-13). Die *DSP* ist traditionell stark mit dem gemäßigten Gewerkschaftsverband *Dômei* stark verbunden. Zwar konzentrierte sich *Dômei* auf die Großbetriebe im Privatsektor, aber sie organisierte auch die Arbeitnehmer aus Klein- und Mittelunternehmen. Die Arbeitnehmer in kleinem und mittlerem Unternehmen konnten sich nicht direkt in die unternehmenszentrierte Gesellschaft integrieren und benötigten folglich eine sozialstaatliche Politik. Vor diesem Hintergrund bezeichnete sich die *DSP* als die einzige Partei in Japan, die den Sozialstaat austreibt (ebenda, S. 204f.). Dennoch konnte die *DSP* seit der Gründung ihre Wählerbasis nie entscheidend ausbauen. Immer blieb sie bei einem Stimmanteil zwischen 6-8 % noch unter dem der Kommunisten (*KPJ*) mit ca. 10 % (Manfred Pohl 1998, S. 91).

Der Versuch zur realen Partei ist der *SPJ* nicht gelungen. Es ist der reale Partei *DSP* auch nicht gelungen, sich zur Regierungspartei zu entwickeln. Dies bedeutet, dass die Stockung der beiden sozialdemokratischen Parteien nichts mit dem Partei-Programm zu tun hat, sondern vielmehr von den gesellschaftlichen Bedingungen beeinflusst wurde.

Tabelle 15: Die Veränderung der Stimmen der Förderation der Gewerkschaften in der Eisen- und Stahlindustrie (%)

	SPJ	*DSP*	*LDP*
1969	23,4	8,8	12,4
1978	23,9	17,4	16,6
1982	13,2	17,5	13,5
1984	10,2	11,2	16,1
1988	10,7	9,8	14,5
1989	11,5	13,7	15,7

Zitiert nach: Osamu Watanabe 1991, S. 278

2.1.8 *Karôshi* (der Tod durch Überarbeitung) im Spiegel des „Firmaismus"

Angesichts des Ölschocks ging der japanische Kapitalismus im Gegensatz zu den westlichen Ländern seine eigenen Wege, konnte die Wirtschaftskrise schneller und einfacher überwinden. Die westlichen Länder richteten viel Aufmerksamkeit auf den japanischen Kapitalismus und vor allem auf dem japanischen Beschäftigungssystem. Oft wurde der japanische Kapitalismus als ein Kapitalismus mit menschlichem Gesicht gelobt und das japanische Beschäftigungssystem als mögliches Modell eines demokratischen und partizipierenden Arbeitsplatzes angesehen. Dennoch erregte *Karôshi* (der Tod durch Überarbeitung) zur gleichen Zeit großes Aufsehen in Japan. Darüber hinaus wurde das *Karôshi*-Syndrom durch den „World Labor Report" des Internationalen Arbeitsamtes 1993 weltweit bekannt. Der ILO Report hat gezeigt, dass japanische Arbeitnehmer aufgrund der langen Arbeitszeiten Schaden nehmen und sogar *Karôshi*, dem Tod durch Überarbeitung, zum Opfer fallen. Seit Kurzem ist das Thema *Karôjisatsu* (Selbstmord wegen Überarbeitung) als Problem anerkannt (vgl. Hiroshi Kawahito 1998).

2.1.8.1 Das Konzept der *Karôshi*

Karôshi ist ein sozial-ökonomischer bzw. sozial-medizinischer Begriff und bezeichnet insbesondere die Fälle von Herzgefäßerkrankungen durch exzessive Belastung und beruflichen Stress. Es wurde zum ersten Mal im Jahre 1982 von Mediziner Tetsunojo Uehata zur Diskussion gestellt. Uehata wies darauf hin, dass fortgesetzte psychologisch ungesunde Arbeitsprozesse bezüglich der Arbeits- und Lebensrhythmen zu einem chronischen Zustand der Überarbeitung führen und sich als Folge Übermüdung (*fatigue*) im Körper aufbaut, die in schweren Fällen zum Tode führen kann (vgl. Oliver Tieste 2003, S. 28). Er definierte *Karôshi* wie folgt; *a permanent disability or death brought on by worsening high blood pressure or arteriosclerosis resulting in diseases of blood vessels in the brain such as cerebral hemorrhage, subarachnoidal hemorrhage and cerebral infarction and acute heart failure and mycardial infarction induced by conditions such as ischemic heart disease* (Tetsunojo Uehata 1990, S. 98). Das Wort *Karôshi* kam durch ein *Karôshi Hotline Network*[77] zur Beratung der Opfer, das im Juni 1988 von Rechtsanwälten und Ärzten eingerichtet wurde, umfassend zur Geltung (Yoshihiko Kamii 1993, S. 58).

Anlässlich des Auftauchens der *Karôshi* als Sozialproblem sollte das japanische Arbeitsministerium 1987 nach 26 Jahren die Anerkennungspraxis der Arbeitsunfall verändern (Osamu Watanabe 1990, 32f.). Die frühere Gesetzgebung für Ersatzansprüche in Japan bezog sich bis 1987 hauptsächlich auf Verkehrsunfälle von Fahrern, Grubenunglücke von Minenarbeitern, Arbeitsunfälle bei Industriearbeitern, aber nicht auf den Tod durch Überarbeitung. Nur die Familienangehörigen eines Arbeitnehmers, der nach 24 Stunden besonders harter Arbeit gestorben war, erhielten eine Versicherungsprämie. Das neue Gesetz lässt jedoch als Gründe für die Bewilligung einer Entschädigung für Tod durch Überarbeitung nur gelten, wenn ein Arbeiter die doppelte Zeit der regulären Arbeitswoche ohne freien Tag oder die dreifache Arbeitszeit am Tag vor seinem Tod gearbeitet hat. Wenn also jemand fünf Tage lang mehr als 16 Stunden pro Tag arbeitet, aber einen freien Tag hat und danach stirbt, konnte kein Versicherungsanspruch geltend gemacht werden (Tetsuro Kato 1997, S. 89). Die tatsächliche Anerkennung der *Karôshi* ist besonders streng, so dass viele *Karôshi*-Opfer in der Phase der Beratung ihren Anspruch aufgeben müssen. Beispielsweise betrug 1989 nach Angabe des Arbeitsministeriums die Zahl der Entschädigungsanträge auf Grund der *Karôshi* 777, was nur ca. 8 Prozent der 10,000 *Karôshi*-Opfer ausmachte. Die Anerkennung als *Karôshi* erfolgte nur bei 14 % aller Entschädigungsanträge (Yoshihiko Kamii 1993, S. 58).

[77] *Karôshi Hotline Network* (*Karôshi 110 Ban*) wurde in sieben Großstädten eingerichtet: Tokyo, Kyoto, Sendai, Osaka, Fukuoka, Kobe und Sapporo.

Tabelle 16: Statistische Auswertung der dem *Karôshi Hotline Network* berichteten Fälle (Juni 1988 bis 1993)

1. Gründe für die Beratung	Gesamt	3.132
	Schadenersatzansprüche	2.265 (72,5 %)
	(Todesfälle)	(1.466) (47,0 %)
	Gesundheit	797 (25,6 %)
	andere	59 (1,9 %)
2. Klienten	Gesamt	3.062
	Arbeiter	633 (20,7 %)
	Ehefrauen	1.549 (50,6 %)
	Andere Angehörige	560 (18,3 %)
	Gewerkschaften	32 (1,0 %)
	Andere	288 (9,4 %)
3. Alter	Gesamt	3.062
	unter 30 Jahre	197 (6,5 %)
	30-39 Jahre	362 (11,8 %)
	40-49 Jahre	794 (25,9 %)
	50-59 Jahre	797 (26,0 %)
	über 60 Jahre	174 (5,7 %)
	ohne Angabe	738 (24,1 %)
4. Geschlecht	Gesamt	2.265
	Männer	2.136 (94,3 %)
	Frauen	102 (4,5 %)
	ohne Angabe	27 (1,2 %)
5. Beruf	Gesamt	2.265
	Direktoren	96 (4,2 %)
	Manager	454 (20,2 %)
	Industriearbeiter	572 (25,2 %)
	Büroangestellte	492 (21,7 %)
	Fahrer	220 (9,7 %)
	Technische Angestellte	179 (7,9 %)
	Verwaltungsangestellte	160 (7,1 %)
6. Art der Krankheit	Gesamt	2.2653
	Zerebrale Blutungen	363 (16,0 %)
	Subarachnoidale Blutungen	372 (16,4 %)
	Gehirnthrombosen, Gehirnschlag	149 (6,6 %)
	Herzinfarkt	225 (9,9 %)
	Herzversagen	393 (17,4 %)
	andere	763 (33,7 %)

Quelle: Statistik des *Karôshi Hotline Network*, 11. Juni 1993 und Tetsuro Kato 1997, S. 86

2.1.8.2 Der Zustand der *Karôshi*

Es gibt keine offiziellen Statistiken, aber Anwälte des Nationalen Verteidigungsrates für das *Karôshi*-Opfer gehen davon aus, dass es jährlich ungefähr 10.000 Opfer gibt. Die Daten des *Karôshi Hotline Network* vom Juni 1988 bis 1993 sind in Tabelle 16 aufgeführt. Die *Karôshi*-Opfer, Männer wie Frauen, kommen aus unterschiedlichen Bereichen: Am stärksten vertreten sind Fahrer, Journalisten und Industriearbeiter. Doch sind auch Bankangestellte, Lehrer, Bauarbeiter und Fremdarbeiter inzwischen stärker in der Statistik des *Networks* vertreten. Direktoren und Manager, darunter einige Vorsitzende von Großunternehmen, sind ebenfalls durch eine Anzahl von Fällen vertreten. Die betrieblichen Todesfälle waren durch folgende Ursachen bedingt: In 16,0 % der Fälle zerebrale Blutungen, subarachnoidale Blutungen 16,4 %, Gehirnthrombosen, Gehirnschlag 6,6 %, Herzinfarkt 9,9 %, Herzversagen 17,4 % und im Verhältnis mit 33,7 % Todesfälle aus anderen Gründen. Die *Karôshi*-Opfer konzentrierten sich auf die beiden Altersgruppen zwischen 40 und 49 Jahren und zwischen 50 und 59, aber die Altersgruppe unter 30 Jahre oder über 60 Jahre waren tendenziell ebenfalls durch *Karôshi* gefährdet.

Das japanische Arbeitsministerium hat 1997 bei abhängig Beschäftigten eine repräsentative Befragung über den Grad der physischen und psychischen Erschöpfung durchgeführt. Danach gaben über 70 % der befragten Arbeitnehmer an, sie würden nach einem normalen Arbeitstag unter körperlicher Erschöpfung leiden. Unter psychischer Erschöpfung litten nach den Ergebnissen dieser Erhebung 74,5 %. Von diesen wiederum gaben 86,7 % bzw. 82,4 % an, ihre Erschöpfung würde sich auch am nächsten Tag fortsetzen (vgl. Oliver Tieste 2000, S. 108). Nach einer anderen Umfrage aus 1990 haben 51,2 % der männlichen Arbeitnehmer und 26,4 % der weiblichen Arbeiter Angst vor *Karôshi* (Osamu Watanabe 1999, S. 181). Dadurch lässt sich vermuten, dass die Anhäufung von physischem und psychischem Stress durch harte Arbeit über einen langen Zeitraum hinweg ein signifikanter Grund für *Karôshi* ist.

2.1.8.3 Die Charakteristika der *Karôshi*

Die Charakteristika der *Karôshi* lassen sich folgendermaßen zusammenfassen: Erstens ging *Karôshi* aus der Überwindungszeit der Ölkrise hervor. Tetsunojo Uehata zufolge tauchte das Phänomen erstmals Ende der siebziger Jahre auf, als japanische Firmen als Antwort auf die Ölkrise die Löhne kürzten und die Belastung der Arbeiter erhöhten (Tetsunojo Uehata 1990, S. 88). Angesichts der Rationalisierung, die um die Mitarbeiter in höheren und mittleren Lebensjahren seit 1974 erfolgte, mussten die gebliebenen Arbeitnehmer unter härteren Arbeitsbedingungen die Arbeitsproduktivität steigern und die Konkurrenzfähigkeit der Unternehmen erhalten. In diesem Zusammenhang wurde die Gesundheit der Arbeitnehmer drastisch gefährdet, und *Karôshi* hat sich entfaltet. Die zweite Ölkrise 1979-80 hat auch einen Anlass zu *Karôshi* gegeben. Seit Ende der siebziger Jahre verbreiteten sich *ME*-Technologie und *JIT*-Produktion in der japanischen Industrie. Wenn eine Firma die *ME*-Technologie an Arbeitsplatz einsetzt, musste sie wiederholt das System erneuern. Die Firma sollte die Gebrauchseffizienz der *ME*-Maschinerie erhöhen, um die Kosten für die Systemeinführung bzw. -erneuerung niedrig zu erhalten. Dafür sind die Schichtarbeit am späten Abend und die Verlängerung der Arbeitszeit unausweichlich (Kôji Marioka 1995, S. 93). Die Arbeiter sollten sich daran anpassen. Vor allem die Mitarbeiter der mittleren Position bzw. der Managementposition hatten aufgrund ihres Alters viel Mühe, sich an die neue Technologie zu gewöhnen. Die Herausbildung der Arbeitnehmer zum „Firma-Mensch" war in dieser Zeit beschleunigt. Folglich verursachte die übermäßige Anstrengung die Todesfälle der Überarbeitung.

Das zweite Charakteristikum der *Karôshi* besteht darin, dass die Gewerkschaft keine Kontrollmacht gegen den Arbeitstod besitzt (Osamu Watanabe 1990, S. 34). Im Unterschied zu westlichen Ländern haben die japanischen Gewerkschaften bei der Einführung der *ME*-Technologie mitgeholfen. Aus diesem Grund konnten die kooperativen Gewerkschaften nicht verhindern, dass die *ME*-Technologie die übermäßig lange Arbeitszeit bringt. Auch in Japan ist es die primäre Aufgabe der Gewerkschaften, Arbeitnehmerinteressen im Arbeits- und Gesundheitsschutz wahrzunehmen. Aber viele Gewerkschaften in Japan entzogen sich der Verbindlichkeit, hielten die *Karôshi*-Fälle nicht für ihren Aufgabenbereich. Vor diesem Hintergrund hat sich das Problem des „Firmenkrieger"-Todes wegen Überarbeitung durch Schadenersatzklagen von Witwen, Rechtsanwälte und Ärzte als gesellschaftliche Frage zugespitzt.

2.1.8.4 Hauptgrund der *Karôshi*: Die langen Arbeitszeiten in Japan

Warum ist die Anzahl der *Karôshi*-Fälle in Japan so hoch? *Karôshi* entsteht durch den Druck, noch mehr Termine wahrzunehmen, noch öfter ins Ausland zu reisen, noch länger von der Familie entfernt an anderen japanischen Dienstorten tätig zu sein, mit noch unregelmäßigerem Essen, noch häufigeren Kneipenabenden, noch mehr Alkohol und Zigaretten, ohne die Regenerationszeiten zuhause (Kersten Joachim 1994, S. 62). *Karôshi Hotline Network* hat durch Untersuchung von über 200 *Karôshi*-Fälle in Tokyo die Gründe für Karôshi wie folgt dargestellt: Die langen Arbeitszeiten (131), Überforderung, *Noruma*[78] und Personalreduktion (42) und Isolation von Familie und Arbeitsort, Versetzung und Shukkô (53). Dadurch lässt sich erkennen, dass *Karôshi* gewiss eine Produktion der unternehmenszentrierten Gesellschaft ist (Osamu Watanabe 1990, S. 34).

Der Hauptgrund der *Karôshi* liegt in den unverhältnismäßig langen Arbeitszeiten. Die Entwicklung der Arbeitszeiten in Japan nach dem Zweiten Weltkrieg lässt sich in vier Phasen einteilen. In den ersten Nachkriegsjahren (1945 bis 1948) haben sich die Arbeitszeiten unter dem Druck der Gewerkschaftsbewegung und unter dem Einfluss der von der amerikanischen Besatzungsmacht durchgesetzten Arbeitsgesetzgebung (*Rôdô Kijun Hô*) beachtlich vermindert. Von 1949 bis 1960 kam es wieder zur Verlängerung der Arbeitszeiten. Das Jahr 1960 markierte den Wendepunkt in einer bis 1975 andauernden Periode kontinuierlicher Arbeitszeitverkürzungen. Die Unternehmen sahen sich angesichts des zunehmenden Arbeitskräftemangels im Zusammenhang mit dem Wirtschaftswachstum veranlasst, die regulären Arbeitszeiten zu verkürzen: Die Fünftagewoche begann sich zu verbreiten (Christoph Deutschmann 1987, S. 33-64).[79] Allerdings wurde seit 1975 die Arbeitszeit, in den Zeiten des Wirtschaftswachstums tendenziell gekürzt, wieder drastisch verlängert. Nachdem die Ölkrise überwunden wurde, blieb die Frage der langen Arbeitszeiten ungelöst.

Das Arbeitsweißbuch 1992 hat, beruhend auf der „monatlichen Arbeitzeitstatistik", über die Entwicklung der tatsächlich geleisteten Arbeitsstunden berichtet. Danach sollen die jährlichen Arbeitsstunden, die zwischen 1975 und 1988 bei ca. 2100 Stunden lagen, seit 1989 wieder zurückgehen und 1991 2016 Stunden betragen (Masumi Mori 1995, S. 180). Allerdings wurde zu Anfang der neunziger Jahre die Statistik der Arbeitszeiten anlässlich der Todesfälle durch Überarbeitung in Frage gestellt. Es bestand der Verdacht, dass sich die real geleisteten

---

[78] *Noruma* ist ein Konzept, das aus dem Zwangsarbeits- und Internierungslager in Sibirien stammt. In der Regel bedeutet *Noruma* in Russland die Aufgabe, die in bestimmter Zeit erledigt werden soll. Aber in Sibirien wurde die Aufgabe für Verbannte und Kriegsgefangene zwangsweise und persönlich zugewiesen. Nach dem Zweiten Weltkrieg wurde das *Noruma*-System in Japan eingeführt und es hat sich in den meisten Unternehmen verbreitet. Man muss vor dem hohen Konkurrenzdruck seine Aufhabe erfüllen, zur höheren Stellung aufzusteigen. In diesem Zusammenhang lässt sich es als das freiwillig erzwungene Pensum bezeichnen. Okumura hat darauf hingewiesen, dass dieses *Noruma*-System ein entscheidender Faktor der Unternehmenszentriertheit ist (vgl. Hiroshi Okumura 1992, S. 100-2).

[79] Bis 1970 blieb es eine kleine Minderheit großer Unternehmen, die erste Schritte zur Einführung der Fünftagewoche unternommen hatte. Lediglich 4,4 % aller Unternehmen (mit allerdings 18 Prozent der Beschäftigten) hatten eine Form der Fünftagewoche, ganze 0,4 % der Unternehmen (mit 4,4 % der Beschäftigten) die volle Fünftagewoche eingerichtet. Ab 1970 freilich beschleunigte sich der Prozess der Verkürzung der Wochenarbeitszeit merklich.

Arbeitsstunden von der offiziellen Statistik des Arbeitsministeriums unterscheiden. Der Geschäftsführer von *National Defense Counsel for Victims of Karoshi*, Hiroshi Kawahito, deutete an, dass die Arbeitszeitstatistik des Arbeitsministeriums die unbezahlten Überstunden nicht einschließt (Hiroshi Kawahito 1990, S. 9).

2.1.8.5 Der Zustand der Arbeitszeit

In Japan gibt es drei verschiedene offizielle Statistiken über die Arbeitszeit: „Monatliche Untersuchung zu den Arbeitszeitstatistiken" (*Maigetsu Kinrô Dôkei Chôsa*), „Lohnzensus" (*Chinkin Sensus*) und „Untersuchung zu den Arbeitskräften" (*Rôdoriki Chôsa*). Die „Monatliche Untersuchung zu den Arbeitszeitstatistiken" und der „Lohnzensus" werden vom Arbeitsministerium (*Rôdôshô*) herausgegeben; die „Untersuchung zu den Arbeitskräften" wird vom Amt für allgemeine Angelegenheit (*Sômuchô*) veröffentlicht. Kôji Morioka hat die drei Statistiken ausgewertet (Tabelle 17). Er ging davon aus, dass sich die „Untersuchung zu den Arbeitskräften" der tatsächlich geleisteten Arbeitszeit einschließlich der unbezahlten Überstunden nähert (Kôji Morioka 1992, S. 126). Die Zahl der Arbeitstunden nach dieser statistischen Methode wird von mittels einer Stichprobe ausgewählten Arbeitnehmern selbst eingetragen. Die Jahresarbeitszeit wird errechnet, indem die Zahl der wöchentlich geleisteten Arbeitsstunden je Arbeitnehmer in der Nichtlandwirtschaft mit 52 multipliziert wird. Demzufolge haben die jährlich geleisteten Arbeitsstunden seit 1975 zugenommen, in den achtziger Jahren überschritten sie ständig 2450 Stunden, 1990 betrugen sie 2408 Arbeitsstunden. Diese Zahlen der Arbeitsstunden sind im Vergleich zur „Monatliche Untersuchung zu den Arbeitszeitstatistiken" um ca. 360 Stunden höher. Die „Monatliche Untersuchung zu den Arbeitszeitstatistiken" fasst nur vertragliche Arbeitsstunden und Überstunden, die unbezahlten Überstunden lassen sich nicht erfassen und die Arbeitsstunden der regulären Arbeitnehmer und der Teilzeitbeschäftigten werden zusammengefasst. Aus diesem Grund sollte diese Statistik die tatsächlich geleisteten Arbeitsstunden aller Arbeitnehmer unterschätzen (vgl. Masumi Mori 1995, S. 181). Trotzdem veröffentlicht das Arbeitsministerium beruhend auf der „Monatliche Untersuchung zu den Arbeitszeitstatistiken", die japanische Arbeitszeit und legt diese internationalen Vergleichen zugrunde.

Nach der Vergleichstudie des Arbeitsministeriums liegen die jährlichen Arbeitsstunden in Japan um 100 bis 200 Stunden höher als in den USA oder in Großbritannien, und um 400 bis 500 Stunden höher als in Frankreich oder Deutschland (Tabelle 18). Werden jedoch die 2124 Arbeitsstunden im verarbeitenden Gewerbe im Jahr 1990 auf die „Untersuchung zu den Arbeitskräften" umgerechnet, so ergeben sich 2423 Arbeitsstunden (Masumi Mori 1995, S. 182). Dann macht die

Differenz zwischen Japan und USA oder Großbritannien 500 Stunden und Deutschland so gar 825 Stunden aus.[80] Der internationale Vergleich verdeutlicht, dass die japanischen Arbeitnehmer ein erhebliches Maß an Arbeitsstunden mehr arbeiten als ihre Kollegen und Kolleginnen in anderen Industrienationen.

Tabelle 17: Die Entwicklung der jährlichen Arbeitsstunden in Japan

	1974	1975	1976	1977	1978	1979	1980	1981	1982
a	2106	2064	2094	2096	2102	2114	2108	2101	2096
b	2200	2160	2189	2200	2212	2246	2246	2234	2223
c	2460	2408	2449	2465	2470	2465	2460	2470	2465

	1983	1984	1985	1986	1987	1988	1989	1990
a	2098	2116	2110	2102	2111	2111	2088	2052
b	2223	2257	2223	2223	2223	2223	2223	2212
c	2480	2470	2475	2470	2480	2480	2454	2408

Anm. a: Zahl der durchschnittlich im Monat geleisteten Arbeitsstunden je Arbeitnehmer nach Wirtschaftszweigen in Betrieben mit 5 und mehr Beschäftigten (vertragliche Arbeitsstunden und Überstunde) * 12.
b: Zahl der im Juni geleisteten Arbeitsstunden je regulärer Arbeitnehmer * 0.95 *12.
c: Zahl der wöchentlich geleisteten Arbeitsstunden je Arbeitnehmer in der Nichtlandwirtschaft * 52.

Quelle. a: Rôdôshô (Arbeitsministerium): „Maigetsu kinrô dôkei chôsa" (Monatliche Untersuchung zu den Arbeitszeitstatistiken).
b: Rôdôshô (Arbeitsministerium): „Chinkin Sensus" (Lohnzensus).
c: Sômuchô (Amt für allgemeine Angelegenheit): „Rôdôriki chôsa" (Untersuchung zu den Arbeitskräften).

Zitiert nach: Kôji Morioka 1992, S. 125.

Kôji Marioka hat auf der „Untersuchung zu den Arbeitskräften" beruhend die Entwicklung der Arbeitnehmer, die wöchentlich mehr als 49 bzw. 60 Stunden arbeiten, im Zeitraum zwischen 1975 und 1993 untersucht (Kôji Marioka 1995, S. 28f.). Hierbei werden die Arbeitnehmer, die wöchentlich mehr als 49 Stunden arbeiten, als Langzeitarbeiter und die Arbeiter, die wöchentlich mehr als 60 Stunden arbeiten, als Hyperlangzeitarbeiter bezeichnet. Demzufolge war die Zahl der Langzeitarbeiter von 10.690.000 (30 %) 1975 auf 17.670.000 (40 %) 1988 gestiegen. Im Falle der Hyperlangzeitarbeiter betrugen die Zahlen 1975

[80] Wendet man einen Vergleich der japanischen Jahresarbeitszeit mit dem asiatischen Umfeld zu, werden die im westlichen Vergleich so hoch erscheinenden Daten relativiert. Besonders in den Schwellenländern Südkorea und Singapur sind die Arbeitsstunden deutlich höher als in Japan.

und 1988 jeweils 3.800.000 (10,7 %) und 7.777.000 (17,4 %). Dieser Zuwachstrend ist noch eindeutiger, wenn man sich den Fall des männlichen Arbeitnehmers betrachtet wird.[81] Im Zeitraum von 1975 bis 1988 vergrößerte sich die Zahl der männlichen Langzeitarbeiter von 8.560.000 (35,4 %) auf 14.300.000 (50,7 %) und die Zahl der Hyperlangzeitarbeiter von 3.230.000 (12,4 %) auf 6.850.000 (24,3 %). Die wöchentlich geleisteten 60 Stunden entsprechen den jährlich umgerechnet ca. 3100 Stunden. Der entscheidende makroökonomische Hintergrund der *Karôshi* besteht darin, dass zum Ende der achtziger Jahre ca. 8 Millionen Arbeitnehmer, vor allem jeder vierte männliche Arbeitnehmer, jährlich über 3100 Stunden arbeiten mussten (Kôji Marioka 1995, S. 29). Diese Arbeitnehmer, die mehr als wöchentlich 60 Stunden arbeiten, bilden die Reservearmee für *Karôshi.*

Tabelle 18: Internationaler Vergleich der tatsächlich geleisteten Arbeitsstunden im verarbeitenden Gewerbe

	tatsächlich geleistete Arbeitsstunden			Überstunden	Arbeitstage
	1990	1979	1970	1990	1990
Japan	2.124	2.159	2,269	219	247
USA	1.948	1.907	1.913	192	226
Großbritannien	1.953	1.886	1.939	187	218
Westdeutschland	1.598	1.717	1.889	99	208
Frankreich	1.683	1.712	1.872	-	211

Quelle: Rôdôshô (Arbeitsministerium): Rôdô hakusho (Arbeitsweißbuch).
Zitiert nach: Tetsuro Kato 1997, S. 86 und Masumi Mori 1995, S. 182.

2.1.8.6 Die unbezahlten Überstunden

Die Fragen der unbezahlten Überstunden, so genannte *Service Overtime* (auch *Service Zangyo* oder *Sabisu Zangyo*), sind die wichtigste Ursache für die Überforderung der Arbeitnehmer in Japan. Der Anteil der Unternehmen, in denen

[81] Die Zahl der männlichen Arbeitnehmer, die wöchentlich 35~42 Stunden oder 43~48 Stunden arbeiten, hat sich tendenziell vermindert. Die Entwicklung der von Frauen geleisteten Arbeitsstunden steht im krassen Gegensatz zur Arbeitszeit der männlichen Arbeitnehmer. Die Zahl der erwerbstätigen Frauen, die wöchentlich 43~48 Stunden arbeiten, sinkt seit 1970 tendenziell, hingegen nimmt die Zahl der Frauen, die weniger als 35 Stunden arbeiten, zu (Kôji Marioka 1995, S. 64 und S. 80f.). Diese Polarisierung der Arbeitszeit in Japan liegt in der Rationalisierung seit der Ölkrise. Einerseits vermehrt sich die Zahl der außertariflichen Überstunden, vor allem bei den männlichen regulären Arbeitnehmern, andererseits nimmt auch die Zahl der Teilzeitbeschäftigten bzw. unregulären Arbeitnehmer zu, die sich auf Frauen konzentriert.

Service Overtime geleistet wurde, betrug nahezu 50 % (Tieste Oliver 2003, S. 40). Masumi Mori hat eine Statistik zu Überstunden und unbezahlten Überstunden erstellt (Tabelle 19). Hiernach betrug die Zahl der jährlich geleisteten Überstunden in den achtziger Jahren über 500. 1988 belief sich die Zahl der Überstunden auf 558. Davon betrug die Zahl der unbezahlten Überstunden jährlich ca. 360. Das entspricht rechnerisch ca. 45 Arbeitstagen bzw. 8 bzw. 9 vollen Arbeitswochen. Dies bedeutet, dass die japanischen Arbeitnehmer ca. 70 % der Überstunden ohne Bezahlung leisten müssen. Zwar gibt es keine offizielle Untersuchung zu unbezahlten Überstunden, aber ein Bericht des Wirtschaftsplanungsamts aus dem Jahr 1991 hat das Vorkommen der unbezahlten Überstunden begründet: Den Arbeitnehmern wurde zugemutet, nicht nur die übermäßig hohe Aufstellung der *Noruma*, denen sie in den tariflich festgelegten Arbeitszeiten einschließlich bezahlter Überstunden nicht nachkommen können, sondern auch die Aufforderung zur Kostenkürzung ohne Bezahlung anzunehmen (vgl. Masumi Mori 1995, S. 182).

Tabelle 19: Die jährlich geleisteten unbezahlten Überstunden

	Gesamte Überstunden (a)	Unbezahlte Überstunden (b)	Quote der bezahlten Überstunden (a-b/a) (%)
1980	514	352	31,5
1981	530	369	30,4
1982	526	369	29,8
1983	543	382	29,7
1984	525	354	32,4
1985	543	365	32,8
1986	540	368	32,0
1987	547	369	32,5
1988	558	369	33,7
1989	556	366	34,2
1990	542	356	34,3
1991	525	350	33,3

Zitiert nach: Masumi Mori 1995, S. 183.

2.1.9 Zusammenfassung zum Konzept der „unternehmenszentrierten Gesellschaft“ bzw. des „Firmaismus“

Die Begriffe „unternehmenszentrierte Gesellschaft“ bzw. „Firmaismus“ wurden seit Ende der achtziger Jahre umfassend verwendet, nachdem *Karôshi* als ein großes soziales Problem aufgetaucht war (Kôji Nakahara 1994, S. 102). Eine übereinstimmende Auffassung zum Konzept der „unternehmenszentrierten Gesellschaft“ und seiner Entstehungsperiode ist zwar nicht vorhanden, aber der japanische Kapitalismus bzw. das japanische Sozialsystem zwischen den siebziger und den neunziger Jahren lassen sich mit diesem Begriff zutreffend beschreiben. Der Begriff „*Kigyô Shakai*“ ist von Yûkichi Takahashi und vor allem von Osamu Watanabe konzipiert und entwickelt worden, wobei das Wort „*Kaisha Shugi*“ von Hiroji Baba geprägt wurde. Die feministische Auffassung wurde von Mari Osawa und Machinko Ôsawa an die „unternehmenszentrierte Gesellschaft“ angeknüpft. Die Begriffe „Firmaismus“ bzw. „unternehmenszentrierte Gesellschaft“ wurden nicht nur im Bereich der Sozialwissenschaft und des Managements, sondern auch bei politischen Entscheidungen verwendet. In einem Bericht vom Wirtschaftsplanungsamt[82] aus dem Jahr 1991 wurde die „unternehmenszentrierte Gesellschaft“ als eine Gesellschaft, die die unternehmerische Organisation erweitert, begriffen. Hierbei werden dem Ziel und dem Handlungsprinzip der Unternehmen Priorität vor dem Individuums bzw. der Gesellschaft eingeräumt und folglich sollte die Freiheit des Privatlebens eingeschränkt werden (vgl. Mari Osawa 1993, S. 27).

Das Konzept der „unternehmenszentrierten Gesellschaft“ wurde anfangs verwendet, um die Besonderheit des japanischen Beschäftigungssystems zu erklären. Dies hat sich darüber hinaus als eine Terminologie etabliert, die strukturelle Charakteristika der gegenwärtigen japanischen Gesellschaft darstellt (Kimiko Kimito 1995, S. 165). Häufig wird die Diskussion um die „unternehmenszentrierte Gesellschaft“ im Zusammenhang mit dem Herrschaftssystem innerhalb der Unternehmen geführt. Yûkichi Takahashi, der frühzeitig den Begriff der „unternehmenszentrierten Gesellschaft“ verwendete, hat sie in zwei Kategorien eingeordnet. Die „unternehmenszentrierte Gesellschaft“ bedeutet im engeren Sinn die in einzelnen Unternehmen gebildete Gesellschaft und im weiteren Sinn die auf dieser beruhende unternehmenszentrierte Zivilgesellschaft (Yûkichi Takahashi 1989, S. 1). Noch ausführlicher hat er erklärt, dass die unternehmenszentrierte Gesellschaft im engeren Sinn die Verhältnisse der Quasi-Gemeinschaft mittels materieller und ideologischer Herrschaft durch Unternehmen bedeutet, indem die Arbeitnehmer das Unternehmensrisiko übernehmen und die Gewerkschaften diese Herrschaft hinnehmen müssen. Im weiteren Sinne lässt sich die unternehmenszentrierte Zivilgesellschaft als eine Gesellschaftsordnung begreifen, die auf dem Organisierungsprinzip des Herrschaftssystems innerhalb der Unternehmen bzw. der Konkurrenzstruktur basiert (ebenda, S. 3). Selbstverständlich setzt die unternehmenszentrierte Gesellschaft im weiteren Sinne die unternehmenszentrierte Gesellschaft im engeren Sinn voraus: Es dürfte nicht zu bestreiten sein, dass die

---

[82] Keizai kikakuchô Kokumin seikatsu kyoku, Hrsg. (1991): Kojin seikatsu yûsen shakai o mezashite, Tokyo: Ôkurasho insatsusho.

sozialen Fragen im Zeitraum zwischen Ende der siebziger und achtziger Jahre stark von der unternehmenszentrierten Gesellschaft im engeren Sinn beeinflusst wurden; Alkoholismus bzw. Psychoneurosen überwiegend von Hausfrauen, Scheidung, Tod durch Überarbeitung und die Konkurrenz um das Abschlusszeugnis einer elitären Universität. Das Konzept der unternehmenszentrierten Gesellschaft hält dies alles nicht für isolierte Einzelfragen, sondern verbindet Sie mit der strukturellen Frage als solcher (Kimiko Kimito 1995, S. 167). In diesem Zusammenhang lässt sich die japanische Gesellschaft mittels des Konzepts der unternehmenszentrierten Gesellschaft umfassend beschreiben.

Dies wirft die Frage auf, wie sich die Arbeitnehmer und andere Teile der Bevölkerung in das Konzept der „unternehmenszentrierten Gesellschaft" integrieren lassen. In einer „unternehmenszentrierten Gesellschaft" gilt die Herrschaft des Unternehmens über Arbeitnehmer als der Ausgangspunkt. Die Herrschaft des Unternehmens über Arbeitnehmer Japans nach dem Zweiten Weltkrieg übertraf, Watanabe zufolge, die Macht des Kapitals im allgemeinen westlichen Sinne. Daran lag die Besonderheit des japanischen Beschäftigungssystems (Osamu Watanabe 1991, S. 214). Watanabe hat die starke Angehörigkeit bzw. Loyalität der Arbeitnehmer zum Unternehmen damit begründet, dass das Unternehmen die unendliche Konkurrenz zwischen den Arbeitnehmern mittels der Chancengleichheit organisiert und kanalisiert (Osamu Watanabe 1990, S. 55f.).

Seit Ende der fünfziger Jahre wurde der Standesunterschied zwischen den Arbeitern und den Angestellten angesichts der technischen Innovation beginnend mit der Metallindustrie abgeschafft und die Chancengleichheit für den Aufstieg innerhalb des Betriebs hergestellt. Das Unternehmen hat durch das ausgewogene System der Personalbewertung, worauf nicht nur die Leistung, sondern auch der sichtbare bzw. unsichtbare Beitrag zum Unternehmen hinweist, die Konkurrenz zwischen den Arbeitnehmern organisiert. Bezüglich der Etablierung der betrieblichen Sozialpolitik ist das Gefühl der Angehörigkeit zum Unternehmen gestiegen und dadurch wurde die Abhängigkeit der Arbeitnehmer von Unternehmen verstärkt (Osamu Watanabe 1991, S. 215). Im Lauf der Festsetzung dieser Wettbewerbstruktur wurde die Vorstellung verbreitet, dass der Aufstieg zur höheren Stelle mittels der Loyalität zum Unternehmen der realistische Weg zur Lebensverbesserung sei (Osamu Watanabe 1996, S. 171). Darüber hinaus hat diese Sichtweise viele Arbeitnehmer veranlasst, aus der Gewerkschaft auszutreten; die Gewerkschaften nahmen eine unternehmensfreundliche Haltung ein (Osamu Watanabe 1991, S. 215). Während der Standesunterschied zwischen den Arbeitern und den Angestellten aufgehoben war, wurden die anderen Diskriminierungen institutionalisiert (Osamu Watanabe 1996, S. 173f.). Zunächst sind Frauen von der Konkurrenz für den Aufstieg ausgegrenzt. Das Großunternehmen übertrug die soziale Benachteiligung von Frauen auf die Konkurrenzstruktur. Zum

Zweiten müssen sich die Randarbeiter z. B. Teilzeitbeschäftigte, Gelegenheitsarbeiter und Leiharbeiter von den regulären Arbeitenehmern im gleichen Betrieb unterscheiden und sie wurden ebenfalls aus der Konkurrenzstruktur und der betrieblichen Sozialpolitik ausgeschlossen. Dieser Unterschied schmeichelte dem Prioritätsbewusstsein der regulären Arbeitnehmer und veranlasste die Verhinderung der Solidarität der Arbeiterklasse. Außerdem waren die Arbeitemehmer im Zulieferbetrieb nicht in der Lage, sich auf das Senioritätsprinzip, die Aufstiegskonkurrenz und die betriebliche Sozialpolitik zu beziehen, weil dieser Konkurrenzmechanismus nur für die Großunternehmen gilt. Diese Herrschaft des Unternehmens wurde durch den Ölschock und das darauf folgende Ende des hohen Wachstums weiter vertieft. Während der Rezession hat sich dieser Herrschaftsmechanismus bis zu den klein- und mittelständischen Unternehmen erstreckt, und im Zuge der Verwaltungsreform Ende der siebziger Jahre erreichte er sogar den öffentlichen Dienst (Osamu Watanabe 1991, S. 215).

Osamu Watanabe hat darauf hingewiesen, dass obwohl der Konkurrenzmechanismus, wie bereits oben erklärt, eine auf Diskriminierung der Frauen, unregulären Arbeiter und Zulieferarbeiter in der klein- und mittelständischen Unternehmen abzielende privilegierte Struktur ist, sich die Lohnerhöhungen und das einigermaßen gleiche Lohnniveau über die gesamte Industrie verbreitet haben. Dies ist einer der Kernpunkte der japanischen unternehmenszentrierten Gesellschaft, der Herrschaftsform der japanischen Massengesellschaft (Osamu Watanabe 1996, S. 174). Die Politik der *LDP* basierte in den sechziger Jahren auf drei Grundelementen; die Förderung des Wirtschaftswachstums, das Prinzip des Kleinstaats und die Klientelorientierung (Osamu Watanabe 1999, S. 64). Mittels der Festigung der *LDP*, die sich an die Herrschaft des Unternehmens anschloss, hat sich die starke Integrationskraft der unternehmenszentrierten Gesellschaft entwickelt (ebenda, S. 67). Diese Integration ging davon aus, dass sich die Arbeiterklasse durch Unternehmen direkt integrieren ließ, wobei insbesondere die Landbevölkerung und die Selbständigen zum Ziel der Klientelorientierung der *LDP* wurden.

Das Wort „Firmaismus" (*Kaisha Shugi*) wurde von Hiroji Baba erfunden.[83] Er begriff „Firmaismus" einerseits als die starke Angehörigkeit der Arbeitnehmer zur Firma. In diesem Kontext lassen sich die Begriffe „Firmaismus" und „Firma-Mensch" (*Kaisha Ningen*) miteinander verbinden. Er verstand „Firmaismus" an-

[83] Im Gegensatz zu Baba unterscheidet Seigo Hirowatari „Firmaismus" von der „unternehmenszentrierten Gesellschaft". Er versteht „Firmaismus" als die Struktur der Firma, indem er die von „Firmaismus" bestimmte Gesellschaft als die „unternehmenszentrierte Gesellschaft" benennt (Seigo Hirowatari 1992, S. 3). Er betont die Organisationskultur, wonach Firma und Arbeit und die Identität der Arbeitnehmer determinieren sollen. Dass die Firma die Gesellschaft beherrscht, bedeutet gleichzeitig, dass die Firma für viele Arbeitnehmer eine Gesellschaft oder sogar eine Mikrokosmos ist.

dererseits auch als die systematische Zustandbeschreibung für die japanische Gesellschaft in der Gegenwart (Hiroji Baba 1991, S. 62). Die beiden Seiten werden von einer Unternehmensorganisation, d. h. Firma (*Kaisha*), in einen Zusammenhang gebracht. Im Lauf der Wirtschaftsentwicklung hat die Firma die Hauptrolle in der ganzen Gesellschaft übernommen. Darüber hinaus konnte die Firma es erreichen, dass sie die ganze Gesellschaft reguliert. Auf dieser Grundlage lässt sich „Firmaismus“ als eine Gesamtheit der japanischen Gesellschaft bezeichnen (ebenda, S. 63). Baba hat versucht, die Legitimität des „Firmaismus“ zu entwickeln. Er hielt die Firma in der Gegenwart Japans für eine Produktionsorganisation, wo die Arbeiter als das Subjekt in der Konkurrenz und der Gemeinsamkeit angesehen werden. Folglich streben die in den Zeiten des klassischen Kapitalismus eigentlich entfremdeten Arbeiter freiwillig nach Produktivitätssteigerung (ebenda, S. 74). Darüber hinaus ist die Firma eine Produktionsgemeinde, wo sich der Vorstand mit den Angestellten und Arbeitern, unabhängig von den Aktionären um den Fortbestand und den Fortschritt der Firma bemüht (ebenda, S. 72). In diesem Kontext propagierte Baba die These, dass der „Firmaismus“ eine präzise Kombination zwischen der kapitalistischen Konkurrenz und dem gemeinschaftlichen bzw. sozialistischen Verhältnis ist (ebenda, S. 71).

Die unternehmenszentrierte Gesellschaft im Zusammenhang mit der *Karôshi* bzw. den langen Arbeitszeiten werden von Makoto Kumazawa (1989) und Kôji Morioka (1992) untersucht. Makoto Kumazawa hat die unternehmenszentrierte Gesellschaft als „erzwungene Freiwilligkeit“ bzw. „Mischung aus Zwang und Freiwilligkeit“ dargestellt. Er verwendet die „unternehmenszentrierte Gesellschaft“ (*Kigyô Chûshin Shakai*) zur Kennzeichnung der ganzen japanischen Gesellschaft. Die „unternehmenszentrierte Gesellschaft“ bedeutet sowohl eine Gesellschaft, bei der eine effektive Kontrolle über die bestehende Macht der Arbeitgeber, vor allem in Bezug auf das Personalmanagement, außerhalb der Unternehmen kaum vorhanden ist, als auch eine Gesellschaft, wo der Einzelne zur stabilen Lebenssicherung unter der stabilen unternehmenszentrierten Gesellschaft subsumiert werden muss. Also eine Gesellschaft, in der das gesamte Leben von der personalen Bewertung in der unternehmenszentrierten Gesellschaft abhängt (Makoto Kumazawa 1997, S. 235). Hirokuni Tabata hat darauf hingewiesen, dass die japanische Familie, wie auch die japanische Gewerkschaft, von Unternehmen abhängt. Indem diese in das Unternehmen eingebunden sind, geben jene ihr Leben für das Unternehmen hin (Hirokuni Tabata 1991, S. 12).

Die Theorie der Ungleichentwicklung von S. Amin wurde von Masato Nakamura mit dem „Firmaismus“ verbunden. Er hat die Arbeitnehmer in den Klein- und Mittelbetrieben als das Charakteristikum der Peripherie des „Firmaismus“ begriffen (vgl. Masato Nakamura 1993). Er ging davon aus, dass Firmaismus durch die ungleichmäßige Entwicklung zwischen dem Zentrum und der Peripherie bestimmt ist. Die Reproduktion des Firmaismus kann nur durch die Reproduktion des Verhältnisses zwischen dem Zentrum und der Peripherie, d. h. die Unterschiede zwischen dem Großunternehmen und dem Klein- und Mittelunternehmen in der Produktionsstruktur, zwischen den Kernarbeitskräften und den Randarbeitskräften im Arbeitsmarkt und zwischen der Stadt und dem Land, gesichert werden (ebenda, S. 126f). Nakamura hat auf das daraus entstehende Ausbeutungsverhältnis aufmerksam gemacht.

Nakahara hat Firmaismus wie folgt als einen Idealtyp formuliert (Kôji Nakahara 1994, S. 105-107): Zunächst wird die Festsetzung der typischen Familie als eine Grundeinheit der Gesellschaft vorausgesetzt; die Hausfrau soll allein den Familienhaushalt, die Kindererziehung und die Altenpflege führen bzw. übernehmen. Zweitens wird die typische männliche Arbeitskraft durch diese typische Familie zur Verfügung gestellt. Drittens trägt das Unternehmen die primäre Verantwortung für die Lebensgarantie der Arbeitnehmer und deren Familie durch lebenslange Beschäftigung, Senioritätsprinzip und betriebliche Sozialpolitik. Zum Vierten ist es dem Staat gelungen, den wirtschaftlichen Reichtum und die politische Energie meistens für die Kapitalakkumulation und das nationalökonomische Wachstum zu verteilen, indem der Staat die Anstellung neuer Arbeitskräfte und die Lebenssicherheit dem Unternehmen überließ. Dadurch verzögerte sich die Entwicklung des Sozialstaats.

„Firmaismus" unterscheidet sich von dem seit den siebziger Jahren in den westlichen Ländern verwendeten Begriff *Japan AG*.[84] In diesem Konzept der *Japan AG* ging es um die Funktion des Staats für das wirtschaftlichen Wachstum und das Verhältnis zwischen Staat und Unternehmen. Die mit der Studie zur *Japan AG* beschäftigten Experten sind gemeinsam der Ansicht darin, dass Japan ein von der Bürokratie stark geführter Staat ist und die japanischen Unternehmen von der bürokratischen Kontrolle bzw. Verwaltungsführung abhängen.[85] Hier sahen diese Experten das Geheimnis des hohen Wirtschaftswachstums in Japan.

In einer Abhandlung haben einige japanische Experten die Entstehung und die Entwicklung der *Japan AG* untersucht.[86] Dieser Untersuchung zufolge lässt sich die Wurzel der *Japan AG* in den dreißiger Jahren im von Japan abhängigen Staat *Mandschukuo* (1932-45) finden (Kobayashi Hideo u. a. 1995, Kapitel 1). Die *Japan AG* war die Produktion des japanischen Militarismus. Ansatzweise wurde

---

[84] Vgl. James Abegglen 1970, Eugene Kaplan 1972, Ezra Vogel 1979 und Chalmers Johnson 1982.

[85] Baba hat kritisiert, dass die Betriebsorganisation nicht in den theoretischen Rahmen der Japan AG passt (Hiroji Baba 1991, S. 63).

[86] Vgl. Kobayashi Hideo, Okazaki Tetsuji, Yonekura Seiichiro und NHK 1995.

diese von der sowjetischen *NEP* (*New Economic Policy*), dem deutschen Nationalsozialismus und dem amerikanischem *New Deal Policy* beeinflusst. Im Lauf des chinesisch-japanischen Kriegs und des pazifischen Kriegs (1937-45) wurde die *Japan AG* infolge des bürokratischen Eingriffs in die Wirtschaft hergerufen. Danach hat sich dieser bürokratische Eingriff in eine Industriepolitik verwandelt, die von *MITI* (Ministerium für internationale Handel und Industrie)[87] betrieben wurde. Folglich haben sich das in den Kriegszeiten geborene System und das nach dem Krieg hinzugefügte System zur *Japan AG* vollendet. Die *Japan AG* hat zu hohem Wirtschaftswachstum geführt (ebenda, Kapitel 3). Okumura hat eine Frage nach dem theoretischen Ansatz der *Japan AG* gestellt: Es geht nicht darum, die Funktion der Bürokratie in der Wirtschaft zu erfassen, sondern es geht vielmehr darum, die Machtbasis der wirtschaftlichen Bürokratie und das diese rechtfertigende Prinzip zu erklären. Okumura behauptet, dass dieses Prinzip nichts anderes als Firmaismus ist und die Machtbasis der Bürokraten im „Korporationskapitalismus" (*Hôjin Shihonshugi*)[88] zu suchen ist. Dass die Bürokraten selbst keinesfalls über eine eigenständige Machtbasis verfügen, ergibt sich ebenfalls daraus (Hiroshi Okumura 1992, S. 140f.).

Regulations-Theorie und „Firmaismus"

Der „Firmaismus" bzw. die „unternehmenszentrierten Gesellschaft" wird in Japan allgemein verwandt, er kommt in vielen sozialwissenschaftlichen Studien vor. Aber in den westlichen Ländern ist hierüber äußerst wenig Wissen vorhanden. Der Sammelband „ The political economy of Japanese society", der als eine erste umfangreiche Darstellung des Firmaismus bzw. der unternehmenszentrierten Gesellschaft in westlicher Sprache gelten kann, wurde erst 1997/1998 veröffentlicht (vgl. Junji Banno 1997, 1998).[89]

---

[87] *MITI* (*Tsusansho*) wurde als ein wirtschaftliches Stabilisierungsprogramm von der U. S Besatzungsmacht, *GHQ* (*General Head Quarters*) gegründet.

[88] „Korporationskapitalismus" (*Hôjin Shihonshugi*) meint damit, dass im Prinzip die Großaktionäre von Großunternehmen juristische Personen sind. Hier kann man an das englische Wort *Corporation* im Sinne von „Aktiengesellschaft" denken, um den Sinn zu fassen. „Korporationskapitalismus" lässt sich mit „Aktiengesellschaftskapitalismus" gleichsetzen (vgl. Hiroshi Okumura 1998, S. 15 ff.).

[89] Diese Veröffentlichung enthält eine Auswahl aus der japanischen originalen siebenbändigen Ausgabe „die gegenwärtige japanische Gesellschaft" (*Gendai nihon shakai*), die vom Institut für Sozialwissenschaft an der Tokyo Universität von 1991/1992 herausgegeben wurde. Diese ist das Ergebnis fünfjähriger Forschungen seit 1986, woran die Experten aller sozialwissenschaftlicher Bereiche einschließlich Jura und Politologie teilnahmen. In diesem Projekt hat das Konzept des Firmaismus bzw. der unternehmenszentrierten Gesellschaft die Hauptrolle gespielt. In einem Aufsatz von Sumitaka Harada wird die Sozialpolitik in Japan behandelt.

Ein Gründer der *Regulations-Theorie*, Robert Boyer, sowie etliche französische und japanische *Regulationisten* haben das Konzept *companyism* (Firmaismus) in die *Regulations-Theorie* integriert und damit den japanischen Kapitalismus bzw. die „regulationsweise" der Nachkriegszeit als *companyist regulation* bzw. *companyist compromise* begriffen.[90] Boyer und Yamada haben die Ursache der Wirtschaftskrise in Japan im Zusammenhang der *companyist regulation* ermittelt. Ihnen zufolge stammt die Krise aus dem Erfolg der „*original companyist regulation mode*" selbst und des „*export-investment-led growth regime*" (Boyer und Yamada 2000, S. 201): Die Merkmale von „*companyist regulation*" lagen in einem festen und langfristigen Beschäftigungs- und Finanzverhältnis (Toshio Yamada, S. 28). Aber infolge der finanziellen Liberalisierung und der Globalisierung nach dem Platzen der Blase wurden die Firmen, die Banken und „*corporate goverance*" in Japan lahm gelegt. Unter diesen neuen Bedingungen ist der Kompromiss zwischen Arbeit und Management auch nicht mehr in der Lage, in der alten Form weiter zu überleben (ebenda, S. 30f.). Folglich verlor „*companyism*" seine Leistungsfähigkeit, die System-Anpassung voranzutreiben (ebenda, S. 31).

Hanada und Hirano haben versucht, die Rolle der betrieblichen Sozialpolitik in Japan im Kontext von *companyism* zu fassen (Hanada und Hirano 2000).[91] Dennoch haben die Regulationisten nicht versucht, ihren theoretischen Ansatz so weit voranzutreiben, dass sie den japanischen Sozialstaat im Zusammenhang den Veränderungen des Systems bzw. des Regimes erklärt hätten.

---

[90] Vgl. Robert Boyer und Toshio Yamada (2000).

[91] Sie haben argumentiert, dass die industrielle Sozialpolitik und die Arbeitgeber-Arbeitnehmer-Beziehung zusammenhängende Bestandteile der *companyist regulation mode* sind (Hanada und Hirano 2000, S. 99).

2.2 Wandel der „unternehmenszentrierten Gesellschaft"

In den achtziger Jahren hat Japan eine Zeit großer wirtschaftlicher Erfolge, auf der „unternehmenszentrierten Gesellschaft" beruhend, erlebt. Wirtschaftlich war Japan nach den USA zur zweiten Großnation der Welt geworden. Aber dieses goldene Zeitalter hat mit dem Ausbruch der *bubble economy* zu Anfang der neunziger Jahre ein Ende genommen. Inzwischen wurde die früher gelobte japanische Akkumulationsweise in Frage gestellt. Unter dem Einfluss des Platzens der *bubble economy* und einer langen strukturellen Rezession haben japanische Unternehmen bemerkt, dass sich die herkömmliche Struktur der Herrschaft der Unternehmen nicht mehr behaupten kann. Die negativen Aspekte der unternehmenszentrierten Gesellschaft haben in dem Phänomen der *Karôshi* (der Tod durch Überarbeitung) kulminiert. Aus diesem Grund mussten die japanischen Unternehmen eine neue Strategie entwickeln. Von Anfang der neunziger Jahre an hat Japan angefangen, eine umfangreiche Reform einschließlich der Wirtschaft, Politik und Bildung durchzuführen. Dadurch wollten Unternehmen und die Regierung die japanische „unternehmenszentrierte Gesellschaft" für das 21. Jahrhundert reorganisieren. Aber erste Anzeichen des Wandels der unternehmenszentrierten Gesellschaft erschienen schon seit dem Mitte der achtziger Jahre. Als die unternehmenszentrierte Gesellschaft endgültig herausgebildet war, fing sie bereits an, wieder zusammenzubrechen.

2.2.1 Die strukturellen Herausforderungen

2.2.1.1 Die Globalisierung der Japanischen Unternehmen

Seit der zweiten Hälfte der achtziger Jahre haben die Geschäftsaktivitäten der japanischen Unternehmen eine neue Dimension der globalen Entfaltung erreicht. Der Anlass für diese Entwicklung war die Yen-Aufwertung nach dem Plaza-Abkommen 1985 gewesen. Ein Ausdruck der Globalisierung war die Zunahme der Direktinvestitionen bzw. die Multinationalisierung der Unternehmen (*MNC*).

2.2.1.1.1 Die Aufwertung des japanischen Yen

In den achtziger Jahren nahmen Japans Leistungsbilanzüberschüsse rapide zu und dagegen verschlechtert sich die US-Leistungsbilanz (in Relation zum BSP) deutlich. Trotz dieses Ungleichgewichts war in der ersten Hälfte des Jahrzehnts noch eine ausgeprägte Dollarstarke bzw. Yenschwäche auszumachen. Nachdem die japanische Währung am 12. Februar 1985 mit einem Kurs von 263

Yen/Dollar einen historischen Tiefstand erreicht hatte, begann eine sprunghafte Wertsteigerung des Yen (Ernst und Laumer 1989, S. 25). Die Finanzminister und Zentralbankgouverneure der führenden fünf Industrienationen (G5) waren sich mit dem Plaza-Abkommen im September 1985 einig, dass der Dollar-Kurs gesenkt werden muss und gleichzeitig mit Dollarverkäufen an den Devisenmärkten intervenieren muss. Die US-Währung wird somit gegenüber dem Yen, der D-Mark und anderen wichtigen Währungen massiv abgewertet. Ende 1988 war der Kurs auf 120 Yen/Dollar gestiegen, weit über das im Plaza-Abkommen bestimmte Niveau von 200 hinaus (Hiroshi Yoshikawa 1999, S. 87).

Als Folge davon kam es 1986 zu einer erheblichen Verschlechterung der Exporterlöse der Unternehmen. Die Konsequenzen für den Export waren schwerwiegend, Zuliefere der betroffenen Industrie sahen sich mit einer stagnierenden Nachfrage konfrontiert. Das Wirtschaftswachstum schwächte sich spürbar ab auf ein Niveau (2,5 Prozent im Jahresdurchschnitt), das in Japan bereits als Rezession eingestuft wird (Ernst, Hilpert und Laumer 1993, S. 55f.). 1987 hat sich die japanische Wirtschaft mithilfe des Binnenmarktswachstums erholt, bewies die Anpassungsfähigkeit der japanischen Unternehmen. Dennoch erfuhren die japanischen Unternehmen durch diese Yen-Aufwertung, dass eine starke Abhängigkeit vom Export langfristig nicht mehr tragbar war. Zugleich versuchten die Unternehmen, über kurzfristig wirkende Anpassungsmaßnahmen hinaus auch grundlegend neue Strategien zu entwickeln. Im Mittelpunkt davon stand die Integration in die weltwirtschaftliche Arbeitsteilung. Sichtbares Zeichen dafür waren die in den folgenden Jahren sprunghaft gestiegenen Direktinvestitionen im Ausland.

2.2.1.1.2 Die Zunahme der japanischen Direktinvestition

Japan hat bereits vor der Yen-Aufwertung die Direktinvestitionen im Ausland insgesamt kontinuierlich verstärkt, um auf diese Weise Handelsfriktionen zu vermeiden und billige Arbeitskräfte einzusetzen. Diese Entwicklung war durch die plötzliche Yen-Aufwertung drastisch beschleunigt worden. Die Direktinvestitionen japanischer Unternehmen waren von 12,2 Milliarden Dollar im Jahre 1985 auf 67,5 Milliarden Dollar im Jahre 1989 gestiegen (Jochen Legewie 1998, S. 303). Damit hatten sie sich in einem Zeitraum von nur vier Jahren mehr als verfünffacht. Die Investitionen haben auf breiter Front zugenommen, bei den Zielländern waren vor allem die Industrieländer und die asiatischen Länder. Zwar hat sich die Form des japanischen Außenhandels an der Form der vertikalen Arbeitsteilung orientiert, in jüngster Zeit stieg aber auch der Anteil der horizontalen Arbeitsteilung an (vgl. Martin Hemmert 1998, S. 177-9). Denn der Import an Fertigprodukten aus der Industrieländern mit der Aufwertung des Yen stieg, nahm gleichzeitig die Spezialisierung im Rahmen von Fertigungs-Teilprozessen beispielsweise mit den zunehmenden japanischen Direktinvestitionen in die ASEAN-Ländern und die asiatischen NIEs zu (Kanamori und Kosai 1997, S. 396). Die Direktinvestitionen des verarbeitenden Gewerbes gingen nach dem Höhepunkt 1989 mit dem Platzen der *bubble economy* in den Jahren 1990 bis 1992 volumenmäßig - und damit auch mit ihrem Anteil an den weltweiten Investitionen - rezessionsbedingt zurück (Jochen Legewie 1998, S. 303).

Dadurch stieg der Anteil der Auslandproduktion. Ihr Anteil an der Gesamtproduktion, als Summe der Produktion ausländischer Töchterunternehmen und der inländischen Produktion, war von 3 Prozent 1985 über 6,4 Prozent 1990 auf 8,9 Prozent 1995 gestiegen (Kanamori und Kosai 1997, S. 254 und Friederike Bosse 1996c, S. 640).[92] Die zu Ende der achtziger und anfangs der neunziger Jahre schwächer steigenden bzw. stagnierenden Exporte sind durch die Produktion in den Abnehmerländern bzw. in Drittländern mehr als ausgeglichen worden.

2.2.1.1.3 Die Aushöhlung der japanischen Industrie (*Kûdôka*)

Gleichzeitig verband sich mit dieser Verlagerung von Produktionsstandorten nach Asien vor allem der großen japanischen Unternehmen natürlich auch die Furcht vor dem Verlust der industriellen Basis in Japan selbst, wovon in erster Linie die kleineren produzierenden Betriebe in den Regionen betroffen waren. Diese Entwicklung wurde in Japan unter dem Begriff *Kûdôka* (Aushöhlung) mittlerweile breit diskutiert (vgl. Manfred Pohl 1996). In der zweiten Hälfte der achtziger Jahre wurde die Auslagerung im Zusammenhang mit dem Begriff „Deindustrialisierung" diskutiert. Als um 1990 die Auslagerungswelle japanischer Unternehmen abebbte, verstummte auch die Diskussion. 1994 wurde die *Kûdôka* wieder ins Gespräch gebracht.

Die *Kûdôka* zeigte sich in verschiedenen Formen, und der Grad der *Kûdôka* lässt sich mit quantitativen Indikatoren annährend messen. Friederike Bosse hat darauf hingewiesen, dass der gegenwärtige Grad der *Kûdôka* nicht anhand der entsprechenden Industrieproduktions- und Außenhandelsstatistiken ermittelt werden kann, sondern es als Ausgangspunkt für die weitere Betrachtung die Feststellung genügen soll, dass in Japan tatsächlich eine Schwächung der verarbeitenden Industrie stattfindet (Friederike Bosse 1996c, S. 640). Allerdings bestanden erhebliche Defizite gerade in der Auslandproduktion. 1993 lag die Umsatzrendite

[92] Tatsächlich ist die Quote der japanischen Auslandproduktion, verglichen mit den USA (1988:24,9 Prozent) und der Bundesrepublik Deutschland (1989: 19,6 Prozent), noch auf einem niedrigem Niveau (Kanamori und Kosai 1997, S. 254).

der Töchtergesellschaft in Ausland bei lediglich 1,4 %, die Nettokapitalrentabilität nach Steuern bei 1,2 % (Arne Holzhausen 1998, S. 83). Wenn diese Zahlen nach den Regionen Asien, Nordamerika und Europa aufgeschlüsselt werden, wird erkennbar, dass japanische Unternehmen nur in Asien befriedigenden Gewinn machten, während sie in den Nordamerika und Europa Verlust erlitten.

2.2.1.2 Das Platzen der *bubble economy*

Eine neue Entwicklung stellte sich in der zweiten Hälfte der achtziger Jahre ein. Um dem angestrebten Konjunkturaufschwung monetären Raum zu geben, senkte die japanische Zentralbank den Diskontsatz von 4,5 Prozent (1986) auf den historischen Tiefstand von 2,5 Prozent (1987) (Ernst, Hilpert und Laumer 1993, S. 70). Hierdurch wurden viele institutionelle Anleger so reichlich mit Liquidität versorgt, dass sich in Bezug auf Immobilien und Aktien seit 1986/87 eine Spekulationsspirale entwickelte (*bubble economy*). Der Nikkei- Aktienindex lag Anfang 1986 noch bei unter 13.000, im Zeitraum von knapp vier Jahren verdreifachte sich dieser Wert auf 38.915 (29. Dezember 1989). Zwischen Januar 1985 und Dezember 1989 waren die Grundstückspreise um 245 Prozent gestiegen.[93] Einige Unternehmen z.B. Toyota, haben mehr Profit aus „*Zaiteku*" („finanzielles Hightech") als aus der Herstellung erzielt (T. J. Pempel 1998, S. 201). Die Bank of Japan erhöhte zwischen Mai 1989 und August 1990 die Zinsen fünf Mal (von 2,5 auf 6 Prozent), um den Anstieg der Inflationsrate zu stoppen (Cornelia Kaiser 2004, S. 88). Damit setzte sie der Boomphase ein abruptes Ende. Das Platzen der *bubble economy* in den Jahren 1990/91 führte dann zu dramatischen Kurs- und Preisrückgängen: Der *Nikkei*- Aktienindex stürzte bis auf 14,309 (18. August 1992), und die Bodenpreise gingen bis 1992 um ca. 30 % zurück. Seitdem verharrten die Börsenkurse auf niedrigem, gegenüber dem Tiefstand nur leicht nach oben korrigiertem Niveau, während sich der Verfall der Bodenpreise bis in die zweite Hälfte der neunziger Jahre fortsetzte (Martin Hemmert und Ralph Lützeler 1998, S. 9f.). Aber noch schlimmer war es, dass sich die faulen Schuldscheine seit Mitte der neunziger Jahre aufgrund des Verfalls der Bodenpreise häuften. Diese führte zum Ergebnis, dass die riesigen Kreditinstitute von *Yamaguchi Security Company* an, eine der vier größten Firmen in ihrem Bereich, reihenweise zusammenbrachen.

---

[93] Die Auf- und Abwärtsbewegung der Bodenpreise blieb wesentlich auf die Ballungszentren Tokyo, Osaka und Nagoya beschränkt und war hier wiederum bei den gewerblichen Grundstücken am stärksten ausgeprägt, wo zwischen 1985 und 1990 eine Vervierfachung der Preise zu verzeichnen war.

Nach dem Platzen der *bubble economy* geriet die japanische Wirtschaft in eine schwere Rezession. Die Konjunktur hat bis zum Ende der neunziger Jahre keine Anzeichen einer Erholung gezeigt. Die wirtschaftliche Konjunktur zeigte im Jahr 1996 mit einer Wachstumsrate 3.4 % erst einmal erholt, aber im Jahr 1998 (-1.1 %) und 2002 (-0.3 %) verzeichnete Japan sogar negatives Wachstum des Bruttoinlandsproduktes (Kôsei rôdô shô 2004, S. 296). Fiskalische Maßnahmen und Steuersenkungen hatten in dieser Situation kaum eine stimulierende Wirkung. Die meisten Experten in Japan hielten in der Anfangsphase die Rezession für ein kurzfristiges und konjunkturelles Phänomen. Am Ende der neunziger Jahre aber begriffen sie, dass die Krise strukturelle und komplexe Gründe hatte.[94] Häufig wird der Zeitraum zwischen 1990 und 2000 von japanischen Ökonomen und Soziologen als das „verlorene Jahrzehnt" bezeichnet (vgl. Max Eli 2003).

2.2.1.3 Der demographische Wandel (*Kôreika*)

Eine große Herausforderung, vor der Japan steht und die unabhängig von der Konjunkturentwicklung ist, ist die rasche Alterung seiner Bevölkerung (*Kôreika*). Diese demographische Entwicklung ist nicht auf Japan beschränkt, sondern vielmehr in allen Industrienationen zu beobachten. Dennoch hat sich in keinem anderen Land das Verhältnis von „Alten" und „Jungen" so drastisch verändert wie in Japan. Das liegt daran, dass sich die Lebenserwartung der japanischen Bevölkerung rasant erhöht hat. Während 1950 die der japanischen Männer bei 58 und die japanischer Frauen bei 61,5 Jahren lag, hat sie sich 2001 auf 78,1 bzw. 84,9 Jahre erhöht. Jede zwanzigste Japanerin kann damit rechnen, 100 Jahre alt zu werden. Der Anteil der über 65-Jährigen an der Gesamtbevölkerung lag 2002 bei 18,5 %, während 1970 7,1 %, 1990 12,0 % der Bevölkerung älter als 65 Jahre waren- deutlich mehr als die unter 14-Jährigen (14,2 %). Der Anteil der Bevölkerung im erwerbsfähigen Alter (15-64 Jahre)[95] belief sich auf 67,3 % (Anja Walke 2003a, S. 442).

Der demografische Wandel wird zu Veränderungen bei der Altersstruktur des Arbeitsangebots führen, die Zahl junger Arbeitskräfte aufgrund der gesunkenen Geburtenziffern seit den siebziger Jahren nimmt ab. Langfristig wird das Durchschnittsalter der Erwerbstätigen ansteigen, und die mittleren und älteren Altersgruppen werden einen immer wichtigen Teil der Erwerbsbevölkerung darstellen

---

[94] Über die „komplexe Krise" vgl. Miyazaki Isamu 1992, Yahiro Unno 1995, Kazuo Konishi 1998 und Kiyoko Imura 1995.

[95] In Japan wird nach offizieller Definition die Bevölkerung im Alter von 15 und mehr Jahren (=Erwerbspersonenpotenzial) zunächst in Erwerbspersonen und Nichterwerbspersonen unterteilt. Zu letzteren zählen unter anderem Schüler, Hausfrauen und Kranke.

(Walke Anja 2003a, S. 445). Der Anteil der 50-64-Jährigen an der Erwerbsbevölkerung stieg von 24,8 % (1990) auf 28,1 % (2000) und wird in den weiteren Jahren auf diesem hohen Niveau verharren. Noch aufschlussreicher ist ein Blick auf die Entwicklung der Erwerbspersonen über 65 Jahre: Ihr Anteil wird in den 30 Jahren von 1990 bis 2020 von 5,8 % auf 12,9 % rasch zunehmen. Darüber hinaus ist noch bemerkenswert, dass das Arbeitsangebot als unmittelbare Folge der dauerhaft niedrigen Geburtenraten künftig abnehmen wird, sofern keine Zuwanderung erfolgt und die Erwerbsquote nicht nennenswert ansteigt. Schon seit 1995 ist ein kontinuierlicher Rückgang der Bevölkerung im Erwerbsalter (15-64 Jahre) zu beobachten, die Erwerbspersonen sind im Jahr 1998 erstmals in der japanischen Wirtschaftsgeschichte der Nachkriegszeit zurückgegangen (Keizai kikakuchô 2000, S. 45). Dieser Prozess wird sich künftig sogar noch beschleunigen.

Tabelle 20: Altersaufbau der Bevölkerung Japans (mittlere Variante)

Jahr	Insgesamt am Jahresende	Davon im Alter von...bis ...Jahren		
		0-14	15-64	65+
	Millionen	In Prozent		
1950	84,11	35,4	59,6	4,9
1960	94,30	30,2	64,1	5,7
1970	104,67	24,0	68,9	7,1
1980	117,06	23,5	67,4	9,1
1990	123,61	18,2	69,7	12,1
1995	125,57	15,9	69,5	14,6
2000	126,93	14,6	67,9	17,3
2001	127,29	14,4	67,7	18,0
2005	127,71	13,9	66,2	19,9
2010	127,47	13,4	64,1	22,5
2015	126,27	12,8	61,2	26,0

Quelle: Kokuritsu shakai hoshô. Jinkô mondai kenkyûsho (National Institute of Population and Social Security Research) 2003, S. 185.

Die Auswirkung des demokratischen Wandels auf Wirtschaft und Gesellschaft sind enorm, fast alle sozioökonomischen Systeme sind von dieser Entwicklung betroffen. Arbeitsmarkt und Beschäftigungssystem stehen vor einer großen Herausforderung: Der mit der Alterung verbundene Anstieg der Arbeitskosten steht im Mittelpunkt davon. Die traditionell auf dem Senioritätsprinzip beruhende Entlohnung führt bei steigendem Alter der Belegschaften direkt zu Lohnkostenerhöhungen. Indirekt trägt diese Entwicklung aufgrund der damit verbundenen höheren Ausgaben für Gesundheit, Rente und Pflege auch im japanischen Sozialsystem zu steigenden Lohnnebenkosten und sonstigen Abgabebelastungen bei. Zudem stehen die Unternehmen politisch unter Druck, das Pensionierungsalter von gegenwärtig meist 60 Jahren weiter anzuheben, damit die Periode zwischen dem Ende des Beschäftigungsverhältnisses und dem Einsetzen der Rentenzahlungen (meist bei 65 Jahren) verkürzt wird (Helmut Demes 1998, S. 159). Der Arbeitskostendruck geschieht aber nicht nur bei älteren Beschäftigten. Die niedrige Geburtenrate[96] führt dazu, dass die Zahl der auf den Arbeitsmarkt drängenden jüngeren Menschen sinkt und die Konkurrenz zwischen den Unternehmen um diese Arbeitskräfte deren Entgelte relativ in die Höhe treibt.

2.2.2 Der Wandel des japanischen Beschäftigungssystems

Das japanische Beschäftigungssystem übernimmt eine Hauptrolle innerhalb der Gesellschaftsordnung im Rahmen der unternehmenszentrierten Gesellschaft. Im Mittelpunkt der Debatte um einen grundlegenden Systemwandel steht deshalb eine Auseinandersetzung um die Zukunft des japanischen Beschäftigungssystems.

Der Anspruch dieses Prinzips, dass die Beschäftigung langfristig garantiert und das Entgelt mit der Zeit regelmäßig erhöht wird, ist nur unter der Bedingung eines ständigen Unternehmenswachstums realisierbar. Angesichts der schlechten Wirtschaftslage und der Alterung der Beschäftigtenstruktur ist diese Forderung langfristig nicht mehr zu finanzieren. Seit Mitte der neunziger Jahre haben die Unternehmen ständig argumentiert, dass sie ohne grundlegende Reform des japanischen Beschäftigungssystems nicht mehr bestehen können; dies ist auch von Regierungsseite akzeptiert worden. Die Ansätze der Reform, das japanische Beschäftigungssystem neu zu gestalten, sind in einem Bericht von Nikkeiren (1995) zu finden: Flexibilisierung der Beschäftigungsstruktur und Revidierung der senioritätsgeprägten Lohn- und Beförderungssysteme.

---

[96] Die Geburtenrate liegt seit Mitte der siebziger Jahre kontinuierlich unterhalb der Reproduktionsraten von 2,08 Geburten pro Frau und sinkt auf immer neue Tiefstände (Anja Walke 2003, S. 441).

2.2.2.1 Das Ende der lebenslangen Beschäftigung

2.2.2.1.1 Die Personalanpassungsmaßnahmen in der Rezession

Bis Mitte der achtziger Jahre galt die regelrechte Entlassung als Ausnahme im japanischen Personalmanagement. Stattdessen wurde die Personalanpassungsmaßnahmen wie z. B. Abbau von Überstunden, Verzicht auf Zwischeneinstellung, Einstellungsstopp und *Haichi Tenkan* (Versetzung innerhalb des Betriebs) bzw. *Shukkô* (Versetzung innerhalb der Unternehmensgruppe bzw. Konzern) stufenweise versucht, die Personalkosten zu senken. Darüber hinaus dienten diese Maßnahmen dazu, das System der „lebenslangen Beschäftigung“ aufrechtzuerhalten. Allerdings litten angesichts der Globalisierung die japanischen Unternehmen unter der schwachen Wettbewerbsfähigkeit, die sie dazu zwang, massive Personalanpassungen durchzuführen. Freiwillige Entlassung, Frühpensionierung, *Shukkô* und *Tenseki* (Formales Entlassen und neue Anstellung bei Tochtergesellschaft bzw. Subkontrakt-Unternehmen) wurden als Personalanpassungs- bzw. Rationalisierungsmaßnahmen erwogen. Eine auffällige Veränderung ist die deutlich gestiegene Bedeutung von *Shukkô* bzw. *Tenseki*. Waren diese in siebziger Jahren lediglich in etwa gleichrangig mit einer ganzen Reihe von alternativen Vorgehensweisen vorzufinden, sind sie mittlerweile die zweithäufigste Personalanpassungsmaßnahme japanischer Firmen seit der Mitte der achtziger Jahre.

In den neunziger Jahren sind männliche *white collar* und ältere Arbeitnehmer die Hauptziele der Personalanpassungsmaßnahmen. Die Gruppe der Büroangestellten und Manager profitierte überproportional von der Hochkonjunktur „*bubble economy*“ im Zeitraum zwischen der Ende der achtziger Jahre und Anfang der neunziger Jahre. Der Anteil der *white collar* an den Gesamtbeschäftigten stieg kontinuierlich, von 50,9 % 1985 auf 54,3 % 1992 (Rôdôshô 1999, S. 165). Auf der anderen Seite aber ist diese Gruppe in den folgenden Rezessionsjahren in besonderem Maße Ziel der Personalanpassungen geworden (Yônosuke Ogoshi 2000, S. 63). Besonders gravierend sind dabei die Einschnitte bei den männlichen Angestellten mit Managementfunktion, die innerhalb von nur zwei Jahren (1993 und 1994) einen absoluten Rückgang um 220.000 Personen hinnehmen mussten (Arne Holzhausen 1998, S. 121f.). Ein Rückgang der Zahl der Manager ist nämlich als ein Signal für die Abkehr von herkömmlichen Beförderungspraktiken zu verstehen. Die älteren - und kostenintensiven - Arbeitnehmer waren auch eine Zielgruppe der Rationalisierung. Viele Unternehmen haben in den letzten Jahren begonnen, den Anteil der älteren Arbeitnehmer an ihren Beschäftigten zu reduzieren. Ältere Arbeitnehmer werden zunehmend in schlechter bezahlte Beschäftigungsverhältnisse, vor allem Teilzeitarbeitsverhältnisse, abgedrängt.

Personalabbau im Zuge von Umstrukturierungs- und Rationalisierungsprogrammen wurde immer häufiger über die Ausgliederung älterer Arbeitnehmer im Rahmen von vorzeitigen oder freiwilligen Pensionierungen wie auch Entlassungen bewältigt (Anja Walke 2003c, S. 545).

Tabelle 21: Vergleich der Personalanpassungsmaßnahmen im Verarbeitenden Gewerbe (%)

Maßnahme	1. Öl-krise	2. Öl-krise	*Endaka*-Rezession	*Hesei*-Rezession
Betriebe, die entsprechende Maßnahmen ergreifen	71	31	40	50
Überstundenabbau	54	19	26	38
zusätzliche Freitage	-	-	4	9
Nicht-Verlängerung bzw. Auflösung von Zeitarbeitsverträgen	16	5	6	10
Reduzierung bzw. Stopp von Zwischeneinstellungen	50	14	12	24
interne und externe Versetzungen	23	9	18	29
befristete Beurlaubung	20	1	3	7
freiwillige und regelrechte Entlassungen	5	1	3	2
Betriebe, die keine besonderen Maßnahmen ergreifen	29	69	60	50

Anm: Die Prozentangaben, die den Anteil der Betriebe bezeichnen, beziehen sich jeweils auf ein Quartal im Höhepunkt der Krise; 1. Ölkrise: April - Juni 1975, 2. Ölkrise: Oktober - Dezember 1982, *Endaka*-Rezession: Oktober - Dezember 1986 und *Heisei*-Rezession: Oktober - Dezember 1993.

Quelle: Rôdôshô (Arbeitsministerium): Rôdô keizai dôkô chôsa hôkoku (Untersuchung über Trends des Arbeitsmarkts und der Wirtschaft).

Zitiert nach: Arne Holzhausen 1998, S. 120.

2.2.2.1.2 Der Anstieg der nicht-regulären Arbeitnehmer[97]

Die nicht-regulären Arbeitnehmer sind in der Regel kostengünstiger und können in wirtschaftlichen Schwächeperioden leichter abgebaut werden. In den siebziger und achtziger Jahren dienten sie als Puffer in den Personalanpassungsmaßnah-

[97] Mit den „nicht-regulär Beschäftigten“ sind hier diejenigen Arbeitnehmer gemeint, die nicht auf der Basis von unbefristeten Arbeitsverträgen beschäftigt sind. Dazu gehören Arbeitnehmer auf Teilzeit- (*Pato Taimu*), befristeter (*Arubaitâ*) und Leihbasis (*Haken Rôdôsha*) (vgl. Masako Mitsuyama 1992, S. 14). Es gibt jedoch auch „Teilzeitarbeiter“, die Vollzeit arbeiten und daher „full-time part-timer“ genannt werden. Hier geht es nicht mehr um den quantitativen, sondern qualitativen Unterschied.

men.[98] Die lebenslange Beschäftigung der männlichen regulären Arbeiter war aufgrund dieser Gruppe, die nicht zum internen Arbeitsmarkt gehörten, zu sichern. Aber der Charakter des Einsatzes von nicht-regulär Beschäftigten hat sich seit Mitte der neunziger Jahre geändert. Wegen der Umstrukturierung der Unternehmen, aber auch wegen der Flexibilisierung des Arbeitsmarkts für eine globale Konkurrenz, ist jetzt auch die Position vieler Stammarbeitskräfte in Großunternehmen gefährdet, zu Randabeitern herabzusinken.

Tabelle 22: Zahl der regulär und nicht-regulär Beschäftigten in den Rezessionsphasen (in 1,000)

	Regulär Beschäftigte			Nicht-regulär Beschäftigte		
	Gesamt	Männer	Frauen	Gesamt	Männer	Frauen
1985-1986	+400	+160	+240	+170	+20	+150
1991-1994	+1.660	+1.190	+470	+740	+100	+640
1997-2001	-1.710	-820	-890	+2.060	+550	+1.510

Quelle: Kôsei Rôdô shô (Sozial- und Arbeitsministerium) 2002a.
Zitiert nach: Kotaro Oshige 2003, S. 11.

Seit Mitte der neunziger Jahre hat die Zahl der nicht-regulären Beschäftigten in Japan bemerkenswert zugenommen. Im Jahr 2003 waren 15,04 Mio. oder 30,4 % der abhängigen Beschäftigten außer dem Vorstandsmitglied in nicht-regulären Beschäftigungsformen tätig, während im Jahr 1996 der Anteil der nicht-regulären Beschäftigten an den abhängigen Beschäftigten außer dem Vorstandsmitglied 21,5 % betrug (Kôsei Rôdô shô 2004, S. 14). Zwar hat bis Mitte der neunziger Jahre das Volumen der regulär Beschäftigten ungeachtet des Anstiegs der nicht-regulären Beschäftigten zugenommen, aber die Zahl der regulären Beschäftigten hat von 1997 an drastisch abgenommen. Von 1997 bis 2003 haben sich die regulären Beschäftigten um 3,68 Millionen (von 38,12 Mio. auf 34,44 Mio.) vermindert. Im Gegenzug haben sich die nicht-regulären Beschäftigten im selben Zeitraum um 3,52 Millionen (von 11,52 Mio. auf 15,04 Mio.) vermehrt (ebenda, S. 204). Die Quote der jüngeren männlichen Arbeitnehmer (15- ~ 24-Jährigen), die nicht regulär tätig sind, ist von 20,5 % (1992) auf 42,3 % (2002) gestiegen (Takeo Kinoshita 2004, S. 140). Der Anstieg der nicht-regulären Arbeitsverhältnisse ist bei den Frauen noch deutlicher zu sehen. Die Zahl der weib-

98 Einer Untersuchung im Jahr 1988 über die nicht-regulären Arbeitnehmer in den Subkontraktunternehmen von Toyota kam zu dem bemerkenswerten Ergebnis, dass die Unternehmensgröße in einem umgekehrten Verhältnis zum Anteil der nicht-regulären Arbeitnehmer steht. Der Anteil der nicht-regulären Arbeitnehmer betrug in der ersten, zweiten und dritten Kategorie von Subkontraktunternehmen jeweils 7 %, 17 % und 60 % (Emiko Takenaka 1996, S. 146).

lichen regulären Arbeitnehmer wurde im Zeitraum zwischen 1992 und 1997 um 210.000 und im Zeitraum zwischen 1997 und 2002 um 1.610.000 abgenommen (Takeo Kinoshita 2004, S. 136). Unter den nicht-regulär Beschäftigten bilden die Teilzeitbeschäftigten[99] die quantitativ bedeutendste Gruppe. Im Jahr 2003 betrug die Zahl der Beschäftigten, die wöchentlich unter 35 Stunden arbeiten, 10,89 Mio. und der Anteil an allen abhängigen Beschäftigten außer dem Vorstandmitglied 22,0 %, indem die im Jahr 1997 jeweils 9,45 Mio. und 19,0 % betrug (ebenda, S. 14). Akira Wakisaka formulierte diesen Trend in jüngster Zeit als eine These, „die Teilzeitbeschäftigte zur die Kernarbeitskräfte" (vgl. Akira Wakisaka 2003).

Tabelle 23: Die Struktur der japanischen Beschäftigten

	Alle Beschäftigten		Reguläre Beschäftigten		Nicht-reguläre Beschäftigten		Teilzeitarbeiter		Leiharbeiter Vertragsarbeiter u. a.	
	Mio.	(%)	Mio.	(%)	Mio.	(%)	Mio.	(%)	Mio.	(%)
1990	46,90	100	34,88	74,4	8,81	18,8	7,10	15,1	1,71	3,6
1991	48,77	100	36,39	74,6	8,97	18,4	7,34	15,1	1,63	3,3
1992	50,30	100	37,05	73,7	9,58	19,0	7,82	15,5	1,76	3,5
1993	51,15	100	37,56	73,4	9,86	19,3	8,01	15,7	1,85	3,6
1994	51,39	100	38,05	74,0	9,71	18,9	8,00	15,6	1,71	3,3
1995	51,69	100	37,79	73,1	10,01	19,4	8,25	16,0	1,76	3,4
1996	52,37	100	38,00	72,6	10,43	19,9	8,70	16,6	1,73	3,3
1997	53,49	100	38,12	71,3	11,52	21,5	9,45	17,7	2,07	3,9
1998	53,38	100	37,94	71,1	11,73	22,0	9,86	18,5	1,87	3,5
1999	52,77	100	36,88	69,9	12,25	23,2	10,24	19,4	2,01	3,8
2000	52,67	100	36,30	68,9	12,73	24,2	10,78	20,5	1,95	3,7
2001	53,42	100	36,40	68,1	13,60	25,5	11,52	21,6	2,08	3,9
2002	53,37	100	34,89	65,4	14,51	27,2	10,53	19,7	3,98	7,5
2003	53,43	100	34,44	64,5	15,04	28,1	10,89	20,4	4,15	7,8

Quelle: Kôsei rôdô shô (Sozial- und Arbeitsministerium) 2004:
Rôdô keizai hakusho (Arbeits- und Wirtschaftsweißbuch), S. 204.

Die Zunahme der nicht-regulären Beschäftigten wurde durch die Indirekt-Einstellung mittels der privaten Arbeitsvermittelung beschleunigt (Kazumichi Goka 2003, S. 4). Bis 1985 war die private Arbeitsvermittelung wegen der Möglichkeit des Zwischenausnutzens durch den Vermittler verboten. Mit der Gesetz-

[99] Die Gruppe der Teilzeitbeschäftigten setzt sich zusammen aus: a) Arbeitnehmern mit einer vertragsgemäß kürzeren Arbeitszeit als der normal üblichen unter 35 Wochenstunden, b) aus so genannten Teilzeitbeschäftigten, von denen fast die Hälfte 35 Wochenstunden und mehr arbeitet. Die wöchentliche Arbeitszeit vieler so genannter (unechter) Teilzeitbeschäftigter (*Pato Taimu*) unterscheidet sich also nicht oder nur wesentlich von der regulären Beschäftigter.

gebung zur Leiharbeit (*Haken Rôdôsha Hô*)[100] von 1986 wurde diese Indirekt-Einstellung erstmals legalisiert (Nobuhiro Inoue 2000, S. 61). So genannte *Haken Rôdôsha* werden temporär oder permanent bei einer Verleihfirma eingestellt und an andere Unternehmen ausgeliehen. Zu Anfang war das Leiharbeitgesetz auf spezielle Gebiete beschränkt. Aber die Zahl der erlaubten Geschäftsbereiche wurde mit der Revision des Gesetzes 1996 von 13 auf 26 erweitert. Mit der Gesetzesänderung von 1999 wurde die Leiharbeit in allen Geschäftsbereichen erlaubt mit der Ausnahme von drei Bereichen. Damit wird die Leiharbeit allgemein als eine vorläufige und temporäre Einstellungsmaßnahme verwendet (Keizai kikakuchô 2000, S. 58f.). Logischerweise hat die Zahl der Leiharbeitnehmer seit 1999 ernorm zugenommen, und diese Tendenz hält an. Im Jahr 1999 hat die Zahl der Leiharbeiter eine Million erreicht. 2002 betrug die Zahl der Leiharbeitnehmer 2,12 Millionen (Kôsei Rôdô shô 2004, S. Anm.36).

Tabelle 24: Die Zahl der Leiharbeiter (Tausend)

	1986	1988	1990	1992	1994	1996	1998	1999	2000	2001	2002
Leiharbeiter	145	312	510	654	576	724	895	1.067	1.386	1.748	2.130

Quelle: Kôsei rôdô shô (Sozial- und Arbeitsministerium) 2004:
Rôdô keizai hakusho (Arbeits- und Wirtschaftsweißbuch), S. Anm. 36.

Auch in qualitativer Hinsicht hat sich der Charakter des Einsatzes von nichtregulären Beschäftigten seit Mitte der neunziger Jahre geändert. Anstatt als Puffer zur Aufrechterhaltung der Beschäftigungsgarantie für die Stammbelegschaften zu dienen, werden sie eingesetzt, um die Arbeitsplätze der regulär Beschäftigten abzubauen und zu ersetzen. Zunehmend übernimmt diese Beschäftigtengruppe die gleichen Tätigkeiten und Verantwortlichkeiten wie die der regulär Beschäftigten (Kotaro Oshige 2003, S. 12).

2.2.2.1.3 Die Umstrukturierung der lebenslangen Beschäftigung

Im Kontext des Wandels der unternehmenszentrierten Gesellschaft steht das japanische Beschäftigungssystem im Mittelpunkt. Seit dem Platzen der *bubble economy* und der langen Rezession wurde das japanische Beschäftigungssystem von Seiten der Unternehmen und Regierung überprüft. Zuerst wurde im Jahr 1991 dem Ministerpräsident ein Bericht der „Kommission für nationales Leben“ (*Kokumin Seikatsu Shingikai*) vorgelegt, indem die Probleme der unter-

[100] Die Leiharbeit wurde in den Zwanziger Jahren in den USA entstanden. In der Bundes Republik Deutschland und Frankreich wurde das Gesetz über Leiharbeit gleichzeitig von 1972 erlassen. In Süd-Korea wurde die Leiharbeit von 1998 anlässlich der Finanzkrise legalisiert.

nehmenszentrierten Gesellschaft, z. B. lange Arbeitszeit, Firma-Mensch und alleiniger Umsiedelung wegen Fernversetzung, dargestellt wurden. Überdies hat der Bericht darauf hingewiesen, dass der Wandel der unternehmenszentrierten Gesellschaft erforderlich ist (vgl. Takeo Kinoshita 1997a, S. 127). Was das Beschäftigungsverhältnis betrifft, erwartete die Regierung eine langsame Veränderung der lebenslangen Beschäftigung aus folgenden Gründen: Die Veränderung der Einstellung von jungen Arbeitnehmer zum Arbeitsplatzwechsel, der Anstieg der Wiedereinstellung älterer Arbeitnehmer, die Zunahme der Teilzeitarbeiter, der Rückgang der Geburtenzahl, das Fallen des Wirtschaftswachstums und die Globalisierung des Managements (Rôdôshô 1999, S. 244). Dennoch beharrte die Regierung auf der Ansicht, dass die lange Beschäftigungspraxis ungeachtet des tatsächlichen Wandels weiter existieren werde. Demzufolge sollen die lange Beschäftigungspraxis und die Flexibilisierung der Arbeitskräfte in der kommenden Zeit nebeneinander bestehen. Die Stammarbeiter in speziellen Fachbereichen sollten weiter in einem langfristigen Beschäftigungsverhältnis stehen. Die Regierung hat die symbolische Bedeutung der langen Beschäftigungspraxis in Betracht gezogen. Die Strategie des Wachstums, auf *moral-up* der Arbeitnehmer durch stabile Beschäftigung und der Flexibilisierung basierend, sei wichtig nicht nur für die Unternehmen, sondern auch für die ganzen japanische Wirtschaft und Gesellschaft (ebenda, S. 265). Unter diesen Umständen sei es für eine zur stabilen Beschäftigung notwendig, den reibungslosen Arbeitsplatzwechsel zu unterstützen. Dafür wurden die folgenden Maßnahmen vorgelegt: 1. die Erhöhung der *employability,* 2. die effektive Reorganisation des Arbeitsmarkts, 3. die Reorganisation des *safety network,* 4. die Förderung der Unternehmensgründung, 5. die Einrichtung der Personalpolitik für die verschieden Beschäftigungsformen (ebenda, 265f.).

Die Unternehmen vertreten hinsichtlich des Wandels des Beschäftigungssystems eine ähnliche Position wie die Regierung: Auf der Basis der langfristigen Beschäftigungsverhältnisse sollte flexibel auf die Herausforderungen der Zukunft reagiert werden (Nikkeiren 1995, S. 31). Ein Bericht des Arbeitsgeberverbandes *Nikkeiren* von 1995 „Japanisches Management in der Neuen Ära" gilt als ein vorläufiges Fazit der Diskussion um das japanische Beschäftigungssystem. Dieser Bericht hat das Arbeitsmanagement der Unternehmen und die Flexibilisierungspolitik der Regierung nachhaltig beeinflusst (Yônosuke Ogoshi 2000, S. 67).

Im Zusammenhang mit der Zukunft des japanischen Beschäftigungssystems hat die *Nikkeiren* die Arbeitnehmer in drei Gruppen eingeteilt, die sich hinsichtlich ihrer Beschäftigungsform deutlich voneinander unterscheiden (Nikkeiren 1995, S. 32f.). Die erste Gruppe bildet die Kernbelegschaft, die auf unbefristeter Basis eingestellt wird und - trotz der zunehmenden Bedeutung des Leistungsprinzips -

weiterhin nach dem bisherigen Senioritätsmodell zusammen mit unternehmensinternem Sozialleistungen bezahlt wird. Hiermit lässt sich erkennen, dass die Nikkeiren auf der Aufrechterhaltung der lebenslangen Beschäftigung beharrt, obwohl sich deren Anwendungsbereich stark vermindert hat. Die zweite Gruppierung besteht aus Spezialisten im Bereich Planung, Marketing und Forschung, die auf befristeter Basis eingestellt und hauptsächlich nach Leistung in Form eines Jahreslohnes (*Nempôsei*) bezahlt werden. Für diese Gruppe entfallen die Abschiedsprämie und die Sozialleistungen. Die dritte Gruppe umfasst schließlich alle Arbeitskräfte, die das Unternehmen nur kurzfristig nach Bedarf einstellt und über die daher die Flexibilisierung des Arbeitsmarkts in erster Linie erreicht wird. Diese Gruppe entspricht den früheren Teilzeitarbeitern bzw. Leiharbeitern. Ihr Lohn wird über ihre Aufgabe bestimmt.

Während es sich im traditionellen Modell um eine duale Beschäftigungsstruktur handelte, hat dieser Vorschlag die Arbeiter in drei Gruppen eingeteilt; es lässt sich nun von einer „trialen" Struktur sprechen. Die Nikkeiren geht davon aus, dass der Anteil der Beschäftigten der zweiten und dritten Gruppe künftig zunimmt. Insgesamt wird damit also der Differenzierung der Beschäftigungsverhältnisse das Wort geredet (Kotaro Oshige 2003, S. 9). Aber die Besonderheit dieses Vorschlags liegt darin, dass die regulären Arbeiter in zwei Gruppen - Kernbelegschaft mit wie bisher lebenslanger Beschäftigung und Randbelegschaft mit befristetem Arbeitsvertrag - klassifiziert wird. Die bisher zur Stammbelegschaft gehörenden Spezialisten werden nun in die zweite Gruppierung eingestuft. Darüber hinaus wird auch der Arbeitsmarkt in zwei Typen eingeteilt: Der typischen Einstellung, wonach ein Arbeitnehmer direkt nach Schulabschluss in ein Unternehmen eintritt, steht die flexibilisierte Einstellung im Randarbeitsmarkt gegenüber (Takeo Kinoshita 1997a, S. 130-133). Osamu Watanabe hat gemeint, dass dieser Bericht die entscheidende Veränderung des Grundprinzips der unternehmenszentrierten Integration beinhalt: Das Wesen des japanischen Beschäftigungssystems, bei dem die Konkurrenzfähigkeit der japanischen Unternehmen durch egalitäre Konkurrenz zwischen den Stammbelegschaften mit lebenslanger Beschäftigung, Senioritätslohn und betrieblichen Sozialleistungen erworben wird, wurde gründlich in Frage gestellt (Osamu Watanabe 1999, S. 91).

Im Zusammenhang mit der Herausforderung der neuen Aufgaben die *Nikkeiren* wies darauf hin, dass das Grundprinzip des japanischen Beschäftigungssystems und seine Anwendung revidierungsbedürftig sei. Aber in dieser Hinsicht ging die Nikkeiren in die abstrakte Darlegung. Ihm zufolge liegt die Besonderheit des japanischen Beschäftigungssystems nicht in der Institution bzw. in Praxen wie lebenslange Beschäftigungspraxis oder auf Seniorität beruhendes Lohnsystem. Die Grundlage des japanischen Beschäftigungssystems sind vielmehr die beiden Grundprinzipien, „das auf Mensch ausgerichtete Management" (*Ningen Chûshin*

Keiei) und „das auf dem langen Plan bestehende Management" (*Chûki teki Shiya ni tatte Keiei*). Auch wenn die Institution bzw. die Organisation des Beschäftigungssystems der Veränderung der Umstände entsprechend umgewandelt werden sollten, haben diese Grundprinzipien ihre Allgemeingültigkeit (Nikkeiren 1995, S. 23). Watanabe hat argumentiert, dass diese Abstraktion eine unausweichliche Folge des Zusammenbruchs der unternehmenszentrierten Integration sei (Osamu Watanabe 1999, S. 121). Überdies hat dieser Bericht die Festsetzung der individuellen Subjektivität ausdrücklich erwähnt, indem die kollektive Loyalität für Unternehmen in der herkömmlichen unternehmenszentrierten Integration hervorgehoben wird (Nikkeiren 1995, S. 35). Das lässt sich auch als ein Signal für die Veränderung der Grundprinzipien der unternehmenszentrierten Gesellschaft verstehen.

Tabelle 25: Modell der künftigen Personalstruktur

	Form des Arbeitsvertrags	Zielgruppe	Lohnsystem	Berechnungsmethode des Bonus
a	Unbefristet	-Manager -Karriere-klassen -Kernbelegschaft der technischen Fachkräfte	-Lohn auf Monats- bzw. Jahresbasis -Qualifikationslohn -Regelmäßige Erhöhungen	Fester Prozentsatz des Lohnes plus Leistung
b	Befristet	-Spezialisierte Fachkräfte (Planung, Marketing,Forschung)	-Jahreslohn -Lohn nach Leistung -Keine regelmäßigen Erhöhungen	Leistung
c	Befristet	-Arbeiter im gewerblichen Bereich -Einfacher Techniker -Vertrieb	-Stundenlohn -Aufgabenlohn -Keine regelmäßigen Erhöhungen	Fester Prozentsatz des Lohnes

	Abschiedsprämie/ Betriebsrente	Beförderungssystem	Sozialleistungen
a	Punktsystem	Beförderung in einer Positions- und Qualifikationsrang	Lebenslangen Versorgung
b	Nicht vorgesehen	Nach Bewertung von Leistung	Beihilfe
c	Nicht vorgesehen	Zuordnung einer höherwertigen Tätigkeit	Beihilfe

Anm: a: Kernbelegschaft b: Gruppe der hoch qualifizierten Arbeitskräfte c: Gruppe der flexibel einsetzbaren Arbeitskräfte

Quelle: Nikkeiren 1995: Shinjidai no „Nihonteki Keiei" (Die „japanische Beschäftigung" in der Neuen Ära), S. 32.

In den neunziger Jahren wurde die Mobilität (*Ryûdôka*) der Arbeitskräfte als „Ende der lebenslangen Beschäftigung" diskutiert. Wie oben erwähnt wird, schätzen Regierung und Unternehmensverbände die Bedeutsamkeit der lebenslangen Beschäftigungspraxis. Sie vermuten, dass diese in Zukunft auch weiter aufrechterhalten wird, obwohl die Mobilität der Randarbeitskräfte beschleunigt werden sollte. Einige Wissenschaftler sind ebenfalls der Auffassung, dass die Institution der lebenslangen Beschäftigungspraxis noch beibehalten wird. Überdies kann von einem „Ende der lebenslangen Beschäftigung" nicht die Rede sein. Sie argumentierten, dass sich die durchschnittliche Beschäftigungsdauer sowohl der männlichen als auch der weiblichen Arbeitnehmer mit Hochschulabschluss in den neunziger Jahren erhöht hat (Masami Nomura 2000, S. 11). Nach einer Untersuchung des Arbeitsministeriums hat sich die durchschnittliche Beschäftigungsdauer der männlichen Arbeitnehmer (Hochschulabsolventen) von 9,7 Jahre 1983 auf 11,9 Jahre 1998 erhöht, während sich die der weiblichen Arbeitnehmer mit Hochschulabschluss im gleichen Zeitraum von 4,5 Jahre auf 5,8 Jahre erhöht hat. Was die *Highschool*-Absolventen betrifft, hat die durchschnittliche Beschäftigungsdauer sowohl der männlichen als auch der weiblichen Arbeitnehmer zugenommen (Rôdô shô 1999, S. Anm.103). Wenn man die Kernarbeitskräfte in der unternehmenszentrierten Gesellschaft, die Gruppe der männlichen Arbeitnehmer sowie der alten und mittleren Arbeitnehmer, betrachtet, sei keine nachhaltige Veränderung festzustellen. Der Anteil der männlichen Beschäftigten, die mehr als 20 Jahre in ein und demselben Unternehmen tätig sind, ist von 16,2 % (1981) auf 26,9 % (2001) gestiegen (Kôsei rôdô shô 2002b, S. 27). Masato Nakamura begründete den Rückgang der regulären Arbeitnehmer in den späten neunziger Jahren damit, dass die weiblichen Arbeitnehmer, deren Anteil an den regulären bzw. normalen[101] Arbeitnehmer niedrig ist, in den Arbeitsmarkt massiv eingestiegen sind. Die Kernarbeitskräfte gehalten werden und nicht durch nicht-reguläre Arbeitnehmer ersetzt wurden. Lediglich die Zahl bzw. die Bedeutung der Randarbeitskräfte hat zugenommen (Masato Nakamura 2000, S. 60f.).

Aber wie in Tabelle 23 gezeigt wird, ist der Trend zum Abbau der regulären Beschäftigung zugunsten der nicht-regulären Beschäftigung seit 1997 unverkennbar. Das Sozial- und Arbeitsweißbuch (*Kôsei rôdô hakusho*) (2002, S. 26) hat deutlich dargestellt, dass die Zunahme der Beschäftigungsdauer nur in den Altersgruppen der über 50-Jährigen beobachtet werden kann, in den Altersgruppen der 20- und 30-Jährigen wird dagegen die durchschnittliche Betriebszugehörigkeit zurückgehen. Dies liegt daran, dass einerseits die Beschäftigungsdauer der älteren Arbeitnehmer über 50 Jahre aufgrund der Verlängerung der Pensionierungsalter zunimmt, aber andererseits die Beschäftigungsdauer der jüngeren Arbeit-

[101] Die normalen Arbeitnehmer werden als die Arbeitnehmer außer provisorischen (*Rinjikô*) und Tagelöhner definiert.

nehmer unter Dreißig durch den Anstieg des Arbeitsplatzwechsels abnimmt. Die längeren Dienstjahre der alten und mittleren Arbeitnehmer bezeichneten nur einen Aspekt des extrem polarisierten Arbeitsmarkts nach dem Lebensalter. Tabelle 27 zeigt die Veränderung des Anteils der männlichen Kernarbeitnehmer nach dem Schulabschluss. Man kann bemerken, dass der Anteil an den Kernarbeitnehmern nicht nur bei den Hochschulabsolventen, sondern auch bei den *Highschool-* Absolventen tendenziell zurückgeht (Tabelle 27).

Tabelle 26: Der Trend der durchschnittlichen Beschäftigungsdauer

	Männliche Arbeitnehmer		Weibliche Arbeitnehmer	
	Hochschulabsolvent	*Highschool-* Absolvent	Hochschulabsolvent	*Highschool-* Absolvent
1978	8,8	9,9	4,4	5,2
1983	9,7	11,0	4,5	5,8
1988	10,6	12,1	5,0	6,8
1993	11,3	12,6	5,4	7,3
1998	11,9	13,4	5,8	8,8

Quelle: Rôdô shô (Arbeitsministerium) 1999: Rôdô hakusho (Arbeitsweißbuch), S. Anm.103.

Tabelle 27: Der Anteil der Kernarbeitnehmer nach dem Schulabschluss (Gesamtes Gewerbe, männliche Arbeitnehmer, %)

	1982	2001
Hochschulabsolvent	51,5	46,4
High school-Absolvent	27,7	25,3

Quelle: Kôsei rôdô shô (Sozial uns Arbeitsministerium) 2002:
Kôsei rôdô hakusho (Das Sozial- und Arbeitsweißbuch), S. 25.

Eine neue Erscheinung in den neunziger Jahren ist, dass der Arbeitsplatzwechsel zwischen Unternehmen in Japan keineswegs selten ist. Der „typische" Arbeitnehmer, der unmittelbar nach Schulabschluss in ein Unternehmen eintritt und dort bis zur Pensionierung verbleibt, wird also immer seltener. Die Zahl der Arbeitnehmer von 15 bis 34 Jahren, die mindestens einmal einen Arbeitswechsel erlebten, hat sich von 5,73 Millionen 1990 auf 7,84 Millionen 2001 erhöht, ihr Anteil ist von 34,3 % zur 40,8 % gestiegen (Naikakufu 2003, S. 73). Je jünger ein Arbeitnehmer ist, umso öfter es zu einem Arbeitsplatzwechsel. Der Anteil der nicht-regulären Arbeitnehmer, die nach einem Arbeitsplatzwechsel zwischen März 2000 und Februar 2001 als reguläre Arbeiter wieder eingestellt wurden, betrug lediglich 24.5 %, nachdem sich derselbe im Jahre 1990 auf 37,8 % belief (ebenda, S. 73: vgl. Abbildung 2-2-15). Der Anteil der regulären Arbeitnehmer, nach einem Arbeitsplatzwechsel bei der neuen Firma weiter als reguläre Arbeitnehmer übernommen, ist im gleichen Zeitraum im Vergleich zu 1990 um 13.1 % herabgesunken (83.7 % →70.6 %). Dies lässt sich als ein Zeichen dafür werten, dass die regulären Arbeitnehmer von nicht-regulären Arbeitnehmern ersetzt werden.

2.2.2.2 Die Veränderung des Senioritätsprinzips

Die These vom „Ende des Senioritätsprinzips" steht auch neben der Mobilität seit Mitte der neunziger Jahre zur Debatte. Im Vergleich zur lebenslangen Beschäftigungspraxis wird die Abschaffung der senioritätsgeprägten Lohn- und Beförderungspolitik häufige diskutiert. Die Voraussetzung für das Senioritätsprinzip ist eine gleich bleibende Altersstruktur innerhalb der Belegschaft, einschließlich einer deutlichen Verjüngung der Pyramide nach oben. Angesichts der schnellen Veränderung der Alterspyramiden wird das senioritätsgeprägte Lohn- und Beförderungssystem automatisch zu einem Anstieg der Personalkosten führen und auf die Dauer nicht zu halten sein. Die Schicht des mittleren Managements, d. h. die oberen Alters- und Lohngruppen, ist jedoch inzwischen so groß, dass es schwierig ist, ausreichend adäquate Positionen zu finden. Zudem wird die bereits in der Arbeitsorganisation berücksichtigte Ausbildung der jüngeren durch die älteren Arbeitnehmer so abgewertet. Diesen Entwicklungen werden die Unternehmen dadurch entgegenzusteuern versuchen, dass sie die Reduktion von Senioritätselementen in der Entlohnung, die Schaffung altersunabhängigerer Karrieremuster oder die Abdrängung älterer Arbeitnehmer in schlechter bezahlte Beschäftigungsverhältnisse verstärkt nutzen (Helmut Demes 1998, S. 160). Um den Mangel an Aufstiegspositionen für die große Gruppe von Arbeitnehmern mittleren Alters zu beheben, haben zahlreiche Unternehmen ein System eingeführt, nach dem Manager mit Erreichen eines bestimmten Alters ihren Posten aufgeben müssen (*Yakushoku Teinen*) (Anja Walke 2003c, S. 545).

Die Revision des Lohnsystems in den neunziger Jahren ist in folgende Richtung verlaufen. Vom Fähigkeitsprinzip (*Nôryoku Shugi*); Qualifikationsrangsystem (*Shokunô Shikaku Seido*), Qualifikationslohnsystem (*Shokunô Kyû Taikei*) und Personalbewertung (*Jinji Kôka*), zu einem auf dem Erfolg bzw. der Leistung (*Seika*) beruhenden Lohnsystem (Hiroshi Umino 2000b, S. 111). Den Grund zur Revision stellte Nikkeiren in einer „Einleitung zur Frühlingsverhandlung" von 1999 in zwei Punkten dar. 1. Die Qualifikation (*Shokunô*) im Qualifikationsrangsystem ist schwer rational zu bewerten, weil die Norm der Qualifikation sehr abstrakt ist. Folglich kam es zum Ergebnis, dass die horizontale Beförderung (*Shôkaku*) wieder auf der Seniorität beruht, und sich dadurch die Personalkosten erhöhten. 2. Das Qualifikationslohnsystem beinhaltete nicht nur den Qualifikationslohn, sondern auch einen Alterslohn (*Nenrei Kyû*) und einen Treuelohn (*Kinzoku Kyû*). In der Praxis wurde es auch sehr stark von der Seniorität beeinflusst.

Vor diesem Hintergrund konnte das frühere Lohnsystem dem Senioritätslohn nicht ganz entgehen. Diese Revision zielte darauf, die Seniorität in dem Lohnsystem zu beseitigen und ein neues Lohnsystem zu entwickeln, bei dem der Beitrag zum Unternehmen betont wird.

Diese Richtung der Revision wurde schon in einem Bericht der *Nikkeiren* von 1995 („Japanisches Management in der Neuen Ära") zusammengefasst. Der Bericht von Nikkeiren hat den Unternehmen den Weg des Wandels der Lohn- und Beförderungspolitik gezeigt. Eine Besonderheit davon war der Vorschlag zur Einführung des Jahreslohnes (*Nenpôsei)*; nicht mehr Seniorität als dominantes Kriterium, sondern Leistung und Qualifikation sollen die Entgelthöhe bestimmen, die alljährlich zwischen Beschäftigten und Arbeitgebern ausgehandelt wird (Nikkeiren 1995, S. 38f.). Diese betroffenen Gruppen üben in der Regel spezialisierte Tätigkeiten aus, die eine hohe Qualifikation erfordern, und werden von den Unternehmen auf der Basis eines Zeitvertrags eingestellt. Dies geht einher mit der Tendenz, dass eine ganze Reihe von Unternehmen neue Wege des Personalmanagements für Manager und ihre technische Elite sucht. Zwar werden geringe Arbeitnehmer nach dem Jahresentgeltsystem bezahlt, aber bemerkenswert ist, „dass eine wachsende Zahl von Unternehmen unter diesem oft plakativ verwendeten *label* nach neuen personalpolitischen Wegen für einen Teil ihrer Kernbelegschaft sucht und hierbei auch mit Formen experimentiert, die bisher eher für Randbelegschaften typisch waren" (Helmut Demes 1998, S. 157).

Die zweite Besonderheit lag daran, dass die Personalaufwendungen nicht als Lohn alleine, sondern als die „gesamten Personalaufwendungen" (*Sôgô Kyû*) begriffen werden sollen, die Lohn, Bonus, Abschiedsprämie und betriebliche Sozialleistungen zusammenfassen (Nikkeiren 1995, S. 37). Mit diesem Begriff der gesamten Personalaufwendungen zielte Nikkeiren darauf, die Lasten der Sozialabgaben, die betrieblichen Sozialleistungen und die Abschiedsprämie zu kürzen, die als Basiskomponenten der unternehmenszentrierten Integration dienten. Da die Abschiedsprämie (*Taishiku Kin*) durch die Zugehörigkeitsdauer zu einem Unternehmen entschieden wird, hat die Abschiedsprämie dazu beigetragen, einerseits die Mitarbeiter den Unternehmen treu bleiben zu lassen und anderseits die Mobilität zu hemmen. Angesichts der drastischen Veränderung der Alterspyramiden ist der Gesamtbetrag der Abschiedsprämien stark angestiegen und die Unternehmen stehen unter entsprechend hohen Kostendruck (Hiroshi Umino 2000, S. 115). Vor diesem Hintergrund wiesen *Nikkeiren* darauf hin, dass die Abschiedsprämie neu gestalt werden müsse (Nikkeiren 1995, S. 84f.); Die allgemeine Rechnungsmethode der Abschiedsprämie: Grundlohn beim Abschied * Koeffizient je nach Zugehörigkeitsalter, soll zum *Point-system* umgewandelt werden, damit der Beitrag zum Unternehmen berücksichtigt werden kann.

Tabelle 28: Lohnentwicklung in Abhängigkeit vom Alter (Lohn der 25 Jahre = 100)

(Betriebsgroße: über 1,000 Mitarbeiter)

	1982	1986	1991	1996
22 Jahre	71,7	76,8	73,2	79,4
25	100,0	100,0	100,0	100,0
30	132,8	131,8	132,9	135,4
35	174,0	167,7	162,4	171,1
40	217,6	209,2	199,9	198,0
45	265,5	266,4	242,8	227,3
50	283,1	292,8	286,5	263,7
55	255,8	270,5	292,4	285,4

(Betriebsgroße: 10~ 99 Mitarbeiter)

	1982	1986	1991	1996
22	77,3	78,7	83,6	80,3
25	100,0	100,0	100,0	100,0
30	130,6	129,5	125,9	126,2
35	166,6	152,5	152,2	152,3
40	191,7	186,9	166,3	169,1
45	203,5	202,3	199,8	188,0
50	194,5	204,6	208,9	216,4
55	227,0	238,4	199,6	208,5

Anm.: 1. Berechnung aus: Rôdô shô (Arbeitsministerium): Chingin kôzô kihon tôkei chôsa.
2. Den Berechnungen liegt der Tariflohn (*Shoteinai Kyûyo*) einschließlich Bonuszahlungen, zugrunde.
3. Die gesamten Gewerbe, männliche Standardarbeitnehmer.

Quelle: Keizai kikakuchô (Wirtschaftsplanungsamt) 1998: Kokumin seikatsu hakusho (White Paper on the national Lifestyle), S. 376.

Die japanische Lohnkurve, die Abbildung der Lohnentwicklung über das Alter, illustriert den Senioritätscharakter des japanischen Lohnsystems und galt im Vergleich zu westlichen Ländern als besonders steil. Veränderungen in der Steigerung der Lohnkurve, insbesondere ihre Abflachung, werden daher allgemein als ein Anzeichen für eine nachlassende Bedeutung des Senioritätsprinzips gewertet (Arne Holzhausen 1998, S. 138). In den neunziger Jahren ist das lebensaltersbedingte reale Lohnwachstum zurückgegangen. Nicht nur für Hochschulabsolventen, sondern auch für *Highschool*-Absolventen verläuft die Lohnentwicklungskurve der männlichen Kernarbeitnehmer neuerdings wesentlich flacher als bis achtziger Jahren (Kôsei rôdô shô 2002b, S. 21: Abbildung 2-1-4-1 und 2-1-4-2). Tabelle 28 gibt die Zahlen zur Lohnentwicklung der männlichen Standardarbeiter wieder. Im Unterschied bis Anfang der neunziger Jahre wird seit Mitte der neunziger Jahre die Abflachung der Lohnkurve in den Großunternehmen deutlich erkennbar. Im Gegensatz dazu kam es bei der Lohnentwicklung in den Kleinunternehmen zu keinen bemerkenswerten Veränderungen (Keizai kikakuchô 1998, S. 23f.). Diese Entwicklung lässt sich als ein Anzeichen einer sich langsam vollziehenden Abkehr vom Senioritätsprinzip werten. Takeo Kinoshita hat darauf hingewiesen, dass der Senioritätslohn seit 1995 bzw. 1998 zu Ende gegangen ist (Takeo Kinoshita 2002, S. 2).

Die Abflachung der Lohnkurve hat eine wichtige Bedeutung in der unternehmenszentrierten Integration. Im Unterschied zu den westlichen Ländern sollen in Japan die Wohnungs-, Erziehungs- und Altersfrage von Arbeitnehmern mittels betrieblicher Lebenssicherungssysteme, d. h. Senioritätslohn und betriebliche Sozialleistungen, privat gelöst werden. Zwar ist diese private Lösung ein Ergebnis der Konkurrenz innerhalb des Betriebs zwischen den Arbeitnehmern, aber diese führt dazu, die Arbeitnehmer den Unternehmen zu subsumieren (Takeo Kinoshita 1997a, S. 209). Dennoch könnten die Arbeitnehmer in Japan das betriebliche Lebenssicherungssystem nicht entbehren. Das Ausmaß der privaten Lösung hängt entscheidend von der Höhe der Lohnkurve ab. Allerdings haben die männlichen regulären Arbeitnehmer in den großen Privatunternehmen eine privilegierte Position. Also bedeutet die Abflachung der Lohnkurve seit Mitte der neunziger Jahre die geringere Möglichkeit, die oben genannten lebenslangen Lebenssicherungs-Aufgaben privat zu lösen. Darüber hinaus bezeichnet sie einen Riss in der auf dem Senioritätsprinzip bestehenden unternehmenszentrierten Integration (Takeo Kinoshita 1997b, S. 126-131).

2.2.2.3 *Shuntô* und der Bruch der „kooperativen" Arbeitsbeziehungen

Die kooperative Arbeitsbewegung seit Mitte der siebziger Jahre hat entscheidend dazu beigetragen, den Ölschock zu überwinden. Die Betriebsgewerkschaft hat bei der Produktivitätssteigerung mitgeholfen mit dem Zweck, dadurch die Lebensverhältnisse der Arbeiter zu verbessern. Die Herausbildung *Rengô* (Konföderation der japanischen Gewerkschaften) 1989 symbolisierte einen Abschluss der kooperativen Arbeitsbewegung in Japan.

Seit seiner Gründung ist der *Rengô* der Hauptwortführer bei der Frühlingsoffensive wie auch der Arbeiterbewegung insgesamt. Von Anfang an hat *Rengô* darauf abgezielt, das kooperative System mit der Regierung und den Arbeitgebern herauszubilden und die faire Verteilung der Wachstumsfrüchte zu sichern (Yûkichi Takahashi 1996, S. 84). In diesem Zusammenhang hat *Rengô Shuntô* zu „der Kampf um besseres Gesamtleben" (*Sôgô Seikatsu Kaisen Tôsô*) umbenannt und mit *Nikkeiren* kooperiert (Minoru Sano 1996, S. 345). Die kooperative Arbeitsbewegung hat nicht nur der Lohnsenkung, sondern auch der Rationalisierung zugestimmt. Dennoch haben die Unternehmen angesichts der langen Rezession seit Mitte der neunziger Jahre massive Personalanpassungsmaßnahmen durchgeführt, die Zahl der nicht-regulären Arbeitnehmer nahm drastisch zu und die Arbeitsplätze der regulär Beschäftigten wurden verringert. Überdies mussten die Gewerkschaften in der *Shuntô*-Verhandlung dauernd Niederlage einstecken. Folglich hat die Betriebsgewerkschaft die Kontrolle über die Unternehmen bei Einstellung, Arbeitsplatz und Lohn verloren, wodurch sich die Arbeitsbedingungen verschlechterten (Sadao Watanabe 2000, S. 175). Vor diesem Hintergrund wurde die Belegschaft der Gewerkschaft untreu, die Zahl des Mitglieder der kooperativen Betriebsgewerkschaft ging zurück (Tabelle 29).[102] Allerdings hat die Gewerkschaft die zunehmenden nicht-regulären Arbeitnehmer unorganisiert liegen lassen.[103]Die Betriebsgewerkschaften und die auf ihnen beruhende kooperative *Rengô*-Arbeitbewegung sind auf Schwierigkeiten gestoßen (ebenda, S. 176).

Tabelle 29: Gewerkschaftsmitglieder und gewerkschaftlicher Organisationsgrad

	Gewerkschaftsmitglieder (1,000)	Organisationsquote (%)
1965	10.147	34,8
1970	11.605	35,4
1975	12.590	34,4
1980	12.369	30,8
1985	12.418	28,9
1990	12.265	25,2
1995	12.610	23,8
1998	12.093	22,4

Quelle: Rôdô shô (Arbeitsministerium) 1999: Rôdô hakusho (Arbeitsweißbuch), S. 496.

Die traditionelle Shuntô-Institution hat seit langem an Einfluss verloren und der „Gleichschritt“ zerbricht; die ist nicht mehr nahezu identische Lohnabschlüsse

[102] Der Anteil der gewerkschaftlich organisierten Arbeitnehmer von 1960 bis 1975 blieb bei ca. 35 % gleich. Seit Ende der achtziger Jahre sinkt der Anteil ständig, 1999 betrug er lediglich 22,2 % (Minoru Gotô 2000, S. 201).

[103] Teilzeitbeschäftigte und Arbeitnehmer mit zeitlich befristeten Arbeitsverträgen sind normalerweise nicht Mitglieder der Betriebsgewerkschaft. Die Leiharbeiter sollen zur Leiharbeitergewerkschaft gehören. Dennoch belief sich ihr Organisationsgrad 1995 lediglich auf 6,3 %. Was die Teilzeitarbeiter anbelangt, so waren 1996 ca. 3~4 % organisiert (Sadao Watanabe 2000, S. 176). Auf diese Weise wurden die meisten nicht-regulären Arbeitnehmer von keiner Gewerkschaft geschützt.

bei den jeweils führenden Unternehmen einer Branche. Nikkeiren hat 1995 den Ablaufmechanismus der *Shuntô* kritisiert, weil die gleichmäßig verlaufende Lohnerhöhung strukturell hohe Kosten verursacht und keine Rücksicht auf Produktivität bzw. Zahlungsfähigkeit von Unternehmen nimmt. Aus diesem Grund sollte die unausgewogene Lohnentscheidung, dem Muster z. B. der Eisen- und Stahlindustrie folgend, revidiert werden (vgl. Katsuhiko Ogino 2002, S. 72). Angesichts der Rezession wird das Argument der Arbeitgeberseite, „Prinzip der produktivitätsorientierten Lohnpolitik", durchgesetzt (Noboru Ogawa 1996, S. 118). Die ausgehandelte Lohnerhöhung durch *Shuntô* ist sowohl absolut als auch prozentual seit 1998: also 6 Jahren lang andauernd gesunken. Im Jahre 2003 bezeichnete die nominale Lohnerhöhung 5.233 Yen und der Prozent der Lohnerhöhung mit 1,63 % einen Rekordtiefstand (Arbeits- und Wirtschaftsweißbuch 2004, S. 33). Da diese Lohnerhöhung die alljährliche Erhöhung der Gehälter (Strukturkomponente, *Teishô*) enthielt, fiel die jährlich verhandelte zusätzliche Erhöhung (*Beesu Appu*, base up) äußerst gering aus. Nikkeiren hat 2001 in einem Bericht darauf hingewiesen, dass das Zeitalter, wobei die Arbeitsbedingungen wie Lohn parallel entschieden werden, vorbei ist. Schließlich sei die *Shuntô*-Institution beendet (vgl. Katsuhiko Ogino 2002, S. 72).

Der Logik der Lohnerhöhung durch *Shuntô*-Verhandlung gilt zwar nicht mehr, jedoch dient *Shuntô* als ein Kommunikationsmittel zwischen Arbeitgebern und Arbeitnehmern. Nikkeiren hat *Shuntô* als eine alljährliche Lernstunde für die Bevölkerung über den Zustand des Unternehmens bzw. des Wirtschaftsmilieus bewertet. Die Arbeitnehmerseite hat versucht, die Themen der *Shuntô*-Verhandlung zu erweitern. Schon hat der im November 1987 gegründete *Rengô*-Privatsektor (*Zenminrôren*) bei der *Shuntô*-Verhandlung 1988 außer der Lohnerhöhung, die Verkürzung der Arbeitszeit und die Forderung nach Einstellung vorgelegt. 1990 wollte *Rengô* auf Bonuszahlungen und Sozialleistungen eingehen. 1998 hat *Rengô* *„work rule"* (*Wâku Rûrû*) hinzugefügt. Die Einstellungsverlängerung für über 60-jahrige (2000), die Lohnerhöhung der Teilzeitarbeiter (2001) und die Sicherung des Arbeitsplatzes (2002) wurden als ein Thema zur *Shuntô*-Verhandlung von *Rengô* behandelt (Katsuhiko Ogino 2002, S. 71f.).

Tabelle 30: *Shuntô* und Lohnerhöhung (1990-2003)

	Nominale Lohnerhöhung	Reale Lohnerhöhung	Lohnerhöhung durch *Shuntô* Verhandlung		Erhöhung des real BIP
	(%)	(%)	Summe (Yen/ Monat)	(%)	(%)
1990	4,7	1,5	15.026	5,94	5,2
1991	3,5	0,2	14.911	5,65	3,4
1992	1,7	0,1	13.662	4,95	1,0
1993	0,6	-0,6	11.077	3,89	0,2
1994	1,8	1,3	9.118	3,13	1,1
1995	1,8	2,1	8.376	2,83	1,9
1996	1,6	1,6	8.712	2,86	3,4
1997	2,0	0,4	8.927	2,90	1,9
1998	-1,4	2,1	8.323	2,66	-1,1
1999	-1,4	-1,0	7.005	2,21	0,1
2000	-0,3	0,6	6.499	2,06	2,8
2001	-0,7	0,2	6.328	2,01	0,4
2002	-2,9	-1,8	5.265	1,66	-0,3
2003	-0,1	0,2	5.233	1,63	2,5

Anm: a) Summe besteht aus der senioritätsbedingten alljährlichen Erhöhung der Gehälter (Strukturkomponente, *Teisho*) und der jährlich verhandelten zusätzlichen Erhöhung (*Bessu Appu, base up*).
b) Nominale und reale Lohnerhöhung betreffen die Unternehmen mit mehr als 30 Mitarbeitern.
c) Lohnerhöhung durch *Shuntô*-Verhandlung betrifft private Unternehmen mit mehr als 1.000 Mitarbeitern.

Quelle: Kôsei rôdô shô (Sozial- und Arbeitsministerium) 2004: Rôdô keizai hakusho (Arbeits- und Wirtschaftsweißbuch), S. 296 und 300.

2.2.2.4 Die neue Konstellation der Arbeitslosigkeit

Die Entwicklung der Arbeitslosigkeit seit Ende der neunziger Jahre bezeichnet deutlich den Wandel des japanischen Beschäftigungssystems. Japan galt lange Zeit als eine Industrienation, in der beinahe Vollbeschäftigung herrschte. Die offiziell registrierte Arbeitslosenquote bewegte sich bis zum Mitte der neunziger Jahre unter 3 Prozent.[104] Aber die Umstände des japanischen Arbeitsmarkts haben

[104] In Japan lässt das Management und die Coordination Agency monatlich repräsentative Umfragen (Rôdôryoku chôsa) durchführen, deren Ergebnisse dann hochgerechnet werden. Als arbeitslos gelten dabei all diejenigen, die zum Zeitpunkt der Befragung null Stunden erwerbstätig sind und die zugleich angeben, aktiv Arbeit zu suchen. Wer eine Stunde in der Umfragewoche gearbeitet hat, ist nicht arbeitslos. Die Begrenzung auf eine Umfragewoche und auf eine einzige Stunde Arbeit ist enger als in den anderen OECD-Ländern. Ansonsten stimmt die

sich radikal geändert. Zwar war die Zahl der Arbeitslosen in Japan die ganzen neunziger Jahre hindurch allmählich angeschwollen, aber der Arbeitsmarkt ist seit 1998, nach dem kurzen Konjunkturaufschwung zwischen 1996 und 1997, in einer sehr schlechten Lage. Die Arbeitslosenrate erreichte im Jahr 1998 über 4 % (2,79 Mio.) und im Jahr 2002 mit 5,4 % (3,59 Mio.); für japanische Verhältnisse eine Rekordhöhe (Tabelle 31).[105] Derzeit erlebt das Land die größte Krise der Erwerbsarbeit nach dem Zweiten Weltkrieg.

Tabelle 31: Arbeitslosigkeit in Japan (%)

1961	1966	1971	1976	1981	1986	1991	1996
1,4	1,3	1,2	2,0	2,2	2,8	2,1	3,4
1997	1998	1999	2000	2001	2002	2003	
3,4	4,1	4,7	4,7	5,0	5,4	5,3	

Quelle: Kôsei rôdô shô (Sozial- und Arbeitsministerium) 2004:
Rôdô keizai hakusho (Arbeits- und Wirtschaftsweißbuch), S. 301.

Die Entwicklung der Arbeitslosigkeit seit Mitte der neunziger Jahre hat folgende Charakteristiken. Zunächst wächst nicht nur die Zahl der Arbeitslosen, sondern auch die Dauer der Arbeitslosigkeit nimmt zu. Nach einem Bericht zur „Untersuchung von Arbeitskräften" vom ersten Quartal 2004 betrug der Anteil derjenigen, die mehr als ein Jahr arbeitslos waren, an den Gesamt-Arbeitslosen 34 % und die Zahl der langfristig Arbeitslosen 1,12 Millionen (von 3.29 Millionen Gesamtarbeitslosen) (Arbeits- und Wirtschaftsweißbuch 2004, S. 18). Der Anteil der Langzeitarbeitslosen blieb bis 1998 unter 20 %, seit 1999 (22.4 %) stieg er stark.[106] Vor allem die männlichen Arbeitnehmer im mittleren und höheren Alter waren von der langfristigen Arbeitslosigkeit betroffen. In den letzten Jahren ha-

---

japanische Definition mit den ILO-Standards überein (Friederike Bosse 1995b, S. 594). Die Gültigkeit der offiziellen Arbeitslosenquote in Japan war von einigen westlichen Experten kritisiert worden, weil sie nur einen Teil der Wahrheit widerspiegelt. Beispielsweise hat Constance Sorrentino einen detaillierten Vergleich der Arbeitsmarktdaten von neun Ländern mithilfe von den sieben BLS-Stufen mit Zahlen aus dem Jahr 1989 durchgeführt. Es kam zu dem Ergebnis, dass nirgends die Differenz zwischen offizieller (U5) und weitester Definition (U7) so groß ist wie in Japan; damals 2,2 % bzw. 7,2 % (vgl. Constance Sorrentino 1993).

105 Für japanische Verhältnisse ist das in den offiziellen Statistiken ausgewiesene Niveau der Arbeitslosigkeit bereits sehr hoch, doch in Wirklichkeit dürfte die Situation noch ernster sein. Wenn die Dunkelziffer gerechnet würde, könnte die Arbeitslosenquote mehr als 10 % aufweisen und die Zahl der Arbeitslosen auf 4,5 bzw. 6 Millionen steigen (vgl. Kazumichi Goka 2003, S. 3).

106 Im Vergleich zu den westlichen Ländern war der Anteil der langfristigen Arbeitslosen in Japan relativ niedrig. Im Jahr 1997 macht die durchschnittliche Quote der langfristigen Arbeitslosen in 15 EU-Länder 49,0 % aus (Arbeitsweißbuch 2000, S. 99).

ben die Unternehmen darüber hinaus versucht, den Anteil der Älteren an ihren Beschäftigten zu reduzieren. So stieg die Zahl von vorzeitigen oder „freiwilligen" Pensionierungen ebenso an wie die Zahl von Entlassungen älterer Arbeitnehmer. Während viele Mitarbeiter früher in Krisenzeiten in anderen, verbundenen Unternehmen untergebracht wurden, finden sie heute keine neue Stelle in der Gruppe. Diese Entwicklung führte zur wachsenden Arbeitslosigkeit unter älteren Erwerbspersonen, denen es schwer fällt, auf dem strapazierten Arbeitsmarkt einen neuen Arbeitsplatz zu finden. Damit lässt sich die hohe Zahl von Langzeitarbeitslosen in dieser Altersgruppe sowie deren rückläufige Erwerbsbeteiligungsquote erklären (Anja Walke 2003b, S. 445).

Tabelle 32: Die Entwicklung der Langzeitarbeitslosigkeit (%)

	Japan	U. S. A	GB	Frankreich	BRD	Schweden
1982	12,5	7,7	-	36,2	41,6	8,4
1987	20,2	8,1	47,9	45,3	48,2	18,3
1992	15,9	11,1	35,4	36,2	33,5	13,5
1996	19,3	9,5	39,8	39,6	47,8	30,1
1997	21,8	8,7	38,6	41,4	50,1	33,4
1998	20,3	8,0	32,7	44,2	52,6	33,5
1999	22,4	6,8	29,6	40,4	51,7	30,1
2000	25,5	6,0	28,0	42,6	51,5	26,4
2001	26,6	6,1	27,8	37,6	50,4	22,3
2002	30,8	8,5	23,1	33,8	47,9	21,0

Quelle: OECD:Labour Force Statistics 1982-2002
Zitiert nach: Kôsei rôdô shô (Sozial- und Arbeitsministerium) 2004: Rôdô keizai hakusho (Arbeits- und Wirtschaftsweißbuch), S. 215.

Nach Altersgruppen konzentriert sich die Arbeitslosigkeit auch auf die jüngeren Arbeitnehmer. Zwischen 1991 und 2003 erhöhte sich die Arbeitslosigkeit in der Altersgruppe der 20-24- Jährigen und 25-29-Jährigen jeweils von 3,8 % auf 9,8 % bzw. von 2,8 % auf 7,0 % (Kôsei rôdô shô 2004, S. 306). Die steigende Jugendarbeitslosigkeit lag darin begründet, dass sich viele Unternehmen bei der Einstellung neuer (junger) Stammarbeiter zurückhielten. Neueinstellungen von Hochschulabsolventen direkt nach dem Abschluss waren in den neunziger Jahren ständig zurückgegangen (Tabelle 33). Nach einer Untersuchung des Sozial- und Arbeitsministeriums hat sich der Anteil der Unternehmen, die Einstellungspläne für die neuen Absolventen haben, in den neunziger Jahren ständig verringert. Vor allem nach 1998 wollten immer weniger Unternehmen aufgrund der düsteren Perspektiven für die Wirtschaft Absolventen neu einstellen. 2003 betrug der Anteil der Unternehmen, die Einstellungspläne für neue Absolventen haben, lediglich 26 % (*Highschool*-Absolvent), 29 % (Hochschulabsolventen der Geisteswissenschaft) bzw. 31 % (Hochschulabsolventen der Naturwissenschaft), der entsprechenden Sätze für 1997 betrugen jeweils 60 %, 51 % bzw. 52 % (Kôsei rôdô shô 2004, S. 269).

Tabelle 33: Neueinstellung von Hochschulabsolventen direkt nach dem Abschluss (%)

	Gesamte Universitätsabsolventen	Männliche Universitätsabsolventen	Weibliche Universitätsabsolventen	Gesamte Fachhochschulabsolventen
1987	77,1	78,3	73,6	81,0
1988	77,8	78,8	75,2	82,0
1989	79,6	80,1	78,5	85,1
1990	81,0	81,0	81,0	87,0
1991	81,3	81,1	81,8	87,0
1992	79,9	79,7	80,4	85,7
1993	76,2	76,5	75,6	79,8
1994	70,5	71,8	67,6	70,1
1995	67,1	68,7	63,7	65,4
1996	65,9	67,1	63,5	65,7
1997	66,6	67,5	64,9	67,9
1998	65,6	66,2	64,5	65,7

Quelle: Rôdô shô (Arbeitsministerium) 2000: Rôdô hakusho (Arbeitsweißbuch), S. Anm. 18.

Die zweite Besonderheit liegt darin, dass es heute in Japan absolut weniger Arbeitsplätze als früher gibt. In den sechs Jahren von 1996 bis 2001 hat sich die Zahl der Unternehmen und die der abhängigen Arbeitnehmer um jeweils 367.000 (5,5 %) auf 2,594 Mio. verringert (Kazumichi Goka 2003, S. 4). Die Zahl der Firmen wuchs bis 1991 tendenziell, ging aber in den Zeiten zwischen 1991 und 1996 geringfügig zurück (durchschnittlich jährlich -0.1 %), Zwischen 1996 und 2001 hat sich die Zahl der Unternehmensschließungen vermehrt (durchschnittlich jährlich -1.1). Im gleichen Zeitraum haben sich die persönlich geführten Geschäfte und die ihrer Arbeitnehmer um jeweils 10,2 % bzw. 10,9 % verringert. Der „Untersuchung zu den Arbeitskräften“ zufolge lässt sich eine massive Verminderung der Selbständigen ohne Angestellten und mithelfende Familienangehörige feststellen (Kôsei rôdô shô 2004, S. 301). In den Zeiten zwischen 1997 und 2003 hat sich die Zahl der Selbständigen ohne Angestellten und mithelfende Familienangehörige um jeweils 1,12 Mio. (7,72 Mio. → 6,60 Mio.) und 820.000 (3,76 Mio. → 2,96 Mio.) verringert. Vor allem ist die Zahl der Selbständigen ohne Angestellten im Zeitraum von 2000 und bis 2001 um 380.000 zurückgegangen. Dabei haben die durch die schlechte Konjunktur bedingten Geschäftsaufgaben eine zentrale Rolle gespielt (Werner Kamppeter 2004b, S. 67). Überdies hat die Zahl der angebotenen regulären Arbeitsplätze weniger schnell zugenommen als die Nachfrage danach. In den Zeiten zwischen 1998 und 2003 bezifferte sich das Verhältnis von Arbeitsangeboten zu Arbeitssuchenden zwischen 0,48 und 0,64 (Kôsei rôdô shô 2004, S. 299). Das heißt, dass es im Durchschnitt für 100 Arbeitssuchende 48 bzw. 64 Tätigkeiten im Angebot gab.

Tabelle 34: Die Entwicklung der Arbeitslosigkeit je nach Grund (10.000)

	Gesamte	Unfreiwillige Arbeitsplatzaufgaben	Freiwillige Arbeitsplatzaufgaben	Noch nicht eingestellte Absolventen	Übrige
1984	161	52	53	7	41
1985	156	47	54	7	40
1986	167	52	57	8	41
1987	173	58	57	8	42
1988	155	44	57	7	40
1989	142	36	53	6	38
1990	134	33	52	6	36
1991	136	31	55	5	37
1992	142	32	61	6	36
1993	166	41	69	7	39
1994	192	50	78	9	45
1995	210	55	83	11	50
1996	225	59	87	13	55
1997	230	54	95	12	59
1998	279	85	101	15	68
1999	317	102	109	17	77
2000	320	102	109	18	80
2001	340	106	118	17	85
2002	359	151	115	18	70
2003	350	146	113	20	69

Quelle: Kôsei rôdô shô (Sozial- und Arbeitsministerium) 2004:
Rôdô keizai hakusho (Arbeits- und Wirtschaftsweißbuch), S. 307.

Die Zunahme der Arbeitslosigkeit hängt mit der langen Rezession, der Verstärkung der Konkurrenz angesichts der Globalisierung, der Verlagerung der japanischen Unternehmen ins Ausland und der Strukturreform zusammen. Was die Gründe der Arbeitslosigkeit angeht, hat sich ihre Struktur seit 1998 verändert, stieg die auf Personalanpassungsmaßnahmen, finanziellem Zusammenbruch der Unternehmen und Vertragsablauf basierende unfreiwillige Arbeitslosigkeit drastisch an (Tabelle 34). Im Jahr 2002 verloren von den insgesamt 3,59 Mio. Arbeitslosen 1,51 Mio. unfreiwillig ihren Arbeitsplatz, während sich 1,15 Mio. freiwillig aus der Erwerbstätigkeit zurückzogen. Einer Studie des Sozial- und Arbeitsministeriums zufolge werden langfristig zwischen 70 und 90 % der Arbeitslosigkeit strukturell oder friktionell sein, während die zu geringe Nachfrage nach Arbeit nur für etwa 10 bis 30 % verantwortlich sein wird (Kôsei rôdô shô 2004, S. Anm.19). Das heißt, dass der größte Teil der Arbeitslosigkeit durch „*mismatches*“ zwischen Nachfrage und Angebot bezüglich Alter, Arbeitskonditionen wie Gehalt und Arbeitsstunden und Fähigkeiten bzw. aufgrund des Anstiegs der Arbeitsplatzwechsels hervorgerufen wird (ebenda, S. 19).

2.2.3 Der Wandel der Frauenerwerbstätigkeit und der Familienstruktur

Im Zusammenhang mit dem Wandel der Herrschaft der Unternehmen hat sich auch die Familienstruktur verändert. Dies liegt hauptsächlich daran, dass sich der Charakter der Frauenarbeit verändert hat. Im Lauf des Wandels des japanischen Beschäftigungssystems waren die weiblichen Arbeitnehmer härteren Umständen ausgesetzt. Die Frauenerwerbstätigkeit in Japan seit den neunziger Jahren lässt sich als die weitere Zunahme der nicht-regulären Beschäftigungsverhältnisse für weibliche Arbeitnehmer bezeichnen. Das Konzept des „Familienlohnes“ (*Kazoku Chingin*), auf der die Geschlechterdiskriminierung beruhte, hat an Geltung verloren. Dadurch ist die ideologische Familie Japans als Basis des Firmaismus, der aus dem berufstätigen Ehemann und der Ehefrau als Hausfrau besteht, nicht mehr beständig. Die Unternehmenszentrierte Gesellschaft und die Familie harmonisieren nicht mehr.

2.2.3.1 Die Zunahme der weiblichen Erwerbstätigkeit und die Verstärkung der geschlechtlichen Hierarchie im Arbeitsmarkt

Der Anteil von Frauen an allen Erwerbstätigen ist bis 1975 (37,4 %) zurückgegangen, von 1976 (37,5 %) bis 1991 (40,7 %) wieder angewachsen und verharrt seither relativ konstant auf dem Niveau von etwa 40 % (2003: 41,1 %) (Kôsei rôdô shô 2004, S. Anm.37). Die Zunahme der weiblichen Erwerbstätigkeit brachte aber keine Verbesserung der beruflichen Stellung der Frauen mit sich, also des mit ihren Tätigkeiten verbundenen Qualifikations-, Verantwortungs- und Einkommensniveaus. Stattdessen hat die Zunahme der weiblichen Erwerbstätigkeit zur Verstärkung der geschlechtlichen Hierarchie im Arbeitsmarkt, männliche Arbeitnehmer als Kernarbeiter und weibliche Arbeitnehmer als Randarbeiter, geführt (Yoshie Ishida 2000, S. 240). Im Lauf des Zuwachses der Mobilität der Arbeitskräfte nahmen nicht nur die nicht-regulären Arbeitnehmer, sondern insbesondere auch die ungesicherten Beschäftigungsverhältnisse von Frauen. 76,4 % der angestiegenen nicht-regulären Arbeitnehmer im Zeitraum zwischen 1990 und 1998 waren weibliche Arbeitnehmer (ebenda, S. 252). Im Jahr 2003 waren 50,6 % der weiblichen Arbeitnehmer die nicht-regulären Arbeitnehmer, während der gleiche Satz der männlichen Arbeitnehmer 15,6 % aufwies (außer Vorstand-Position) (Kôsei rôdô shô 2004, S. 13). Wie dies beweist, stellen Frauen in Japan noch immer die wichtigste Arbeitskraftreserve dar, die es langfristig zu mobilisieren gilt (Anja Walke 2003b, S. 448).

Tabelle 35: Die Entwicklung der weiblichen Beschäftigten

	A	B	C	D
1971	38,7	1.430	13,1	60,1
1981	38,7	2.660	19,6	67,3
1991	40,7	5.500	29,3	68,6
2001	41,1	8.290	39,3	68,8

Anm: A: Anteil der weiblichen Beschäftigten an den Gesamtbeschäftigten (%).
B: Zahl der weiblichen Teilzeitbeschäftigten (in 1,000).
C: Anteil der weiblichen Teilzeitbeschäftigten an der Gesamtzahl der weiblichen Beschäftigten (%).
D: Anteil der weiblichen Teilzeitbeschäftigten an den gesamten Teilzeitbeschäftigten (%).
Quelle: Kôsei rôdô shô 2002 und 2004.

Die Zunahme der nicht-regulären weiblichen Arbeitnehmer wurde durch politische Maßnahmen verursacht. Durch ein 1985 verabschiedetes Chancengleichheitsgesetz wurde eine diskriminierende Behandlung bezüglich Grundausbildung, betriebliche Sozialaufwendungen sowie Pensionierung verboten. Das Chancengleichheitsgesetz wurde 1999 geändert. Eine Besonderheit des neuen Gesetzes lag darin, dass die Schutzmaßnahme für weibliche Arbeitnehmer auch als Diskriminierung gelten konnte: Einige Schutzmaßnahmen für weibliche Arbeitnehmer bezüglich Überstunden, Nachtarbeit und Feiertagsarbeit wurden abgeschafft. Von April 1999 an wurde die gleiche Regel zwischen männlichen und weiblichen Arbeitnehmern in Kraft gesetzt (Yoshie Ishida 2000, S. 251). Infolge der Abschaffung der Schutzmaßnahmen sollten weibliche reguläre Arbeitnehmer auch in harter Konkurrenz mit männlichen Arbeitnehmern stehen. Trotzdem sind die Unternehmen nicht dazu übergegangen, die weiblichen regulären Arbeitnehmer ebenso wie die männlichen regulären Arbeitnehmer in den langzeitigen Konkurrenzmechanismus mittels der horizontalen bzw. vertikalen Beförderung einzubeziehen. In der Tat gelten die weiblichen regulären Arbeitnehmer lediglich als eine befähigte und günstige Arbeitskraft ebenso wie jüngere Arbeitnehmer (Osamu Watanabe 1997, S. 101). Im Zusammenhang mit dem *portfolio* der künftigen Personalstruktur lässt dem Bericht von Nikkeiren zufolge, die Abschaffung der Schutzmaßnahmen die weiblichen regulären Arbeitnehmer anstelle der Kernbelegschaft in die Kategorie der hoch qualifizierten Arbeitskräfte bzw. der flexibel einsetzbaren Arbeitskräfte hineindrängen (ebenda, S. 102). Vor allem sollen die weiblichen Arbeitnehmer im Bereich der gewerblichen Tätigkeit nicht nur die schweren Lasten hinnehmen, sondern auch in die Gruppe der Randarbeiter massiv eingesetzt werden. Frauen werden nun verstärkt auch in bisher den Männern vorbehaltenen Bereichen eingesetzt, dennoch verlaufen männliche und weibliche Karrierepfade im Ergebnis nach wie vor unterschiedlich.

Tabelle 36: Lohnunterschied nach Geschlecht (Entgelt der männlich Beschäftigten =100)

	Frankreich	BRD	Holland	GB	Australien	Japan: a	Japan: b
1980	79,2	72,4	78,2	69,7	86,0	54,6	55,3
1985	81,4	72,8	76,2	69,5	87,2	52,9	56,1
1990	80,8	73,2	77,5	70,6	90,8	51,3	57,1
1995	-	74,2	79,3	79,3	90,0	52,5	60,2

Anm: a: Das Verhältnis von weiblichem Entgelt zu männlichem Entgelt in den Gesamtbeschäftigten.
b: Das Verhältnis von weiblichem Entgelt zu männlichem Entgelt außer Teilzeitarbeiter.
Quelle: ILO: Year book of Labour Statistics 1996.
Arbeitsministerium: Monatliche Arbeitszeitstatistiken (a) und Untersuchung des Lohnsystems (b).
Zitiert nach: Yoshie Ishda 2000, S. 255.

Tabelle 37: Entgelthöhe nach Beschäftigtenstatus und Geschlecht (Entgelt der männlich regulären Beschäftigten =100)

	Reguläre Arbeitnehmer		Teilzeitarbeiter		Geschlechtsspezifische Unterscheide bei Teilzeitarbeitern	Anteil der Entgelthöhe der Teilzeitarbeiter bei Frauen
	Männer (a)	Frauen (b)	Männer (c)	Frauen (d)	(d)/(c)	(d)/(b)
1990	100	60,6	57,8	43,6	75,4	72,0
2000	100	66, 3	51,2	44,3	86,6	66,9

Quelle: Kôsei rôdô shô (Sozial- und Arbeitsministerium) 2002: Pâto taimu rôdô kenkyûsai saishû hôkoku (Abschlussbericht der Arbeitsgruppe: Part-timer)
Zitiert nach: Kotaro Oshige 2003, S. 12

Im Lauf der Mobilität der Arbeitskräfte ist der Lohnunterschied nach Geschlecht nicht bemerkenswert geringer geworden. Das durchschnittliche Einkommen im Jahr 1995 der Frauen ist mit 52,5 % bzw. 60,2 % unterhalb des Einkommensdurchschnitts der Männer und ist damit im Vergleich zu den anderen Industrienationen am niedrigsten (Tabelle 36). Tabelle 37 stellt den jeweiligen Anteil der durchschnittlichen Entgelthöhe je nach Beschäftigtenstatus und Geschlecht im Verhältnis zum Entgelt der männlichen regulären Arbeitnehmer dar. In den letzten zehn Jahren hat das geschlechtsbezogene Gefälle bei Teilzeitarbeiter abgenommen (von 75 % auf 87 %). Dies lässt sich dennoch nicht als eine Tendenz zur Gleichbehandlung bezeichnen. Die Abnahme des Gefälles ist lediglich auf die Abnahme des Anteils des Entgelts von Teilzeitarbeitern am Entgelt der regulären Arbeitnehmer bei Männern (von 57,8 % auf 51,2 %) zurückzuführen.

2.2.3.2 Das Ende der Ideologie des Familienlohnes und der Wandel des Familienmodells

Die Mobilität der Arbeitskräfte hat die Ideologie des „Familienlohnes" (*Kazoku Chingin*)[107], eine Basis der unternehmenszentrierten Integration, erschüttert. Das Konzept des Familienlohnes setzt voraus, dass der Ehemann allein mit seinem Verdienst den Familienunterhalt erfüllen kann. Dem männlichen Erwerbstätigen, der die Verantwortung für seine Familie tragen soll, gilt das Entlohnungssystem deshalb als zweckmäßig, weil der auf dem Senioritätsprinzip beruhende „Familienlohn" dem Lebenszyklus der Familie entspricht. Im Zusammenhang mit der lebenslangen Beschäftigung und dem Senioritätsprinzip hat die Ideologie des „Familienlohnes" dazu beigetragen, dass sich die männlichen regulären Arbeitnehmer den Unternehmen hingeben sollten (Atsumi Ninomiya 1997c, S. 391).

Aber angesichts der Veränderung der Alterspyramiden und des vermehrten Konkurrenzdrucks wurde die Ideologie des Familienlohnes auch wie andere japanische Beschäftigungssysteme in Frage gestellt (Yoshie Ishida 2000, S. 256). Im Hinblick auf die massiven Personalanpassungsmaßnahmen und die Umstrukturierung der lebenslangen Beschäftigung wurde die Zahl der Arbeitnehmer, die den Familienlohn empfingen, reduziert. Den regulären Arbeitnehmern wurde der Anteil der Senioritäts- bzw. Lebenshaltungskomponente im Entgelt auf Grund der Herausbildung des Begriffs, „gesamte Personalaufwendungen" (*Sôgô Kyû*) herabgesetzt (Atsumi Ninomiya 1997c, S. 410). Die drastische Zunahme der weiblichen Teilzeitarbeiter hing damit zusammen, dass die Hausfrauen das unzulängliche Verdienst der Ehemänner für die Lebenshaltung ersetzen sollten. In diesem Kontext sollten sich die Hausfrauen zur Erwerbstätigkeit zwingen. Die gestiegene Zahl nicht regulärer Arbeitnehmer, vor allem die der weiblichen Teilzeitarbeiter, wurde schwerpunktmäßig nur mit dem Aufgabenlohn (*Shokumu Kyû*) bzw. Arbeitslohn (*Shigoto Kyû*) bezahlt. Dabei war es offensichtlich, dass mit dem Entgelt aus der Teilzeitarbeit das frühere Niveau des (als ausreichend angesehenen) Familienlohns nicht erreicht werden konnte. Vor diesem Hintergrund hat sich die geschlechtlich gemischte Konkurrenz um den niedrigen Lohn zugespitzt. Dies führte dazu, dass das Entgelt von männlichen Arbeitnehmern

---

[107] Über den Familienlohn vgl. Kimiko Kimoto (1995).

wieder geringer ausfallen sollte (ebenda, S. 411). In einem Bericht von der Zentralstelle für Gesellschaft, Wirtschaft und Produktivität von 1994[108], wurde darauf deutlich hingewiesen, dass die Zunahme der weiblichen Erwerbstätigkeit einen Wandel der Ideologie des Familienlohnes zur Folge hat. Vor der Tatsache, dass die beiden Ehepartner in mehr als 50 % der Familien zusammen verdienen, müsse eine neue Ideologie des Lohns statt der Ideologie des Familienlohnes herausgebildet werden (ebenda, S. 411).

Die Auflösung der Ideologie des Familienlohnes hat auf das japanische Familienmodell beeinflusst. Das spezielle Modell des modernen patriarchalischen Familiensystems, Ehemann als „Firma-Mensch", und Ehefrau, die als Hausfrau bzw. die Teilzeitarbeiterin die Verantwortung für Haushalt ,Kinder und Pflege alleine trägt, in der unternehmenszentrierten Gesellschaft in Japan hat an Geltung verloren. Der Wandel des sozialpolitischen Prinzips über die Kindererziehung und die Pflege in den neunziger Jahren bezeichnet auch die Veränderung des Familienmodells in der japanischen Gesellschaft. In den achtziger Jahren, als die „japanische Wohlfahrtgesellschaft" propagiert wurde, wurden die Kindererziehung und die Pflege, im Grunde genommen, als eine Aufgabe der Familie angesehen. Aber die Einstellung zur Kindererziehung und Pflege hat sich in den neunziger Jahren dahingehend verändert, dass diese gesellschaftlich gelöst werden sollte. Die Einführung der Pflegeversicherung von 1993 lässt sich als ein Symbol dieser Veränderung verstehen.

2.2.4 Die umfangreichen Reformen der neunziger Jahre und das Ende der Integration in Form der unternehmenszentrierten Gesellschaft

Die *LDP* hat in den neunziger Jahren die neoliberalistische Reform durchgeführt, um die Konkurrenzfähigkeit der japanischen Unternehmen zu verbessern.[109] Diese Reform war auf zwei Punkte ausgerichtet: „Finanzreform" und „Deregu-

---

[108] Shakai keizai seisansei honbu (Zentralstelle für Gesellschaft, Wirtschaft und Produktivität) (1994): 21 seiki ni okeru nihon no jinji chingin seido (Das Personal- und Entgeltsystem im 21. Jahrhundert in Japan).

[109] Die in den neunziger Jahren von der Regierung durchgeführten Reformen hat Osamu Watanabe in zwei Kategorien eingeordnet. Außer der neoliberalistischen Reform hat er versucht, die imperialistische bzw. großnationale Reform zu erklären. Er hat die militärische Aufrüstung von Japan, die Reorganisation des militärischen Verhältnisses zwischen USA und Japan, die Entsendung der japanischen Soldaten als UN-Friedenstruppe und die Bemühungen um einen ständigen Sitz im UN-Sicherheitsrat als die Hauptpunkte der imperialistischen Reform begriffen. Er hat darauf hingedeutet, dass diese imperialistische Reform mit dem Erfordernis der japanischen multinationalen Unternehmen zusammenfasst (vgl. Osamu Watanabe 1996, 1997a, 1999).

lierung“ (Osamu Watanabe 1999, S. 88). Ziel der Reform war einerseits die Staatsausgaben einzuschränken und gleichzeitig die Körperschaftssteuer zu reduzieren, andererseits die Klientelorientierung der *LDP* aufzuheben. Die politische Stabilität der konservativen Regierung der *LDP* bis zum Ende der achtziger Jahre hat dazu beigetragen, dass sich Japan wirtschaftlich zur Großnation entwickelte. Allerdings wurde die Klientelorientierung von *LDP* in den neunziger Jahren als ein wesentlicher Faktor, der zur Schwächung der japanischen Unternehmen führte, kritisiert. Darüber hinaus führten diese negativen Aspekte der Klientelorientierung zur politischen Reform und Reorganisation.

2.2.4.1 Die Unterhauswahlen 1996 und die Reformpakete

Nach zahlreichen Korruptionsskandalen Anfang der neunziger Jahre haben jüngere *LDP*-Abgeordnete gegen ihre Parteiführung rebelliert. Nach dem Misstrauensvotum gegen den damaligen Ministerpräsident Miyazawa verließen einige *LDP*-Politiker ihre Partei und gründeten drei neu Gruppierungen (*Nihon Shintô* Neue Japan Partei, *Shinseitô*, *Shintô Sakigake*); sie wurden im Juli 1993 Mitglieder in einer Koalitionsregierung aus acht Parteien, die nach den Unterhauswahlen 1993 die *LDP* nach 45 Jahren an der Macht abgelöst hatte (Manfred Pohl 1998, S. 80). Eine Achtparteienkoalition unter Morihiro Hosokawa übernahm die Regierung und leitete einen umfassenden politischen Reformprozess ein. Dieses Kabinett konnte sich allerdings nur wenige Monate halten, dann wurde die *LDP* wieder an der Regierung beteiligt.

Die Unterhauswahlen 1996 bezeichneten einen Wendepunkt der japanischen Reformen seit Ende der achtziger Jahre. Die historischen Bedeutungen der Wahlen im Jahr 1996 lagen in folgende drei Punkte (vgl. Osamu Watanabe 1997a, S. 27-31): Erstens haben die Wahlen zum gesamten Konservatismus der japanischen Parteien geführt. Die Mandate der beiden großen Parteien, *LDP* (239) und *Shinshintô* (Neue Fortschrittspartei, *NFP*) (156)[110], machen ca. 80 % der gesamt 500 Unterhaus-Parlamentarier aus. Wenn *Nihon minshutô* (Demokratische Partei Japans, *DPJ*)[111] (52) und *Sakigake* (2) zusammengezählt werden, besetzen die

[110] *Shinshintô* ist im Dezember 1994 aus neun Parteien und parlamentarischen Splittergruppen entstanden. Sie wollte der Regierung als überzeugende Alternative gegenübertreten. *LDP* und *Shinshintô* unterscheiden sich programmatisch kaum voreinander. Die neue Partei hätte als „konservativ-liberale“ Partei eines der politischen Felder besetzen können. Allerdings wurde bereits nach den Unterhauswahlen von einer Abspaltung der Partei gesprochen; im Dezember 1997 wurde formal die Auflösung der Partei beschlossen.

[111] Die demokratische Partei Japans war im September 1996 gegründet worden. Die Gründungsmitglieder der *DPJ* kamen aus den verschiedensten Parteien und Gruppen, die meisten aus der Sozialdemokratischen Partei und der *Shintô Sakigake*. Aus den Unterhauswahlen von

konservativen Parlamentarier 90 % im Parlament. Die zweite Besonderheit lag darin, dass die *LDP* wieder an der Regierung war. Allerdings hat sich die politische Lage der *LDP* verändert. Die *LDP* sollte auf die frühere Klientelorientierung für die Integration der Randgruppe außer den Unternehmen verzichten. Das dritte Merkmal weist die degradierende Niederlage der sozialdemokratischen Partei Japans (*SDPJ*)[112] auf. Bereits 1993, als sie eine Regierungskoalition einging, hat die *SDPJ* ihre Rolle als Kontrahent gegen die Konservativpolitik Japans verloren. Seitdem haben sich die Sozialdemokraten programmatisch radikal verändert: Im Zusammenhang mit dem Wandel der Sicherheits- und Verfassungspolitik hat sich die *SDPJ* von der pazifistischen Partei getrennt. Der Rückgang der sozialdemokratischen Partei war ein historisches Ereignis nach dem Zweiten Weltkrieg.

Aus Anlass der Unterhauswahlen wurden sechs Reformpakete der Regierung von Premierminister Ryûtarô Hashimoto (1996-98) vorgelegt. Diese sechs Reformpakete umfassten die folgenden Teilgebiete (vgl. Patrick Köllner und Friederike Bosse 2001, S. 11f.):

1. Verwaltungsreform (*Gyôsei Kaikaku*) (Stichworte: Deregulierung, Dezentralisierung, Privatisierung und Verkleinerung der Verwaltung);
2. Reform der Finanzstruktur (*Zaisei Kôzô Kaikaku*) (u. a. Verringerung des Haushaltsdefizits auf 3 % des BIP bis zum Ende des Fiskaljahres 2005);
3. Strukturreform der sozialen Sicherung (*Shakai Hoshô Kôzô Kaikaku*) (Rentensystem, medizinische Versorgung und andere Sozialleistungen);
4. Strukturreform der japanischen Wirtschaft (*Keizai Kôzô Kaikaku*) (u. a. Humanressourcen und Arbeitsbeziehungen, Kostenstruktur u. a. bei Distribution, Kommunikation und Energie);
5. Reform des Finanzsektors (*Kinyû Chisutemu Kaikaku*) (weitgehende Öffnung und Liberalisierung der Finanzmärkte im Rahmen des so genannten „Big Bang") und
6. Reform des Erziehungswesens (*Kyôiku Kaikaku*) (Förderung von Kreativität und soziale Verantwortung).

1996 war sie als drittstärkste Kraft hervorgegangen, das Image der unverbrauchten neuen Kraft hatte gewirkt.

[112] Die alte Traditionsname „Sozialistische Partei Japans" (*SPJ*) war im Januar 1991 in „Sozialdemokratische Partei Japans" (*SDPJ*) umbenannt worden.

2.2.4.2 Die Reform der Finanzstruktur

Diese sechs Reformpakete sind als die „Totalreform" zum Wandel der ganzen wirtschaftlichen und sozialen Struktur zu verstehen (Toshikazu Yokoyama 2001, S. 44). Gleichzeitig lassen sich diese als die gründlichen Maßnahmen gegen die Struktur der hohen Kosten begreifen, die von der Klientelorientierung der *LDP* hervorgerufen worden waren (Osamu Watanabe 1997, S. 58). In Bezug auf die Struktur der hohen Kosten haben die japanischen Unternehmen auf zwei Punkte hingewiesen. Zunächst ließen die Sozialausgaben, mit der Klientelorientierung der *LDP* für Landwirte und Selbständige verknüpft, die Staatsfinanzen explodieren und die Last der Körperschaftssteuer für die Unternehmen immer wieder steigen. Das zweite Merkmal der Struktur der hohen Kosten ging um die hohen Preise wegen der Klientelorientierung der *LDP*. Die hohen Preise, vor allem der Lebensmittelpreise, aber auch die hohen Lohn-, Ersatzteil- und Transportkosten seien, auf die mit Hilfe der Klientelorientierung der *LDP* bestehen bleibenden Kleinbetriebe (z. B. Landwirtschaft, selbständige Unternehmen und Transportgewerbe) zurückzuführen. Folglich führten diese zur Schwächung der Konkurrenzfähigkeit der japanischen Unternehmen (Osamu Waranabe 1998, S. 42-44).

Diese Reformpakete lassen sich im Kontext der Verstärkung der Konkurrenzfähigkeit der japanischen Unternehmen in zwei Hauptpunkte zusammenfassen; Reform der Finanzstruktur und Deregulierung bzw. Verwaltungsreform. Die erste Besonderheit der Reform der Finanzstruktur lag darin, dass sie zum Ziel hatte, die Körperschaftssteuer zu senken und die Finanzunterstützung für die kleinen Betriebe zu reduzieren (Osamu Watanabe 1997, S. 59). Also hat diese Reform durchaus versucht, die Lasten der Unternehmen zu vermindern. Die Körperschaftssteuer in Japan war ca. 10 % höher als in anderen Ländern. Zwar erhielten die Großunternehmen per Ausnahmeregelung steuerliche Vergünstigungen, allerdings galt die Ausnahme für die japanischen multinationalen Unternehmen im Ausland nicht. Vor diesem Hintergrund forderten die Großunternehmen die Senkung der Körperschaftssteuer (Osamu Watanabe 1999, S. 86). Vor allem *Keidanren* hat seit Juni 1995 eine massive Senkung der Körperschaftssteuer und der Erwerbssteuer der Wertpapieren gefordert (Nobuhiro Hiwatari 2002, S. 160). Währenddessen konzentrierten sich die Einschränkung der Staatsausgaben auf die öffentliche Investition, die soziale Sicherung und die lokale öffentliche Ausgaben. Diese Bereiche haben nicht nur eine Aufblähung der Staatsfinanzen verursacht, sondern auch dazu beigetragen, dass die ineffektiven Sektoren fort existieren konnten. Also sollten die kleinen Betriebe (z. B. Landwirtschaften, selbständige Unternehmen und Transportgewerbe) mittels der Aufhebung des Schutzes bzw. der Regulierung selektiert werden (Osamu Watanabe 1997, S. 60). Dadurch konnten Kostenstrukturen der japanischen Unternehmen entlastet werden.

Die zweite Besonderheit der Reform der Finanzstruktur bestand, Osamu Watanabe zufolge darin, dass die Ansätze der Reform der Finanzstruktur in ganze Reformpaketen durchgesetzt wurde (ebenda 1997, S. 61). In der Reform des Erziehungswesens, eine von insgesamt sechs Reformpaketen, wurde auch die Aufhebung der herkömmlichen Ineffektivität und der Erhöhung der Kosten betont. Die Reform der sozialen Sicherung zielte darauf ab, nicht nur die Sozialausgaben, sondern auch die Kosten der von Arbeitgebern getragenen gesetzlichen Sozialleistungen einzusparen. In diesem Sinne wurden die Reform der Krankenversicherung und der Rentenversicherung zum Zweck der Reduzierung der Lasten der Unternehmen gebraucht.

2.2.4.3 Deregulierung bzw. Verwaltungsreform

Die zweite Hauptreform gegen die Struktur der hohen Kosten war auf die Deregulierung[113] bzw. die Verwaltungsreform gerichtet. Seit 1993, als die *LDP*-Regierung aufgelöst wurde, haben Wirtschaftsverbände massiv die Deregulierung gefordert. *Keidanren* hat im Oktober 1995 551 und 1996 699 Sachanträge auf Deregulierung an der Regierung gestellt (Nobuhiro Hiwatari 2002, S. 160).

Eine allgemeine Deregulierung wurde Ende der siebziger Jahre in den USA eingeleitet, die u. a. die Bereiche Telekommunikation, Luftfahrt und Energie betraf und zu Kostensenkungen führte. In Japan wurde bereits in den achtziger Jahren die Deregulierung von Unternehmen aus folgendem Grund gefordert: Der Handelskonflikt und das Hindernis der japanischen multinationalen Unternehmen im Weltmarkt wurden deshalb hervorgerufen, weil der japanische Markt aufgrund des staatlichen Schutzes für kleine Betriebe, vor allem Landwirtschaft und Vertriebsbereiche, nicht geöffnet wurde (Osamu Watanabe 1996, S. 347f.). Überdies wird seit den neunziger Jahren darauf hingewiesen, dass die Schutzpolitik zu den hohen Preisen und weiter zu hohen Lohn- und Teilkosten führte, schließlich die Schwächung der Konkurrenzfähigkeit der japanischen Unternehmen verursachte (Osamu Watanabe 1997, S. 62). Die Unzufriedenheit der Großunternehmen äußerte sich in Forderungen nach einer Minderung des Schutzes und der Regulierung an die *LDP*-Regierung. Darüber hinaus wird in jüngster Zeit eine Dere-

---

[113] Die Deregulierung rechtfertigt sich damit, dass sie die Effektivität der Wirtschaft erhöhen kann; durch leichteren Marktzutritt für weitere Anbieter entsteht ein intensiver Wettbewerb, wo vorher einer oder wenige den Markt beherrschten. Konkurrenz bewirkt in der Tendenz sinkende Preise, wodurch die Nachfrage steigt. Zudem ist eine Zunahme der Produktvielfalt zu erwarten, sodass den Kunden mehr Auswahl bei sinkenden Preisen geboten wird. Wettbewerb unter den Unternehmen wird die Produktiven belohnen, die ineffizienten im Extremfall aus dem Markt drängen (Vgl. Der Brockhaus in Text und Bild 2002).

gulierung anlässlich der Reform der Wirtschaft gefordert: Staatliche Eingriffe in die Wirtschaft sollten möglichst vermieden werden, damit die innovativen Unternehmen die Reform der Wirtschaft initiieren können (ebenda, S. 62).

Die Bereiche, auf welche die Deregulierung gerichtet war, deckten einen weiten Bereich ab. Sie lassen sich wie folgt zusammenfassen: Förderung gewinnbringender Investitionen in den neuen Industrien und Aufhebung der Eintrittshindernisse in den neuen Markt. Diese betrafen Deregulierung der Telekommunikation, den Erwerb von Agrarland durch Unternehmen, Management privater Krankenhäuser, Eintritt der privaten Wohlfahrtsfürsorge und Reduzierung der stattlichen Eingriffe in den Rentenversicherungsfonds der Arbeiter und Angestellten (*Kôsei Nenkin Kikin*) (Shintaro Nakanishi 1997, S. 26). Darüber hinaus hat die Deregulierung auch darauf gezielt, die Reorganisation des Arbeitsmarkts, die Umgestaltung der Arbeitskräfte und den Wechsel des Arbeitsplatzes, der Reorganisation der Industriestruktur entsprechend, zu erleichtern. Dies betraf die Maßnahmen zur Erweiterung der privaten *Job*-Vermittlung und die Deregulierung der gewerblichen Arbeitnehmerüberlassung. Wie bereits erwähnt, wurde die drastische Veränderung der Arbeitsumstände in den neunziger Jahren, auf dem Wandel der lebenslangen Beschäftigung und dem Verlauf der Restrukturierung beruhend, mit dieser Deregulierung stark verbunden (ebenda, S. 30f.).

Die unternehmenszentrierte Gesellschaft hat im Zusammenhang mit der Reform der Finanzstruktur und der Deregulierung bzw. der Verwaltungsreform ihren Integrationsbereich eingeschränkt. Die Klientelorientierung der *LDP* konnte nach dem Ende der langen Alleinregierung der *LDP* im Jahr 1993 und nach dem Untergang der Sozialpartei sowie der Befestigung der zwei großen konservativen Parteien im Jahr 1996 nicht mehr friktionslos funktionieren. Die Interessen der Selbständigen und der Bauern, zuvor durch die Klientelorientierung der *LDP* geschützt, werden politisch nicht mehr berücksichtigt. Selbständige und Landleute sind Opfer des verschärften Wettbewerbs im Weltmarkt geworden. Bauernfamilien und Dorfbewohner traf mit der Deregulierung der Landwirtschaft bzw. mit der Kürzung der Subventionen und Verringerung der öffentlichen Investitionen ein harter Schlag. Die mittleren und kleinen Unternehmen stehen durch den Eintritt der Großunternehmen in ihre eigentümlichen Bereiche unter großem Druck. Sehr viele Selbständige haben infolge der Deregulierung und der Marktöffnung ihren Betrieb geschlossen (Osamu Watanabe 1997, S. 99f.).

2.2.4.4 Die zweite „Strukturreform" anfangs des 21. Jahrhunderts

Die erste „Strukturreform" bzw. die sechs Reformpakete des Kabinetts von Hashimoto sind mit Ausnahme der Reform der Finanzstruktur, 1998 aufgrund der Rezession unterbrochen, bis heute im Gang. Das Kabinett von Junichirô Koizumi, das am 26.04.2001 antrat, versuchte sich ebenfalls an tief greifenden Reformen. Die Probleme der Rezession und der massiven Arbeitslosigkeit wurden allerdings nicht gelöst, die Unzufriedenheit der japanischen Bevölkerung mit dem Streit um die Konzession der öffentlichen Gewerbe, der uneffektiven Bürokratie und der Politik bzw. Verwaltung wurde nicht auf einen besseren Zustand gebracht (Yûji Okazaki 2001, S. 75). Unter diesen Umständen hat Koizumi die ganzen Probleme Japans darauf zurückgeführt, dass die Strukturreform nicht durchgeführt wurde. Das Kabinett von Koizumi hat unter dem Slogan der „Strukturreform ohne heiligen Bezirk" oder „Ohne Reform ohne Wachstum" die Strukturreform vorangetrieben (Osamu Watanabe 2004b, S. 173). Die Grundrichtung der Reform von Koizumi war in dem „Grundprinzip zur Wirtschafts- und Finanzführung und zur Strukturreform der Wirtschaft und der Gesellschaft" (*Kongo no Keizai Zaisei Unei Oyobi Keizai Shakai no Kôzô Kaikaku ni Kansuru Kihon Hôshin*) von 27.06.2001 erschienen (vgl. Politiku Vol. 2). Dieses „Grundprinzip" verfolgt die Linie der „Strukturreform" des Kabinetts Hashimoto; die umfangreiche Reform des Kabinetts Koizumi wurde als die „zweite Strukturreform" bezeichnet.

Dieses „Grundprinzip" bestand als Programm der Strukturreform folgendermaßen aus folgenden sieben einzelnen Reformen: 1. Programm der Privatisierung und der Deregulierung zur wirtschaftlichen und gesellschaftlichen Vitalität, 2. „*challenge program*" zur Entfaltungsmöglichkeit des Potenzials einzelner Personen sowie Unternehmen, 3. Verstärkungsprogramm der Versicherungsfunktion zum auskömmlichen Leben und zur Verbesserung des „*safety net*", 4. Programm zur Verdoppelung des geistiges Eigentums, 5. Programm zur Verbesserung des Lebensunterhalts, 6. Programm zur lokalen Selbständigkeit und Aktivität, 7. Programm zur Finanzreform (Yûji Okazaki 2001, S. 81). Am Anfang dieses „Grundprinzips" wurde darauf hingewiesen, dass die Reformen das Ziel verfolgen, das Potenzial Japans und die wahre Kraft der japanischen Wirtschaft zu zeigen. Dafür werde nicht nur eine Reform der Regulierung, sondern auch eine „schöpferische Zerstörung" erforderlich sein (ebenda, S. 82). Allerdings bedeuteten das Potenzial und die wahre Kraft nichts anderes als die Konkurrenzfähigkeit der Großunternehmen. Die Reformprogramme konzentrierten sich auf die Verbesserung der Konkurrenzfähigkeit der Großunternehmen (ebenda, S. 82).

Die Strukturreform von Koizumi bringt einige schwierige Probleme mit sich: Zunächst beeinflusst die Reform unmittelbar die Landwirtschaft bzw. die Selbständigen: Sie verkleinerte die Unterstützungsbasis der *LDP* und trägt dazu bei, die Schwächung der *LDP* zu beschleunigen. Darüber hinaus gerät der herkömmliche Integrationsmechanismus der unternehmenszentrierten Gesellschaft in Gefahr des Zusammenbruchs. Die folgenden Erscheinungen zeigen die Formen der Integrationskrise, die zum Ende der neunziger Jahre auf einmal hervortraten: Die massive Arbeitslosigkeit, der drastische Anstieg der nicht regulären Arbeitnehmer in jüngerer Generation, die Vertiefung der sozialen Ungleichheit, die Vermehrung der Armut, Obdachlosigkeit, der Anstieg der Selbstmorde, die Kindesmisshandlungen und die Zunahme der Kriminalität (Osamu Watanabe 2004b, S. 174f.). Die Auflösung der „unternehmenszentrierten Gesellschaft plus der Klientelorientierungspolitik" aber zeigt eine unerwartete Wirkung. Die Nachfrage nach öffentlicher Wohlfahrt hat sich vermehrt, weil diese, früher von Familie, Gemeinde bzw. Unternehmen beschafft, auf dem Platz der Gesellschaft gekommen ist: 1. Die massive Arbeitslosigkeit unter der Rezession erfordert eine Politik zur Beschäftigungssicherung, 2. Der Zusammenbruch der Bildungsganggesellschaft führt zur Notwendigkeit des Rechts auf lebenslange Bildung, 3. Die Unstabilität der Beschäftigung und des Einkommens steigert die Nachfrage nach der Einkommenssicherung wie Kindergeld, Rente bzw. Sozialhilfe, 4. Der Zusammenbruch der Sozialpolitik, früher von Familie, Gemeinde und unternehmenszentrierter Gesellschaft getragen, verursacht, eine vermehrte Nachfrage nach sozialen Diensten z. B. Erziehung, gesundheitliche Versorgung bzw. Pflege, 5. Die Zerstörung des Lebensraums oder Umwelt wegen des Marktversagens fordert umgekehrt die Erweiterung des Sozialen Wohnungsbaus und der öffentlichen Freizeiteinrichtungen. Im Zusammenhang mit der Auflösung wird gleichzeitig eine Reorganisation im Gang gesetzt. Das ist ein Ergebnis der „schöpferischen Zerstörung" (Atsumi Ninomiya 2002, S. 120).

3 Die unternehmenszentrierte Gesellschaft und das System der sozialen Sicherung

Die Entwicklung der sozialen Sicherungssysteme seit Mitte der siebziger Jahre in Japan hing mit der Entwicklung der unternehmenszentrierten Gesellschaft zusammen. Das „japanische Modell der Wohlfahrtsgesellschaft“ (*Nihon Gata Fukushi Shakai*)[114], die japanische Version des Sozialstaats, in den Jahren nach der Ölkrise entwickelt und von der japanischen Regierung propagiert,[115] stand im Zusammenhang mit der Herausbildung jener spezifischen Charakteristika, die im Begriff der unternehmenszentrierten Gesellschaft zusammengefasst werden. Das System der sozialen Sicherung in Japan in den Nachkriegszeiten wurde innerhalb von 20 Jahren herausgebildet und neigte dazu, die sich an die Familie anzulehnen, sich um die Grossunternehmen zu zentrieren, und die männlichen regulären Arbeitnehmer zu bevorzugen. Andererseits hat die japanische Regierung bis zum ersten Jahr der Ära des Sozialstaats 1973 versucht, einen ordentlichen Sozialstaat nach dem Vorbild westlicher Länder herauszubilden. Aber die japanische Regierung, die angesichts der Ölkrise die sozialstaatliche Strategie radikal modifiziert hat, hat darauf verzichtet, das westliche Modell des Sozialstaats nachzuahmen. Vor diesem Hintergrund haben die Reformen der Sozialpolitik in den achtziger Jahren unter dem Slogan der „japanischen Wohlfahrtsgesellschaft“ bzw. der „Wohlfahrtsgesellschaft mit der Vitalität“ diese Charakteristika bekräftigt und zur Befestigung der unternehmenszentrierten Gesellschaft beigetragen. Allerdings steht die „japanischen Wohlfahrtsgesellschaft“ seit den

[114] Seit Ende der siebziger Jahre gewann das japanische Modell die Aufmerksamkeit von westlichen Ländern. Im Zusammenhang mit den Debatten über „Wohlfahrtspluralismus“ und „Postfordismus“ wurde „das japanische Modell der Wohlfahrtsgesellschaft“ als eine Alternative zum westlichen Sozialstaat diskutiert (vgl. Evers und Olk 1996, Rose und Shiratori 1986, Robert Pinker 1986, Arthur Gould 1993, Bob Jessop 1992, 1994). Zum Beispiel sah Bob Jessop aus dem Modell Japans die Möglichkeit, die Krise des „keynesianischen Wohlfahrtsstaats“, die massive Staatsverschuldung und Massenarbeitslosigkeit, zu überwinden. In Deutschland wurde die Diskussion um das japanische System der sozialen Sicherung unter dem Konzept des „schlanken Staats“ geführt (vgl. Gesine Foljanty-Jost und Anna-Maria Thränhardt 1995). Anna-Maria Thränhardt hat argumentiert, dass das japanische Sozialmodell deshalb als „schlank und effektiv“ bezeichnet werden kann, weil dieses die Koordination erleichterte und so die Gesamt-Effektivität erhöhte (Anna-Maria Thränhardt 1996b, S. 115). Im Hinblick auf die Wirtschaftskrise und den darauf folgenden Wandel in Japan beharrte sie mit Seeleib-Kaiser in einer Abhandlung darauf, dass das Gebäude des Systems der sozialen Sicherung in Japan trotz des Wandels der „Innenarchitektur“ insgesamt relativ stabil bleibe (Seeleib-Kaiser und Thränhardt 2000, S. 320).

[115] Japan war stolz auf seinen Erfolg des wirtschaftlichen Aufschwungs, der niedrigeren Arbeitslosigkeit, der höheren durchschnittlichen Lebensdauer und einer unglaublich niedrigeren Quote von Sozialhilfeempfängern. Darüber hinaus träumte Japan davon, die Führungsrolle in der sozialen Sicherung zu übernehmen.

neunziger Jahren nicht mehr zur Diskussion. Dies liegt daran, dass die herkömmlichen Sozialsysteme angesichts der drastischen Veränderung der Alterspyramiden, des Wandels der Familiensystems und des Beschäftigungssystems nicht mehr aufrechterhalten werden können.

3.1 Die Vorgeschichte der sozialen Sicherung in Japan bis 1973

Das System der sozialen Sicherung in Japan baut darauf auf, dass der Staat auf gesundheitlicher Ebene dem gesamten Volk das kulturell bedingte Lebensminimum garantiert. Das System beinhaltet im engeren Sinne staatliche Leistungen, soziale Fürsorge, Sozialversicherung und öffentliche Hygiene. Im Weiteren Sinn zählt auch die Rente dazu. Mit der Einführung des Kindergeldes 1971 hat das System der sozialen Sicherung in Japan die formelle Herausbildung abgeschlossen und zusätzlich die Pflegeversicherung 1993 eingeführt.

3.1.1 Das System der sozialen Sicherung in Japan bis zum Ende des Zweiten Weltkriegs

Die sozialpolitischen Maßnahmen in Japan haben mit der Armenverordnung (*Jutsukyû Kisoku*) in der *Meiji*-Zeit 1874 angefangen (vgl. Takiko Okamoto 1991, S. 21-30 und Eiko Udô 2001, S. 210-222). Die Gegenstände der Armenverordnung waren u. a. auf allein stehende Arme, Arbeitsunfähige aufgrund von Altersschwäche, Krankheit bzw. Invalidität sowie Waisen unter 13 Jahre und Alte über 70 Jahre begrenzt (Takiko Okamoto 1991, S. 22). Ihnen wurde eine minimale Unterstützung angeboten: Im Prinzip wurde die gegenseitige Hilfe gefördert. Diese Armenverordnung wurde durch das Armengesetz (*Kyûgo Hô*) von 1932 abgelöst. Die Besonderheit des Armengesetzes lag daran, dass die staatliche Verantwortung für die Fürsorge eingerichtet wurde (Hidenori Tada 2001, S. 269). 1911 wurde das Fabrikgesetz (*Kôjô Hô*) als die erste regelrechte Gesetzgebung für Sozialpolitik in Kraft gesetzt (vgl. Seiichi Moriyama 1996, S. 33-39). 1922 wurde ein gesetzliches Krankenversicherungssystem (*Kenkô Hoken Hô*) eingeführt, das insbesondere die in der Industrie und im Bergbau Beschäftigten umfasste und 1938 auf Bauern, Selbständige und Rentner ausgedehnt wurde (*Kokumin Kenkô Hoken Hô*). In der Kriegszeit 1941 wurde die Rentenversicherung für Arbeiter (*Rôdôshi Nenkin Hoken Hô*) zur Versorgung für die Soldaten eingeführt, die 1944 in die Beschäftigtenrentenversicherung (*Kôsei Nenkin Hoken Hô*) umbenannt wurde und somit ihre Geltungsbereiche auf die Angestellten und die weiblichen Arbeitnehmer erweiterte (Masayuki Sakaguchi 1996, S. 160). Die Rentenversicherung hat die Abschiedsprämie (*Taishoku Kin*) bzw. das Abschiedsgeld (*Taishoku Teate*) gefolgt (vgl. 2.1.5.2.1). Die Abschiedsprämie bzw. das Abschiedsgeld wurde mittels der Gesetzgebung von 1936 obligatorisch angewendet. Eine Besonderheit des Rentensystems in Japan lag darin, dass die Rentenversicherung als eine Maßnahme zur Kriegsführung eingeführt wurde und die Beiträge der Rentenversicherung zur Finanzierung der Rüstungsproduktion verwendet wurden (Yukiyasu Nishioka 1996, S. 62). Die an der Kriegsführung orientierte Struktur der Sozialversicherungen hinterließ eine negative Ernte, was nach dem Krieg bereinigt werden sollte.

3.1.2 Die soziale Sicherung in Japan in der Nachkriegszeit

Unmittelbar nach dem Zweiten Weltkrieg hat die japanische Regierung unter dem Befehl der Besatzungsmacht des USA (*GHQ*: General Head Quarters of the Supreme Commander for the Allied Powers Instruction) versucht, ein allgemeines Programm für Sozialhilfe (*Kôteki Fujo*) einzuführen.[116] Auf der Note von *GHQ*[117] beruhend wurde das Gesetz zur Sicherung des Lebensunterhalts (*Seikatsu Hogohô*) im Oktober 1946 verabschiedet. Die Besonderheiten dieses Gesetzes waren folgende: Erstens gewährleistete es einen Anspruch auf Hilfsleistungen ohne Diskriminierung der Bedürftigen ungeachtet ihrer Arbeitsfähigkeit. Zweitens wurde die Verantwortung des Staats auf die Lebenssicherung explizit dargestellt (Isamu Kishi 2001,S. 67). Dies entsprach dem in Artikel 25[118] des in der Verfassung festgelegten Konzepts der staatlichen Verantwortung für das öffentliche Wohl. Im Mai 1950 wurde das neue Gesetz zur Sicherung des Lebensunterhalts in Kraft gesetzt und seither ist dies die gesetzliche Grundlage der Armenpflege in der Nachkriegszeit. Im neuen Gesetz von 1950 wurde der Rechtsanspruch auf Sicherung des Lebensunterhalts im Zusammenhang mit der neuen Verfassung von 1947 ausdrücklich erwähnt. Darüber hinaus war dieses Gesetz von wichtiger Bedeutung für die Entwicklung der sozialen Sicherung in Japan; anlässlich dieses Gesetzes wurde der Rechtsanspruch auf Sicherung des Lebensunterhalts auf die ganzen Systeme der sozialen Sicherung aufgestellt (Hidenori Tada 1991a, S. 83). Die Einschränkungsklausel in dem alten Gesetz zur Sicherung des Lebensunterhalts von 1946, wie in der Vorkriegszeit eine finanzielle Mitverantwortung der Verwandten, war im neuen Gesetz von 1950 abgeschwächt (Masaaki Ogawa 1995, S. 79f.). Die Sozialhilfe in der unmittelbaren

---

[116] In der unmittelbaren Nachkriegszeit standen Demilitarisierung und Demokratisierung Japans im Mittelpunkt der Besatzungspolitik. Die Einführung der Systeme der sozialen Sicherung war auch damit verbunden, dass die Abschaffung der Soldatenversorgung dringend erforderlich war (Hidenori Tada 1991a, S. 82).

[117] In einer *GHQ*-Note zur Fürsorge (*Kôteki Fujô ni kansuru Oboegaki*) vom Februar 1946 wurde auf vier Prinzipien hingewiesen: Die Verantwortung des Staats, das Verbot des Transfers der staatlichen Verantwortung auf private Institutionen, Nicht-Diskriminierung und Vollständigkeit der Ausgaben (vgl. Masaaki Ogawa 1995, S. 62).

[118] Nach dem Artikel 25 der Verfassung von 1947 sollte der Staat seinen Staatsbürgern ein Mindestmaß an Lebensunterhalt garantieren und die dafür notwendigen sozialpolitischen Maßnahmen fördern: „Jeder Bürger hat das Recht auf ein Mindestmaß an gesundem und kultiviertem Leben. Auf allen Gebieten des Lebens hat der Staat sich um die Entwicklung und Mehrung des sozialen Wohls, der sozialen Sicherheit und der allgemeinen Gesundheit zu bemühen" (vgl. Anna Maria Thränhardt 1998, S. 439).

Nachkriegszeit hat die wichtigste Rolle übernommen, indem die anderen Systeme der sozialen Sicherung noch nicht etabliert wurden. Im Jahre 1950 betrug der Anteil der Sozialhilfe an dem Etat des Ministeriums für Gesundheit und Soziales 44,9 %, danach hat sie sich tendenziell vermindert; 1960 betrug er 25,7 % (Kiichi Ogawa 1978, S. 200f.). Außerdem wurden noch zwei Gesetze über Sozialarbeiten für bestimmte Hilfsbedürftige in der Besatzungszeit eingeführt; das Gesetz zum Kinderschutz von 1947 und das Gesetz zur Wohlfahrt für Behinderte von 1949. Alle drei Gesetze wurden später in die Reihe der „Sechs Gesetze über Sozialarbeiten" (*Fukushi Roppô*)[119] integriert.

Angesichts der Massenarbeitslosigkeit in der unmittelbaren Nachkriegszeit hat die japanische Regierung einige Maßnahmen eingeleitet; das Gesetz zur Berufsstabilisierung (*Shokugyô Antei Hô*) von 1947, die Arbeitslosenversicherung (*Shitsugyô Hoken Hô*) von 1947 und das Gesetz zur Notmaßnahme gegen Arbeitslosigkeit (*Kinkyû Shitsugyô Taisaku Hô*) von 1949 (vgl. Kazuo Kanzaki 1978, S. 281-3). Das Gesetz zur Berufsstabilisierung zielte darauf, mittels der Arbeitsvermittlung durch die öffentlichen Institutionen Arbeitskräften Angebote zu machen und dazu beizutragen, den Beruf zu stabilisieren und den wirtschaftlichen Wiederaufbau zu fördern (Kazumichi Goka 1995, S. 98). Im gleichen Jahr wurde das Gesetz über die Arbeitslosenversicherung verabschiedet. Mit Hilfe der Arbeitslosenversicherung konnten die Unternehmen die finanzielle Unterstützung für ihre freigesetzten Belegschaften durch den Staat besorgen lassen. In diesem Zusammenhang war die Arbeitslosenversicherung eine Kompensationsalternative zur alten Praxis der Abschiedsprämie. Die Arbeitslosenversicherung wurde bis zur Reform des Gesetzes der Arbeitslosenversicherung (*Kôyô Hoken Hô*) von 1974 dreißigmal revidiert (Takeshi Suganuma 1991a, S. 105). Die Beschäftigten von Kleinunternehmen mit weniger als fünf regulären Beschäftigten sowie Teilzeitarbeitnehmer waren von der Versicherung ausgeschlossen. Eine spezielle Arbeitslosenversicherung für Tagelöhner (*Hiyatori Shitsugyô Hoken Hô*) wurde durch die erste Revision von 1949 eingeführt (Katsumi Nishikawa 1991a, S. 105). Im Gesetz zur Notmaßnahme gegen Arbeitslosigkeit, auf dem Befehl von *GHQ* basierend eingeführt, standen die Arbeitsbeschaffungsprogramme im Mittelpunkt, ihr Ansatz leitete sich aus dem *New Deal* ab (Kazuo Kanzaki 1978, S. 281f.). Die Arbeitslosen waren zu niedrigen Löhnen in öffentliche Projekte eingesetzt.

[119] Sechs Gesetze über Sozialarbeiten: Gesetz zur Sicherung des Lebensunterhalts von 1950, Gesetz zum Kinderschutz von 1947, Gesetz zur Wohlfahrt für Behinderte von 1949, Gesetz zur Wohlfahrt der geistig Zurückgebliebenen von 1960, Gesetz zur Wohlfahrt der alten Menschen von 1963 und Gesetz zur Wohlfahrt der allein erziehenden Mutter von 1964.

Die Systeme der sozialen Sicherung in Japan in der Nachkriegszeit waren mit dem Vorschlag des „Rates für die Systeme der sozialen Sicherung“ (*Shakai Hôshô Seido Shingikai*) von 1950 an einem Wendepunkt angelangt (Shakai hoshô renkan 2000, S. 4). Dabei forderte der Rat den Wandel der Systeme der sozialen Sicherung; von dem auf die Sozialhilfe konzentrierten System zu dem auf die Sozialversicherung konzentrierten System (Kiichi Ogawa 1978, S. 202). Dieser Vorschlag wurde von der damaligen Regierung nicht aufgenommen, dennoch hat dieser Rat ständig den Aufbau der auf die Sozialversicherung konzentrierten sozialen Sicherung gefordert. Durch die Herausbildung der so genannten Allgemeinen Nationalen Krankenversicherung und der Nationalen Rentenversicherung von 1961 wurde der Wandel der Systeme der sozialen Sicherung in Japan verwirklicht, die Sozialversicherung hat die führende Rolle in dem ganzen System übernommen.

3.1.3 Das System der sozialen Sicherung in der Phase der hohen Wirtschaftswachstum

3.1.3.1 Herausbildung der allgemeinen Nationalen Krankenversicherung und der Nationalen Rentenversicherung

Meilensteine in der Entwicklung der sozialen Sicherung während der schnellen Wachstumsphase der Wirtschaft von 1954 bis 1973 waren die Herausbildung der allgemeinen Nationalen Krankenversicherung und der Nationalen Rentenversicherung von 1961. Allerdings wurde das System der Krankenversicherung und der Rentenversicherung für alle Staatsbürger mit verschiedenen Subsystemen segmentiert. Die Staatsbürger wurden in zwei Gruppen geteilt: eine auf die Beschäftigtenkrankenversicherung und die Beschäftigtenrentenversicherung bezogene normale bzw. privilegierte Gruppe, wobei die Arbeitnehmer in der Großunternehmen ein Symbol darstellten, und eine andere, bei der Volkskrankenversicherung und der Volksrentenversicherung versicherte Gruppe. Die, bei der Volkskrankenversicherung und der Volksrentenversicherung versicherten, haben als „Sündenbock“ in den Nachkriegszeit indirekt dazu beitragen, die unternehmenszentrierte Gesellschaft herauszubilden (Naoyoshi Karakama 1998, S. 136).

3.1.3.1.1 Die Entwicklung des Gesundheitswesens

Der gründliche Umbau der Krankenversicherung wurde in der Zeit zwischen 1957 und 1961 durchgeführt. 1961 ist in Japan die Krankenversicherung als allgemeines Versicherungssystem in Kraft getreten, welches immer wieder erweitert worden ist. Das so genannte System der Krankenversicherung für alle Staatsbürger ist allerdings nicht das einheitliche System, sondern wird je nach Status der Beschäftigten segmentiert (Mari Osawa 1993b, S. 239). Zuerst wird das System der Krankenversicherung geteilt in die Beschäftigtenkrankenversicherung (*Kenkô Hoken*), je nach Beruf (*Shokuiki*) der Beschäftigten organisiert, und die Volkskrankenversicherung (*Kokumin Kenkô Hoken*), je nach Gemeinde bzw. Ort der Einwohner organisiert. In dem System der Krankenversicherung ist die Beschäftigtenkrankenversicherung von größerer Bedeutung, aber diese wird auch nach der Größe der Unternehmen segmentiert. Die Arbeitnehmer in den Unternehmen mit der Arbeitnehmerzahl zwischen 5 und 300 werden bei der staatlich geführten Krankenversicherung versichert. Dagegen können die Unternehmen mit mehr als 300 Arbeitnehmern ihren eigenen Verein der Krankenversicherung (*Kenkô Hoken Kumiai*) einrichten. Verschiedene Berufsgruppen (Lehrer in der Privatschulen, Beschäftigte in öffentlichen Unternehmen, Staatsbeamte und Beamte in der Präfektur) werden bei eigenen Selbsthilfevereinen (*Kyôsai Kumiai*) versichert. Auch Tagelöhner und Seeleute werden durch eine spezielle Krankenversicherung geschützt (Kazuhiko Yokoyama 1991a, S. 134).

Die Besonderheit des Systems der Krankenversicherung in Japan liegt darin, dass sich die Krankenversicherung auf die Arbeitnehmer konzentriert (Kazuhiko Yokoyama 1991a, S. 135). Die Bevölkerung soll in folgender Reihenfolge zu einer Krankenversicherung gehören: Zunächst wählen und entscheiden die Beschäftigtenkrankenversicherung die Versicherten. Die Arbeitnehmer treten je nach Industrie, Beruf, Größe der Unternehmen, Schichten und speziellen Berufsgruppen in eine Krankenversicherung ein. Die bei diesem Prozess ausgeschlossenen Arbeitnehmer sowie die Landbevölkerung, Selbständige und Beschäftigten in Familienbetrieben werden bei der Volkskrankenversicherung versichert. Im Zusammenhang mit der Segmentierung des Systems der Krankenversicherung finden sich die Unterschiede der Beiträge und Leistungen zwischen den Subsystemen, spiegelt die Hierarchie den Status der Versicherten im Arbeitsmarkt; die Arbeitnehmer in den Großenunternehmen mit hohen Löhnen und gesichertem Arbeitsplatz werden auch in der Krankenversicherung privilegiert (Mari Osawa 1993b, S. 243). Die Versicherten in der Beschäftigtenkrankenversicherung (*Kenkô Hoken*) erhielten 100 % der gesetzlichen Leistung, während die Versicherten in der Volkskrankenversicherung (*Kokumin Kenkô Hoken*) lediglich 50 % der gesetzlichen Leistungen empfingen.[120] Einige Vereine der Krankenversicherungen (*Kenkô Hoken Kumiai*) in den Großunternehmen können außer der gesetzlichen Grundleistung auch zusätzliche Leistungen für Kuren und Krankengeld anbieten, oder eigene Heilanstalten einrichten. Darüber hinaus können diese

[120] Die Leistung in der Volkskrankenversicherung hat bis 1968 auf 70 % der gesetzlichen Leistung erreicht.

den Beitragssatz auch beliebig festsetzen, in vielen Fällen wird ein Mehranteil von den Unternehmen übernommen. In diesem Kontext lassen sich die Vereine der Krankenversicherung als eine Maßnahme des Personalma-nagements verstehen (Masayuki Sakaguchi 1996, S. 164). Allerdings sind dabei die Familienangehörigen der Versicherten lediglich von sekundärer Bedeutung. Diese Familienangehörigen der Versicherten in der Beschäftigtenkrankenversicherung bekamen ca. 70 % der gesetzlichen Leistungen.

3.1.3.1.2 Die Entwicklung des Altersversorgungssystems

Die japanische Rentenversicherung wurde durch den Erlass des Gesetzes zur Volksrente (*Kokumin Nenkin Hô*) von 1959 neu eingerichtet. Neben der Beschäftigtenrentenversicherung (*Kôsei Nenkin Hoken*) von 1942 wurde eine „ortsgebundene Rentenversicherung" unter dem Namen der Volksrentenversicherung (*Kokumin Nenkin Hoken*) eingeführt. Parallel zur Krankenversicherung ist das Rentenversicherungssystem damit auch segmentiert (Hidenori Tada 1991b, S. 140). Allerdings wurde mit dem Umbau der Rentenversicherung bereits ab 1952 begonnen. 1954 wurde das Gesetz zur Beschäftigtenrentenversicherung reformiert. Diese Reform von 1954 bildete den Rahmen für die heutige Beschäftigtenrentenversicherung (vgl. Mari Osawa 1993b, S. 239). Erstens war die Finanzierung der Beschäftigtenrentenversicherung vom Kapitaldeckungs- auf ein teilweises Umlageverfahren umgestiegen. Zweitens bestand die Leistung der Altersrente aufgrund neuer Berechnungsweisen aus einem festem Teil und einem einkommensabhängigem Teil, während vorher die Rente ausschließlich vom Einkommen abhängig war. Dazu war zusätzlich die Familienrente vorhanden. Drittens wurde das Rentenzugangsalter von 55 auf 60 für Männer (und auf 55 für Frauen und Bergarbeiter) heraufgesetzt (Hiroaki Yamazaki 1985, S. 179f.). Allerdings trennten sich verschiedene Selbsthilfevereine (*Kyôsai Kumiai*) von der Beschäftigtenrentenversicherung, weil deren Leistungsniveau niedrig geblieben war: Staatsbeamte, Lehrer in der Privatschulen, Beamter in der Lokalverwaltung, Beschäftigte in der öffentlichen Unternehmen und Beschäftigte in der Genossenschaft der Land- und Forstwirtschaft und Fischerei (Mari Osawa 1993b, S. 241). Die Unterschiede zwischen der Beschäftigtenrentenversicherung und den Selbsthilfevereinen haben sich ständig vergrößert: 1954 betrugen die Höhe der Beschäftigtenrentenversicherung, des Selbsthilfeverein der Staatsbeamte und Lehrer in der Privatschule jeweils 41.540, 46.915 und 57.725 Yen, 1960 betrugen die Gleiche jeweils 42.488, 98.616 und 125.147 Yen (Vgl. Tabelle 38).

Wie bei der Volkskrankenversicherung wurden verschiede Gruppen im Alter von 20 bis 59 von der Beschäftigtenrentenversicherung ausgeschlossen und stattdessen bei der Volksrentenversicherung als „ortsgebundene Sozialversicherung" der

Altersversorgung versichert: Beschäftigte in Unternehmen mit weniger als fünf Mitarbeitern, Landbevölkerung, Selbständige und Beschäftigte des Familienbetriebes. Die Volksrente wurde durch die Zusammensetzung der beitragfreien Wohlfahrtsrente (*Fukushi Nenkin*) und der Rente mit festem Beitrag berechnet und an die Versicherte eine feste Rente gezahlt (Mari Osawa 1993b, S. 241). Dieser Teil des festen Beitrags in der Volksrentenversicherung stand im Mittelpunkt der Herausbildung der Nationalen Rentenversicherung 1961. Im Gegensatz zur Beschäftigtenrentenversicherung ist das Rentenzugangsalter bei der Volksrentenversicherung für Männer und Frauen gleichermaßen 65 Jahre.

Tabelle 38: Die Leistung der Altersrentenversicherung (Yen)

	a	b	c	d	e
1954	41.540	42.681	46.915	-	52.725
1955	42.363	43.594	47.227	-	60.812
1956	42.511	44.491	57.466	52.964	71.213
1957	41.547	45.252	58.099	57.853	80.637
1958	41.126	45.101	60.557	71.707	97.110
1959	40.000	52.077	71.675	78.465	116.012
1960	42.488	56.277	98.616	88.686	125.147

Anm: a: Beschäftigtenrentenversicherung b: Rentenversicherung für Seeleute
c: Selbsthilfeverein der Staatsbeamten d: Selbsthilfeverein der Beschäftigten in öffentlichen Unternehmen e: Selbsthilfeverein der Lehrer in privaten Schulen
Quelle: Shakai hoshô seido shingikai jimukyoku: Shakai hoshô tôkei nenpô 1959 und 1962.
Zitiert nach: Hidenori Tada 1991b, S. 145.

Die neue Rentenregelung von 1965 eröffnete die Möglichkeit, das von Großunternehmen bevorzugte Subsystem innerhalb der Beschäftigtenrentenversicherung einzurichten. Das niedrige Niveau der Beschäftigtenrentenversicherung hat zur Einführung des Rentenversicherungsfonds der Beschäftigten geführt (vgl. 2.1.5.2.2). Die Unternehmen mit mehr als 1,000 Arbeitnehmern konnten ihren eigenen Rentenversicherungsfonds der Arbeiter und Angestellten“ (*Kôsei Nenkin Kikin*) gründen. Rentenversicherungsfonds hat eine eigene Rechtspersönlichkeit, er vertritt den einkommensabhängigen Teil der Beschäftigtenrentenversicherung. Die Leistungshöhe des Rentenversicherungsfonds wurde dem Zustand jedes Unternehmens gemäß nach der Zusammensetzung des einkommensabhängigen Teils der Beschäftigtenrentenversicherung plus Alpha (α) ermittelt. Tatsächlich wurde die Rente den Mitgliedern des Fonds mehr als 30 bis 300 % des einkommensabhängigen Teils der Beschäftigtenrentenversicherung ausgezahlt. Die Beitragszahlung des plus Alpha-Teils wurde meistens von Unternehmen übernommen, die Versicherungsnehmer waren tatsächlich beitragsfrei von diesem Teil. Überdies konnte der „plus Alpha“-Teil anstelle der Rente als einmalige Abfindung verlangt werden, was steuerlich von Vorteil war (Mari Osawa 1993b, S.

244). Der Leistungsunterschied zwischen finanzstärkeren Großunternehmen und Mittel- und Kleinunternehmen ist deshalb größer geworden, weil dieser Fonds ausschließlich in den Großunternehmen eingestellt werden konnte (Hidehiko Shimizu 1991a, S. 200).

3.1.3.2 Die Entwicklung der Sozialhilfe

Mitte der fünfziger Jahre erreichte das durchschnittliche Einkommen wieder das Niveau der Vorkriegszeit. Von damals an war die Ungleichheit auffallend geworden und war die Armut als das kapitalistische Sozialproblem wieder vorgekommen (Kyûichi Yoshida 1993, S. 415).

3.1.3.2.1 Die Verbesserung der Sozialhilfeleistung

Tabelle 39: Die Differenz der Konsumausgaben zwischen Haushalten von Sozialhilfeempfängern und allgemeinen Beschäftigten

	Im ganzen landesweit	Die Hauptstadt Tokyo
1960	-	38,0 %
1965	-	50,2 %
1970	54,6 %	51,3 %
1975	55,8 %	57,9 %
1977	60,9 %	58,5 %
1980	63,6 %	59,1 %
1982	66,7 %	61,2 %
1983	66,4 %	62,3 %

Anm: Die Konsumausgaben des Haushalts der allgemeinen Beschäftigten: 100 %.
Zitiert und rekonstruiert nach: Yoshiya Soeda 1995, S. 120 und 223.

Im Zusammenhang mit dem hohen Wirtschaftswachstum und dem Zuwachs des durchschnittlichen Einkommens hat sich die Leistung der Sozialhilfe verbessert (Masayuki Sakaguchi 1996, S. 166). Die seit 1948 angewendete „Warenkorb-Methode“[121] (*Mâketo Basuketto*: *market basket*) hat sich 1960 in die "Engel-Koeffizienten-Methode“ umgewandelt.[122] Seit 1965 wurde die Armutsgrenze

[121] Der 5-köpfige Standardhaushalt der Hilfsempfänger bestand aus einer Witwe mit 35 Jahren (ohne Beruf), einer alten Person von 64 Jahren, einem 9-jährigen Sohn, einer 5-jährigen Tochter und einem 1-jährigen Sohn.

[122] Der 4-köpfige Standardhaushalt der Hilfsempfänger bestand aus einem männlichen Haushaltsvorstand mit 35 Jahren (Tagelöhner), einer Frau mit 30 Jahren (ohne Beruf), einem 9-jährigen Sohn und einer 4-jährigen Tochter.

nach einer neuen „Differenzreduktions-Methode“ (*Kakusa Shukushô Hôshiki*) berechnet. Bei dieser Berechnungsmethode wurde versucht, das Gefälle der Konsumausgaben zwischen allgemeinen Beschäftigten und Sozialhilfeempfängern zu verringern. Das Konsumniveau der Sozialhilfeempfänger mittels Warenkorb- oder Engel-Koeffizienten-Methode war im Vergleich zu den allgemeinen Beschäftigten lediglich zwischen 40 und 50 % geblieben, nach der Einführung der neuen Differenzreduktions-Methode benötigte man 12 (1977) bzw. 17 Jahre (1982), um bis 60 % der Konsumausgaben der allgemeinen Beschäftigten zu erreichen (Hiroshi Sugimura 1998, S. 119).

3.1.3.2.2 Die Rationalisierung in der Sozialhilfepraxis

Die Zahl und der prozentuale Anteil der Sozialhilfeempfänger haben sich in den Phasen des hohen Wirtschaftswachstums bis 1973 tendenziell verringert. Im Allgemeinen wurde die Abnahme der Hilfeempfänger im Zusammenhang mit dem Wirtschaftswachstum erklärt. Aber einige japanische Forscher haben auf die Rationalisierung (*Tekiseika*) in der Sozialhilfepraxis aufmerksam gemacht, weil die Veränderungen der Sozialhilfeempfänger in den Nachkriegszeiten den dreimaligen Rationalisierungen in der Sozialhilfe entsprechen (vgl. Hideyuki Takechi 1988 1989, Yoshiya Soeda 1995, Yukio Kawai 1997).[123] Yukio Kawai hat darauf hingewiesen, dass die Rationalisierungsmaßnahmen in der Sozialhilfe von wesentlicher Bedeutung seien, die Besonderheit und die Charakteristika des Sozialhilfesystems in Japan zu erklären (Yukio Kawai 1997, S. 117).

Die erste Rationalisierung zielte im Zusammenhang mit der Abnahme der Sozialausgaben im Staatsbudget von 1954 darauf ab, die ärztliche Hilfe und die Hilfe für Ausländer in Japan zu kürzen (vgl. Yoshiya Soeda 1995, S. 65-72). Die Zunahme der Sozialhilfeausgaben in den fünfziger Jahren ließ sich auf die Steigerung der ärztlichen Hilfe zurückführen. Der Anteil der ärztlichen Hilfe an die Sozialhilfe betrug 53 % im Jahr 1954, während dieser im Jahr 1951 35,8 % betrug. Im Gegensatz dazu war der Anteil der Hilfe zum Lebensunterhalt im gleichen Zeitraum von 54,8 % auf 44,7 % gesunken. Die Besonderheit der ärztlichen Hilfe lag daran, dass der Anteil der Tuberkulosekranken zwei Drittel an den Empfänger der ärztlichen Hilfe betrug (Hideyuki Takechi 1988, S. 341f.). Im Vergleich zur landesweiten Durchschnittsquote empfingen Koreaner Mitte der fünfziger Jahren Sozialhilfe in mehr als zehnfacher Höhe (24 %) (Yoshiya Soeda

[123] In Japan nach dem Zweiten Weltkrieg wurde dreimal eine Rationalisierung (*Tekiseika*) der Sozialhilfe durchgeführt. Die erste Rationalisierung fand Mitte der fünfziger Jahre, die zweite Mitte der sechziger Jahre und die dritte Anfang der achtziger Jahre statt.

1995, S. 69).[124] Die erste Rationalisierung hat bis 1957 gedauert, und zu einer drastischen Abnahme der Sozialhilfeempfänger geführt (Hiroshi Sugimura 1998, S. 140).

Tabelle 40: Anzahl und prozentualer Anteil der Sozialhilfeempfänger in Japan von 1951 bis 1973

	Anzahl der Sozialhilfeempfänger	Anteil an der Bevölkerung (%)
1951	2.033.066	2,44
1952	2.066.835	2,44
1953	1.933.473	2,22
1954	1.886.540	2,14
1955	1.928.410	2,16
1956	1.775.971	1,97
1957	1.623.744	1,78
1958	1.627.571	1,77
1959	1.669.180	1,80
1960	1.627.509	1,74
1961	1.643.445	1,74
1962	1.674.001	1,76
1963	1.744.693	1,81
1964	1.674.661	1,72
1965	1.598.821	1,63
1966	1.570.054	1,59
1967	1.520.733	1,52
1968	1.449.970	1,43
1969	1.398.725	1,36
1970	1.344.306	1,30
1971	1.325.218	1,26
1972	1.380.659	1,27
1973	1.345.549	1,24

Zitiert nach: Yoshiya Soeda 1995, S. 62 und 187

Die zweite Rationalisierung wurde seit 1964 als Maßnahme gegen die Zunahme der Sozialhilfeempfänger eingeleitet, die aus der Umstrukturierung der Kohlenindustrie von 1963 resultierte. Die Arbeitsfähigen standen im Mittelpunkt dieser Rationalisierung. Danach waren die Prüfung und die Beurteilung strenger geworden. Der Anteil der Haushalte mit dem Erwerbstätigen an den Sozialhilfeempfänger war in dem Zeitraum zwischen 1960 und 1973 von 55,2 % auf

[124] Von den in der Vorkriegszeit nach Japan gekommenen Koreanern blieben nach dem Krieg 550.000 in Japan. Aber diesen Koreanern wurde kein Rechtsanspruch auf Sozialhilfe gegeben, sondern eine sich der Sozialhilfe annähernde vorläufige Maßnahme durchgeführt.

26,4 % zurückgegangen (Yoshiya Soeda 1995, S. 200f.). Das Sozialweißbuch hat dies damit begründet, dass die arbeitsfähigen Haushalte aufgrund der Vermehrung der Arbeitsplätze und der Erhöhung der Löhne angesichts des schnellen Wirtschaftswachstums mehr Gelegenheit erhielten, auf eigenen Füßen zu stehen. Im Gegensatz dazu erläuterten einige Experten die Durchsetzung verschiedener Maßnahmen als einen Ausschluss von Haushalten mit Erwerbstätigen aus der Sozialhilfe. Dies erfolgte beispielsweise beim Befehl über Leben (*Seikatsu Shidô*), beim Befehl zur ärztlichen Untersuchung (*Kenshin Meirei*), bei der Beratung über Arbeitsbeschaffungsmaßnahmen (*Shûrô Shidô*) und bei der Prüfung über Missbrauch der Sozialhilfe. Als Folge der zweiten Rationalisierung minimierten sich die Haushalte mit Erwerbstätigen drastisch (vgl. ebenda, S. 201). Die zweite Rationalisierung hat dazu geführt, dass die meisten Hilfeempfänger aus Alten, Alleinerziehenden, Invaliden und Behinderten bestanden (Yukio Kawai 1997, S. 124). Der Anteil dieser Gruppen an den gesamten Hilfeempfängerhaushalten stieg im Jahr 1973 auf ca. 88 % (Yoshiya Soeda 1995, S. 188f.).

Das Ministerium für Soziales hat bis 1965 die Statistik über die Zahl der Haushalte und der Bevölkerung unter der Armutsgrenze veröffentlicht. Danach lebten 1965 4.770.6000 Personen unter der Armutsgrenze, während die Zahl der Sozialhilfeempfänger im gleichen Jahr 1.598.821 betrug und die „*take up rate*" sich auf 33,5 % bezifferte. (vgl. Eiichi Eguchi 1981, S. 11). Diese Quote ist im Vergleich zu anderen Ländern als sehr niedrig zu bewerten.

3.1.3.3 „*Asahi*" Prozess als Symbol der japanischen Sozialpolitik in den Zeiten des hohen Wirtschaftswachstums

Im Zusammenhang mit der Rationalisierung der Sozialhilfe wurde der „*Asahi*" Prozess von 1957 bis 1967 geführt.[125] 1957 hat der an Tuberkulose leidende Shigeru Asahi (1913-1964) gegen den Sozialminister einen Prozess geführt. Er erklärte im Prozess, dass die staatlich bezahlte Lebenshilfe das Recht auf einen Mindeststandard des Lebensunterhalts in Artikel 25 der Verfassung nicht garantierte. Er forderte die Sicherung eines menschenwürdigen Lebens (Hiroshi Sugimura 1997c, S. 33f.). Den ersten Prozess 1960 hat der Kläger gewonnen, aber der zweite Prozess 1967 wurde gegen den Kläger entschieden. Das Oberste Gericht Japans hat sich Urteil folgendermaßen begründet: Auch wenn die Sozialhilfe niedrig ist, lässt sie sich nicht als rechtswidrig bezeichnen (Hiroshi Sugimura 1998, S. 141).

---

[125] Über die Entwicklung des „Asahi" Prozesses vgl. Masaaki Ogawa 1995, S. 107-132 und Yoshiya Soeda 1995, S. 147-163.

Der „*Asahi*“-Prozess hat zur Erhöhung der Sozialhilfe geführt. Bereits nach dem ersten Prozess 1961 wurde der Regelsatz um 17 % erhöht (Masaaki Ogawa 1995, S. 120). Darüber hinaus beeinflusste dieser die Verbesserung der allgemeinen sozialen Sicherungen. Der Verband der unabhängigen Gewerkschaften in Japan (*Zennijirô*) hat in einem Bericht von 1977 die Bedeutung des „*Asahi*“ Prozesses wie folgt zusammengefasst: „Durch den „*Asahi*“ Prozess wurde das wahre Gesicht der japanischen Gesellschaft gezeigt; die Arbeitslosigkeit, die Armut, die Sozialhilfenorm, das Niveau der sozialen Sicherung, das niedrige Lohnniveau und schließlich das Lebensniveau der Bevölkerung. Aber das Bemerkenswerte daran war, dass die Idee, die Sicherung des Existenzminimums zu den sozialen Grundrechten in der Verfassung zählt, sich in der ganzen Bevölkerung verbreitet hat“ (zitiert nach: Yoshiya Soeda 1995, S. 146). In diesem Kontext ließ sich die langsame Steigerung der Sozialhilfeempfänger in dem Zeitraum zwischen 1957 und 1963 mit der Reife des Bewusstseins der Bevölkerung für die soziale Grundrechte verbinden (Hiroshi Sugimura 1998, S. 141).

3.2 Die Herausbildung der unternehmenszentrierten Gesellschaft und der Umbau des Systems der sozialen Sicherung

3.2.1 Beginn einer Ära des Sozialstaats im Jahr 1973

3.2.1.1 Die politischen Umständen des ersten Jahres des Sozialstaats

Bei der Bürgermeisterwahl 1963 haben Nicht-*LDP*-Politiker in einigen Großstädte gewonnen; z. B. Yokohama, Kyoto, Osaka und Kitakyushu. Zu dieser Zeit hat der „Zeitraum der progressiven Lokalverwaltung" (*Kakushin Jichitai Jidai*) begonnen (Fusao Ushiro 1989, S. 206). 1964 wurde der Rat der progressiven Bürgermeister herausgebildet. 1966 nahmen daran 81 Bürgermeister teil. Sozialisten haben die Gouverneurswahl von Tokyo (1967) und Osaka (1971) gewonnen. Die *Kyoto* Stadtpräfektur wurde bereits seit 1950 von Sozialisten regiert. Diese progressiven Lokalverwaltungen haben 1975 die Spitze erreicht, der sozialistische Gouverneur von Tokyo, Ryôkichi Minobe, war ihre Hauptfigur.[126]

Die Herausbildung des Zeitraums der progressiven Lokalverwaltung wurde ermöglicht durch die sozialen Hintergründe. Hierzu sind der Erfolg der Bürgerinitiativen im Bereich des Umweltschutzes und Kritik an dem Wirtschaftswachstum zu zählen, die seit Anfang der siebziger Jahre als absolute Priorität in den Medien hat (Toshimitsu Shinkawa 1993, S. 95). Diese progressiven Lokalverwaltungen haben die Leistungsverbesserung der Sozialprogramme, die auf dem Erfordernis der Bevölkerung nach mehr Sozialleistungen basieren, Zum Motto genommen und zwei Initiativen in der Sozialpolitik ergriffen: Die Einführung des Kindergelds und die kostenlose Gesundheitsversorgung für alte Menschen (Naohiko Niino 1992, S. 228). Unter diesen Umständen reifte das System der sozialen Sicherung: 1973 wurde das System der Auszahlung der Gesundheitskosten für alte über 70 Jahre eingeführt, und die Leistungen der Krankenversicherung und der Rentenversicherung wurden mittels ihrer Revision verbessert. Die Medien haben das Jahr 1973 als das „erste Jahr des Sozialstaats in Japan" (*Fukushi Gannen*) bezeichnet (Kazuhiko Yokoyama 1988, S. 31).

---

[126] Diese progressiven Lokalverwaltungen waren durch die Niederlage der Oberbürgermeisterwahl von Tokyo (1979), der Gouverneurwahl von Kyoto (1978) und von Osaka (1979) zurückgegangen.

3.2.1.2 Die Hauptpunkte des ersten Jahres des Sozialstaats

Die Entwicklung der sozialen Sicherung im ersten Jahre des Sozialstaats ließen sich folgendermaßen zusammenfassen: 1. Die Einführung des Kindergelds von 1972, 2. Die Einführung des Systems der Auszahlung der Gesundheitskosten für alte Menschen über 70 Jahre von 1973, 3. Die Leistungsverbesserung der Krankenversicherung, 4. Die Verwirklichung der 50.000-Yen-Rente, 5. Die Reform der Arbeitslosenversicherung von 1974, 6. Die Verbesserung der Leistung der Sozialhilfe.

3.2.1.2.1 Die Einführung des Kindergelds von 1972

Das Kindergeld wurde zuerst im April 1967 in dem Bezirk Musashino der Hauptstadtpräfektur Tokyo eingeführt und bis zum Juli 1970 landesweit in 223 lokalen Verwaltungen aufgenommen (Naohiko Niino 1992, S. 228f.). Am 1. April 1972 wurde zum ersten Mal in Japan die landeseinheitliche Sozialleistung des Kindergeldes eingeführt. Mit dem Kindergeld wurde darauf gezielt, den Lebensunterhalt des Haushalts zu stabilisieren und die Kinder gesund zu erziehen. Dennoch hat das Kindergeld das gewünschte Resultat nicht erbracht und war nur formell im Recht, weil die Leistung des Kindergeld so niedrig war und der ein hohes Einkommen erhaltende Haushalt kein Anspruch auf Kindergeld hatte (Masayuki Sakaguchi 1996, S. 168): Das Kindergeld betrug im Jahr 1972 ab dem dritten Kind unter 18 Jahren 3.000 Yen, im Jahr 1974 5.000 Yen (Toshio Fukushima 1996, S. 113). Zwar wurde das Kindergeld nach der Revision 1986 und 1992 ab dem ersten Kind ausgegeben, jedoch lediglich bis zum 3. Lebensjahr.

3.2.1.2.2 Die Einführung des Systems der Auszahlung des Eigenanteils der Krankenversicherung für alte Menschen über 70 Jahre von 1973

Während Leistungsverbesserungen der staatlichen Altenhilfen nicht in Aussicht gestellt werden konnten, führten einige Lokalverwaltungen neue Sozialleistungen für alte Menschen ein. Wie beim Fall des Kindergeldes übernahm die Hauptstadtpräfektur Tokyo auch diesmal die Vorreiterrolle. Zwar führte die Präfektur Iwate die kostenlose Gesundheitsversorgung für Alte über 60 Jahren zum ersten Mal ein, aber das landesweite Interesse dafür ging auf den Gouverneur von Tokyo, Minobe Ryôkichi, zurück (Toshimitsu Shinkawa 1993, S. 97). Die Hauptstadtpräfektur *Tokyo* führte 1969 die kostenlose Gesundheitsversorgung für Alte über 70 Jahre ein, und diese verbreitete sich schnell im ganzen Land. 1973 wurde das System der Auszahlung der Gesundheitskosten für alte Menschen über 70

Jahre mittels der Revision des Gesetzes zur Wohlfahrt der alten Menschen eingeführt; die ließ sich aber im strengen Sinne nicht als kostenlose Gesundheitsversorgung verzeichnen. Die Alten wurden als Familienangehörige der Versicherten in der Beschäftigtenkrankenversicherung oder als Versicherte in der Volkskrankenversicherung versichert. In diesem Fall sollten die Alten 30 % der Beiträge selbst leisten. Durch die Einführung des Systems der Auszahlung des Eigenanteils für alte Menschen über 70 Jahre wurden diese 30 % der Beiträge von staatlichen bzw. lokalen Verwaltung übernommen (Kazuhiko Yokoyama 1988, S. 31).

3.2.1.2.3 Die Leistungsverbesserung der Krankenversicherung

Das segmentierte System der allgemeinen Nationalen Krankenversicherung seit 1961 hat aus Mangel an Kooperationen zwischen den verschiedenen Programmen dazu geführt, die Leistungen und die Lasten ungleich zu verteilen. Vor dem ersten Ölschock, im September 1973 wurde die Reform der Krankenversicherung, vor allem der Beschäftigtenkrankenversicherung, durchgeführt. Die Hauptpunkte der Reform lagen in der die Leistungsverbesserung und der Gesundung der Finanzen der von Staat geführten Beschäftigtenkrankenversicherung (Kazuhiko Yokoyama 1991b, S. 175). Die konkreten Leistungsverbesserungen ließen sich wie folgt umreißen: Erstens war die Leistung der Familienangehörigen der Versicherten in der Beschäftigtenkrankenversicherung mittels der Einführung der 10 % Subvention durch den Staat von 50 % auf 70 % gestiegen. Zweitens wurde das System der Auszahlung der hohen Kosten bei der ärztlichen Behandlung für die Patienten eingeführt, die diese ab einem bestimmten Betrag selber übernehmen sollten. Dadurch hat sich der Unterschied zwischen den verschiedenen Programmen bzw. zwischen den Versicherten und ihren Familienangehörigen schnell verringert (Mari Osawa 1993, S. 246).

Die Reform der Krankenversicherung von 1973 hat gleichzeitig eine andere Aufgabe: Das Finanzdefizit der vom Staat geführten Beschäftigtenkrankenversicherung hat sich seit der Einrichtung des Systems der allgemeinen Nationalen Krankenversicherung verschlechtert. Es ging hauptsächlich von der auffälligen Zunahme der Nachfrage nach ärztlichen Behandlung und der Veränderung der Bevölkerungspyramiden aus (Kazuhiko Yokoyama 1991b, S. 176). Um das Finanzproblem der vom Staat geführten Beschäftigtenkrankenversicherung zu lösen, wurden die staatlichen Zuschüsse darin eingeführt. Wie bei der Volkskrankenversicherung wurde es versucht, durch diese staatlichen Zuschüsse die Verbesserung der Leistungen zu verwirklichen (ebenda, S. 177).

3.2.1.2.4 Die Leistungsverbesserung der Rentenversicherung

Anfang der siebziger Jahre war die Leistungsverbesserung der Rentenversicherung aufgrund folgender Umstände erforderlich: Nicht nur das relative Niveau der Renten im Vergleich zur wirtschaftlichen Entwicklung, sondern auch ihr absolutes Niveau war aufgrund der drastischen Erhöhung der Verbraucherpreise gesunken (Kazuhiko Yokoyama 1988, S. 39). In diesem Kontext erklärte der damalige Ministerpräsident, Kakuei Tanaka, in einer Gouverneursitzung am September 1972 das Jahr 1973 zum Jahr der Renten. Im November 1973 trat das neue Gesetz zur Rentenversicherung in Kraft.

Diese Reform führte zu folgendem Ergebnis: Erstens hat sich mit 50.000 Yen Rente die Leistung der Beschäftigtenrentenversicherung verbessert. Betrug die Standardrente (Modellrente) der Beschäftigtenrentenversicherung bei 27 Jahren der Beitragszeiten 1973 52.242 Yen, und ihre Lohnersatzquote war 61,6 % der durchschnittlichen Einkommen der Beschäftigten von 84.801 Yen (Hidehiko Shimizu 1991a, S. 191). Dennoch bekamen tatsächlich nur ein Drittel der Rentenempfänger Renten über 50.000 Yen. Im Zusammenhang mit der Reform der Beschäftigtenrentenversicherung hat sich das durchschnittliche Leistungsniveau der Volksrentenversicherung verbessert. Es wurde geplant, dass der versicherte Rentner mit seiner Frau zusammen nach 25 Beitragsjahren ca. 50.000 Yen bekommen konnte. Jedoch realisierte sich dieser Entwurf erst 1986 (Kazuhiko Yokoyama 1988, S. 41). Zweitens wurde der Preisindex in die Rentenrechnung eingeführt. Danach sollte der Rentenbetrag neu errechnet werden, wenn der Anstieg der Verbraucherpreise mehr als 5 % betrug (Hidehiko Shimizu 1991a, S. 204).

Da die Unternehmen zwei Lasten tragen sollten, die einmalige Abschiedsprämie und die Rente, haben sich die Unternehmensverbände bzgl. der Leistungsverbesserung der Rentenversicherung bis Mitte der sechziger Jahre passiv verhalten. Angesichts der schnellen Lohnerhöhung haben sich die Lasten der Abschiedsprämie vergrößert (Hiroaki Yamazaki 1985, S. 201). Aber die Unternehmen konnten mit der Einrichtung des „Rentenversicherungsfonds der Arbeiter und Angestellten" (*Kôsei Nenkin Kikin*) bzw. der „Ausgleichsrente" (*Chôsei Nenkin*) von 1966 (vgl. 2.1.5.2.2) die Lasten der Abschiedsprämie reduzieren (Hidehiko Shimizu 1991a, S. 204). Dadurch kannten die Unternehmen die Grenze der Altersversorgung durch die Abschiedsprämie und erkannten daran, dass die Leistungsverbesserung der Rentenversicherung unausweichlich war (Hiroaki Yamazaki 1985, S. 201). Folglich erklärte *Nikkeiren* 1971, dass die umfassende Sicherung für alte Menschen angesichts der Alterung erforderlich war (Mari Osawa 1993b, S. 247).

3.2.1.2.5 Die Einführung der Beschäftigungsversicherung von 1974

1947 wurde in Japan das Gesetz zur Arbeitslosenversicherung (*Shitsugyô Hoken Hô*) verabschiedet, das mit geringfügigen Veränderungen bis Ende 1974 gültig blieb und durch das Gesetz zur Beschäftigungsversicherung (*Koyô Hoken Hô*) vom Dezember 1974 ersetzt wurde (Rôdô shô 1999, S. 224). Allerdings wurde die Arbeitslosenversicherung bereits in den sechziger Jahren angesichts der wirtschaftlichen sowie demographischen Veränderungen und des Ungleichgewichts zwischen Angebot und Nachfrage in Frage gestellt. In den sechziger Jahren hat sich die Beschäftigungssituation verbessert und die Zahl des freiwilligen Arbeitsplatzwechsels vermehrt. Überdies waren der Mangel an jungen sowie qualifizierten Arbeitnehmern und der Überschuss an Arbeitnehmern im mittleren und hohen Alter gleichzeitig im Gang (Kazuo Kanzaki 1978, S. 284). Der Anteil der Menschen im mittleren und hohen Alter (über 40) an den Leistungsempfängern der Arbeitslosenversicherung betrug 27,5 % im Jahr 1954, 29,8 % im Jahr 1962 und 33,9 % im Jahr 1965. Und ihre Zahl stieg jeweils 116.000, 179.000 auf 292.000 (Takashi Suganuma 1991b, S. 222). Außerdem trugen Saisonarbeiter, Frauenarbeiter und Missbrauch dazu bei, dass trotz des Mangels an Arbeitskräften die Zahl der Leistungsempfänger der Arbeitslosenversicherung in den Zeiten zwischen 1960 und 1965 auffallend stieg (ebenda, S. 223). Darüber hinaus wurde das Problem der Arbeitslosenversicherung, der Ausschluss von Teilzeitbeschäftigten und Arbeitnehmern in kleineren Unternehmen vom Versicherungsschutz, nicht gelöst.

Unter diesen Umständen sollte der Staat die Maßnahmen zur beruflichen Weiterbildung und dem Arbeitsplatzwechsel gegen Arbeitslosigkeit einrichten (Emiko Takenaka 1996, S. 135). In diesem Kontext erließ der Staat das Gesetz über Maßnahmen zur Sicherung des Arbeitsplatzes (*Koyô Taisaku Hô*) von 1966, das darauf abzielte, die Vollbeschäftigung zu erreichen. Dafür wurden die Unterstützung für die Umschulung, den Wechsel der Arbeitnehmer von einem Ort zum anderen und die Anpassung an den neuen Betrieb postuliert (Takashi Suganuma 1991b, S. 222). Die Besonderheit dieses Gesetz lag darin, dass die Politik der Mobilität der Arbeitskräfte (*Ryûdôka*) bzw. die aktive Arbeitsmarktpolitik in Japan mit diesem anfing, sich zu entwickeln (Emiko Takenaka 1996, S. 135).

Seit dem Ende der sechziger Jahre haben verschieden Gruppen der Regierung die Einführung des neuen Systems geprüft, vor allem hat eine private Beratungskommission des Arbeitsministers im Dezember 1973, direkt nach dem Ausbruch des Ölschocks, einen Vorschlag gemacht. Die Regierung hat darauf basierend das Gesetz zur Beschäftigungsversicherung im Parlament im Februar 1974 eingebracht (Takashi Suganuma 1991c, S. 324f.).[127] Die Beschäftigungsversicherung versteht sich als ein aktives Mittel zur Arbeitsmarkt- und Beschäftigungspolitik. Die Beschäftigungsversicherung hat darauf gezielt, das Ungleichgewicht zwischen Angebot und Nachfrage in der Arbeitslosenversicherung zu korrigieren und die Arbeitsbeschaffungsmaßnahmen und die Vorbeugungsmaßnahmen gegen Arbeitslosigkeit durchzuführen. Die Beschäftigungsversicherung umfasste außer dem herkömmlichen Arbeitslosengeld, auch Programme zur Verbesserung der Beschäftigungssituation (*Koyô Kaizen jigyô*), Programme zur Förderung der Qualifizierung (*Nôryoku Kaihatsu jigyô*) und Programme zum Wohlstand der Versicherten (*Koyô Fukushi jigyô*) (Emiko Takenaka 1996, S. 137). Im Unterschied zur Arbeitslosenversicherung brachte sie auch die Erweiterung des versicherungspflichtigen Personenkreises auf die regulären Arbeitnehmer in Kleinbetrieben mit weniger als fünf Beschäftigten (Kazuo Kanzaki 1978, S. 285).

Die Besonderheit der Beschäftigungsversicherung lag in der Einrichtung der „Subvention zur Stabilisierung der Beschäftigung" (*Koyô Chôsei Kyûfu Kin*).[128] Dieser Fonds knüpfte an die Programme zur Verbesserung der Beschäftigungssituation (*Koyô Kaizen jigyô*) an und zielte darauf, die Beibehaltung der Beschäftigung innerhalb der Unternehmen zu unterstützen, anstatt dass sich der Staat um die Arbeitsbeschaffung bemühte (Rôdô shô 1999, S. 224). Wenn die Unternehmen rezessionsbedingt bei der vorübergehenden Einstellung des Geschäftsbetriebes ein Stilllegungsgeld zahlen, ohne das Arbeitsverhältnis aufzukündigen, bekommen sie 50 % bzw. 67 % (bei kleineren und mittelständischen Unternehmen) des Stilllegungsgeldes vom Staat zurück (Takashi Suganuma 1991c, S. 328). Überdies wurde ein Teil der Kosten für die Weiterbildung der Arbeitnehmer von diesem Fonds subventioniert. Das System der Subventionierung zur Stabilisierung der Beschäftigung wurde von Unternehmen wiederholt in der Rezession verwendet. Aber ein bemerkenswertes Merkmal war, dass dies eher als eine Personalanpassungsmaßnahme funktionierte (Kazumichi Goka 1995, S. 100). Die ursprüngliche Zielsetzung der Beschäftigungsversicherung, die Möglichkeiten benachteiligter Ausbildung- und Arbeitsuchender für eine Erwerbstätigkeit zu verbessern und dadurch die Aufwärtsentwicklung der Versicherten zu unterstützen, wurde angesichts der ungünstigen Beschäftigungssituation nach der Ölkrise nicht erreicht (Takashi Suganuma 1991c, S. 332f.).

---

[127] Die Gesetzgebung der Beschäftigungsversicherung wurde durch die Arbeitsförderung von 1969 in der BRD stark beeinflusst (vgl. Takashi Suganuma 1991c, S. 323).

[128] Die Subvention zur Stabilisierung der Beschäftigung (*Koyô Chôsei Kyûfu Kin*) wurde später in den „Fonds zur Stabilisierung der Beschäftigung" (*Koyô Chôsei Josei Kin*) umbenannt.

3.2.2 Die Revision der Wohlfahrt und die „japanische Wohlfahrtsgesellschaft"

Der Ausbruch des Ölschocks im Oktober 1973 hat das unerwartete Ende des Neuanfangs des japanischen Sozialstaats zur Folge. Angesichts des drastisch gestiegenen Haushaltsdefizits und der Veränderungen der Umstände der Wirtschaft hat die „Ära des Sozialstaats Japan" keine Aussicht darauf gehabt, sich länger als ein Jahr fortsetzen zu können. Seit 1975 wurde das Argument für die „Revision der Wohlfahrt" vorgebracht und beunruhigte die japanische Sozialpolitik (Fumio Miura 1982, S. 162). Die von japanischer Regierung propagierte „japanische Wohlfahrtsgesellschaft" schlug die Richtung der „Revision der Wohlfahrt" an. Die Revision der Wohlfahrt wurde im Kontext der hohen Entwicklung der unternehmenszentrierten Gesellschaft durchgeführt.

3.2.2.1 Der Ölschock und die Revision der Wohlfahrt

3.2.2.1.1 Die Steigerung des Haushaltsdefizits

Der Rohölpreis, der im Oktober 1973 3,0 US-Dollar pro Barrel betragen hatte, vervierfachte sich nach dem Ausbruch der Ölkrise innerhalb von 11 Monaten. Die japanische Wirtschaft war davon stark betroffen. Zunächst waren rapide Preissteigerungen zu verzeichnen. Von Januar bis März 1974 stiegen die Großhandelspreise in Japan um 50 % und die Verbraucherpreise um 40 % (Kanamori und Kosai 1997, S. 19). Durch die Ölkrise verstärkte sich die Inflation weltweit. Es kam zu Zahlungsbilanzkrisen und zur größten Rezession seit dem Zweiten Weltkrieg. Auch die japanische Wirtschaft hatte mit einer Wirtschaftswachstumsrate von minus 0,2 % das erste Mal seit dem Zweiten Weltkrieg ein Minuswachstum zu notieren (Nihon Keizai Shinbun 1992, S. 181). Die Handelsbilanz wies im Zeitraum zwischen April und Juni 1973 1.031 Millionen US-Dollar Überschuss auf, jedoch im Zeitraum zwischen Januar und März 1974 ergab sich ein Defizit von 1.216 Millionen US-Dollar (Hisayoshi katsumata 1995, S. 179).

In der Finanzpolitik waren während der ersten Ölkrise große Haushaltsdefizite entstanden und in hohen Maßen Staatsanleihen ausgegeben worden, deren umlaufende Menge kontinuierlich weiter zunahm. Zwar wurden von 1966 bis 1974 lediglich die Aufbauanleihen (*Kensetsu Kokusai*) emittiert, aber 1975, nach der ersten Ölkrise der Jahre 1973 und 1974 und den massiven Steuerausfällen infolge der Rezession, gab die Regierung im Rahmen des Nachtragshauhalts Staatsanleihen zur Deckung der Einnahmelücke aus (Kanamori und Kosai 1997, S. 125). Diese Staatsanleihen wurden als die „Sonderanleihen" (*Tokurei Kokusai*) bzw. die „Defizitanleihen" (*Akaji Kokusai*) bezeichnet. Seit dem Haushaltsjahr

1975 (25,3 %) war der Anteil der öffentlichen Anleihen an den Gesamtausgaben stark gestiegen, 1979 erreichte er 34,7 % (Tabelle 41).

Tabelle 41: Entwicklung der Staatsanleihen und der Schuldenstände im ordentlichen Haushalt

	a	b	c	d	e	f
1965	197,2			5,2		
1966	665,6	665,6	-	14,9	875,0	2,3
1967	709,4	709,4	-	13,8	1.595,0	3,5
1968	462,1	462,1	-	7,7	2.054,4	3,8
1969	412,6	412,6	-	5,9	2.463,4	3,8
1970	347,2	347,2	-	4,2	2.811,2	3,7
1971	1.187,1	1.187,1	-	12,4	3.952,1	4,8
1972	1.950,0	1.950,0	-	16,3	5.818,6	6,0
1973	1.766,2	1.766,2	-	12,0	7.550,4	6,4
1974	2.160,0	2.160,0	-	11,3	9.658,4	6,9
1975	5.280,5	3.190,0	2.090,5	25,3	14.973,1	9,8
1976	7.198,2	3.725,0	3.473,2	29,4	22.076,7	12,8
1977	9.561,2	5.028,0	4.533,2	32,9	31.902,4	16,7
1978	10.674,0	6.330,0	4.344,0	31,3	42.615,8	20,4
1979	13.472,0	7.133,0	6.339,0	34,7	56.251,3	25,0
1980	14.170,2	6.955,0	7.215,2	32,6	70.700,0	29,1

Anm: Anteil der Staatsanleihen an den Gesamtausgaben (%): (Emissionsvolumen der Staatsanleihen / Ausgabenvolumen des ordentlichen Haushalts) * 100
a: Emissionsvolumen der Staatsanleihen (in Mrd. Yen) b: Emissionsvolumen der Aufbauanleihen (in Mrd. Yen) c: Emissionsvolumen der Defizitanleihen (in Mrd. Yen) d: Anteil der Staatsanleihen an den Gesamtausgaben (in %) e: Gesamte Schuldenstände (in Mrd. Yen) f: Anteil der gesamten Schuldenstände am BSP (in %)
Zitiert nach: Shunichi Mori und Takehiko Hobo (1982), S. 218.

3.2.2.1.2 Die Entstehung der „Revision der Wohlfahrt"

Die Sozialausgaben wurden als der wesentliche Faktor der hohen öffentlichen Verschuldung des Staats verurteilt. Im April 1975 wies der damalige Finanzminister, Masayoshi Ohira, darauf hin, dass die Steigerung des Anteils der Staatsanleihen an den Gesamtausgaben zur Finanzkrise führen konnte. Darüber hinaus vertrat die Ansicht, dass die Sozialausgaben die Hauptelemente der Finanzkrise seien. Dementsprechend brachte im Juli 1975 eine „Kommission für das Finanzsystem" (*Zaiseishin*) bei dem Zwischenbericht über die „Finanzpolitik in der Zeit des niedrigen Wirtschaftswachstums" die Forderung nach einer „Revision der Wohlfahrt" vor. Danach wurden vor allem die Altersrentenversicherung und das

System der Auszahlung des Eigenanteils der Krankenversicherung für alte Menschen als die Hauptursache der Finanzkrise kritisiert (Toshimitsu Shinkawa 1993, S. 131). In diesem Zusammenhang wurde einerseits häufig darauf hingewiesen, dass die Ära des Sozialstaats lediglich ein Jahr existierte. Dennoch hat sich das Grundprinzip des Etats seit 1973, die Sozialausgaben zu präferieren mit dem Schlagwort „Wohlfahrt zuerst, danach Wachstum", bis 1979 fortgesetzt. Vor allem im Zeitraum zwischen 1974 und 1975 wurde die Idee des „Heiligtums der sozialen Sicherung" (*Seiikika*) in den Etat eingerichtet. Aus diesem Grund wurde auf der anderen Seite behauptet, dass die Ära des Sozialstaats in der Tat sieben Jahre bis 1979 bestand (Kazuhiko Yokoyama 1988, S. 51). Das Grundprinzip der staatlichen Sozialpolitik veränderte sich seit dem Haushaltsplan von 1980. Der Etat von 1980 wurde festgelegt mit dem Ziel, dass die Staatsfinanzen unverzüglich wieder saniert werden sollten. Im Zusammenhang mit der sozialen Sicherung wurden die Angemessenheit der Leistung und die Gleichheit der Lasten gefordert (ebenda, S. 74f.).

Tabelle 42: Die Entwicklung der Sozialausgaben im Etat des ordentlichen Haushalts nach dem ersten Jahr des Sozialstaats

	Gesamtausgaben (in 1.000 Yen)	Zuwachsrate der Gesamtausgaben (in %)	Sozialausgaben (in 1.000 Yen)	Anteil der Sozialausgaben an den Gesamtausgaben (in %)	Zuwachsrate der Sozialausgaben (in %)
1973	14.284.073.130	24,6	2.114.538.465	14,8	28,8
1974	17.099.430.036	19,7	2.890.843.599	16,9	36,7
1975	21.288.800.073	24,5	3.926.918.715	18,5	35,8
1976	24.296.011.447	14,1	4.807.631.514	19,8	22,4
1977	28.514.270.145	17,4	5.691.918.789	20,0	18,4
1978	34.295.011.306	20,3	6.781.070.472	19,8	19,1
1979	38.600.142.615	12,6	7.626.569.151	19,8	12,5
1980	42.588.843.011	10,3	8.212.440.512	19,3	7,7

Quelle: Zaisei Chosakai: Kuni no yosan (Das Budget).
Zitiert und rekonstruiert nach: Kazuhiko Yokoyama 1988, S. 46-49.

3.2.2.2 Die Diskussion um die japanische Wohlfahrtsgesellschaft

Das System der sozialen Sicherung sollte unter der folgenden sozialen, wirtschaftlichen und politischen Umständen umgewandelt werden: Die Veränderung der Beschäftigungsstruktur, die Fortsetzung der Änderung der Alterspyramide und die Herabsetzung der staatlichen Finanzkraft. In den Zeiten der späten siebziger Jahre wurden zahlreiche Ratschläge über ein japanisches Modell des Sozialstaats diskutiert, die meist den westlichen Weg zum westlichen Sozialstaat widerlegten. Das neue Kennwort der Sozialpolitik, das sich am Anfang als eine analytische Terminologie zeigte, aber später als politischer Slogan verwandt wurde, hieß *Nihon gata Fukushi Shakai* (Katsuhiro Hori 1981, S. 37).

3.2.2.2.1 *The Life Cycle Plan* von 1975

Die Terminologie der „japanischen Wohlfahrtsgesellschaft" wurde erstmals in einem Bericht an den Ministerpräsidenten Takeo Miki mit dem Titel *The Life Cycle Plan* (*Raifu Saikuru Keikaku*) im Juli 1975 bekannt gegeben, der andere Bericht mit dem ähnlichen Titel *Life Course Plan - Vision of the Japanese-model Welfare Society* (*Shôgai Sekkei Keikaku- Nihon gata Fukushi Shakai no Bijon*) war von gleichen sieben Gutachtern verfasst worden und im September 1975 erschienen (Mutsuko Takahashi 1997, S. 144). In diesem Bericht wurde die Wohlfahrt als eine systematische Sicherheit zur Beseitigung der wirtschaftlichen und sozialen Unsicherheit in der gegebenen Phase des Lebens (*Life Cycle*) begriffen (ebenda, S. 145). Die systematische Sicherheit bestand aus lebenslanger Erziehung, ausreichender Wohnung, gesicherter Rente, ärztlicher Versorgung für die alten Leute. 1976 veröffentlichte die *LDP The Life Cycle Welfare Plan* (*Shôgai Fukushi Keikaku*), wobei die Idee der systematischen Sicherheit wieder betont wurde (ebenda, S. 148).

3.2.2.2.2 Regierungserklärung von Ministerpräsident Ohira im Januar 1979

Die ordentliche Entwicklung der Idee der „japanischen Wohlfahrtsgesellschaft" geht zurück auf eine Regierungserklärung von Ministerpräsident, Masayoshi Ohira, an das Parlament im Januar 1979. In dieser Regierungserklärung betonte er: „Die Familie ist von wesentlicher Bedeutung der Gesellschaft, und eine kräftige Familie legt das Fundament der japanischen Wohlfahrtsgesellschaft", „Die Charakteristika der Japaner; der Geist der autonomen Selbsthilfe, die rücksichtsvollen mitmenschlichen Beziehungen und die gegenseitige Fürsorge, sollen erhalten bleiben und gleichzeitig demgemäß soll eine gerechte und dynamische japanische Wohlfahrtsgesellschaft eingerichtet werden, verbunden mit einem angemessenen Maß der öffentlichen Sozialleistungen" (vgl. Katsuhiro Hori 1981, S. 38). Diese Idee der japanischen Wohlfahrtsgesellschaft hat sich weiter entwickelt und ist wurde zur politischen Linie der Regierung und der *LDP*. Die *LDP* formulierte ihr neues Programm im August 1979, wobei die Einrichtung der japanischen Wohlfahrtsgesellschaft als eine Hauptaufgabe der Politik postuliert wurde (ebenda, S. 38).

3.2.2.2.3 Der neue Sieben-Jahresplan für Wirtschaft und Gesellschaft von 1979

Die japanische Regierung entschied in einer Kabinettssitzung im August 1979 den „neuen Sieben-Jahresplan für Wirtschaft und Gesellschaft", mit dem die Verwirklichung der neuen japanischen Wohlfahrtsgesellschaft erklärt wurde (Mutsuko Takahashi 1997, S. 149f.). Der Sieben-Jahresplan zielte darauf, die Konkurrenzfähigkeit mittels der Beseitigung der wirtschaftlichen Ineffektivität aufgrund des aufgeblähten öffentlichen Sektors wiederherzustellen. Währenddessen war das Bedürfnis in der Bevölkerung nach den öffentlichen Sozialleistungen anlässlich der schnellen Alterung gestiegen. Aber wenn dieser Bedarf durch herkömmliche Methoden erfüllt worden wäre, konnte es zur wirtschaftlichen und gesellschaftlichen Uneffektivität wegen der Expansion des öffentlichen Sektors führen (Toshikatsu Yanagizawa 1995, S. 177). Aus diesem Grund wurde gefordert, „den Weg zur neuen Wohlfahrtsgesellschaft zu finden, die auf der Selbsthilfe des Individuums und der Solidarität der Familie und Gesellschaft basierend die angemessenen öffentlichen Sozialleistungen anbieten sollte" (Susumu Satô 1984, S. 147). Im Zusammenhang damit wurde betont: „Man muss darauf zielen, die neue Wohlfahrtsgesellschaft bzw. die japanische Wohlfahrtsgesellschaft zu verwirklichen, die nicht dem Vorbild der westlichen fortgeschrittenen Ländern folgt, sondern einen spezifisch japanischen Weg geht, der auf der schöpferischen Vitalität der freien Wirtschaftsgesellschaft basiert" (vgl. Katsuhiro Hori 1981, S. 38). An dieser Stelle hat die japanische Regierung nachdrücklich den Abschied von westlichem Sozialstaat proklamiert, und diesen als unpassendes Muster für Japan bezeichnet (Toshikatsu Yanagizawa 1995, S. 178).

3.2.2.2.4 Eine Veröffentlichung der *LDP* von 1979 unter dem Titel der „japanischen Wohlfahrtsgesellschaft"

In einer Veröffentlichung der *LDP* von 1979 unter dem Titel der „japanischen Wohlfahrtsgesellschaft" (*Nihon gata Fukushi Shakai*) wurden die Diskurse über die japanische Wohlfahrtsgesellschaft zusammengefasst. Hier wurden Negativbeispiele des Modells von Großbritannien und Schweden angeführt, der Verlust der wirtschaftlichen Dynamik als die britische Krankheit und die Verbreitung der Idee, von der Wohlfahrt als Allheilmittel gilt, als die schwedische Krankheit dargestellt (Masami Nomura 1998, S. 140). Dieses Dokument wies auf dem Grundkonzept der Sozialpolitik deutlich hin: 1. Die Garantie des Mindestmaßes auf nationaler Ebene ist unnötig. Die staatliche Hilfe muss auf bestimmte Fälle eingeschränkt werden. 2. Die Lebensrisiken sollten grundsätzlich von den Individuen einschließlich der Familien und der Verwandten übernommen werden. 3. Die Politik, die die Gleichheit des Ergebnisses zum Ziel hat, führt zur Struktur der Unmoral. 4. Es gibt viele Bereiche in der Sozialpolitik (z. B. Wohnungsangebot), die durch private Unternehmen oder den Markt effektiver gelöst werden können (Mari Osawa 1993b, S. 248). Diesem Dokument zufolge wird die „japanische Wohlfahrtsgesellschaft" folgendermaßen zusammengefasst: Der Staat sollte lediglich die letzte Sicherung zur Verfügung stellen. Voraussetzung hierfür sind stabile Familien und Unternehmen, die primär das Leben der Einzelpersonen genügend unterstützen, wobei die auf dem Markt erworbenen verschiedenen Sozialleistungen als Ersatz eingebracht werden (Masami Nomura 1998, S. 141). Die Besonderheit dieses Dokuments lag daran, dass die *LDP* nachdrücklich darauf hinwies, dass das Wichtigste sei, die Basis der Familien zu verfestigen und die Stabilität und das Wachstum der Unternehmen und darüber hinaus die Stabilität und das Wachstum der Wirtschaft aufrechtzuerhalten (Mari Osawa 1993b, S. 248).

3.2.2.2.5 Die Familienpolitik der japanischen Wohlfahrtsgesellschaft im Zusammenhang mit der unternehmenszentrierten Gesellschaft

Am Ende der siebziger Jahre wurden von der japanischen Regierung und der *LDP* Konkurrenz und Effektivität dem höchsten Wert beigemessen. Im Zusammenhang damit richtete sich der Kernpunkt der neuen sozialpolitischen Konzeption auf die aktive Verstärkung der Selbsthilfekräfte der Familie. Auf diese Weise wurde die Familie wieder ausdrücklich als der Träger der sozialen Sicherung definiert, indem diese am Ende des hohen Wirtschaftswachstums erstmals als Empfänger der Unterstützung durch die soziale Sicherung betrachtet wurde (Mari Osawa 1993a, S. 209). Mari Osawa wies darauf hin, dass die Verfestigung der Basis der Familien im Kontext der Revision der Wohlfahrt bzw. der japanischen Wohlfahrtsgesellschaft nicht anders als eine Reorganisation und Verstärkung der auf die männlichen regulären Arbeitnehmer zentrierten Gesellschaft war (Mari Osawa 1993b, S. 249). Diese war ein Hauptfaktor und sollte bei der Herausbildung der unternehmenszentrierten Gesellschaft nicht fehlen. Indem sich der Firma-Mensch über die ganze Gesellschaft verbreitete, wurde erwartet, dass die Frauen den Bedarf der Sozialarbeit der Familienmitglieder decken. Michiko Naoi wies darauf hin, dass die japanische Wohlfahrtsgesellschaft eine Maßnahme gegen die Überalterung der Gesellschaft auf Kosten der Familie war, anstatt die öffentliche Sozialarbeit für alte Menschen zu verbessern (vgl. Mutsuko Takahashi 1997, S. 156).

3.2.3 Die „zweite Ad-hoc-Kommission" und die Sozialreformen in den achtziger Jahren

In den achtziger Jahren führte die japanische Regierung die Sozialreformen mit dem Slogan „Wohlfahrtsgesellschaft mit der Vitalität" (*Katsuryoku aru Fukushi Shakai*) durch, es war ein Umbenennen „der japanischen Wohlfahrtsgesellschaft". Diese Sozialreformen wurden durchaus im Zusammenhang mit der Konsolidierung den öffentlichen Finanzen durchgeführt, ihre Richtung wurde stark beeinflusst durch die zweite Ad-hoc-Kommission für Verwaltungsreform. Bereits im früheren Kapitel (2.1.2.2) wurde darauf hingewiesen, dass die Herausbildung der unternehmenszentrierten Gesellschaft mit der zweiten Ad-hoc-Kommission fest verbunden war. In diesem Zusammenhang lassen sich die Sozialreformen in den achtziger Jahren als die Verstärkungsmaßnahmen für die unternehmenszentrierten Gesellschaft verstehen.

3.2.3.1 Der Begriff der „Wohlfahrtsgesellschaft mit der Vitalität" (*Katsuryoku aru Fukushi Shakai*)

In allen fünf Berichten der Ad-hoc-Kommission für Verwaltungsreform war der Begriff der „japanischen Wohlfahrtsgesellschaft" nicht zu finden, stattdessen wurde ein neuer Begriff der „Wohlfahrtsgesellschaft mit der Vitalität" (*Katsuryoku aru Fukushi Shakai*) erfunden. Im ersten Bericht von Ad-hoc-Kommission vom Juli 1981 wurde eine Grundidee, die „Verwirklichung" der „Wohlfahrtsgesellschaft mit der Vitalität", vorgelegt. Der dritte Bericht befasste sich mit dem „Aufbau" der „Wohlfahrtsgesellschaft mit der Vitalität". Inzwischen wurde die andere Grundidee, die „Vermehrung" des Beitrags zur internationalen Gemeinschaft im ersten Bericht vorgewiesen. Im dritten Bericht veränderte sie sich zum „aktiven Beitrag" zur internationalen Gemeinschaft (vgl. Susumu Satô 1985, S. 172). Allerdings ließ sich der Begriff „Wohlfahrtsgesellschaft mit der Vitalität" bereits in einem „Grundplan für Wirtschaft und Gesellschaft" (*Keizai Shakai Kihon Keikaku*) von 1973 entdecken. Zwar wurde „ die Harmonie von Wirtschaft und Wohlfahrt" nicht nur in dem „Grundplan", sondern auch in dem Bericht von Ad-hoc-Kommission befürwortet, doch im Ziel unterschieden sich beide Berichte. Indem „die Harmonie von Wirtschaft und Wohlfahrt" in dem „Grundplan" im Zusammenhang mit der „Wohlfahrtsgesellschaft mit der Vitalität" dazu tendierte, die absolute Priorität der Wirtschaft aufzuheben und die soziale Sicherung zu unterstützen, zielte der Bericht der Ad-hoc-Kommission ausdrücklich darauf ab, die soziale Sicherung zu unterdrücken und die Wirtschaft nach vorn zu bringen (Toshimitsu Shinkawa 1993, S. 162).

Im dritten Bericht der Ad-hoc-Kommission wurde das Konzept der „Wohlfahrtsgesellschaft mit der Vitalität" folgendermaßen definiert: „Eine Gesellschaft, die auf der Selbständigkeit, der gegenseitigen Hilfe und der privaten Vitalität basiert, wobei nicht nur die Arbeitsplätze, sondern auch die gründliche Sicherung für die Beschäftigung, die ärztliche Behandlung und die Altenversorgung, unter dem angemessenen Wirtschaftswachstum garantiert werden" (vgl. Sumitaka Harada 1988, S. 373). Im dritten Bericht der Ad-hoc-Kommission wurden die Anpassung an die folgenden Bedingungen zur Verwirklichung der „Wohlfahrtsgesellschaft mit der Vitalität" gefordert: 1. Die Konditionen zur Realisierung der Bemühung um die Selbsthilfe und die Entfaltung der Individualität und der Selbständigkeit, 2. Die Konditionen zur erfolgreichen Umsetzung der Solidarität und gegenseitigen Hilfe in den Familie, Orten und Betrieben, 3. Die Revision der Rolle der Verwaltung; damit die privaten Sektoren die Rolle der Verwaltung übernehmen könnten, sollte die herkömmliche öffentliche Regulierung überprüft werden (vgl. Susumu Satô 1985, S. 172).

Der Bericht der Ad-hoc-Kommission lehnte sich an die Auffassung an, dass die Leistung der japanischen sozialen Sicherung ein hohes Niveau erreicht hatte und den westlichen Ländern in nichts nachstand. Darüber hinaus führte das westliche Modell des Sozialstaats mit den hohen Sozialleistungen und den hohen Lasten zur Finanzkrise und Verminderung der nationalen Vitalität (Yoichi Aizawa 1993, S. 35). Die Aufgaben der sozialen Sicherung wurden im fünften Bericht folgendermaßen definiert: Soziale Sicherung hat das auf der Selbsthilfe und der gegenseitigen Hilfe beruhende private Versorgungssystem als den wesentlichen Bestandteil des Systems der sozialen Sicherung bis zu einer bestimmten Grenze zu unterstützen. Aus diesem Grund sollte die soziale Sicherung künftig lediglich die „minimale" Leistung bieten, um die unerlässlichen Maßnahmen zu sichern und gleichzeitig die Freiheit in der privaten Ebene zu sichern (vgl. Sumitaka Harada 1988, S. 373). Schließlich bedeutete die „Wohlfahrtsgesellschaft mit der Vitalität" nicht anders als die „Wirtschaftsgesellschaft mit der Vitalität" (ebenda, S. 374).

Die zweite Ad-hoc-Kommission setzte um die Konsolidierung der Finanzen die absolute Priorität und legte strikte Obergrenzen für die einzelnen Haushalte fest. Die zweite Ad-hoc-Kommission hat die Richtlinien der Reform des Systems der sozialen Sicherung in den achtziger Jahren ausgegeben und in dem ersten, dritten und fünften Bericht über die Reformen im Bereich des Gesundheitswesens, der Rentenversicherung bzw. der Pension, der Sozialarbeit einschließlich des Kindergelds und der Sozialhilfe, konkrete Vorschläge gemacht. Nachstehend werden die Reformen des Gesundheitswesens, der Altersversorgung und der Sozialhilfe in den achtziger Jahren im Zusammenhang mit diesen Berichten der zweiten Ad-hoc-Kommission erklärt.

3.2.3.2 Die Gesundheitsreform

3.2.3.2.1 Der finanzielle Ausgleich der Kosten der Gesundheitsversorgung für alten Leute

Die Gesundheitsreform in der Zeit des hohen Wirtschaftswachstums führte zwar zur Verbesserung der Leistung, aber auch dazu, dass sich die Finanzlage der Krankenversicherung verschlechterte. Die staatlichen Ausgaben für Gesundheit waren seit den siebziger Jahren kontinuierlich gestiegen, wobei die Gesundheitsausgaben im Vergleich zum Bruttosozialprodukt überproportional gewachsen waren. Der Anteil der Kosten für die Gesundheit am Nationaleinkommen betrug 1980 über 6 % (Masayuki Sakaguchi 1996, S. 169). Die zweite Ad-hoc-Kommission hat dreimal für die Reform des Gesundheitswesens plädiert, im Mittelpunkt stand dabei die Verkürzung der Ausgaben für die Gesundheitsversorgung. Im ersten Bericht vom Juli 1981 wurden die Verkürzung des staatlichen Zuschusses in der Krankenversicherung, das sofortige In-Kraft-Treten des „Gesetzes zur Gesundheitsversorgung für die alten Menschen" (*Rôjin Hoken Hô*) und die Einleitung der Maßnahmen zur Angemessenheit der Krankenkosten vorgeschlagen. Im dritten Bericht vom Juli 1982 wurden die Vermehrung des Eigenanteils, die Überprüfung der Leistungsunterschiede zwischen Versicherten und Familienangehörigkeiten und die Reorganisation des Angebotssystems des Gesundheitswesens gefordert. Im fünften Bericht vom März 1983 wurde auf das notwendige Gleichgewicht zwischen Leistung und Beitrag, die Verstärkung des finanziellen Ausgleichs zwischen Krankenversicherungen und die Einführung des Gesundheitsprogramms für Rentner hingewiesen (vgl. Takeshi Tsuchida 1991, S. 287f.).

Die erste Gesundheitsreform in den achtziger Jahren konzentrierte sich auf die Gesundheitsversorgung für die alten Menschen. Die Zunahme der Kosten für die alten Menschen war aufgrund des Systems der Auszahlung des Eigenanteils der Krankenversicherung für Alte (über 70) Jahre auffallend. Im Zusammenhang damit stand es zu befürchten, dass sich das System der allgemeinen Nationalen Krankenversicherung nicht aufrecht halten konnte (Ryoji Fujii 1994, S. 78). Der Anteil der Kosten der Gesundheitsversorgung für die alten Menschen an den gesamten Kosten der Gesundheit war von 10 % 1973 auf 17 % 1979 gestiegen (Takeshi Tsuchida 1991, S. 280). Die Zunahme der Kosten der Gesundheitsversorgung für die alten Menschen betraf hauptsächlich die Volkskrankenversicherung. Dies lag daran, dass die Rentner bzw. die alten Menschen überwiegend bei der Volkskrankenversicherung versichert wurden. Betrug der Anteil der alten Menschen über 70 Jahre an der Mitgliedschaft der Volkskrankenversicherung

10,6 % im Jahr 1983, so gab die Volkskrankenversicherung für die alten Menschen 38,9 % der gesamten Kosten aus (Masayuki Sakaguchi 1996, S. 169).

Bereits 1980 hat das Ministerium für Soziales das System der Auszahlung des Eigenanteils der Krankenversicherung für Alte über 70 Jahre überprüft und neue Maßnahmen zur Gesundheitsversorgung für die alten Menschen vorgelegt. Zuerst wollte das Ministerium für Soziales das Prinzip der Auszahlung des Eigenanteils bewahren, wechselte aber die Meinung wegen des ersten Berichts der zweiten Ad-hoc-Kommission (Toshimitsu Shinkawa 1993, S. 163f.). Mit dem „Gesetz zur Gesundheitsversorgung für die alten Menschen" (*Rôjin Hoken Hô*) im August 1982 wurde das System der Auszahlung des Eigenanteils der Krankenversicherung für die alten Menschen abgeschafft, indem die Kostenselbstbeteiligung auch in diesem Bereich eingeführt wurde. Alte Menschen müssen nun monatlich 400 Yen für ambulante Behandlung und täglich 300 Yen für Krankenhausaufenthalte (maximal 2 Monate lang) bezahlen (ebenda, S. 165). Dadurch wurde ein Symbol der sozialpolitischen Expansionspolitik aus den Zeiten des hohen Wirtschaftswachstums aufgehoben. Überdies sollten mit diesem Gesetz die Volkskrankenversicherung, die Beschäftigtenkrankenversicherung und Vereine der Krankenversicherung (*Kenkô Hoken Kumiai*) mittels eines finanziellen Ausgleichs von 70 % des Beitrags der alten Menschen gemeinsam tragen, Staat (20 %), Präfektur (5 %) und Stadt und Gemeinde (5 %) sollten die restlichen 30 % tragen (Takeshi Tsuchida 1991, S. 282).

3.2.3.2.2 Die Reform des Gesetzes zur Krankenversicherung von 1984

Auf den Berichten der zweiten Ad-hoc-Kommission beruhend hat das Ministerium für Soziales seinen Reformvorschlag für die Krankenversicherung im Februar 1984 vorgebracht. Dieser Vorschlag wurde erarbeitet und im August 1984 im Parlament verabschiedet (Takeshi Tsuchida 1991, S. 288). Dadurch wurde eine umfassende Gesundheitsreform durchgeführt. Erstens war die Leistung der Beschäftigtenkrankenversicherung für die Versicherten von bisherigen 100 % auf 80 % herabgesunken, dadurch glichen sich die Leistungsunterschiede zwischen den Versicherten und ihren Familienangehörigkeit aus (Ryoji Fujii 1994, S. 60). Zweitens wurde das „Gesundheitsprogramm für Rentner" (*Taishokujâ Iryô Seido*) eingeführt. Dadurch kam eine Koordinierung zwischen den Beschäftigten- und Volkskrankenversicherung zustande. Das Finanzproblem der Gesundheitsversorgung der alten Menschen über 70 Jahre wurde mit dem „Gesetz zur Gesundheitsversorgung für die alten Menschen" zuerst gelöst. Aber es ging um die Steigerung der Kosten der Gesundheitsversorgung für Rentner bzw. Ruheständler unter 70 Jahre. Wenn ein ehemaliger Beschäftigter sich zur Ruhe setzte, sollte er in den meisten Fällen von Beschäftigten- zur Volkskrankenversicherung, mit einer herabgesetzten Leistung von 100 % auf 70 % umsteigen. Gleichzeitig führte die Leistung für Rentner unter 70 Jahren zu finanziellen Schwierigkeiten in der Volkskrankenversicherung (Takeshi Tsuchida 1991, S. 284). Bei dem „Gesundheitsprogramm für Rentner" sind die Rentner jünger als 70 Jahre versichert, bevor sie durch das „Gesetz zur Gesundheitsversorgung für die alten Menschen" geschützt werden. Dadurch sind die Leistungen sowohl der ambulanten als auch der stationären Behandlung von Versicherten von 70 % auf 80 % gestiegen (Leistung für Familienangehörige: 70 %), sind die Lasten der Volkskrankenversicherung erleichtert, und dementsprechend haben die Beschäftigtenkrankenversicherung und die „Vereine der Krankenversicherung" diese Kosten gemeinsam getragen (Masayuki Sakaguchi 1996, S. 170f.).

Diese Reform der japanischen Gesundheitspolitik in den achtziger Jahren wurde unter dem Motto „Vereinheitlichung" (*Ichgenka*) vorangetrieben. Zwar verringerten sich die Unterschiede der Leistungen und der Lasten zwischen den Subsystemen bzw. innerhalb der Subsysteme, aber eine Besonderheit des Systems der japanischen Krankenversicherung, wobei die regulären Arbeitnehmer in den Großunternehmen bevorzugt werden, hat sich nicht verändert. Die zusätzliche Leistung in den „Vereinen der Krankenversicherung" (*Kenkô Hoken Kumiai*) in den Großunternehmen war 1982 vorläufig zurückgegangen, doch schon bald wieder auf 5 % gestiegen. Seit 1984 wurde die neu eingeführte Selbstbeteiligung von 10 % der Versicherte auch als die zusätzliche Leistung in den „Vereinen der Krankenversicherung" zurückgegeben (Mari Osawa 1993b, S. 254). Überdies wurden die Kosten für die Einrichtung der eigenen Heilanstalt von den „Vereinen" getragen. Darüber hinaus hat sich seit Mitte der siebziger Jahre der Unterschied der betrieblichen Sozialleistung über die Gesundheitseinrichtung zwischen den Großunternehmen und kleinen bzw. mittleren Unternehmen vergrößert (Hiroshi Miyajima 1992, S. 150f.).

3.2.3.3 Die Reform des Systems der Altersversorgung

3.2.3.3.1 Die Umstände der Rentenreform

Die Erweiterung der Rentenversicherung wurde trotz der Ölkrise bis Ende der siebziger Jahre beibehalten. Der monatliche Rentenbetrag der Beschäftigtenrentenversicherung ging über 100.000 Yen hinaus (Tabelle 43). Aber das segmentierte System der japanischen Rentenversicherung geriet in finanzielle Schwierigkeiten angesichts der Umstände, dass die Quote der Rentenempfänger ständig stieg und die Steigerungsrate der Ersparnisse bzw. des akkumulierten Kapitals geringer geworden war. Die Quote der Rentenempfänger (die Zahl der Empfänger der Altersrenten / die Zahl der Versicherten) aller gesetzlichen Rentensysteme stieg von 15,9 % im Jahr 1975 auf 23,8 % im Jahr 1985 (Hidehiko Shimizu 1991b, S. 308).[129] Es ging davon aus, dass die Zahl der Empfänger der Altersrente stieg und sich gleichzeitig die Zahl der Versicherten aufgrund der schnellen Alterung und der Rezession verringerte. Folglich stiegen die Kosten für Rentenzahlungen ständig. Der Anteil der Rentenzahlung am BSP stieg von 9,4 % im Jahr 1975 auf 14,0 % im Jahr 1985 (ebenda, S. 308). Die Zunahme der Rentenzahlungen und der Rückgang der Beitragseinnahmen führten zu einem staatlichen Finanzproblem. Darüber hinaus war es auch klar, dass der Beginn der Vollauszahlung der Leistung der Volksrentenversicherung nach 25 Versicherungsjahren ab 1986 das Finanzproblem verschärfen würde.

Tabelle 43: Die Leistung der Rentenversicherung in den achtziger Jahren (Yen)

	1981	1982	1983	1984	1985	1986	1987	1988
a	1.299.978	1.356.475	1.359.609	1.394.809	1.450.416	1.553.515	1.565.606	1.569.736
b	1.765.900	1.859.275	1.890.717	1.962.525	2.060.047	-	-	-
c	1.406.955	1.508.119	1.558.969	1.638.938	1.738.832	1.826.396	1.834.891	1.838.189
d	1.675.462	1.778.442	1.811.227	1.878.475	1.963.459	2.067.809	2.074.479	2.078.950
e	1.822.189	1.950.953	2.003.685	2.043.778	2.100.156	2.136.673	2.147.171	2.151.297
f	292.556	307.448	310.315	319.277	333.609	345.813	351.416	355.690
g	1.369.716	1.451.640	1.501.344	1.539.456	1.608.972	1.628.712	1.644.132	1.654.896
h	2.379.456	2.487.036	2.555.492	2.644.200	2.778.792	2.844.264	2.895.588	2.984.004
i	54,6	54,5	53,2	52,7	52,2	54,6	54,1	52,6

Anm: a: Beschäftigtenrentenversicherung b: Rentenversicherung für Seeleute c: Selbsthilfeverein der Lehrer in den privaten Schulen d: Selbsthilfeverein der Staatsbeamten e: Selbsthilfeverein der Beschäftigten in den öffentlichen Unternehmen f: Volksrentenversicherung g: Sozialhilfe h: Durchschnittliches Einkommen der Beschäftigten i: Lohnersatzquote (a/h)

Quelle: Shakai hoshô tôkei nenpô (Der Jahresbericht über Statistiken der sozialen Sicherung). Kôsei sho (Das Ministerium für Soziales): Kôsei tôkei yôran (Der Überblick über die sozialen Statistiken).

Zitiert nach: Hidehiko Shimizu 1991b, S. 303.

Seit Ende der siebziger Jahre wurde die Revision der Rentenversicherung durchgeführt. Verschiedene Kommissionen haben ihre eigenen Vorschläge über die Rentenreform vorgelegt. Die zweite Ad-hoc-Kommission schlug zur Rentenre-

[129] In der Quote der Rentenempfänger unterschieden sich alle Rentenversicherungen. Überdurchschnittlich betrugen der Selbsthilfeverein der Beschäftigten in den öffentlichen Unternehmen (70,6 %), die Rentenversicherung für Seeleute (44,9 %), der Selbsthilfeverein für Staatsbeamte (33,6 %) und die Volksrentenversicherung (27,3 %).

form in ihrem ersten und dritten Bericht folgende Maßnahmen vor: Die Abschaffung der Ungleichheit zwischen den Subsysteme, die Senkung der staatlichen Lasten, die stufenweise Erhöhung des Rentenalters, die Überprüfung des Rentenniveaus und die stufenweise Erhöhung des Rentenbeitrags (Toshimitsu Shinkawa 1993, S. 174f.). Im dritten Bericht wurde auf die Einführung der Grundrente und die Vereinheitlichung (*Ichigenka*) bzw. die Integration (*Tôgôka*) des Systems der Rentenversicherung hingewiesen (Susumu Satô 1985, S. 183f.). Darauf basierend entwickelte sich die Reform des Systems der Rentenversicherung in den achtziger Jahren. 1985 wurde eine umfassende Reform der Rentenversicherung durchgeführt. Dies ließ sich als ein Abschluss der Diskussion über eine Rentenreform seit Ende der siebziger Jahre bezeichnen. Im Mittelpunkt davon standen die Einführung der Grundrente und die Herabsetzung des Leistungsniveaus.

3.2.3.3.2 Die Einführung der Grundrente

Mit der Rentenreform von 1985 wurde eine Grundrente für die gesamte Bevölkerung eingeführt. Dadurch bestand das neue Rentensystem aus „Zweiebenen" (*Nikai*); einer festgesetzten universalen Rente einerseits und einer einkommensabhängigen Rente für Beschäftigte andererseits (Kiyoshi Murakami 1993a, S. 186). Die frühere Volksrentenversicherung wurde zur Grundrente umbenannt und ihr Geltungsbereich erweiterte sich auf die gesamte Bevölkerung ab dem 65. Lebensjahr, Behinderte und Hinterbliebene. Am Anfang wurde die Grundrente (*Kiso Nenkin*) als „erste Ebene" der integrierten Rentenleistung im Wert von 50,000 Yen festgesetzt. Dadurch sollte die Lebensführung der alten Leute gesichert werden, allerdings hat das Konzept keinen Zusammenhang mit der Idee der „national minimum" bzw. der Garantie des Existenzminimums, sondern diese Modellrente wurde hauptsächlich durch monatliche Kosten für die Lebensmittel von alten Leuten über 65 Jahre errechnet (Hiroaki Yamazaki 1988, S. 133). Unter dem neuen Rentensystem wurden die Beschäftigtenrentenversicherung und die Selbsthilfevereine reorganisiert, dadurch wurde der einkommensabhängige Teil als „zweite Ebene" des neuen Rentensystems gewährleistet (Mari Osawa 1993b, S. 253). Sie wird wie bisher ab dem Alter von 60 Jahre bezahlt.

Bei der Einführung der Grundrente von 1985 ging es um die Vereinheitlichung bzw. den finanziellen Ausgleich. Unter dem herkömmlichen System wäre die Erhöhung der Beitragszahlung in der Volksrentenversicherung unausweichlich gewesen, weil ihr Finanzierungsverfahren, das akkumulierte Kapital haltend, tatsächlich vom Kapitaldeckungs- auf ein Umlageverfahren umgestiegen war und die Vollauszahlung der Leistung der Volksrentenversicherung nach den 25 Versicherungsjahren ab 1986 beginnen sollte (Masayuki Sakaguchi 1996, S. 174).

Um die Erhöhung der staatlichen Lasten zu vermeiden, war der Transfer des akkumulierten Kapitals der Beschäftigtenrentenversicherung erforderlich. Die Entstehung der Grundrente brachte diesen Transfer zur Geltung. Die Finanzierung der Grundrente stammte aus Beiträgen zur Volksrentenversicherung, Transfers aus der Beschäftigtenrentenversicherung und den Selbsthilfevereinen sowie einem Staatszuschuss (Kingo Tamai 2000, S. 102). Die japanische Regierung bemühte sich darum, die staatlichen Lasten in den ganzen Renten auf die Grundrente zu konzentrieren, indem diese ein Drittel der gesamten Kosten der Volksrentenversicherung betrug (Hiroaki Yamazaki 1993, S. 179).[130] Folglich hat sich die Vereinheitlichung der Leistung und der Lasten im Bereich der Grundrente verwirklicht (Masayuki Sakaguchi 1996, S. 174).

3.2.3.3.3 Die Herabsetzung des Leistungsniveaus

1984 betrug eine durchschnittliche Rente mit 32-jähriger Beitragszahlung der Beschäftigtenrentenversicherung einschließlich des Familienzuschusses etwa 68 % des durchschnittlichen Einkommens (Hidehiko Shimizu 1991b, S. 315). Aber wenn die Rentenversicherung reifer würde, könnte der Versicherte künftig mit 40-jähriger Beitragszahlung bei Maximal 83 % des heutigen Niveaus der Rentenleistung erhalten. Diese Rente konnte das verfügbare Einkommen der jetzigen Arbeitnehmer überschreiten (Masayuki Sakaguchi 1996, S. 173). Wenn Beschäftigte 40 Jahre lang Beiträge zur Beschäftigtenrentenversicherung zahlen und ihre Ehepartner freiwillig bei der Volksrentenversicherung versichert sind, betragen die gesamten Leistungen der Rentenversicherung für dieses Ehepaar ca. 109 % ihres durchschnittlichen Einkommens von heute bzw. 277.000 Yen. Darüber hinaus sollte das hohe Rentenniveau unter dem modifizierten Kapitaldeckungsverfahren hohe Lasten für die nächste Generation hervorrufen. Der zunehmende Altenanteil an der gesamten Bevölkerung führt zur Verschärfung dieser Ungleichheit zwischen den Generationen. Aus diesem Grund wurde das Rentenniveau durch die Reform herabgesetzt: Die künftige Lohnersatzquote sollte bei 40 Beitragsjahren ca. 68 % bleiben, was bedeutet, dass das Rentenniveau mit 32-jähriger Beitragszahlung deutlich zurückgegangen ist (Hiroaki Yamazaki 1993, S. 180).

---

[130] Die staatliche Unterstützung der 20 % der Beschäftigtenrentenversicherung wurde abgeschafft.

3.2.3.3.4 Die Einrichtung des Rechtsanspruch auf Rente für Frauen

Durch die Rentenreform 1985 erhielten die Frauen ihren eigenen Rechtsanspruch auf Rente. Früher wurden die nicht erwerbstätigen Ehefrauen als freiwillige Mitglieder bei der Volksrentenversicherung versichert. Wenn sie geschieden waren, oder wenn sie nicht bei der Volksrentenversicherung versichert waren, hatten sie in der Tat keine eigene Alterssicherung (Hidehiko Shimizu 1991b, S. 316). Vor diesem Hintergrund wurde ein eigener Rentenanspruch für nicht berufstätige Hausfrauen durch die obligatorische Mitgliedschaft bei der Volksrentenversicherung eingerichtet. In diesem Fall werden zwei Drittel der Grundrentenleistungen aus der Beschäftigtenrentenversicherung bezahlt, während das letzte Drittel vom Staat finanziert wird (Kiyoshi Murakami 1993a, S. 188).

3.2.3.3.5 Die Altersversorgung in den Großunternehmen

Im Zusammenhang der Rentenreform und der Kürzung des Rentenniveaus wurde auf die gestiegene Bedeutung des privaten Anteils zur Altersversorgung, vor allem der Betriebsrente, hingewiesen (Mari Osawa 1993b, S. 254). Im einen Bericht vom Juli 1981 hat das Ministerium für Soziales nachdrücklich die Verstärkung der Betriebsrente gefordert mit der Einstellung, dass sich die Betriebsrente in Japan weniger als in westlichen Ländern verbreitete (ebenda, S. 255). „In Zukunft muss man sich darum bemühen, das heutige öffentliche Rentenniveau unter Berücksichtigung des Gleichgewichts mit den Netto-Verdiensten der arbeitenden Generationen zu halten; die Verstärkung der Betriebsrente soll als Ergänzung der öffentlichen Rente postuliert werden“ (vgl. ebenda, S. 255). Im April 1981 wurde eine Betriebsrente von Mitsubishi-Gruppe im Wert von 300.000 Yen vom Ministerium für Soziales genehmigt.

3.2.3.4 Die Reform der Sozialhilfe

Die Reform der Sozialhilfe erfolgte in den achtziger Jahren auch im Zusammenhang mit dem Bericht der zweiten Ad-hoc-Kommission. Die Zahl und der Anteil der Sozialhilfeempfänger waren seit Mitte der achtziger Jahre schnell zurückgegangen. In vielen Fällen wurde es damit begründet, dass die Menschen in der Notlage durch das System der sozialen Sicherung in Japan wirksam geschützt wurden. Alternativ wurde mit der japanischen Mentalität bzw. Scham-Kultur argumentiert. Aber einige Experten richteten die Aufmerksamkeit auf die dritte Rationalisierungsmaßnahme mit der zweiten Ad-hoc-Kommission.

3.2.3.4.1 Die dritte Rationalisierungsmaßnahme

Die zweite Ad-hoc-Kommission hat zur Reform der Sozialhilfe in den achtziger Jahren geführt. In dem ersten Bericht von 1981 hat diese Kommission das Prinzip der Reform über die Sozialarbeit erwähnt: Das „neue Prinzip der Verwaltung soll wie folgend herausgebildet werden; einerseits soll ausreichende Sozialarbeit für die Menschen in der Notlage angeboten werden; anderseits soll der überflüssige Einsatz, der zur Verhinderung der Selbsthilfe, der Selbständigkeit und der Selbstverantwortung führen kann, streng vermieden werden“ (vgl. Susumu Satô 1985, S. 186f.). Im fünften Bericht von 1983 wurde noch konkreter auf die Reform der Sozialhilfe hingewiesen. Die Einstellung der Maßnahmen gegen Missbrauch der Unterstützung, die Angemessenheit der Krankenhilfe, die Förderung der Maßnahmen zur Selbsthilfe und die Überprüfung von Berechnungsmethode der Sozialhilfe wurden vorgeschlagen (ebenda, S. 188).

Seit Anfang der achtziger Jahre wurde der Missbrauch der Sozialhilfe von der Regierung thematisiert. 1980 hat das Ministerium für Soziales in einer Mitteilung auf die falsche Anwendung der Sozialhilfe hingewiesen: Darauf folgend wurde der Skandal des Missbrauchs der Sozialhilfe durch japanische kriminelle Banden (*Yakuza*) vielfach in den Medien verbreitet (Yoshiya Soeda 1988, S. 239f.).[131] Der fünfte Bericht der zweiten Ad-hoc-Kommission reflektierte dieses Ereignis, und im Zusammenhang damit führte die japanische Regierung eine massive Rationalisierung durch (Kôichi Shimizu 1991b, S. 343).[132]

Die dritte Rationalisierung in der Sozialhilfe begann bereits Anfang der achtziger Jahre und wurde im Unterschied zur früheren Rationalisierung über langen Zeitraum und als eine gründliche Reform angelegt (Yukio Kawai 1997, S. 126). Die Mitteilung Nr. 123 vom Ministerium für Soziales im November 1981, unter dem Titel „Zur Rationalisierungspraxis der Sozialhilfe“, wurde als ein mächtiges Mittel zur Rationalisierung genutzt (vgl. Hiroki Bito 1991, S. 26-28). Danach muss ein Antragsteller für Sozialhilfe die umfassende Einverständniserklärung beim örtlichen Sozialamt abgeben, dass sich das Sozialamt vorbehaltlos nach dem Zustand des Vermögen und des Einkommens des Antragstellers bei den entspre-

---

[131] Im Jahre 1983 betrug die Zahl des Sozialhilfemissbrauchs 789, ihre Gesamtsumme 788.196.000 Yen und die durchschnittliche Summe 999.000 Yen. Im gleichen Jahr betrug die Zahl der Sozialhilfehaushalte 780.325 und war der Anteil des Missbrauchs daran nicht mehr als 0,1 % (Yoshiya Soeda 1995, S. 262). Daraus lässt sich folgern, dass das Thema des Missbrauchs in der Sozialhilfe völlig übertrieben war.

[132] Überdies wird seit 1984 die „Niveaugleichgewicht-Methode“ (*Suijun Kinkô Hôshiki*) als neue Berechnungsmethode für die Armutsgrenze verwendet, angesichts der Tatsache, dass die Leistung der Sozialhilfe 1983 62,3 % der durchschnittlichen Konsumausgaben der Haushalte der abhängig Beschäftigten erreichte (Hiroshi Sugimura 1998, S. 119).

chenden Institutionen erkundigen kann. Falls dies verweigert wird, sind Zurückweisung des Antrags oder Leistungsverweigerung möglich. Darüber hinaus, wenn der Missbrauch gefunden würde, kann die strafrechtliche Anklage gegen ihn erhoben werden (Hiroshi Sugimura 1998, S. 154). Dadurch wurde der Zugang zur Sozialhilfe über den Verwaltungsweg deutlich erschwert.

Aber Hiroki Bito wies darauf hin, dass dieser Befehl rechtswidrig war: Es gab keine Rechtsfertigung im Gesetz, umfassende Einverstanderklärungen zu fordern, denn Artikel 28 des Sozialhilfegesetzes erteilte lediglich die Erlaubnis zur Erkundigung im konkreten Fall (Hiroki Bito 1991, S. 29f.). Das andere Problem dieser Mitteilung bestand darin, dass man Armen bzw. Antragsteller für Sozialhilfe für Verbrecher halten konnte. Diese Leute sollten Angst vor der Untersuchung haben bzw. sich wegen der Diskriminierung schämen (Hiroshi Sugimura 1998, S. 155).

3.2.3.4.2 Der drastische Rückgang der Sozialhilfeempfänger ab 1985

Die Zahl der Sozialhilfeempfänger war 1974 die niedrigste in der Nachkriegszeit. Zwar hat sie bis 1984 tendenziell geringfügig zugenommen, doch infolge der dritten rationalen Maßnahme war die Zahl der Sozialhilfeempfänger ab 1985 zurückgegangen (Tabelle 44). Ihr Anteil an der Bevölkerung war von 1,19 % 1974 auf 0,89 % 1989 gesunken. Der Wandel der Zahl der Sozialhilfehaushalte bezeichnete Ähnliches. Die Zahl der Sozialhilfehaushalte war im Zeitraum zwischen 1974 und 1984 von 688.736 auf 789.602 ständig gestiegen. Aber ab 1985 hat sich die Richtung geändert, und jedes Jahr war die Zahl der Sozialhilfehaushalte bemerkenswert gesunken. Im Jahr 1989 betrug sie 654.915. Dementsprechend war auch die Anstiegsrate des Etats für Sozialhilfe deutlich gesunken. Im Zeitraum von 1980 bis 1984 nahm der Etat für die Sozialhilfe jährlich um durchschnittlich 4,32 % zu; die jährliche Anstiegsrate im Zeitraum von 1975 bis 1979 betrug 15,84 %. Von 1990 bis 1993 war die Anstiegsrate sogar negativ (Yukio Kawai 1997, S. 128).

Tabelle 44: Anzahl und prozentualer Anteil der Sozialhilfeempfänger und Anzahl der Sozialhilfehaushalte in Japan von 1974 bis 1989

	Anzahl der Sozialhilfeempfänger	Anteil an der Bevölkerung (%)	Anzahl der Sozialhilfehaushalte
1974	1.312.339	1,19	688.736
1975	1.349.230	1,21	707.514
1976	1.358.316	1,20	709.613
1977	1.393.128	1,22	723.587
1978	1.428.261	1,24	739.244
1979	1.430.488	1,23	744.841
1980	1.426.984	1,22	746.997
1981	1.439.226	1,22	756.726
1982	1.457.383	1,23	770.388
1983	1.468.245	1,23	782.265
1984	1.469.457	1,22	789.602
1985	1.431.117	1,18	780.507
1986	1.348.163	1,11	746.355
1987	1.266.126	1,04	713.825
1988	1.176.258	0,96	681.018
1989	1.099.520	0,89	654.915

Quelle: Berichte des Ministeriums für Soziales.
Zitiert nach: Michio Kobayashi 1999, 272.

Der Rückgang der Sozialhilfeempfänger hatte folgende Ursache: Erstens hat sich der Anteil des Staats und der regionalen Verwaltung an den Lasten zur Sozialhilfekosten verändert. In der Nachkriegszeit trug der Staat bis 1985 ständig 80 % der Sozialhilfekosten und die regionale Verwaltung 20 %. Aber ab 1985 trug der Staat 70 % und die regionale Verwaltung 30 % (Yukio Kawai 1997, S. 129).[133] Vor dieser Veränderung musste die regionale Verwaltung die finanziellen Lasten für Sozialhilfe 50 % mehr als früher tragen. Im Zusammenhang mit der Steigerung der Lasten in anderen Bereichen der sozialen Sicherung sollte die regionale Verwaltung versuchen, Maßnahmen zur Reduzierung der Sozialhilfeempfänger einzuleiten. Zweitens wurde die Mitteilung Nr. 123 im Jahr 1985 im ganzen Land durchgeführt. Die regionalen Verwaltungen, wo die Quote der Sozialhilfeempfänger höher ist als im Durchschnitt, wurden vom Staat aufgefordert, die Zahl der Sozialhilfeempfänger irgendwie zu reduzieren. Andernfalls sollten die betroffenen regionalen Verwaltungen bei dem Finanzausgleich benachteiligt werden. Aufgrund dieser Maßnahme sollten sich die regionalen Verwaltungen darum bemühen, umfassende Einverständniserklärungen von Antragsteller zu

[133] Ab 1989 trugen der Staat und die regionalen Verwaltung jeweils 75 % und 25 %.

erhalten; weil diese Forderung nach umfassender Einverständniserklärung dazu führte, die Beantragung der Sozialhilfe zurückzuhalten (Kentarô Nakagawa 1996, S. 11-13).

Tabelle 45: Prozentuale Zusammensetzung der Sozialhilfehaushalte in Japan von 1974 bis 1990

	Seniorenhaushalte	Allein erziehende Mütter mit Kindern	Haushalte mit Kranken bzw. behinderten Personen	Andere
1974	35,4	9,5	42,8	12,4
1975	34,3	9,5	46,1	10,2
1976	33,7	9,7	44,4	12,2
1977	32,1	10,7	44,9	12,3
1978	33,0	11,1	43,3	12,6
1979	33,1	11,7	42,4	12,9
1980	32,6	12,6	43,5	11,3
1981	33,0	12,9	42,9	11,2
1982	32,3	13,0	44,6	10,1
1983	32,3	13,5	44,6	9,6
1984	32,7	14,0	44,5	8,8
1985	32,5	14,4	43,6	9,5
1986	33,6	13,8	43,3	9,3
1987	34,8	13,5	42,0	9,6
1988	35,8	13,1	42,0	9,1
1989	37,3	12,2	41,9	8,6
1990	39,3	11,7	41,1	7,9

Anm: 1. Seniorenhaushalte bestehen aus Männern über 65 Jahre und Frauen über 60 Jahre bzw. mit Minderjährigen unter 18 Jahre.
2. Allein erziehende Mütter sollen zwischen 18 und 60 Jahre sein.
3. Haushalte mit Kranken bzw. behinderten Personen bedeuten die Haushalte, bei denen das Haushaltshaupt krank bzw. behindert ist.

Quelle: Kôseishô: Hihogosha zenkoku ittsei chôsa.
Zitiert nach: Yoshiya Soeda 1995, S. 258 und 298.

Die strukturelle Zusammensetzung der „Sozialhilfeklientel" hat sich verändert. Im Zeitraum von 1985 und bis 1990 stieg der Anteil der Seniorenhaushalte unter den Hilfeempfängern um 6,8 %, während der Anteil der Haushalte allein erziehender Mütter mit Kindern und der Haushalte mit kranken bzw. behinderten Personen jeweils 2,7 % und 2,6 % sank (Tabelle 45).

3.2.3.4.3 Allein erziehende Mütter als das Hauptziel der Mitteilung Nr. 123

Die allein erziehenden Mütter sind von der dritten Rationalisierung besonders betroffen. Zwar sind nicht nur der Anteil der allein erziehenden Mütter unter den Hilfeempfängern, sondern auch ihre Zahl von Anfang der siebziger Jahre bis Mitte der achtziger Jahre gestiegen; sie betrug 1970 und 1984 jeweils 64.920 und 115.265 (Michio Kobayashi 1999, 268). Dies lässt sich hauptsächlich durch die gestiegene Scheidungsrate erklären. Aber diese Zahl hat ab 1985 drastisch abgenommen. Sie bezifferte sich 113.979 im Jahre 1985 und 72.899 im Jahre 1990. Innerhalb von 5 Jahre nahm die Zahl der Sozialhilfe beziehenden Haushalte allein erziehender Mütter mit Kindern um 36 % ab (Hiroshi Sugimura 1998, S. 145). Soweit es sich um die mit der Sozialhilfe neu bezogenen Haushalte handelte, fiel der Rückgang noch viel stärker aus. Während die Quote der Neuklientel der Sozialhilfe in dem Zeitraum 1980 und 1985 durchschnittlich um ca. 35 % sank, sank die Quote der allein erziehenden Mütter, die Sozialhilfe neu bezogen, im gleichen Zeitraum um fast 60 % (Tabelle 46).

Tabelle 46: Die Anzahl der mit der Sozialhilfe neu bezogenen Haushalte

	Gesamtzahl	Seniorenhaushalte	Allein erziehende Mütter mit Kindern	Haushalte mit Kranken bzw. behinderten Personen	Andere
1980	15.115 (123,5)	2.359 (134,7)	2.570 (129,7)	8.678 (124,3)	1.508 (98,9)
1985	12.240 (100,0)	1.751 (100,0)	1.981 (100,0)	6.982 (100,0)	1.526 (100,0)
1990	7.942 (64,9)	1.301 (74,3)	812 (41,0)	4.818 (69,0)	1.011 (66,3)

Quelle: Kôseishô: Seikatsu hogo dôtai chôsa
Zitiert nach: Hiroshi Sugimura 1998, S. 146

Der drastische Rückgang der Haushalte der allein erziehenden Mütter mit Kindern, die Sozialhilfe empfingen, ist auf die Mitteilung Nr. 123 zurückzuführen. Bei der Mitteilung vom Ministerium für Soziales ging es um die Arbeitsfähigkeit der Mutter. Abgesehen von dem Gesundheitszustand oder dem Erziehungsumstand wurde ein Arbeitzwang eingeführt. Darüber hinaus wurde gefordert, die Versorgungspflicht vom früheren Ehemann aufzufordern, auch wenn lediglich ca. 15 % der allein erziehenden Mütter mit Kindern von früherem Ehemann nach der Scheidung die Unterstützung bezogen haben (Hiroshi Sugimura 1998, S. 158). Vor diesem Hintergrund haben viele allein erziehende Mütter darauf verzichtet, einen Antrag auf Sozialhilfe einzureichen. 1987 starb eine allein erziehende Mutter im Alter von 39 Jahren mit drei Kindern in Sapporo den Hungertod, weil das Sozialamt ihren Sozialhilfeantrag verweigerte. In einer schriftlichen forderte es die dreifache Mutter auf ihren Exmann um Unterstützung zu bitten (Hiroki Bito 1991, S. 1). Das Ereignis hat einen Aufruf erregt, und folgend wurde die dritte Rationalisierung von vielen Seiten kritisiert.

3.2.3.4.4 Niedrige „*take-up rate*" in der Sozialhilfe

Über die Armut in den achtziger Jahren wurden etliche empirische Forschungen betrieben; Toshimitsu Sohara (1985), Hiroshi Sugimura (1992) und Nobuko Kanaji (1994). Sie gingen mit verschiedenem statistischen Daten, Grundgesamtheit und Definition des niedrigen Einkommens bzw. der Armut auf die Forschung ein. Toshimitsu Sohara verwandte 100 % der Regelsätze für die Sozialhilfe als die Grenze des Haushalts mit niedrigem Einkommens, während Hiroshi Sugimura und Nobuko Kanaji 115 % der Regelsätze für die Sozialhilfe als die Armutsgrenze einsetzten. [134] Diese Forschungen waren zum Ergebnis gekommen, dass der Anteil der Haushalte mit niedrigem Einkommen bzw. in Armut an den Gesamthaushalten zwischen 6 % (Toshimitsu Sohara) und 21.8 % (Hiroshi Sugimura) betrug (vgl. Hiroshi Sugimura 1997b, S. 76). Der Anteil der Einpersonenhaushalte mit niedrigem Einkommen bzw. in Armut war ausdrücklich höher als andere Haushalte mit mehreren Angehörigen (Tabelle 48). Diese Zahlen unterschieden sich erheblich von der offiziellen Quote der Haushalte der Sozialhilfeempfänger. Die „*take-up rate*" in der Sozialhilfe lag lediglich zwischen 6 % und 28 % (vgl. Tabelle 47). In der Tat hat die Sozialhilfe in Japan ihre Pflicht, die Hilfe für die Menschen in einer Notlage von öffentlicher Seite zu gewähren, nicht erfüllt.

---

[134] Eine Forschung in den siebziger Jahren von Eguchi (1972) wandte die Methode von Abel-Smith an und setzte 100 % bzw. 60 % der Regelsätze für die Sozialhilfe als die Grenze der Schicht mit niedrigem Einkommen bzw. der Armut ein. Während dessen Takayama (1976) verwandte 140 % bzw. 100 % der Regelsätze für die Sozialhilfe als die Grenze des niedrigen Einkommens bzw. der Armut.

Tabelle 47: Haushalte mit niedrigem Einkommen und Sozialhilfehaushalte

	Haushalte mit niedrigem Einkommen (A)		Die Sozialhilfehaushalte (B)		B / A (%)
	Geschätzte Zahl (1.000)	Anteil an den Gesamthaus-halten (%)	Zahl (1.000)	Anteil an den Gesamthaus-halten (%)	
1972	1.850	6,36	508	1,75	27,4
1973	1.779	5,98	512	1,72	28,8
1974	1.578	4,82	508	1,68	32,2
1975	2.077	6,78	525	1,72	25,3
1976	2.116	6,66	530	1,67	25,1
1977	1.992	6,13	545	1,68	27,4
1978	2.033	6,22	561	1,72	27,6
1979	2.174	6,58	568	1,72	26,1
1980	2.089	6,20	572	1,70	27,4
1981	2.056	6,00	581	1,70	28,3
1982	2.448	7,14	594	1,73	24,3

Anm: Die Zahl der Sozialhilfehaushalte wurde dadurch umgerechnet, dass die geschätzten Einpersonenhaushalte im Krankenhaus, Pflegeheim oder Wohnheim von der angegebenen Zahl der Sozialhilfehaushalte vom Ministerium für Soziales ausgenommen wurden.
Zitiert Nach: Toshimitsu Sohara 1985, S. 184

Tabelle 48: Der Anteil der Haushalte verschiedener Größe mit niedrigem Einkommen bzw. in Armut (1985, 1992) (%)

	Haushalte verschiedener Größe						
	1 Person	2 Person	3 Person	4 Person	5 Person	6 Person	7 Person
1985	28,9	15,6	11,6	10,5	14,9	17,6	15,3
1992	38,7	17,7	10,1	11,3	14,9	15,7	17,6

Zitiert nach: Hiroshi Sugimura 1997b, S. 77

3.3 Der Niedergang der „japanischen Wohlfahrtsgesellschaft“ und die Sozialreformen

3.3.1 Der gründliche Wandel des Systems der sozialen Sicherung

Wie oben bereits dargestellt wurde, haben die Sozialreformen in den achtziger Jahren die Linie der „zweiten Ad-hoc-Kommission“ verfolgt. In diesem Prozess wurde die Entwicklungsstrategie des westlichen Modells des Sozialstaats ausdrücklich abgelehnt. Stattdessen wurde das japanische Modell der Wohlfahrtsgesellschaft propagiert. Diese setzte die unternehmenszentrierte Gesellschaft voraus, kam jedoch im Zusammenhang mit dem Wandel der unternehmenszentrierten Gesellschaft in den neunziger Jahren nicht mehr zur Geltung. Angesichts des Platzens der Blase, der langen Rezession, der Schwächung der Wettbewerbsfähigkeit der japanischen Unternehmen und der Globalisierung wurde die Grundlage der unternehmenszentrierten Gesellschaft infrage gestellt. Die lebenslange Beschäftigungspraxis, der Senioritätslohn und die betriebliche Sozialpolitik wurden überprüft. Der Arbeitsmarkt wurde mobilisiert. Darüber hinaus brach das traditionale Familiensystem, eine wichtige Basis der unternehmenszentrierten Gesellschaft und der japanischen Wohlfahrtsgesellschaft, angesichts der Alterung und der Zunahme der weiblichen Beschäftigung zusammen. Vor diesem Hintergrund hat die japanische Regierung versucht, den gründlichen Wandel des Integrationssystems der unternehmenszentrierten Gesellschaft durchzuführen. Sie führte 1996 zur „Strukturreform“. Die Sozialreform wurde im Kontext der „Strukturreform“ durchgeführt.

3.3.1.1 Der „*Goldplan*“ (1989)

In den Sozialreformen der neunziger Jahre handelte es sich um die „Alterung“ (*Kôreika*) und die „Verminderung der Geburtenrate“ (*Shôshika*). Die Überalterung der Bevölkerung ist eine allgemeine Erscheinung in den westlichen Ländern. Doch nirgends erfolgt sie mit so hoher Geschwindigkeit wie in Japan (vgl. 2.2.1.3). In Japan hat sich der Bevölkerungsanteil der alten Menschen über 65 Jahre sich in letzten 20 Jahre zwischen 1980 und 2000 von 9 % auf 17,1 % fast verdoppelt (Friederike Bosse 2000, S. 560). Die Lebenserwartung für japanische Männer lag 1999 bei 77,1 Jahren, für Frauen bei 83,9 Jahren. Damit behielten die Japaner ihre weltweite Spitzenposition. Bei der Geburtenrate rangierten sie am unteren Ende der Liste. 2001 fiel die Zahl der Geburten pro Frau auf 1,33

(Kôsei rôdô shô 2002, S. 5).[135] Der Grund der niedrigen Geburtenrate lag in späteren Heiraten begründet auf Grund der höheren Schulbildung und des Anstiegs der Beschäftigung der Frauen. Die Zahl der Geburten ist so niedrig, dass die Gesamtbevölkerung Japans nicht mehr aufrechterhalten werden kann.

Die Sozialpolitik gegen die „Alterungsgesellschaft" (*Kôreika Shakai*) bis Ende der achtziger Jahre wurde unter dem Einfluss der japanischen Wohlfahrtsgesellschaft konzipiert. Der japanischen Regierung war es gelungen, die Sozialpolitik, mittels der Manipulation der öffentlichen Meinung durch die zweite Ad-hoc-Kommission, streng zu unterdrücken (Kenji Satomi 1995, S. 1f.). Der von dem Ministerium für Soziales, dem Finanzministerium und dem Innenministerium gemeinsam im Dezember 1989 als eine Maßnahme für die Altensicherung veröffentlichte „*Goldplan*" (*Gôrudopuran*) (10-Jahre-Strategie zur Förderung der Gesundheitsversorgung alter Leute) (*Kôreisha Hoken Fukushi Suishin Jukkanen Senryaku*), stand auch auf der Grundlage der japanischen Wohlfahrtsgesellschaft, indem er voraussetzte, dass die familiäre Betreuung den größten Teil des Pflegebedarfs abdecken sollte (Kazuaki Miyata 1996, S. 297).[136] Im „*Goldplan*" wurden drei Themen gebildet: „Häusliche Helfer" (*Homuhelpa Sabisu*), „Kurzzeitpflege" (*Shotosutei*) und „Tagespflege" (*Deisabisu*). Darüber hinaus wurden im „*Goldplan*" die konkreten Ziele gesetzt, die bis zum Jahr 1999 erfüllt werden sollten. Im Einzelnen wurden die Anzahl von Sozial- und Pflegeeinrichtungen für alte Menschen, die Anzahl von Schwestern bzw. Pflegerinnen etc. angeführt. Alle Präfekturen und Kommunen wurden verpflichtet, den Bedarf in ihrer Region zu ermitteln und konkrete Detailpläne zur Sicherung der Versorgung zu erarbeiten (Karin-Ulrike Nennstiel 2001, S. 222). Zwar erkannte die Regierung bereits die Grenze der an die Familien anlehnenden Sozialpolitik für alte Menschen, aber häusliche Pflege statt der stationären Pflege stand im Mittelpunkt des „*Goldplans*" und die Familie sollte weiter die Hauptverantwortung für diese Pflege tragen.

Als eine Maßnahme gegen „Verminderung der Geburtenrate" (*Shôshika*) wurde 1991 das Kindergeld verändert und schon ab dem 1 Kind gezahlt. Das Kindergeld betrug für das 1. und das 2. Kind monatlich 5.000 Yen, und für jedes weitere 10.000 Yen (Masayuki Sakaguchi 1996, S. 176). Im Dezember 1994 wurde der sog. „*Engelplan*" (*Enzerupuran*) entworfen. Thematisiert wurden in dem Plan die Probleme der Vereinbarkeit von Beruf und Kindererziehung, die finanziellen

---

[135] Die Geburtenrate in Japan hatte bis 1975 ständig auf ca. 2 % beziffert. Seit 1976 ist die Geburtenrate gefallen, 1989 fiel sie erstmals unter die 1,6 % Marke und betrug 1,57 %.

[136] Der „*Goldplan*" wurde als eine Art Trostpflaster für die Einführung der Verbrauchersteuer im April 1989 eingereicht, weil die öffentliche Meinung dieser Einführung sehr kritisch gegenüberstand (Shûhei Itô 2002, S. 4).

Belastungen für Eltern, die Schwierigkeiten, einen geeigneten Wohnraum für das Leben mit Kindern zu finden etc. (Karin-Ulrike Nennstiel 2001, S. 222).

3.3.1.2 Die Rekonstruktion der sozialen Sicherung in den neunziger Jahren: Die „neue soziale Solidarität"

In den neunziger Jahren brach das auf der japanischen Wohlfahrtsgesellschaft basierende Konzept für die Maßnahme der Alterungsgesellschaft, die Familie die Hauptrolle der Alterspflege übernehmen zu lassen und die Familie durch örtliche Freiwillige zu unterstützen, zusammen. Angesichts der Zunahme der Pflegelasten der Familien, der Alterung und der Verminderung der Geburtenrate, war die Grenze der Sozialpolitik bis Ende der achtziger Jahre für die Alterungsgesellschaft klar geworden. In den neunziger Jahren wurden zahlreiche Berichte über die alternde Gesellschaft bzw. Vorschläge von verschiedenen Kommissionen vorgelegt; der erste und zweite „Bericht der Kommission für das zukünftige Modell der sozialen Sicherung" (*Shakai Hoshô Seido Shingikai Shakai Hoshô Shôraisô Iinkai)* (14.02.1993 und 08.09.1994), „Wohlfahrtsvision für das 21. Jahrhundert" (*Nijû Isseiki Fukushi Bijon*) von der persönlichen Beratungskommission des Ministers für Soziales (*Kôrei Shakai Fukushi Bijon Kondankai*) (28.03.1994), „Neuer *Goldplan*" (*Shin Gôrudopuran*) (18.12.1994),[137] „Vorschlag von Kommission für das System der sozialen Sicherung" (*Shakai Hoshô Seido Shingikai Kankoku*), „die Rekonstruktion des Systems der sozialen Sicherung" (*Shakai Hoshô Taisei no Saikôchiku*) (04.07.1995).

Zwar unterschieden sich diese Berichte bzw. Vorschläge in verschiedenen Teilen mehr oder weniger voneinander, doch vertraten sie einige gemeinsame Standpunkte. Die Besonderheit dieser Berichte bzw. Vorschläge lag darin, dass sie sich von der Richtung der zweiten Ad-hoc-Kommission verabschiedet hatten. Sie sind eine Reihe von Studien auf der Suche nach einem neuen Ansatz dazu, wie man sich mit dem Zusammenbruch der japanischen Wohlfahrtsgesellschaft auseinandersetzen müsse (Kazuaki Miyata 1996, S. 299). Im zweiten „Bericht von Kommission für das zukünftige Modell der sozialen Sicherung" wurde die positive Wirkung der sozialen Sicherung auf die Nationalökonomie betont, während es früher auf dem negativen Einfluss betont wurde (Kenji Satomi 1995a, S. 67). In diesem „zukünftigen Modell" wurde die Veränderung des Bildes der Familie als Voraussetzung der sozialen Sicherung erwähnt; „anstatt der Voraussetzung eines statischen Modells der Familie, im Zusammenhang damit sollte das System

[137] Zwar im „neuen *Goldplan*" (*Shin Gôrudopuran*) von 1994 wurden die Zielvorgaben des „*Goldplan*" vermehrt; eine weiterreichende Bedeutung erlangte diese Revision des „*Goldplan*" allerdings nicht.

der sozialen Sicherung die Familien unterstützen oder ersetzen, und verschiedenen Modelle der Familie der Ausgangspunkt sein. Auf dieser neuen Vorstellung von Familie beruhend soll ein Umstand für das bessere Leben gebildet werden"... „möglichst soll das Individuum statt des Haushalts als der Einheit der sozialen Sicherung eingerichtet werden" (zitiert nach: ebenda, S. 75).

In dieser Berichten bzw. Vorschlägen wurde gemeinsam die „neue soziale Solidarität" anstatt der „Familie" bzw. „Ort" hervorgehoben. In dem „zukünftigen Modell" wurde auf folgendes hingewiesen: „Das Wichtigste ist, dass alle Bevölkerung die Seele (*Shin*) der sozialen Sicherung und die Stimmung der Selbständigkeit und der Solidarität noch stärker behalten" (zitiert nach: Kazuaki Miyata 1996, S. 299). Also wurde die Gesellschaft des 21. Jahrhunderts als die Gesellschaft der Selbständigkeit und der Solidarität bezeichnet. In dem „Vorschlag der Kommission für das System der sozialen Sicherung" wurde Folgendes dargestellt:"Das System der sozialen Sicherung soll das Zeugnis der sozialen Solidarität des 21. Jahrhunderts sein. Dies soll die Grundidee der sozialen Sicherung zurzeit und in der Zukunft sein" (zitiert nach: ebenda, S. 299).

In diesen Berichten und Vorschlägen wurde aber nicht ausdrücklich die staatliche Pflicht für die soziale Sicherung erwähnt. In dem „Vorschlag der Kommission für das System der sozialen Sicherung" von 1950, der auch eine japanische Fassung des Beveridgeplan genannt wurde, bedeutete die soziale Sicherung die staatliche Sicherung. Im Vergleich zu diesem „Vorschlag" von 1950 war die staatliche Pflicht in dem „Vorschlag" von 1995 rückwärts gegangen, während die auf Selbständigkeit und Selbstverantwortung beruhende soziale Solidarität hervorgehoben wurde (Akira Takafuji 2002, S. 5). In der „Wohlfahrtsvision für das 21. Jahrhundert" wurden mithin verlangt, dass „Individuum, Familie, örtliche Organisation, Organisationen ohne Erwerbszweck *NPO*, Unternehmen, Staat und regionale Regierung ihre eigene Rolle übernehmen sollen" (zitiert nach: Tomio Makino 1995a, S. 12). Die Pflicht des Staats für die Wohlfahrt und die Soziale Sicherung lässt sich hier nicht deutlich finden, und viel mehr wurde der Schutzbereich der sozialen Sicherung durch die „neue soziale Solidarität" eingeschränkt. Schließlich war die „neue soziale Solidarität" aufgrund der Betonung auf „alle" bzw. „gemeinsam" (*Minna*) nichts anders als die Gesamtverantwortung der Bevölkerung für die soziale Sicherung (Kazuaki Miyata 1996, S. 300).

3.3.1.3 Die Sozialreform im Zusammenhang mit der „Strukturreform"

1996 hat die gründliche Umwandlung des Systems der sozialen Sicherung in Japan begonnen (Michio Gotô 2004a, S. 216). Im Mai desselben Jahres wurde das „Zentrum für die Strukturreform der sozialen Sicherung" (*Shakai Hoshô*

Kôzô Kaikaku Honbu) unter dem ersten Kabinett von Hashimoto eingerichtet und demzufolge erfolgte eine massive Überprüfung in allen Bereichen der sozialen Sicherung zur gründlichen Systemreform (ebenda, S. 219). Diese Sozialreform wurde im Kontext der „Strukturreform" bzw. sechs Reformpakete seit 1997 durchgeführt. Die Grundrichtung der Sozialreformen innerhalb der Regierung ließ sich folgendermaßen zusammenfassen: Die gestiegene Nachfrage nach Sozialleistungen bzw. Sozialarbeit muss öffentlich abgedeckt werden. Allerdings sollen gleichzeitig das Angebot der Sozialarbeit, sowie die Gesundheitsversorgung, mittels der massiven Deregulierung in der Sozialbereiche auf dem Markt gelöst werden. Der öffentlich abgedeckte Teil soll so weit wie möglich verringert werden und der zusätzliche Nachfrageteil soll auf eigene Kosten oder durch die privaten Versicherungen bzw. die betriebliche Sozialleistungen oder durch den Kauf auf dem Markt gedeckt werden (Michio Gotô 2002, S. 57).

3.3.1.4 Die Sozialreform im Kontext mit der „zweiten Strukturreform" Anfang des 21. Jahrhundert

Die soziale Sicherung in Japan in den letzten Jahren steht vor der schweren Herausforderung der Wirtschaftskrise, der Überalterung und der Globalisierung. Das Problem der Überalterung hat sich nicht verbessert, doch war es auch eine allgemeine Erscheinung in den westlichen Industrieländern. Aber die Rezession verschlechtert sich seit Platzen der Blase. Darüber hinaus drängt sich die Globalisierungswelle. Unter diesen Situationen trat das Kabinett von Junichirô Koizumi am 26.04.2001 an. Das Konzept der Sozialreform von Koizumi ist im „Grundprinzip zur Wirtschafts- und Finanzführung und zur Strukturreform der Wirtschaft und der Gesellschaft" erschienen (vgl. Politiku Vol. 2).

In diesem „Grundprinzip" wurde die soziale Sicherung als ein „*safety net*", die „Sorglosigkeit" und „Stabilität" der Bevölkerung unterstützt, bezeichnet. Die Sozialreform sollte auf der Selbsthilfe und Selbständigkeit als die Grundidee beruhend darauf abzielen, das in der Zukunft auch weiterführende stabile System zu rekonstruieren (Yûji Okazaki 2001, S. 86). Zur strukturellen Effektivität wurde die Verwirklichung des so genannten Gesamtsicherungssystems (*Sôgôtekina Hoshôshisutemu*), das, mittels möglicher Privatisierung das öffentliche System ersetzen bzw. konkurrieren kann, und die Errichtung einer vitalen Gesellschaft durch gegenseitige Hilfe und Bürgerinitiativen, bzw. Freiwillige in den Bereichen Gesundheitsversorgung, Pflege und Erziehung, postuliert (Akira Takafuji 2002, S. 9). Allerdings war dies die Logik der Wirtschaft; die Effektivität durch die Verstärkung der Konkurrenzfähigkeit. Die soziale Sicherung wurde als ein Hindernis für den Markt und die Konkurrenz betrachtet. Sie sollte umgewandelt werden, sich an den Markt und die Konkurrenz durch die Deregulierung anpassen können.[138] Darüber hinaus sollte die soziale Sicherung zur wirtschaftlichen Entwicklung beitragen, indem sie als eine Industrie gefördert wird (Toshigazu Yokoyama 2001, S. 46). In diesem „Grundprinzip" verschwand die Verantwortung des Staats, veränderte sich die „soziale Solidarität" zur „gegenseitigen Hilfe" und schließlich blieb lediglich die Selbstverantwortung (Akira Takafuji 2002, S. 9). Der Reformansatz des Anfangs des 21. Jahrhunderts ist in der Vergangenheit zurückgegangen.

3.3.2 Sozialreformen in den neunziger Jahren

3.3.2.1 Die Einführung der Pflegeversicherung als Ausgangspunkt der Strukturreform in der sozialen Sicherung

Die Sozialreform vom Ministerium für Soziales in den neunziger Jahren ging von dem großen Finanzdefizit in der Krankenversicherung aufgrund der *Heisei*-Rezession und des drastischen Anstiegs der staatlichen Lasten in den Bereichen der Sozialarbeit, vor allem der Altenpflege aus (Michio Gotô 2004a, S. 217). Die Einführung der Pflegeversicherung bezeichnete einen Ausgangspunkt der Strukturreform in der sozialen Sicherung.

Bis zum Ende der achtziger Jahre gab es in Japan keine Politik, die sich mit der Altenpflege befasste. Die Pflege für die alte Menschen bzw. die Behinderten wurde einer privaten oder familiären Sache gleichgesetzt. Die Familie und vor allem die Hausfrauen sollten die Pflege ohne weiteres übernehmen. Das Konzept der Sozialisation der Pflege, öffentliche Unterstützung für die Pflegebedürftigen zu bieten, war in dieser Zeit selten zu finden (Shûhei Itô 1996,S. 2). In der Zeit der „japanischen Wohlfahrtsgesellschaft" wurde die Rolle der Familie für die Pflege noch stärker hervorgehoben, und die Einrichtung des öffentlichen Pflegedienstes ist nicht weit fortgeschritten. Unter der „zweiten Ad-hoc-Kommission" war die Sozialpolitik in einer bestimmten Richtung verlaufen. Danach sollten die Kosten für die Gesundheit und die Sozialarbeit gebremst werden (Shûhei Itô 2002, S. 3). Leistungen bei stationärer oder häuslicher Pflege erfolg-

---

[138] Bereits in einem Bericht der „Kommission für die Wirtschaftsstrategie" (*Keizai Senryaku Kaigi Tôshin*) am 26.02.1999; „Die Strategie für die wieder Belebung der japanischen Wirtschaft" (*Nihon Keizai Saisei he no Senryaku*), wurde die soziale Sicherung als ein Faktor des „Moral Hazard" verachtet (Akira Takafuji 2002, S. 7f.). Das war der letzte Bericht des 20. Jahrhunderts.

ten in dem „Maßnahmensystem" (*Sochi Seido*)[139] durch die „Verwaltungserledigung" (*Gyôsei Shobun*). Unter der Verwaltungserklärung, die in Bezug auf die Sozialarbeit kein Anspruch sah, war die Inanspruchnahme von Pflege im Namen der Angemessenheit des „Maßnahmensystems" absichtlich stigmatisiert worden (Shûhei Itô 1996,S. 3).

Aber in den späten achtzigen Jahren sollte die an die Familie anlehnende Politik über Sozialarbeit nachgeprüft werden. Angesichts der Überalterung und der Zunahme der Kernfamilien führte die verdrehte Politik im Zusammenhang mit der japanischen Wohlfahrtsgesellschaft zur absoluten Unzulänglichkeit der öffentlichen Pflege oder der Pflegeheime. Darüber hinaus waren traurige Ereignisse, die bei der Familienpflege entstehen können, z. B. Misshandlung der alten Menschen oder sogar Selbstmord, geschehen (Mariko Nishimura 2000, S. 137). Überdies war das Phänomen der „sozialen Hospitalisierung" (*Shakaiteki Nyûin*) aufgefallen. Es kam häufig vor, dass viele pflegebedürftige alte Menschen auf lange Zeit im Krankenhaus blieben, obwohl sie keine stationäre Behandlung brauchten. Diejenigen, die lediglich wegen personeller Pflege in ein Krankenhaus eingewiesen wurden, kehrten nach der Behandlung nicht nach Hause zurück, weil sie nicht mehr allein leben konnten oder aber weil es keine alternative Betreuung gab (Friederike Bosse 1997a, S. 378).[140] 1993 konnte lediglich 10 % von den Pflegebedürftigen im speziellen Pflegeheim für alte Menschen betreut werden, 42 % war im Krankenhaus gelegen und 45 % wurde häuslich gepflegt (Mariko Nishimura 2000, S. 137). Vor diesem Hintergrund wurde das Geldvermögen nicht dem Ziel gemäß verteilt und die Kosten, die für Bereiche der Sozialarbeit ausgegeben sollten, wurden in die Kosten für die ärztliche Behandlung umgewandelt. Darüber hinaus hat sich die Volkskrankenversicherung durch die Zunahme der Kosten für die Gesundheitsversorgung der alten Menschen finanziell verschlechtert (Mariko Nishimura 2000, S. 137).

---

[139] „Maßnahmensystem" bedeutet das System der Dienstleistungen, die Verwaltungsorgane auf der Grundlage der „Sechs Gesetze über Sozialarbeiten" der Bevölkerung anbieten. Das wurde im Gesetz zur Sicherung des Lebensunterhalts (altes Sozialhifegesetz) von 1946 und im Gesetz zum Kinderschutz von 1947 aufgenommen und seit 1951 in den Gesetzen zur Sozialarbeit ausdrücklich festgesetzt (Motô Fukuda 1997, S. 83). Das System sollte das Recht auf ein Existenzminimum sichern, aber die Betroffenen empfangen passiv die sozialen Leistungen und konnten nicht ihre aktiven Bedürfnisse oder Rechte geltend machen, weil es den Verwaltungsbeamten einen so weiten Ermessenspielraum gestattete (Karin-Ulrike Nennstiel 2001, S. 230).

[140] Diese Praxis führte auch zur langen durchschnittlichen Krankenhaushaltsaufenthaltsdauer in Japan: Für 1984 errechnete die OECD im Durchschnitt eine Dauer von 6,6 Tagen pro Krankenhausaufenthalt in den USA, aber 40,9 Tage in Japan (Friederike Bosse 1997a, S. 378).

In den neunziger Jahren hat sich die Pflegesituation vor allem bei den alten Menschen verschärft. Das Konzept der Pflegeversicherung (*Kaigo Hoken*) wurde in dem zweiten „Bericht der Kommission für das zukünftige Modell der sozialen Sicherung“ im September 1994 erstmals öffentlich bekannt gegeben, wobei die tatsächliche Veränderung des Bildes der Familie ausdrücklich hingewiesen wurde (Masayuki Sakaguchi 1996, S. 187). Darauf folgend wurde die Einführung der Pflegeversicherung in einem „Vorschlag“ der „Kommission für das System der sozialen Sicherung“ vom Juli 1995 postulierte (Shûhei Itô 2002, S. 7f.). Das Gesetz zur Pflegeversicherung wurde im Dezember 1997 im Parlament verabschiedet und ist seit April 2000 in Kraft getreten (Werner Kamppeter 2004f, S. 57). Der Inhalt des Gesetzes lässt sich wie folgt zusammenfassen: In dieser Versicherung sind alle Personen erfasst, die älter als 40 Jahre sind. Die Beiträge werden je zur Hälfte vom Arbeitgeber und Arbeitnehmer getragen. Anspruchsberechtigte sind Personen ab dem 65. Lebensjahr und altersbedingt Pflegebedürftige vom 40. Lebensjahr an. Der Eigenanteil liegt bei 10 % der Pflegekosten. Die Leistungen umfassen häusliche[141] und stationäre Pflege (vgl. Monika Sommer 1999, S. 222, Friederike Bosse 2000, S. 563 und Werner Kamppeter 2004f, S. 57-59).[142]

Die Grundidee der Pflegeversicherung, den verschiedenen Berichten zufolge, bestand in der Konstruktion des allgemeinen Pflegesystems. Was die Altenpflege angeht, wurde die Unterstützung für die Selbständigkeit der alten Menschen gefordert (vgl. Shûhei Itô 1996, S. 9). Im Vergleich zur früheren Pflegepolitik, wobei die betroffenen Familien unterstützt wurden, sei dies ein bemerkenswerter Fortschritt. Mit dieser Versicherung braucht die Familie nicht mehr, die Funktion der Altenpflege im bisherigen Umfang zu erfüllen (Friederike Bosse 2000, S. 563). Das andere Ziel der Pflegeversicherung war, die öffentlichen Kosten zu kürzen. Durch die Einführung der Pflegeversicherung wurde das frühere „Maßnahmesystem“ abgeschafft und die öffentlichen Kosten für die bisherige Pflegemaßnahme wurden durch die Lasten der Pflegeversicherung ersetzt (Shûhei Itô 1996, S. 18).

An dieser Einführung der Pflegeversicherung wurde kritisiert, dass die Verantwortung des Staats für die Pflegeversorgung zurückgegangen sei. Aufgrund der Abschaffung des „Maßnahmensystems“ seien, so die Kritiker, die privaten Unternehmen die eigentlichen Träger der Pflegeversicherung geworden (Atsumi

[141] Die Leistungen der häuslichen Pflege schließen ambulante Pflege durch „*homehelpers*“ und Krankenschwestern und Leistungen für Tages- und längeren (2-3 Tage) Aufenthalt in Pflegestationen ein.

[142] Die Leistungen der stationären Pflege bestehen aus Pflegeheimen, Gesundheitseinrichtungen für ältere Menschen und Krankenhäuser mit Pflegebetten.

Ninomiya 2002, S. 159). Darüber hinaus geht es darum, dass die Basis der Idee der „gemeinsamen Solidarität" (*Kyôdô Rentai*) in Artikel 1 des Gesetzes zur Pflegeversicherung unter der heutigen Strukturreform bereits zusammenbricht (Shûhei Itô 2002, S. 14). Die Tatsache, sich der öffentlichen Verantwortung für die Sozialarbeit zu entziehen und den Marktmechanismus einzuführen, führte dazu, dass sich der Unterschied bzw. die Ungleichheit im Bereich der Sozialarbeit vergrößerte und sich darüber hinaus der Zusammenbruch der sozialen Basis beschleunigte (ebenda, S. 14). Der Anspruch auf die Pflegeversorgung eines Versicherten soll dadurch realisiert werden, dass er mit einem bestimmten Unternehmer privatrechtlich einen Vertrag abschließt und darauf beruhend die Leistung fordert. Da der Inhalt und die Qualität der Pflege nach der Zahlungsfähigkeit von Versicherten bzw. seinem Haushalt entschieden werden sollen, dürfen die zahlungsunfähigen Pflegebedürftigen oder die alten Menschen ohne Vertrag den Anspruch nicht tatsächlich nehmen (ebenda, S. 14).

3.3.2.2 Die Gesundheitsreform

Die Beiträge der Krankenversicherung in Japan sind im Vergleich zu westlichen Ländern relativ niedrig.[143] Das japanische Gesundheitswesen gehört mit 8,0 % am BIP von 2000 zu den preiswertesten unter den OECD-Ländern (Kôsei rôdô shô 2002b, S. 112).[144] Das Kostensparen und die Effektivität waren das gemeinsame Ziel der Gesundheitsversorgung, nicht nur von den westlichen Ländern, sondern auch von Japan. Allerdings stellte sich die Kostenexplosion der Gesundheitsversorgung für die alten Menschen als das große Problem im Gesundheitssystem in Japan.[145] Ihre Anstiegsrate ging über den gleichen Satz der Kosten für die medizinische Versorgung der gesamten Bevölkerung oder des Volkseinkommens (Tabelle 49). Das System der Krankenversicherung hatte ein deutliches *Bi-*

---

[143] Die vergleichsweise geringen Kosten sind häufig auf das geringere Auftreten einzelner Erkrankungen, die weniger aggressiven Behandlungsmethoden sowie eine gesündere Lebensweise zurückzuführen. Hinzu kommen systematische Faktoren wie ein geringerer Personaleinsatz, geringere administrative Kosten sowie die Steuerung durch die landesweit einheitliche Gebührenordnung (vgl. Harald Conrad 2003, S. 81).

[144] Der Anteil der Kosten für die medizinische Versorgung am BIP betrug 1998 in den folgenden Ländern: USA (12,9 %), Großbritannien (6,8 %), Schweden (7,9 %), Italien (8,2 %), Deutschland (10,3 %), Frankreich (9,4 %) und Japan (7,4 %) (OECD Health Data 2001).

[145] Das Krankenversicherungssystem für die alten Menschen ist ein komplizierter Risikostrukturausgleich bzw. horizontaler Finanzausgleich, wonach alle Krankenkassen entsprechend dem Prozentanteil alter Menschen an der Gesamtbevölkerung für die Kosten der medizinischen Versorgung der über 75-Jährigen aufkommen. Es geht auf die „Krankenversicherung für die alten Menschen" von 1982 zurück. Hiernach werden zu zwei Drittel der Kosten über Transfer aus den verschieden Krankenversicherungsträgern und zu ein Drittel durch staatliche Zuschüsse finanziert (Harald Conrad 2003, S. 82).

as zugunsten der älteren Bevölkerung. Dazu kam, dass aufgrund der Alterung ein wachsender Teil der Aufwendungen im Gesundheitsbereich für die Senioren verwendet wurde. So war ihr Anteil an den Gesundheitsausgaben von 25,4 % (1985) auf 38,2 % (1999) gestiegen (Kôsei rôdô shô 2002b, S. 112).

Zwar bezeichnete die Einführung der Pflegeversicherung ein bedeutendes Ereignis in der Geschichte der japanischen Sozialpolitik, doch bedeutete diese im Kontext mit der Nationalen Krankenversicherung, dass ein Teil der langzeitigen Pflege für die alten Menschen von der Krankenversicherung auf die Pflegeversicherung umgestellt wurde (Yukiyasu Nishioka 2002, S. 18). Dadurch wurde das Sparen der Teilkosten in der Gesundheitsversorgung für die alten Menschen ermöglicht. Die Kosten für die medizinische Versorgung der gesamten Bevölkerung und der alten Menschen waren im Jahr 2000 zum ersten Mal gesunken (Kôsei rôdô shô 2002b, S. 112).

Tabelle 49: Die Anstiegsrate des Volkseinkommens, der Kosten für die medizinische Versorgung der gesamten Bevölkerung und der alten Menschen (%)

	1985	1991	1992	1993	1994	1995	1996	1997	1998	1999	2000
a	6,1	5,9	7,6	3,8	5,9	4,5	5,8	1,9	2,6	3,7	-1,9
b	12,7	8,1	8,2	7,4	9,5	9,3	9,1	5,7	6,0	8,4	-5,1
c	6,8	5,9	-0,1	0,0	0,9	1,1	2,6	0,8	-2,8	0,3	-0,3

Anm: a): Die Kosten für die gesamte medizinische Versorgung b): Die Kosten für die medizinische Versorgung der alten Menschen c): Volkseinkommen.
Quelle: Kôsei rôdô shô 2002b, S. 112.

1997 wurde die Gesundheitsreform durchgeführt und dadurch waren die Lasten der Bevölkerung gestiegen: Die Selbstbeteiligung für ältere Patienten über 70 Jahre wurde an den Behandlungskosten eingeführt. Die Eigenbeteiligung war von 10 % auf 20 % gestiegen. Die Selbstbeteiligung an Arzneimitteln bei der ambulanten Behandlung wurde eingeführt (vgl. Monika Sommer 1999, S. 222f.). Diese Gesundheitsreform zielte darauf ab, die finanziellen Lasten der Krankenversicherung zu mindern, medizinische Behandlungen zu kürzen und vor allem den Anstieg der Kosten für die medizinische Versorgung aufzuhalten (Michio Gotô 2004b, S. 45).

Neben diesen quantitativen Perspektiven wurde eine „gründliche" Reform seit 1997 versucht. Das Ministerium für Soziales hat mit der LDP zusammen eine Grundidee zur Reform des Gesundheitssystems veröffentlicht; „das System der Krankenversicherung im 21. Jahrhundert" (*21 Seiki no Iryô Hoken Seido*) vom Ministerium für Soziales vom August 1997 und „die Nationale Gesundheitsversorgung im 21. Jahrhundert" (*21 Seiki no Kokumin Iryô*) von einer Kommission der LDP vom August 1997. Darin wurden die folgenden Punkte konzipiert: 1. Die Selbstbeteiligung der Patienten in der Krankenversicherung sollte zunehmen. Es war eine unmittelbare Maßnahme gegen die finanziell ungünstige Lage und zielte darüber hinaus darauf ab, die Gesamtkosten für die medizinische Versorgung mittels der Verminderung der medizinischen Behandlung zu sparen. 2. Die Deckungsbereiche der gesetzlichen Krankenversicherung sollten eingeschränkt werden, ihr sollten die privaten Krankenversicherungen bzw. die privaten Behandlungen hinzugefügt werden. 3. Die medizinische Versorgung sollte verringert werden und im Kontext der „Vermarktung" (*Shijôka*) und der „Profitorientierung" (*Eirika*) nach der Zahlungsfähigkeit stufenweise differenziert werden (Michio Gotô 2004b, S. 45-47). Der japanische Ärztebund (*Nihon Ishkai*), eine traditionale Unterstützungsorganisation für die LDP, hat diesen Entwurf scharf kritisiert, dass dieser das System zum Zusammenbruch der Nationalen Krankenversicherung führen konnte (Michio Gotô 2002, S. 102). Dieses Konzept von 1997 wurde lediglich teilweise verwirklicht, doch war es in der zweiten Strukturreform des Kabinetts von Koizumi wieder aufgetaucht. Die Gesundheitsreform in der „zweiten Strukturreform" hat angesichts der strukturellen Rezession und der Globalisierung darauf konzentriert, das System der Gesundheitsversorgung zu verkleinern und zu reorganisieren. In diesem Zusammenhang haben die Verbesserung der Konkurrenzfähigkeit der japanischen Unternehmen und die Sanierung des Finanzdefizits die oberste Priorität (Yukiyasu Nishioka 2002, S. 19). Yukiyasu Nishioka hat kritisiert, dass das Wesen dieser Gesundheitsreform die Zerstörung des Systems der Nationalen Krankenversicherung und seine Umwandlung in den „Ausbeutungsapparat" war (ebenda, S. 19).

3.3.2.3 Die Reform der Rentenversicherung und die Entwicklung der „Aushöhlung"

Nach der Reform von 1985 wurden drei weitere Reformen (1989, 1994 und 1999) in der Rentenversicherung durchgeführt. Angesichts der schnellen Alterung und der niedrigen Geburtenrate ging es um die Finanzierung der Rentenversicherung in den neunziger Jahren. Vor diesem Hintergrund wurde die Erhöhung des Rentenbezugsalters in der Reform von 1994 postuliert (Kingo Tamai 2000, S. 112). Das Rentenbezugsalter für die Beschäftigtenrentenversicherung sollte von 60 auf 65 bis zum Jahre 2013 (Frauen bis 2018) schrittweise erhöht werden; ab 2001 steigt es alle drei Jahre um ein Jahr. Dies kann zur Verlängerung der Beitragszahlungszeit sowie zur Verkürzung der Rentenzahlungszeit führen und folglich zur Verbesserung der Finanzsituation beitragen (Goichi Fujita 1996, S. 234). Der andere wichtige Punkt war die Anhebung der Beiträge (Arbeitnehmer und

Arbeitgeber) von 16,5 % (1994) bis auf einen maximalen Satz von 29,6 % im Jahre 2025 (Kazunori Ogawa 1996, S. 96).

1999 wurde das Rentenreformgesetz verabschiedet und im April 2000 in Kraft gesetzt. Wichtige Punkte des neuen Gesetzes sind: 1. Die Grundrente wird in der Zukunft (ab 2004) zu 50 % (bisher 30 %) aus der Staatskasse finanziert. 2. Das Rentenniveau wird um 5 % in der Beschäftigtenrentenversicherung gesenkt. 3. Die Bonuszahlungen werden voll in die Bemessungsgrundlage integriert (ab April 2003). Dadurch werden die Beitragssätze von 17,35 % auf 13,58 % sinken. 4. Das Renteneintrittsalter in der Beschäftigtenrentenversicherung erhöht sich für Männer bis 2013, für Frauen bis 2018, in mehreren Schritten auf 65. 5. Das Rentenniveau wird der Preisentwicklung angepasst, nicht mehr der Entwicklung der Löhne. 6. Die Rente der 65- bis 69-Jährigen, die noch berufstätig sind, wird gemindert. 7. Personen mit niedrigem Einkommen zahlen bei vollem Rentenanspruch nur noch halbe Monatsbeiträge in der Volksrentenversicherung (ab April 2002) (vgl. Kenji Satomi 2002, S. 5, Monika Sommer 2000, S. 273 und Werner Kamppeter 2004e, S. 67 und 73).

Eine bemerkenswerte Entwicklung seit den achtziger Jahren ist die Erscheinung der „Aushöhlung“ (*Kûdôka*) in der Rentenversicherung. Zwar sind alle Bürger in der gesetzlichen Rentenversicherung (Grundrente) theoretisch erfasst, doch besteht auch weiterhin noch die Lücke, die das System der Rentenversicherung finanziell gefährdet (Friederike Bosse 1998b, S. 499). Der Befreiungsanteil war seit der Herausbildung des Systems der Nationalen Rentenversicherung von 1961 ständig gesunken. Anfang der achtziger Jahre ist er zwar wieder gestiegen, doch schon Mitte der achtziger Jahre, aufgrund des strengen Verfahrens zur Befreiung für die Soziaversicherung erneut gesunken. Aber der Befreiungsanteil stieg seit Ende der achtziger Jahre stetig. Die Entwicklung des Anteils derjenigen, die den Beitrag nicht zahlten, entspricht dem Satz der von den Beiträgen befreiten Personen. Die Steigerung des Zahlungsverzugs Mitte der achtziger Jahre lässt darauf schließen, dass die einst vom Beitrag befreiten Mitglieder aufgrund dieses strengen Verfahrens nicht zahlen konnten (Kenji Satomi 2002, S. 6). Allerdings steigt der Anteil des Zahlungsverzugs seit 1995 drastisch. Es spiegelt nicht nur die wirtschaftliche Rezession seit des Platzens der Blase, sondern auch den Verlust des Vertrauens der Bevölkerung in das System der Rentenversicherung (ebenda, S. 6).

Tabelle 50: Der Anteil der Befreiung und des Zahlungsverzugs in der Volksrentenversicherung (%)

	Befreiungsrate (A)	Zahlungsverzug (B)	A + B
1961	10,6	26,1	36,7
1965	11,9	9,9	21,8
1970	9,1	5,8	14,9
1975	8,0	4,0	12,0
1980	11,8	3,9	15,7
1981	13,1	4,3	17,4
1982	15,0	4,8	19,8
1983	16,7	5,4	22,1
1984	17,4	5,9	23,3
1985	14,8	10,3	25,1
1986	11,9	17,5	29,4
1987	11,9	16,3	28,2
1988	12,2	15,7	27,9
1989	12,5	15,3	27,8
1990	12,6	14,8	27,4
1991	14,0	14,3	28,3
1992	14,7	14,3	29,0
1993	15,7	14,5	30,2
1994	16,8	14,7	31,5
1995	17,6	15,5	33,1
1996	17,6	17,1	34,7
1997	18,6	20,4	39,0
1998	19,9	23,4	43,3
1999	21,2	25,5	46,7
2000	17,4	27,0	44,4

Quelle: Kenji Satomi 2002, S. 7

Der Anteil der Personen, die aufgrund des niedrigen Einkommens von den Beiträgen befreit waren, sowie solchen, die schlicht nicht zahlten, erreichte 1993 über 30 %, stieg 1999 bis auf 46,7 % an den Pflichtmitgliedern (Tabelle 50). Ende der neunziger Jahre zahlten lediglich knapp 50 % der Pflichtmitglieder ihre vollen Beiträge in die Volksrentenversicherung. Im März 2001 waren 3,7 Mio. von 21,25 Mio. Personen, die nur in der Volksrentenversicherung versichert waren, von den Beiträgen befreit, und die Zahl derjenigen, die die Beiträge nicht zahlten, bezifferte gar 5,82 Mio. (Kenji Satomi 2002, S. 7). Hinzu kamen jene, die durch andere Umstände keine Mitglieder waren und die auf 0,99 Mio. (um 4,9 %) im 1999 vom Amt für die Soziaversicherung geschätzt wurden (ebenda, S. 8). Daraus lässt sich folgern, dass das System der Nationalen Rentenversicherung in Japan in der Krise steckt (Kingo Tamai 2000, S. 117).

3.3.3 Armut in den neunziger Jahren

3.3.3.1 Die Vertiefung der sozialen Ungleichheit

Die soziale Lage in den neunziger Jahren spitzte sich angesichts des Zusammenbruchs der Integration der unternehmenszentrierten Gesellschaft zu. Die Auflösung des japanischen Beschäftigungssystems führte nicht nur zur Entstehung der vielen Beschäftigten mit dem niedrigen Lohn, sondern auch zur Vergrößerung des Lohnunterschieds zwischen den verschiedenen Gruppen (vgl. Takeo Kinoshita 2004). Die staatliche Umverteilungspolitik im Zusammenhang mit der „Strukturreform" trug auch dazu bei, den Einkommensunterschied in der Bevölkerung zu erweitern (Michio Gotô 2004b, S. 86). Die bestehende staatliche Umverteilungspolitik wurde in drei Bereiche betrieben: 1. Die vertikale Einkommensumverteilung in der Bevölkerung mit Hilfe des Systems der sozialen Sicherung, 2. Die regionale Umverteilungspolitik verschiedener Zuschüsse bzw. des Finanzvergleichs, 3. Die industrielle Umverteilungspolitik für die Landwirte bzw. die kleine Selbständige durch die Regulierung und die Zuschüsse (vgl. Atsumi Ninomiya 2004). Aber die Strukturreform hat diese Funktionen massiv eingeschränkt. Der höchste Steuersatz von 37 % (75 % in den achtziger Jahren) in den Regierungszeiten von Ministerpräsident Keizô Obuchi (1998-2000) durch die Steuerreform bezeichnete die Reduktion der Einkommensumverteilung vom Staat (Michio Gotô 2004b, S. 87). Die Auflösung der japanischen Beschäftigung und diese rückständigen staatlichen Maßnahmen zur Einkommensumverteilung führten zu einer komplizierten Erweiterung des wirtschaftlichen Unterschieds zwischen den verschiedenen Gruppen. Folglich vermehrten sich der Einkommensunterschied und die Zahl der armen Schichten (ebenda, S. 88). Toshiaki Tachibanaki hat die Ungleichheit der Einkommensverteilung empirisch untersucht; dem zufolge zeigte die Einkommensumverteilung in der Zeit des hohen Wirtschaftswachstums und nach der Ölkrise bis Ende der achtziger Jahre beachtlich die gleiche Struktur auf. Doch seitdem begann die Ungleichheit der Einkommensumverteilung, die sich in der letzen Zeit verschlimmerte (Toshiaki Tachibanaki 1998, S. 66). Dies bedeutet, dass die relativ gleiche Verteilungsstruktur unter der Integration der unternehmenszentrierten Gesellschaft vergangen ist.

3.3.3.2 Die massive Arbeitslosigkeit und die Armut

Die Zahl der Sozialhilfeempfänger verminderte sich seit 1984 aufgrund der strengen Verfahren vom Sozialamt durch die Mitteilung Nr. 123, doch hielt am Anfang der neunziger Jahre an und vermehrte sich seit 1996 ständig. Die Zahl und der Anteil der Sozialhilfeempfänger betrugen 1.148.088 und 0,90 % im Jahr 2001 (Tabelle 51). Angesichts der drastisch gestiegenen Arbeitslosigkeit seit Mitte der neunziger Jahre verschärft sich das Problem der Armut (vgl. 2.2.2.4). Im Vergleich zu westlichen Ländern war die langfristige Arbeitslosenquote in Japan relativ niedrig, dennoch stieg diese seit 1999 (22.4 %) stark an. Im ersten Quartal 2004 betrug der Anteil derjenigen, die seit mehr als einem Jahr arbeitslos sind, 34 % und die Zahl der Langzeitarbeitslosen 1.12 Millionen (von 3.29 Millionen der Gesamtarbeitslosen) (Kôsei rôdô shô 2004, S. 18). Allerdings war der Anteil der Personen, die Arbeitslosengeld bezogen, sehr niedrig, weil die japanische Behörde am strengen Verwaltungsverfahren festhielt. Der Begriff der „Zumutbarkeit" von Arbeit wird in Japan nicht nur in der Arbeitslosenversicherung, sondern auch in der Sozialhilfe, streng definiert (Anna Maria Thränhardt 1999, S. 240). Langzeitarbeitslose, die aus dem Versicherungssystem herausfallen, müssen Sozialhilfe beziehen. Die männlichen Arbeitnehmer in mittlerem und hohem Alter sind von der langfristigen Arbeitslosigkeit stark betroffen. Jedoch bekommen in den meisten Fällen Personen, die arbeitsfähig sind, keine Sozialhilfe (vgl. Tabelle 51). Hieraus lässt sich der Schluss ziehen, dass die beachtliche Zahl der Langzeitarbeitslosen ohne Unterstützung in Armut lebt.

Tabelle 51: Die Anzahl und der prozentualer Anteil der Sozialhilfeempfänger und die Anzahl der Sozialhilfehaushalte in Japan von 1991 bis 2001

	Anzahl der Sozialhilfeempfänger	Anteil an der Bevölkerung (%)	Anzahl der Sozialhilfehaushalte	Anzahl der Sozialhilfehaushalte ohne Erwerbtätige
1991	946.374	0,76	600.697	493.816
1992	898.499	0,72	585.972	488.851
1993	883.112	0,71	586.106	495.706
1994	884.912	0,71	595.407	509.132
1995	882.229	0,70	601.925	519.376
1996	887.450	0,71	613.106	532.714
1997	905.589	0,72	631.488	550.865
1998	946.994	0,75	663.060	581.348
1999	1.004.472	0,79	704.055	618.996
2000	1.072.241	0,84	751.303	660.522
2001	1.148.088	0,90	805.169	708.698

Anm: Anzahl der Sozialhilfeempfänger und Anzahl der Sozialhilfehaushalte geben die monatliche durchschnittliche Zahl an.

Quelle: Shakai hoshô tôkei nenpô (Der Jahresbericht der Statistiken der sozialen Sicherung) 1999, S. 355 und 2003, S. 446

Eine Untersuchung von Shiji Ôsu (2003) wies darauf hin, dass sich die Lebenslage der Arbeitslosen in der letzten Zeit verschlimmerte. Im Oktober und im November 2002 bezifferte sich die durchschnittliche Zahl der Arbeitslosen auf 3.490.000, hiervon bekamen 2.010.000 (57,6 %) jährlich kein Einkommen durch Erwerbstätigkeit. Was die Einkommensquelle der Arbeitslosen in einem Monat angeht, betrug die Zahl und der Anteil jeder Fälle wie folgt; ohne Einkommen 1.720.000 (49,3 %), Arbeitslosenversicherung 700.000 (20,1 %), Renten bzw. Versorgung 280.000 (8,0 %) (Shiji Ôsu 2003a, S. 10). Ist der Hausherr arbeitslose und seine Ehefrau oder ein anderes Familienmitglied auch nicht erwerbstätig, muss er sein Vermögen verkaufen bzw. die Ersparnisse auflösen. Darüber hinaus führte die Arbeitslosigkeit in vielen Fällen zum Zusammenbruch der Familie (ebenda, S. 11).

3.3.3.3 Tagelöhner und Obdachlose als Symbol der Armut

Seit Mitte der neunziger Jahre werden Tagelöhner und Obdachlose als ein wichtiges Thema in der Sozialpolitik diskutiert (vgl. Masami Iwata 1997 1998 1999). Die Armut im Zusammenhang mit dem unstabilen Wohnen ist auch in westlichen Ländern seit den achtziger Jahren in Frage gekommen. Das Problem der „Obdachlose" in Japan ist jedoch seit dem Platzen der Blase in Großstädten wie in *Tokyo* oder *Osaka* offenbar geworden. Im Lauf der Globalisierung und der Rezession und der Entwicklung der massiven Arbeitslosigkeit ist das Problem der Obdachlosen im Zusammenhang mit der Zunahme nicht regulärer Arbeitnehmer und der Mobilität der Arbeitskräfte hervorgetreten (Reiko Shoya 1999, S. 121). Die Obdachlosen sind das Ergebnis von verlorenen Arbeitsplätzen, Wohnsitzen und Familien. Wenn ein Arbeitnehmer entlassen wird, der früher allein in der Ferne umsiedelte, verliert er nicht nur den Arbeitsplatz, zwangsläufig auch seinen Wohnsitz. Oder kamen Selbständigen auf dem Straßeleben nach dem Bankrott (Masami Iwata 1998, S. 164).

Bei entstandener oder unmittelbar drohender Obdachlosigkeit ist auch der Anspruch auf Sozialhilfe möglich. Die Obdachlosen konnten in der Tat auf Grund der strengen Verwaltungsverfahren vom Sozialamt nicht geeignete Sozialleistungen bzw. Sozialarbeit bekommen. Der Prozess von Herrn Hayashi wies die rechtliche Lage der Obdachlosen auf (Reiko Shoya 1998, S. 179f. und Yoshiko Saga 1996, S. 49-54). Herr Hayashi, damals 55 Jahre alt, führte im Mai 1994 einen Prozess. Er konnte wegen der Rezession und einer Fußkrankheit keinen Arbeitsplatz finden und kam nicht umhin, obdachlos zu werden. Er erhob den Anspruch auf Hilfe zum Lebensunterhalt und zur Beschaffung einer Wohnung. Im ersten Gerichtsverfahren gewann Herr Hayashi, verlor jedoch das Berufungsverfahren, da er als arbeitsfähig betrachtet wurde.

Die Zahl der Obdachlosen wurde auf über 20.000 im ganzen Land geschätzt, und betrug allein in *Osaka* ca. 10.000 (Fukuhara und Nakayama 1999, S. 29).[146] Nach einer Untersuchung von 1995 und 1996 betrug die Zahl der Obdachlosen im 23 Bezirk in *Tokyo* 3.000 (Masami Iwata 1998, S. 163). Im Unterschied zu westlichen Ländern, wo viele Obdachlosen von jüngeren Menschen oder Frauen bestehen, bilden in Japan ältere Männer den größten Teil. Nach einer Untersuchung für die im *Shinjuku* Bahnhofsviertel in *Tokyo* lebenden Obdachlosen betrug der Anteil der 50-Jährigen ca. 40 %, der 40-Jährigen und der 60-Jährigen jeweils ca. 20 % und 30 %. Was die Dauer der Obdachlosigkeit angeht, sind ca. 50 % der Befragten in jüngster Zeit obdachlose geworden (ca. 20 % der Obdachlosen zwischen 1 und 3 Jahr und ca. 30 % weniger als 1 Jahr) (ebenda, S. 163).

Die massive Anzahl an Obdachlosen ist mit der Verschlechterung des Arbeitszustands der Tagelöhner eng verbunden. Tagelöhner befinden sich im untersten Rang des Subkontraktsystems in der Bauindustrie. Viele Tagelöhner, die in der Zeit des hohen Wirtschaftswachstums vom Land in die Stadt gezogen sind, sollen mit dieser unstabilen Beschäftigung leben. Zwar sollen die Bauarbeiter mit dem Bauplatz ständig den Ort verändern und befinden sich in einer unstabilen Lebenslage, doch ist das Wesen der Tagelöhner darin zusehen, dass diese täglich angestellt und entlassen werden können. Im Lauf der wiederholten Anstellungen und Entlassungen angesichts der langen Rezession werden Tagelöhner aufgrund fehlender Qualifizierung, Alterung, Krankheit und Invalidität immer wieder ignoriert. Folglich sollen diese unter den verschlechterten Arbeitsbedingungen und dem Ausfall von der sozialen Sicherung obdachlose werden (Reiko Shoya 1998, S. 170f.).

Die Zahl der Tagelöhner in der Bauindustrie betrug in einem Zeitraum von 1975 bis 1980 ca. 550.000, doch sind sie 1996 auf ca. 300.000 drastisch gesunken (Fukuhara und Nakayama 1999, S. 22). Die Gründe dieser Verminderung lagen daran, dass nicht nur die Nachfrage nach den Tagelöhnern angesichts der Rezession sank, sondern auch der technische Fortschritt in der Bauindustrie erfolgt war (Yoshio Satô 1998, S. 248). Tagelöhner haben ihre eigene Arbeitslosenversicherung und Krankenversicherung. Versicherte in der Tagelöhnerversicherung beziehen Arbeitslosengeld (*Abure Teate*) unter der Bedingung, dass sie Beiträge für elf Tage im Monat oder für mindestens 26 Tage innerhalb zwei Monat bezahlt haben (Kingo Tamai 1998, S. 4). Aber die alten Tagelöhner sind in vielen Fällen nicht in der Lage, diese 13 Tage-Kondition zu erfüllen. Im Jahr 1996 waren

---

[146] In Deutschland wird die Zahl der Obdachlosen durch die Bundesarbeitsgemeinschaft für Wohnungslosenhilfe (BAG) geschätzt. Für 2000 rechnet die BAG (2001) mit 500.000 Obdach- und Wohnungslosen - davon leben 50.000 in Ostdeutschland, und 110.000 von ihnen sind Aussiedler in Notunterkünfte (Rainer Geißler 2002, S. 257).

52,9 % der Tagelöhner nicht von der Arbeitslosenversicherung erfasst, und 55,7 % nicht von der Krankenversicherung erfasst (Fukuhara und Nakayama 1999, S. 34). Im gleichen Jahr wurden ca. 80 % der Tagelöhner von der Rentenversicherung nicht versichert. Die alten Tagelöhner waren davon besonders betroffen und gerieten schneller in die Obdachlosigkeit. In vielen Fällen sollten die alten Tagelöhner ohne Hilfe in Armut geraten (Yoshio Satô 1998, S. 249). Unter diesen Voraussetzungen war die Sozialhilfe für die Tagelöhner erforderlich, doch ähnlich wie auch bei den Sozialhilfeheimen oder Krankenhausaufenthalten bewerteten die Sozialämter, bspw. von Osaka streng nach Wohnsitzangaben (Fukuhara und Nakayama 1999, S. 34).

Exkurse: Die Erforschung der Armut in Japan

a Die Armutsforschung bis zur Zeit des Wirtschaftswachstums

In Japan haben Iwasaburô Takano (1893) und Gennosuke Yokoyama (1898) schon vor dem 20. Jahrhundert die moderne Armutsforschung von Chales Booth bekannt gemacht (vgl. Kumetarô Matsuzaki 1990, S. 261-3). Vor dem Zweiten Weltkrieg bedeutete der Begriff „Armut“ in Japan Bedürftigkeit aufgrund niedrigen Einkommens. Jedoch war die Armut nicht der Zustand unter einer bestimmten materiellen Grenze zu verstehen. Die Armutsforschung in Japan hat wie in anderen Ländern mit Studien über die Armen angefangen. Der Zustand derjenigen, die im Armenviertel wohnten, wurde als Armut bezeichnet (Sugimura Hiroshi 1997b, S. 68).

Erst nach dem Zweiten Weltkrieg wurde die Frage nach der Armut als einer Beschränkung der Quantität gestellt. Aber gerade nach der Niederlage im Krieg waren alle Staatsbürger in diese Lage der Verarmung geraten und deshalb war es schwer, Arme von normalem Bürger zu unterscheiden (vgl. Masami Iwata 1990, S. 34). Kazuo Okochi hat dies als die „Gesellschaft der Unterschichten“ (*Kasô Shakai*), wo fast alle japanischen Arbeitnehmer lumpenproletarisiert worden sind, bezeichnet (Kyûichi Yoshida 1993, S. 414). Ihm zufolge konnten die Unterschichten nach der Kriegsniederlage in Japan keine Hoffnung in die ordentlichen Arbeitnehmer setzen (ebenda, S. 441).

Die Armutsforschung in den fünfziger Jahren lässt sich in drei Richtungen einteilen. Erstens ging es darum, wie die Armutsgrenze bestimmt wird und wie die Zahl der Armen bezüglich des Existenzminimums gemessen werden kann (Masami Iwata 1990, S. 36). Der soziale Standard des Lebens in Japan hat sich im Hinblick auf die Verallgemeinerung der Armut nach der Kriegsniederlage nicht gefunden. Damals wurde die Höhe der Sozialhilfe als die offizielle Norm der Armut verwendet und diese Höhe wurde nach den Ausgaben für den Haushalt einer Kriegswitwe berechnet. Allerdings hat der Standard der Lebenshaltungskosten der Arbeiter extra funktioniert (ebenda, S. 37). Vor diesem Hintergrund kam es zu einer Debatte über einen „Grenzfall" (*Bôdâ Rain*: *borderline case*) als die Schicht der Armut zwischen den beiden Normen in dem Zeitraum zwischen 1950 und 1952 (vgl. Hiroshi Sugimura 1997c, S. 31-4).

Zweitens wurde die Theorie der Sozialschicht (*Shakai Kaisô Ron*) vor allem von Eiichi Eguchi vorgelegt.[147] Eguchi hat die Aufmerksamkeit auf das Sozialverhältnis hinter dem Einkommen gerichtet und versucht, die Entstehung und die Verteilung der Armut zu greifen. Er hat die Sozialschicht (*Shakai Kaisô*) als eine homogene Gruppe sowohl in der Produktionstechnik als auch im Lebensniveau bzw. in der Lebensweise begriffen.[148] Die Armut wird vorerst als die Senkung des Niveaus innerhalb jeder Sozialschicht bezeichnet und erscheint danach als ein Sturz in die niedrigere Schicht. Hier sind die pluralen Normen der Armut in jeder Schicht vorhanden, und überdies lässt sich eine Norm aus der Gesamtgesellschaft ziehen. Zwischen diesen zwei Normen bewegt sich ein Haushalt, und schließlich fließt er in die unterste Sozialschicht ein. Diesen Prozess hat Eguchi als „Verarmung" bezeichnet (Masami Iwata 1990, S. 38). Er nannte die arme Schicht, die von Tagelöhner und Scheinselbständigen repräsentiert wurde, als „die Schicht der unstabilen Erwerbstätigkeit" (vgl. Naoyoshi Karakama und Shiji Osu 1990, S. 475). Diese Schicht war nicht in der Lage, aus eigener Kraft zu leben und bedurfte deshalb meistens öffentlicher Hilfe, stand am Rande der Sozialhilfe. Eguchi hat darauf hingewiesen, dass das Leben von Tagelöhnern ähnlich bzw. niedriger als das Leben mit Sozialhilfe ist und der Tagelöhner von der Gesellschaft isoliert ist. Diese „gesellschaftliche Isolierung" wird nachher von Eguchi als ein wichtiges Merkmal der heutigen Armut angesehen (ebenda, S. 470). Karakama und Osu haben versucht, das Konzept der „gesellschaftlichen Isolierung" an dem Konzept von „social deprivation" von Townsend anzuschließen. Die beiden gingen davon aus, dass die Studie von Eguchi in der internationalen Armutsforschung bedeutungsvoll und vorwärtsweisend ist (ebenda, S. 471).

Drittens hat Masami Chûbachi zu Anfang der fünfziger Jahre versucht, die Theorie der Lebensstruktur (*Seikatsu Kôsô Ron*) an die Theorie der Sozialschicht

[147] Eiichi Eguchi ist ein Sozialwissenschaftler, der nach dem Zweiten Weltkrieg eine große wissenschaftliche Errungenschaft in der Armutsforschung in Japan hinterlässt. Eine Abhandlung „die Schicht des niedrigen Einkommens in der Gegenwart" (*Gendai no teishotoku sô*) (1979) ist über 1500 Seiten lang und ein Standardwerk der Armutsforschung in Japan.

[148] Zum übersichtlichen Erklärung der Theorie der Sozialschicht von Eiichi Eguchi vgl. Naoyoshi Karakama und Shinji Osu (1990)

anzuschließen. Sie hat auf die Lebensstruktur im Prozess der Reproduktion der Arbeitskraft hingewiesen, um die Ursachen von Armut aufzuklären. Während sich die bestehende Armutsforschung auf die direkten Verbrauchsgüter konzentrierte, hat sie den Akzent auf die Balance zwischen dem direkten Verbrauchsgut, dem Dauerverbrauchsgut und dem Gebrauch der sozialen Einrichtung gelegt (Kyûichi Yoshida 1993, S. 443). Eine Lebensstruktur mit bestimmtem Einkommen, d. h. die Ansammlung von Gütern und die Gewohnheiten, lassen sich bei einer Veränderung der Umstände des Einkommens nicht einfach ändern. Chûbachi bezeichnete diese als „*after effect*" in der Veränderung der Haushaltsstruktur und deutete darauf hin, dass die Schicht dadurch befestigt wird (Masami Iwata 1990, S. 34). Es war Chûbachi und Eguchi daran gelegen, nicht die Norm der Armut zu bestimmen, sondern die Verarmung in dem Prozess der Entstehung und der Mobilität der Schicht im Zusammenhang mit der Veränderung der sozialen und wirtschaftlichen Umstände zu begreifen (Masami Iwata 1990, S. 39).

b Die Armutsforschung in der Zeit des schnellen Wirtschaftswachstums

Mit dem schnellen Wirtschaftswachstum und dem daraus folgenden Zuwachs des Einkommens hat sich die „Gesellschaft des Massenkonsums" durch einen Überfluss an Lebensgütern, vor allem an Haushaltsmaschine, verwirklicht. Bezüglich des Zuwachses dieses Konsums hat sich das Bewusstsein der Mittelschicht rasch ausgebreitet (Seiichi Kanazawa 1998, S. 203). Im Gegensatz dazu ist die Armutsforschung in der Zeit der schnellen Wirtschaftsentwicklung drastisch zurückgegangen. Die Armut galt nur als eines von mehreren verschiedenen Lebensproblemen, wie z.B. Verbraucher-, Wohnungs-, Kinder-, Behinderten-, Alleinerziehenden- und Altenproblem. Die Armut wurde nicht mehr als ein Produkt der Gesellschaft betrachtet und deshalb auf den individuellen Mangel an Einkommen zurückgeführt.

Zu dieser Zeit ging man im Allgemeinen davon aus, dass die Armut im klassischen Sinne infolge der schnellen Wirtschaftsentwicklung nicht mehr existierte und es nur die neue Armut gab. Kenichi Miyamoto (1967, 1976) hat großen Einfluss auf die Armutsforschung ausgeübt, indem er seine Theorie über die „neue Armut" herausgebildet hat. Er hat seine Theorie der neuen Armut in einem Buch von 1981 noch präziser formuliert. Miyamoto hat die Frage der Armut in eine klassische und eine gegenwärtige Armut eingeteilt: Die klassische Armut lag darin, dass die Arbeiterklasse aufgrund der Arbeitslosigkeit bzw. des niedrigen Lohnniveaus in Not geriet (Kenichi Miyamoto 1981, S. 136). Währenddessen ist die gegenwärtige Armut als eine soziale Frage anzusehen, nachdem der gegenwärtige Staat als Sozialstaat in die Zivilgesellschaft eingegriffen hatte (ebenda, S. 138). Miyamoto hat einen Beitrag dazu geleistet, die Armutsfrage von der individuellen Ebene auf weitere Lebensgebiete zu erweitern: Die Umweltverschmutzung, das Problem der Wasserversorgung, das Verkehrsproblem, die Knappheit an Boden, Wohnung, Schule, Krankenhäusern und Kindergärten und die chronische Inflation. Er hat darüber hinaus auf die Internationalisierung der Armut hingewiesen: Die Zunahme der Armut in den Entwicklungsländern sei damit verbunden, dass die Industrieländer mit dem wirtschaftlichen und dem militärischen Eingriff in die Entwicklungsländer das Problem der klassischen Armut selbst gelöst haben. Aber das Problem zwischen den Entwicklungs- und den Industrieländern hat paradoxerweise die gegenwärtige Armut in die Industrieländer gebracht, d. h. die Gastarbeiter aus den Entwicklungsländern sind zur niedrigsten Arbeiterklasse in den Industrieländern geworden und der Umweltverschmutzung und dem Stadtproblem zum Opfer gefallen (ebenda, S. 142). Miyamoto hat betont, dass die gegenwärtige Armut aufgrund des Umweltproblems u. a. über den Sozialstaat und über den sozialistischen Staat hinausgeht (ebenda, S. 142). In diesem Kontext lässt sich die gegenwärtige Armut in dem gegenwärtigen kapitalistischen Wirtschaftssystem nicht lösen. Aus diesem Anlass werden nicht nur neue öffentliche Eingriffe vorgeschlagen, sondern auch die Entwicklung einer Verbraucher- und Bürger-Bewegung anstelle der Arbeiterbewegung verlangt, um die gegenwärtige Armut zu lösen (ebenda, S. 142 u. 148f.). Zwar hat Miyamoto zur Entwicklung der Armutstheorie beigetragen, aber die Einstellung hat sich unabhängig von der Absicht Miyamotos verbreitet, dass die klassische Armut gelöst wurde und es nur um die neue Armut ging.

c Die Erweiterung der Armutsforschung seit 1974

Im Zusammenhang mit der Beendigung des schnellen Wirtschaftswachstums ist seit 1974 die auf der Theorie „ der Sozialisation des Lebens“[149] basierende Armutsforschung in Schwung gekommen. Diese Theorie „der Sozialisation des Lebens“ ist dadurch entstanden, dass sich das Konzept des sozialen Verbrauchs bzw. des Sozialkapitals von Miyamoto (1976) an die Theorie der Lebensstruktur von Chûbachi anschließt. Eiichi Eguchi, Kumetarô Matsuzaki, Masami Iwata und Masako Kawakami u. a. haben diese Forschungen betrieben.

Eguchi hat die noch verwurzelte vorhandene klassische Armut mittels einer Untersuchung über Haushalte von 1973 und 1974 gefunden (vgl. Eiichi Eguchi

[149] Eguchi definierte das Leben (*Seikatsu*) folgendermaßen: „ Das Leben“ ist die menschliche Bewegung, um die Existenz zu erhalten und das unabhängige Leben zu führen. Das findet über Jahre bzw. Generationen statt und dadurch kann die tägliche Arbeitskraft reproduziert werden, und die nächste Generation innerhalb der Familie wird hergestellt. Freilich wird dieses nicht isoliert, sondern nur in der Gemeinschaft gruppenweise geschehen (Eiichi Eguchi 1998, S. 3).

1979). In dieser Untersuchung hat er den Haushalt des Tagelöhners bzw. des Sozialhilfeempfängers als den Vertreter der Schicht mit niedrigem Einkommens angenommen. Eguchi und Matsuzaki haben darauf hingewiesen, dass die Kosten für Bildung, Wohnung, Verkehr und Telekommunikation und die Beiträge für die sozialen Versicherungen den Anteil der Nicht-Verbrauchsausgabe im Haushalt und somit die Gesamthaushaltsausgabe steigen lassen, jedoch werden diese meist zwangsweise durchgesetzt (Eguchi und Matsuzaki 1986, S. 182). Eguchi hat den Druck auf dem Haushalt durch sozialen Zwang als „die Erstarrtheit des Haushalts" bezeichnet und diese für ein wichtiges Kennzeichen der gegenwärtigen Armut gehalten (Masako Kawakami 1986, S. 213). Die Arbeiter werden zu Überstunden getrieben, und die ganze Familie soll Arbeit suchen, um mehr Geld zu verdienen und damit das unabhängige Leben des Haushalts führen zu können. Diese Tendenz ist als das neue Merkmal der „*working poor*" erschienen (Eguchi und Matsuzaki 1986, S. 186). Die Armut, als die Erstarrtheit des Haushalts bzw. der Verlust der freien Verfügung bezeichnet, hat mit der Festigung des durch das Wirtschaftswachstum gebildeten sozialen Lebensstandards zu tun. Die Festigung des Begriffs von Fixkosten bzw. sozialen Kosten setzt voraus, dass ein Standard bzw. das soziale Minimum vorhanden ist (Masami Iwata 1990, S. 52). Die plurale Armutsgrenze in der Theorie der Sozialschicht von Eguchi konnte damit auf eine einzige Norm konvergieren.

Toshiko Kamada und Nobuko Kanaji haben versucht, das Gebiet der Armutsforschung durch die „Theorie des Lebens" zu erweitern. Kamada behauptete, dass die Familie anstatt des Haushalts im Mittelpunkt der Forschung auf dem Lebensunterhalt stehen musste. Sie fasste den Prozess des Zusammenbruchs der Familie als Verarmung auf, wobei die Familie die Funktion der Lebensgemeinschaft verliert. Der Zusammenbruch der Familie, in der Unterschicht konzentriert vorgekommen, breitet sich aber auch auf die höheren Schichten aus (Toshiko Kamada 1983, S. 494 u. Kimiko Kimoto 1995, S. 61f.). Kimoto hat in einer empirischen Studie herausgefunden, dass sich die Stabilität des Familienlebens in der Arbeiterschicht nur bei den monopolistischen Unternehmen feststellen lässt. Nur in dieser Schicht ist die Familie imstande, mit dem Einkommen vom männlichen Hausherrn allein das Leben zu führen und das Familienleben ordentlich festzusetzen. Diese Stabilität liegt darin, dass die Arbeiter bei den monopolistischen Unternehmern durch eine langfristige Beschäftigung und Entlohnung nach dem Senioritätsprinzip geschützt werden (Kimiko Kimoto 1995, S. 62f.). Nobuko Kanaji kritisierte die bestehende Armutsforschung, weil diese die Familie nur als eine Einheit im Verbrauch betrachtet. Stattdessen hat sie die Aufmerksamkeit darauf gerichtet, dass die gegenwärtige Familie nicht nur eine Einheit im Verbrauch, sondern auch eine Einheit in der Produktion; eine Einheit der Akkumulation der menschlichen Bewegung und Vitalität, ist (Nobuko Kanaji 1994, S. 16). Sie hat behauptet, dass die auf die Analyse der Unterhaltskosten konzentrierte bestehende Forschung die Lebensfrage nicht fassen konnte (Nobuko Kanaji 1985, S. 4). Sie hat darauf geachtet, dass die Besonderheit der Lebensfrage seit dem niedrigen Wirtschaftswachstum als „die Konzentration des Widerspruchs auf das Familienleben“ erschien (ebenda, S. 11). Die Lebensnot lag nicht nur in dem niedrigen Einkommen oder dem niedrigen Konsumniveau, sondern auch im Zerfall der Lebensgewohnheiten, dem Zwist des Familienverhältnisses und der Entfremdung von sozialen Verhältnissen, z. B. von Verwandten bzw. dem Arbeitsplatz. Daraus entstand der Zusammenbruch der Familie oder sogar der Verlust der Menschenwürde. Kanaji hat darauf hingewiesen, dass sich diese in der Unterschicht am häufigsten vorhandene Neigung auf weitere Schichten einschließlich der „*white-collor*“ angesichts des Endes des schnellen Wirtschaftswachstums verbreitet hat (ebenda, S. 4).

Wie oben erwähnt, schwächte sich die Armutsforschung in Japan nach dem schnellen Wirtschaftswachstum ab, und die Armut wurde im Unterschied zur klassischen Armut als die „neue Armut“ bezeichnet, d. h. als Erstarrtheit des Haushalts unter der Sozialisation des Lebens bzw. als Mangel an Wohlfahrt oder Bildung. Es ging nicht darum, wie sich der Arme im Unterschied zur normalen Zivilperson verstehen ließ, sondern darum, wie sich das hoch entwickelte Leben der gesamten Arbeiterschaft einschließlich der normalen Zivilperson bei dem Wirtschaftshöhenflug erfassen ließ. Dies führte auch dazu, die Aufmerksamkeit auf die allgemeine Veränderung der Sozial- und der Lebensstruktur bzw. deren Widerspruch zu zeigen. Vor diesem Hintergrund wird die Diskussion auf die moderne Armut, in der sich die Armen anhand der Quantität von Geld von normalen Zivilpersonen unterschieden, absichtlich vermieden (Masami Iwata 1995, S. 325). Eher war es eine Interpretation der Überflussgesellschaft in dem hohen Wirtschaftswachstum. Dieses Charakteristikum der japanischen Armutsforschung hat sich Ende der achtziger Jahre verstärkt. Wie der Titel einer Abhandlung, „Was ist der Reichtum?“[150], darstellte, ist die Armutsforschung zur Zivilisationskritik vorgegangen.

d Die Armutsforschung in den neunziger Jahren

In Hinsicht auf dem Platzen der Blase kam es zur die Massenarbeitslosigkeit der Mittelaltersschicht und zum Bankrott der Selbständigen. In diesem Zusammenhang waren die Obdachlosen ein wichtiges Thema in der Armutsforschung in

---

[150] vgl. Itsuko Teruoka (1989): Yukatakasa to wa nanika (Was ist der Reichtum?), Tokyo: Iwanami Shoten.

Japan.[151] Aber ein feministischer Ansatz trat als ein Bemerkenswerter an der Armutsforschung in den letzten Zeiten in Japan auf. Diese feministische Richtung wird von Sen (1990) und Phal (1989) beeinflusst. Masako Marozumi (2003) hat auf die Ungleichheit innerhalb des Haushalts eine Aufmerksamkeit gerichtet, den Haushalt mit dem Konzept des „kooperierten Konflikts" begriffen.[152] Die herkömmliche Armutsforschung setzte, sowohl die gleiche Verteilung des Einkommens als auch die gleiche Belastung der Armut innerhalb eines Haushalts voraus. Masako Marozumi hat diese Annahme in Frage gestellt (Masako Marozumi 2003, S. 259): Auch wenn ein Haushalt über ein bestimmtes Einkommen verfügt, können Frau und Kinder dann in die Armut geraten, wenn der Mann das für sich allein nutzt oder eine ausdrücklich einseitige Einkommensverteilung innerhalb eines Haushalts vorliegt. Marozumi wies auch darauf hin, dass die auf dem Haushalt basierende herkömmliche Armutsforschung ein statischer Ansatz war und deshalb die dynamische Veränderung des Haushalts, ein Getrenntleben oder Ehescheidungen, nicht erfassen kann. In diesem Zusammenhang stellte sie dar, dass eine Kleingruppenforschung mit dem intensiven Interview, statt der konventionellen Armutsmessung mit großen statistischen Daten, die Ungleichheit innerhalb des Haushalts und die Armut der Alleinerziehende deutlich zeigen kann (ebenda, S. 263).

---

[151] Vgl. Shakai-Seisaku Gakkai Shi (the journal of social policy and labor studies), No.1: Issues on Day Labors and Homeless People in Contemporary Japan, July 1999.

[152] Das Konzept des kooperierten Konflikts (*cooperative conflict*) wurde von Amartya Sen ausgearbeitet. Vgl. Amartya Sen 1990, S. 147.

4 Schluss

4.1 Die Entwicklung des Begriffs der „unternehmenszentrierten Gesellschaft"

Die vorliegende Arbeit versucht, das wirtschaftliche und soziale System Japans in der Nachkriegszeit zu erklären. Es gab keine Absicht, die Typologie von Esping-Andersen zu ergänzen,[153] noch sollte zur kulturellen Erklärung des japanischen Sozialstaats beitragen werden.[154] Stattdessen wurde angestrebt, durch die Gesamtanalyse das Prinzip der Integration in Japan zu erforschen. Der Schlüsselbegriff ist die „unternehmenszentrierte Gesellschaft" (*Kigyô Shakai*). Es gibt unterschiedliche Meinungen zum historischen Ursprung bzw. zur Entste-

---

[153] Esping-Andersen untersuchte 18 OECD-Länder einschließlich Japan nach den beiden Kriterien, „Dekommodifizierung" und „Stratifizierung" und teilte diese in drei Kategorien ein: Das sozialdemokratische, das konservativ-korporatistische und das liberale Sozialstaatsregime (Esping-Andersen 1990). Seinem Ansatz zufolge ließ sich Japan nach dem Ausmaß der „Dekommodifizierung" dem korporatistischen Regime-Typ (ebenda, S. 52), hingegen nach der „Stratifizierung" dem liberalen Sozialstaatsregime zuordnen (ebenda, S. 76). Später prüfte er gesondert in einem Aufsatz den japanischen Sozialstaat. Dabei kam er zum Ergebnis, dass das japanische Sozialsystem die beiden Kernelemente des liberal-residualen und des konservativ-korporatistischen Modells enthielt (Esping-Andersen 1997, S. 187). Statt den japanischen Sozialstaat in einen Regime-Typ einzureihen, postulierte er, die weitere Entwicklung des japanischen Sozialstaats abzuwarten, weil sich das japanische Sozialsystem noch im Prozess der Evolution befand und es folglich noch nicht den Punkt der Kristallisierung erreichte (ebenda, S. 188). Esping-Andersens Ansatz der „Typologisierung der Sozialregime" wurde überprüft, korrigiert, erweitert und grundsätzlich kritisiert (vgl. Ginsberg 1992, Jürgen Kohl 1993, Francis G. Castles 1998, Manfred G. Schmidt 1998 und Elmar Rieger 1998). Auch einige Empirie-Studien lagen vor, um die Gültigkeit von Esping-Andersens Regime-Konzept zu untersuchen. Jedoch trat Japan in vielen Fällen als eine Ausnahme bzw. ein Problem auf (Castles 1998 und Wagschal 2000). Einige japanische Wissenschaftler haben ebenfalls versucht, den Ansatz von Esping-Andersen auf Japan anzuwenden. Uzuhashi begriff, dass Japan nach den Kriterien von „Dekommodifizierung" und „Stratifizierung" einem den liberalen Charakter beinhaltenden korporatistischen Regime zugeordnet ist, während es in Bezug auf „ die Verknüpfung von Arbeit und Wohlfahrt" dem Sozialdemokratischen Typ entspricht (vgl. Takafumi Uzuhashi 1997, S. 160-163).

[154] Elmer Rieger und Stephan Leibfried (1999) untersuchten die ostasiatische Kultur in ihrer Bedeutung für die Sozialpolitik bzw. den Sozialstaat. Sie argumentierten, dass die wohlfahrtsstaatliche Entwicklung der ostasiatischen Länder nicht dem westlichen Modernisierungspfad folgt (ebenda, S. 413). Weder scheint die Sozialpolitik Teil einer „Logik der Industrialisierung" zu sein, noch ist sie Teil der „Integrationsideologie und -strategie autokratisch-patriarchalischer Regimes" (ebenda, S. 451). Sie forderten, „konfuzianische" Sozialpolitik als eine eigenständige Form zu begreifen, die sich vom westlichen Muster völlig unterscheidet (ebenda, S. 486).

hungsperiode der unternehmenszentrierten Gesellschaft und über deren Inhalt.[155] Das Konzept der unternehmenszentrierten Gesellschaft erlaubt es aber, den japanischen Kapitalismus und den Sozialstaat des siebziger bis neunziger Jahre umfassend zu begreifen.

Der Begriff der „unternehmenszentrierten Gesellschaft“ wurde anfangs verwendet, um die Besonderheiten des japanischen Beschäftigungssystems zu erklären. Er hat sich darüber hinaus als eine Terminologie etabliert, die strukturelle Charakteristika der gegenwärtigen japanischen Gesellschaft darstellt (Kimiko Kimito 1995, S. 165). Der Begriff der „unternehmenszentrierten Gesellschaft“ (*Kigyô Shakai*) verbreitete sich seit Ende der achtziger Jahre in der japanischen Sozialwissenschaft. In den neunziger Jahren wurde dieser Begriff nicht nur auf wissenschaftlicher Ebene, sondern auch auf wirtschaftlicher und politischer Ebene allgemein zur Geltung gebracht. Viele sozialwissenschaftlichen Bereiche und Themen wurden in Bezug auf die „unternehmenszentrierte Gesellschaft“ untersucht: Familie, Erziehungssystem, das japanische Beschäftigungssystem, der Tod durch Überarbeitung (*Karôshi*), Arbeitsmarktpolitik, Frühlingsoffensive (*Shuntô*), Sozialpolitik, Politiksystem, Strukturreform. Anfang der neunziger Jahre wurden nach einer Untersuchung mehr als 30 Monographien zum Thema der unternehmenszentrierten Gesellschaft veröffentlicht (Jun Kinoshita 2000, S. 75). Im Mai 2001 haben fünf Sozialwissenschaftler,[156] ihre eigene in unregelmäßigen Abschnitten publizierte Zeitschrift, *Politiku* (Politik) gegründet, um die heutige soziale, politische und wirtschaftliche Erscheinung im Kontext der unternehmenszentrierten Gesellschaft zu analysieren.[157] Im Februar 2005 wurde letztlich „Vol. 9“ der Zeitschrift veröffentlicht.

Eine zentrale Figur dieser Gruppe ist Osamu Watanabe. Er hat den größten Beitrag zur theoretischen Entwicklung der „unternehmenszentrierten Gesellschaft“ geleistet. Allerdings liegt sein Hauptziel darin, die Theorie des Imperialismus im Kontext der unternehmenszentrierten Gesellschaft zu analysieren (vgl.

---

[155] Aus diesem Grund wies Kinoshita darauf hin, dass der Begriff der unternehmenszentrierten Gesellschaft als eine wissenschaftliche Terminologie noch nicht etabliert ist (Jun Kinoshita 2000, S. 75).

[156] Die fünf Mitglieder von *Politiku*: Osamu Watanabe, Atsumi Ninomiya, Michio Gotô, Shintarô Nakanishi und Takeo Kinoshita

[157] In der ersten Ausgabe wurden die Ziele dieser Zeitschrift folgendermaßen erläutert: „Diese Zeitschrift wurde gegründet, um die japanische Gesellschaft kritisch zu erklären; … die Ideologie des Neoliberalismus und die darauf basierende Politik zu prüfen; das neue Modell der Öffentlichkeit und des Sozialstaats hervorzubringen, gleichzeitig die historischen Erfahrungen des Sozialstaats zusammenzufassen; die nationalistische Ideologie im Zusammenhang mit dem Versuch der militärischen Großnation zu erklären…“ (Worte der ersten Ausgabe *Sôkan no Ji* von *Politiku* Vol. 1)

Osamu Watanabe 1996 und Osamu Watanabe und Michio Gotô 1997a). Er und Michio Gotô sind davon ausgegangen, dass die multinationalen Unternehmen als Bewegungskraft im heutigen Imperialismus fungieren. Jedoch lag die Besonderheit des japanischen Kapitalismus in der Verspätung der Multinationalisierung japanischer Unternehmen, weil das System der bestehenden Herrschaft der Unternehmen, die zur Konkurrenzfähigkeit der japanischen Unternehmen in der hohen Wachstumszeit führte, für multinationale Unternehmen nicht nutzbar war. Die wirtschaftliche Grundlage des Prinzips der militärischen „Kleinnation" (*Shôkoku Shugi*) bestand ebenfalls in diesem Prioritätssystem der Inlandproduktion bzw. dieser Verspätung der Multinationalisierung (Osamu Watanabe 1998, S. 25). Aber die japanischen Großunternehmen wurden angesichts des Plaza-Abkommens von 1985 schnell in multinationale Unternehmen umgewandelt und die Beschleunigung dieser Entwicklung im Zuge hat in den neunziger Jahren den Weg zur militärischen „Großnation" eröffnet (ebenda, S. 34).[158] Watanabe hat die militärische Aufrüstung Japans, die Reorganisation des militärischen Verhältnisses zwischen den USA und Japan, die Entsendung japanischer Soldaten als UN-Friedenstruppe und den Versuch, zu den ständigen Mitgliedern der UN-Sicherheitsrats zu gehören, als die Hauptpunkte der imperialistischen Reform begriffen (vgl. Osamu Watanabe 1996, 1997a, 1999).

---

[158] Im Zeitraum zwischen 1992 und 2000 nahm die Zahl der Anstellungen in japanischen Tochterunternehmen im Ausland jährlich um 10,5 % zu und die gesamte Zahl derjenigen, die im verarbeitenden Gewerbe japanischer Tochterunternehmen im Ausland angestellt sind, betrug ca. 2.800.000 und entsprach 23,6 % der Arbeitnehmer in Japan im Jahr 2000 (Yahiro Unno 2004, S. 122).

4.2 Fazit

Diese Arbeit ist in zwei Teile gegliedert. Im ersten Teil werden der historische Ursprung und der Wandel der Subsysteme der „unternehmenszentrierten Gesellschaft“ analysiert. Der zweite Teil erklärt die Entwicklungen des Systems der sozialen Sicherung in Japan im Zusammenhang der „unternehmenszentrierten Gesellschaft“. Als Fazit dieser Untersuchung wird der Wandel des japanischen Beschäftigungssystems als Kern des grundlegenden Systemwandels der „unternehmenszentrierten Gesellschaft“ noch einmal diskutiert und das Konzept des „neuen Sozialstaats“ als eine Alternative zum bestehenden japanischen Sozialstaat skizziert.

4.2.1 Das Ende des japanischen Beschäftigungssystems als Kern des Systemwandels der japanischen „unternehmenszentrierten Gesellschaft“

Die „unternehmenszentrierte Gesellschaft“ bedeutet im engeren Sinn die in einzelnen Unternehmen gebildete Gesellschaft und im weiteren Sinn die auf dieser beruhende unternehmenszentrierte Zivilgesellschaft. Die „unternehmenszentrierte Gesellschaft“ ist auf das Beschäftigungssystem in den Unternehmen zu begrenzen. Aus diesem Grund übernimmt das japanische Beschäftigungssystem eine Hauptrolle innerhalb der Gesellschaftsordnung im Rahmen der unternehmenszentrierten Gesellschaft. Aus dem gleichen Grund steht eine Auseinandersetzung über die Zukunft des japanischen Beschäftigungssystems im Mittelpunkt der Debatte um einen grundlegenden Systemwandel dieser „unternehmenszentrierten Gesellschaft“. Das Bedürfnis nach einem Wandel des japanischen Beschäftigungssystems wurde bereits in einem Bericht der „*Nikkeiren*“ von 1995 „Japanisches Management in der Neuen Ära“ ausdrücklich formuliert: Als grundlegende Herausforderungen wurden die Flexibilisierung der Beschäftigungsstruktur und die Revision der senioritätsgeprägten Lohn- und Beförderungssysteme identifiziert. Die japanischen Unternehmen konnten angesichts der höheren Konkurrenz die frühere Leistungsfähigkeit auf dem Weltmarkt nicht mehr aufrechterhalten. Um die Konkurrenzfähigkeit zu verbessern, sollte das japanische Beschäftigungssystem durchaus überprüft und reorganisiert werden.

Es ist allerdings zu fragen, ob sich das japanische Beschäftigungssystem verändert, oder ob die lebenslange Beschäftigung bzw. der Senioritätslohn sich ihrem Ende zu neigen. In den neunziger Jahren wurden die Mobilität (*Ryûdôka*) der Arbeitskräfte und der Anstieg der nicht- regulären Arbeitnehmer als „Ende der lebenslangen Beschäftigung“ diskutiert. Einige Wissenschaftler sind der Meinung, dass von einem „Ende der lebenslangen Beschäftigung“ nicht die Rede sein kann. Darüber hinaus vertreten sie die Ansicht, dass die Institution der lebenslangen Beschäftigungspraxis in Zukunft auch weiter aufrechterhalten wird. Eines ihrer Argumente ist die in den neunziger Jahren durchschnittlich höhere Beschäftigungsdauer sowohl der männlichen als auch der weiblichen Arbeitnehmer mit Hochschul- und *Highschool*-Abschluss. Wenn man die Kernarbeitskräfte in der „unternehmenszentrierten Gesellschaft“, die Gruppe der männlichen Arbeitnehmer und der alten und mittleren Arbeitnehmer, betrachtet, sei Mobilität nicht zu erkennen. Der Anteil der männlichen Beschäftigten, die mehr als 20 Jahre in ein und demselben Unternehmen tätig sind, ist von 16,2 % (1981) auf 26,9 % (2001) gestiegen (Kôsei rôdô shô 2002b, S. 27). Masato Nakamura weist darauf hin, dass die Kernarbeitskräfte gehalten werden und nicht durch nicht-reguläre Arbeitnehmer ersetzt wurden. Lediglich die Zahl bzw. die Bedeutung der Randarbeitskräfte hat zugenommen.

Dennoch ist der Trend zum Abbau der regulären Beschäftigten zugunsten der nicht-regulären Beschäftigten seit 1997 unverkennbar. Das Sozial- und Arbeitsweißbuch von 2002 stellte deutlich dar, dass die Zunahme der Beschäftigungsdauer nur in den Altersgruppen der über 50-Jährigen beobachtet werden kann, in den Altersgruppen der 20- und 30-Jährigen geht dagegen die durchschnittliche Betriebszugehörigkeit zurück (Kôsei rôdô shô 2002b, S. 26). Dies liegt daran, dass einerseits die Beschäftigungsdauer der älteren Arbeitnehmer über 50 Jahre aufgrund der Verlängerung des Pensionierungsalts anstieg, andererseits aber der Anteil der jüngeren Arbeitnehmer unter 30 Jahren, die mindestens einmal einen Arbeitswechsel erlebten, zunimmt. Je jünger ein Arbeitnehmer ist, umso öfter kommt es zu einem Arbeitsplatzwechsel. Die Quote der jüngeren männlichen Arbeitnehmer (15- ~ 24-Jährigen), die nicht regulär tätig sind, ist von 20,5 % (1992) auf 42,3 % (2002) gestiegen (Takeo Kinoshita 2004, S. 140). Die längeren Dienstjahre der alten und mittleren Arbeitnehmer bezeichneten nur einen Aspekt des extrem polarisierten Arbeitsmarkts nach dem Lebensalter. Der Anteil an den Kernarbeitnehmern geht nicht nur für Hochschulabsolventen, sondern auch für *Highschool*-Absolventen tendenziell zurück (Kôsei rôdô shô 2002b, S. 25). Der „typische“ Arbeitnehmer, der unmittelbar nach Schulabschluss in ein Unternehmen eintritt und dort bis zur Pensionierung verbleibt, wird also immer seltener. Der Anstieg der nicht-regulären Arbeitsverhältnisse ist bei den Frauen noch deutlicher zu sehen. Die Zahl der weiblichen regulären Arbeitnehmer wurde im Zeitraum zwischen 1992 und 1997 um 210.000 und im Zeitraum zwischen 1997 und 2002 um 1.610.000 abgenommen (Takeo Kinoshita 2004, S. 136).

Die These vom „Ende des Senioritätsprinzips“ steht auch seit Mitte der neunziger Jahre zur Debatte. Angesichts der schnellen Veränderungen der Alterspyramide wird das senioritätsgeprägte Lohn- und Beförderungssystem automatisch zu einem Anstieg der Personalkosten führen und auf die Dauer nicht zu halten sein. Die Richtung der Revision des Lohnsystems in den neunziger Jahren ging vom Fähigkeitsprinzip zum Erfolgs- bzw. Leistungsprinzip. Die Lohnkurve, die Abbildung der Lohnentwicklung über das Alter, die in Japan den Senioritätscharakter des Lohnsystems offenbarte, galt im Vergleich zu westlichen Ländern als besonders steil. In den neunziger Jahren ist das altersbedingte reale Lohnwachstum zurückgegangen. Nicht nur Hochschulabsolventen, sondern auch *High-school*-Absolventen unter den männlichen Kernarbeitnehmern erleben eine ausdrücklich flachere Lohnentwicklungskurve als noch in den achtziger Jahren. Im Unterschied zu der Situation bis Anfang der neunziger Jahre wird seit Mitte der neunziger Jahre die Abflachung der Lohnkurve in den Großunternehmen deutlich erkennbar. Diese Entwicklung lässt sich als ein Anzeichen einer sich langsam vollziehenden Abkehr vom Senioritätsprinzip begreifen. Takeo Kinoshita hat darauf hingewiesen, dass sich der Senioritätslohn seit 1995 bzw. 1998 seinem Ende neigte. Darüber hinaus kennzeichnet die Abflachung der Lohnkurve einen Riss in der auf dem Senioritätsprinzip bestehenden unternehmenszentrierten Integration.

Die Entwicklung der Arbeitslosigkeit seit Ende der neunziger Jahre macht den Wandel des japanischen Beschäftigungssystems besonders deutlich. Japan galt lange Zeit als eine Industrienation, in der beinahe Vollbeschäftigung herrschte. Die offiziell registrierte Arbeitslosenquote bewegte sich bis Mitte der neunziger Jahre unter 3 %. Aber die Umstände des japanischen Arbeitsmarkts haben sich radikal geändert. Der Arbeitslosenrate erreichte 1998 über 4 % (2,79 Mio.) und 2002 mit 5,4 % (3,59 Mio.); für japanische Verhältnisse eine Rekordhöhe. Für japanische Verhältnisse ist das in den offiziellen Statistiken ausgewiesene Niveau der Arbeitslosigkeit bereits sehr hoch, doch in Wirklichkeit dürfte die Situation noch ernster sein. Wenn die Dunkelziffer mitgerechnet würde, könnte die Arbeitslosenquote mehr als 10 % aufweisen und die Zahl der Arbeitslosen auf 4,5 bzw. 6 Millionen steigen (vgl. Kazumichi Goka 2003, S. 3). Derzeit erlebt das Land seine größte Krise der Erwerbsarbeit seit Ende des Zweiten Weltkriegs.

Der Wandel des japanischen Beschäftigungssystems führt zur massiven Veränderungen in vielen Bereichen der japanischen Gesellschaft. Darüber hinaus wird die Reform der sozialen Sicherung seit Mitte der neunziger Jahre auf dem Zusammenbruch des japanischen Beschäftigungssystems basierend konstruiert (Michio Gotô 2002, S. 160).

4.2.2 Die Reorganisation des Systems der sozialen Sicherung und die Aussicht auf den „neuen Sozialstaat"

Seit den siebziger Jahren wurde das Sozialstaatssystem in Japan durch die unternehmenszentrierte Gesellschaft und die Klientelorientierung bestimmt. Diese

Faktoren bildeten die Basis für das japanische Modell der sozialen Integration. Häufig wird darauf hingewiesen, dass der Sozialstaat Japans durch betriebliche Sozialpolitik, lokale Selbstverwaltung und Arbeitsmarktpolitik ersetzt wird (vg. Takafumi Uzuhashi 1997, Naohiko Jinno 1998 und Tarô Miyamoto 1999). Im Gegensatz dazu hat Atsumi Ninomiya darauf hingewiesen, dass die unternehmenszentrierte Gesellschaft und die Klientelorientierung den Sozialstaat eher unterdrückte, statt ihn zu ersetzen (Atsumi Ninomiya 2001b, S. 99). Die wirtschaftlichen Grundlagen der „unternehmenszentrierten Gesellschaft plus Klientelorientierung" waren das exportorientierte Wirtschaftswachstum und der massiv Bauprojekte fördernde Staat. Die exportorientierte Wirtschaft führte zur Entstehung der „Unternehmensstadt" (*Kigyô Jôkamachi*), und darauf basierend verbreitete sich die unternehmenszentrierte Gesellschaft. Der massiv Bauprojekte fördernde Staat stabilisierte die klientelorientierte konservative Politik (Osamu Watanabe 2004, S. 61). Für die soziale Sicherung bzw. das Sozialsystem bedeutete die unternehmenszentrierte Gesellschaft einen massiven Bias zugunsten der Unternehmen. Zugleich stabilisierte die Klientelorientierung die Mittelschicht und damit die örtliche Gemeinde, die als eine Stütze der unternehmenszentrierten Gesellschaft gilt. Atsumi Ninomiya zufolge ist dies die „anachronistische" soziale Basis der „japanischen Wohlfahrtsgesellschaft" (Atsumi Ninomiya 2001b, S. 99).

Die Sozialreform in den achtziger Jahren fokussierte unter der „zweiten Ad-hoc-Kommmission" die Sanierung des Defizits in der sozialen Sicherung. Aber das Problem des Finanzdefizits verschärfte sich in den neunziger Jahren. Darüber hinaus üben die Arbeitgeber Druck aus, um die gestiegenen Kosten in den neunziger Jahren zu reduzieren. Die Kosten für soziale Sicherung galten zusammen mit den Lohnkosten als Hauptfaktoren der höheren Kosten. Angesichts des hohen Drucks der internationalen Konkurrenz war die strukturelle Reform des Systems der sozialen Sicherung unausweichlich für die Existenz der japanischen Unternehmen (Atsumi Ninomiya 2001a, S. 5). Die Sozialreform der neunziger Jahre setzte sich unter diesen Umständen durch.

Aber diese neoliberale Reform führte gleichzeitig dazu, dass die Nachfrage nach sozialer Sicherung in der Bevölkerung wuchs. Die schnelle Alterung, die Zunahme der Kernfamilie und der Alleinstehenden, aber auch die Entwicklung der Medizin- bzw. Pflegetechnologie bildeten eine objektive Bedingung für eine gestiegene Nachfrage nach Wohlfahrt. Der Zusammenbruch der Integration in Form der unternehmenszentrierten Gesellschaft plus Klientelorientierung verursachte eine gesteigerte Nachfrage nach staatlichen Sozialleistungen, die sich früher an die Familie, Ort und Unternehmen angelehnt hatte (Michio Gotô 2002, S. 164). Dies ist eine andere Bedingung für die Sozialreform seit den neunziger Jahren. Atsumi Ninomiya wies darauf hin, dass eine Besonderheit der neoliberalen Sozialreform seit Ende der neunziger Jahre darin liegt, dass sie keinen ehrlichen und absoluten Schnitt der sozialen Sicherung fordert, sondern sie möglichst versucht, dem Marktmechanismus zu entsprechen. Dadurch wird die Maßnahme zum Bedürfnis der sozialen Sicherung von der „Welt der Öffentlichkeit" zur „Welt des Marktmechanismus" verändert (Atsumi Ninomiya 2001a, S. 7).

In den Auseinandersetzungen um die Sozialreformen in den neunziger Jahren wurde deutlich, dass die Existenz des Systems der Nationalen Rentenversicherung und Krankenversicherung bedroht ist. Ihre „Aushöhlung" (*Kûdôka*) entwickelte sich aufgrund der Rezession drastisch. Sie gefährdet das System der Nationalen Rentenversicherung finanziell (Kingo Tamai 2000, S. 117 und Kenji Satomi 2002, S. 6-9). Ende der neunziger Jahre zahlten lediglich knapp 50 % der Pflichtmitglieder ihre vollen Beiträge in die Volksrentenversicherung. In dem System der Gesundheitsversorgung wird das „*non-profit*" Prinzip seit 1995 abgeschafft (Yukiyasu Nishioka 2002, S. 31). Die Gesundheitsreform in der „zweiten Strukturreform" des Kabinetts von Koizumi zielt angesichts der strukturellen Rezession und der Globalisierung darauf ab, das System der Gesundheitsversorgung zu verkleinern und zu reorganisieren. Folglich werden „Vermarktung" und „Profitorientierung" in der Gesundheitsversorgung eingeführt. Dies führte zu einer tatsächlichen Zerstörung der Nationalen Krankenversicherung. Darüber hinaus spitzte sich die soziale Lage der Arbeitslosen bzw. der Armen in den neunziger Jahren zu. Angesichts der Rezession und der massiven Arbeitslosigkeit hat sich die Zahl der Obdachlosen drastisch vermehrt. Sie symbolisieren die Armen seit Mitte der neunziger Jahre. Dies bezeichnet die Verminderung der Integration der unternehmenszentrierten Gesellschaft bzw. den Zusammenbruch der unternehmenszentrierten Gesellschaft.

Seit Ende der neunziger Jahre gibt es Debatten über einen „neuen Sozialstaat" (vgl. Atsumi Ninomiya 1997a, 1997b, 1997c). Die Vision des „neuen Sozialstaats" steht im Gegensatz zum Neoliberalismus. Sie wirkt die nationalen Erfahrungen der sozialen Sicherung bzw. des Sozialsystems aus der Nachkriegszeit beerben, auch wenn diese nicht ausgereift waren (Atsumi Ninomiya 2001b, S. 101). „Neu" bedeutet in diesem Kontext Frieden, Gleichberechtigung der Frauen, große Bedeutung der Umwelt und Sozialstaat in Form der regionalen Autonomie (ebenda, S. 129f.). Atsumi Ninomiya geht es bei dem Konzept des „neuen Sozialstaats" nicht nur um die soziale Sicherung, sondern auch um die Verfassung, die multinationalen Unternehmen, sozialorientierte Wirtschaftsstrukturen und die Umwelt. Er hat die Hypothese aufgestellt, dass der Sozialstaat in die fünf Bereiche; Arbeitsrecht, Bildungsrecht, Einkommenssicherung, soziale Dienste und Sicherung der öffentlichen Umwelt, systematisch eingeordnet werden soll (ebenda, S. 129).

5 Literaturverzeichnis

5.1 Deutsch- und englischsprachige Literaturen

Abegglen, James G. (1958): The Japanese Factory. Aspects of Its Social Organization, Glencoe und Illinois: The Free Press.

Anderson, Stephen J. (1993): Welfare Policy and Politics in Japan. Beyond the Developmental State, New York: Paragon House.

Baba, Hiroji (1997): Japanese Companyism and the End of the cold War, in: Junji Banno (Hrsg.), The Political Economy of Japanese Society, Volume 1: The State or the Market? , Oxford und New York: Oxford University Press, 162-189.

Banno, Junji, Hrsg. (1997): The Political Economy of Japanese Society, Volume 1: The State or the Market? , Oxford und New York: Oxford University Press.

Banno, Junji, Hrsg. (1998): The Political Economy of Japanese Society, Volume 2: Internationalization and Domestic Issues, Oxford und New York: Oxford University Press.

Befu, Harumi (1992): Framework of Analysis, in: Harumi Befu und Josef Kreiner (Hrsg.), Othernesses of Japan. Historical and cultural Influences on Japanese Studies in Ten Countries, München: Iudicium Verlag, 15-35.

Befu, Harumi (1993): Nationalism and Nihonjinron, in: Harumi Befu (Hrsg.), Cultural Nationalism in East Asia. Representation and identity, Berkeley: University of California, 107-135.

Bellah, Robert (1985/1957): Tokugawa Religion. The Cultural Roots of Modern Japan, New York: The Free Press.

Blechinger, Verena (2001): Politische Reformen in Japan- Auswirkungen und Perspektiven, in: Friederike Bosse und Patrick Köllner (Hrsg.), Reformen in Japan, Hamburg: Institut für Asienkunde, 89-110.

Bobke, Manfred H. und Wolfgang Lecher (1990): Arbeitsstaat Japan. Arbeitsbeziehungen, Arbeitszeit und Arbeitsrecht, Köln: Bund-Verlag.

Bohlender, Matthias (1998): Wie man die Armen regiert. Zur Genealogie liberaler politischer Rationalität, in: Leviathan, Heft 4, 497-521.

Bosse, Friederike (1994): Keine Arbeitslosen in Japan? Ein Versuch, die japanische Arbeitsmarktstatistik "richtig" zu lesen, in: Japan, April, 181-187.

Bosse, Friederike (1995a): Deflationsängste in Japan. Ist der Preisverfall eine gesunde Anpassung oder der Anfang einer Depression? in: Japan, Oktober, 476-481.

Bosse, Friederike (1995b): Ist Japan auf dem Weg zu einer "Großmacht der Arbeitslosigkeit"? , in: Japan, Dezember, 594-600.

Bosse, Friederike (1996a): Ist die Shuntô- Tarifrunde nach 40 Jahren ein veraltetes Modell? , in: Japan, Juni, 291-298.

Bosse, Friederike (1996b): Das japanische Management in der Krise- nach der Rezession bleiben die strukturellen Probleme, in: Japan, Oktober, 535-542.

Bosse, Friederike (1996c): Der japanische Mittelstand und die „kudoka", in: Japan, Dezember, 639-649.

Bosse, Friederike (1997a): Japan steht vor einer gesetzlichen Pflegeversicherung, in: Japan, August, 374-383.
Bosse, Friederike (1997b): Skandal um Nomura Securities und die Dai-Ichi Kangyo Bank - Die japanischen Unternehmen und die Unterwelt-, in: Japan, Oktober, 469-476.
Bosse, Friederike (1998a): Konkurse in Japan- nicht nur ein Phänomen großer Finanzunternehmen, in: Japan, Februar, 60-67.
Bosse, Friederike (1998b): Japans Altersversorgungssysteme stehen unter Reformdruck, in: Japan aktuell, Oktober, 496-507.
Bosse, Friederike (1998c): Reisanbau- Symbol des Dilemmas der Landwirtschaft in einer Industrienation, in: Manfred Pohl und Hans Jürgen Meyer (Hrsg.), Länderbericht Japan, Bundeszentrale für politische Bildung, 319-333.
Bosse, Friederike (2000): Überalterung lenkt Japans Blick auf Pflege und Zuwanderung, in: Japan aktuell, Dezember, 560-567.
Bosse, Friederike (2001): „No pain, no gain" oder: Warum die Japaner „schmerzhafte Reformen" begrüßen, in: Japan aktuell, Oktober, 465-473.
Bosse, Friederike und Patrick Köllner, Hrsg. (2001): Reformen in Japan, Hamburg: Institut für Asienkunde.
Bourdieu, Pierre et al.(1997): Das Elend der Welt: Zeugnisse und Diagnosen alltäglichen Leidens an der Gesellschaft, Konstanz: UKV Universitätsverlag Konstanz.
Boyer, Robert (1992): Neue Richtungen von Managementpraktiken und Arbeitsorganisation. Allgemeine Prinzipien und nationale Entwicklungspfade, in: Alex Demirovic, Hans-Peter Krebs und Thomas Sablowski (Hrsg.), Hegemonie und Staat. Kapitalistische Regulation als Projekt und Prozess, Verlag Westfälisches Dampfboot: Münster, 55-103.
Boyer, Robert und Daniel Drache, Hrsg. (1996): States Against Markets. The limits of globalization, London und New York: Routledge.
Boyer, Robert und Toshio Yamada (2000 a): Introduction: a puzzle for economic theories, in: Robert Boyer und Toshio Yamada (Hrsg.), Japanese Capitalism in Crisis. A regulationist interpretation, London und New York: Routledge, 19-31.
Boyer, Robert und Toshio Yamada (2000 b): Conclusion: an epochal change... but uncertain future, in: Robert Boyer und Toshio Yamada (Hrsg.), Japanese Capitalism in Crisis. A regulationist interpretation, London und New York: Routledge, 192-214.
Brandes, Frank (1996): Soziale Sicherung in Japan am Beispiel von Arbeitnehmern in unsicheren Anstellungsverhältnissen, in: Manfred Pohl (Hrsg.), Japan 1995/1996: Politik und Wirtschaft, Hamburg: Institut für Asienkunde, 72-97.
Burniaux, Jean-Marc, Thai-Thanh Dang, Douglas Fore, Michael Förster, Marco Mira d'Ercole und Howard Oxley (1998): Income Distribution and Poverty in selected OECD Countries, in: Economic Department Working Papers, No. 189, Paris: OECD.
Burrows, Roger und Brian Loader, Hrsg. (1994): Towards a Post-Fordist Welfare State? , London and New York: Routledge.
Calder, Kent E. (1988): Crisis and Compensation. Public Policy and Political Stability in Japan, 1949-1986, Princeton: Princeton University Press.

Campbell, John Creighton (1992): How Policies Change. The Japanese Government and the Aging Society, Princeton: Princeton University Press.
Campbell, John Creighton (2001): Administrative Reform as Policy Change and Policy Non-change, in: Friederike Bosse und Patrick Köllner (Hrsg.), Reformen in Japan, Hamburg: Institut für Asienkunde, 111-135.
Castles, Francis G., Hrsg. (1989): The Comparative History of Public Policy, Cambridge: Polity Press.
Castles, Francis G. (1998): Comparative Public Policy. Patterns of Post-war Transformation, Cheltenham und Northampton: Edward Elgar.
Chiavacci, David (2002): Die japanische Mittelschicht vor dem Kollaps- Die Kontroverse zur sozialen Schichtung und Mobilität im gegenwärtigen Japan, in: Japan aktuell, 236-253.
Chie, Nakane (1984/1970): Japanese Society, Tokyo: Charles E. Tuttle Co.
Conrad, Harald (2003): Gibt es einen Paradigmenwechsel in der jüngeren japanischen Sozialpolitik? Reformen, Wirkungen, Hemmnisse, in: Manfred Pohl und Iris Wieczorek (Hrsg.), Japan 2003: Politik und Wirtschaft, Hamburg: Institut für Asienkunde, 75-97.
Coser, Lewis A (1992): Soziologie der Armut: Georg Simmel zum Gedächtnis, in: Stephan Leibfried und Wolfgang Voges (Hrsg.), Armut im Modern Wohlfahrtsstaat, Opladen: Westdeutscher Verlag, 34-47.
Dale, Peter N. 1986): The Myth of Japanese Uniqueness, London und New York: Routledge.
Demes, Helmut (1994): Beruflichkeit in Japan. Struktur und Tendenzen, in: Demes, Helmut und Walter Georg (Hrsg.), Gelernte Karriere. Bildung und Berufsverlauf in Japan, München: Iudicium, 257-282.
Demes, Helmut und Walter Georg, Hrsg. (1994): Gelernte Karriere. Bildung und Berufsverlauf in Japan, München: Iudicium
Demes, Helmut (1998): Arbeitsmarkt und Beschäftigung, in: Deutsches Institut für Japanstudien (Hrsg.), Die Wirtschaft Japans. Strukturen zwischen Kontinuität und Wandel, Berlin, Heidelberg und New York: Springer-Verlag, 135-164.
Deubner, Christian, Leo Kißler und René Lasserre, Hrsg. (1990): Modell Japan? Frankfurt a. M. und New York: Campus.
Deutsches Institut für Japanstudien, Hrsg. (1998): Die Wirtschaft Japans. Strukturen zwischen Kontinuität und Wandel, Berlin, Heidelberg und New York: Springer-Verlag.
Dirks, Daniel (1996): Beschäftigungssicherung statt Arbeitsplatzgarantie. Personalanpassungsmaßnahmen japanischer Firmen in der Rezession. Deutsches Institut für Japanstudien. Arbeitspapier 96/4, Tokyo.
Dirks, Daniel (1997): Personalanpassungsmaßnahmen japanischer Firmen in der Rezession, in: Die Betriebswirtschaft, Vol. 57, Nr. 4, 541-563.
Dollea, Harald und Kathrin Köster (1995): Der Rückzug des Staates- Zur Privatisierung der japanischen Staatsbahn, in: Gesine Foljanty-Jost und Anna-Maria Thränhardt (Hrsg.), Der schlanke japanische Staat. Vorbild oder Schreckbild?, Opladen: Leske + Budrich, 182-203

Dornbusch, Rudi (1998): The Japanese Crisis and the Bureaucrats, in: Far Eastern Economic Review, 26 February, 52-53.

Draguhn, Werner (1999): Asienkrise: Politik und Wirtschaft unter Reformdruck, Hamburg: Institut für Asienkunde.

Duus, Peter (1976): The Rise of Modern Japan, Boston: Houghton Mifflin Company.

Elger, Tony und Chris Smith (1994): Global Japanization? Convergence and Competition in the Organisation of the Labour Process, in: Tony Elger und Chris Smith (Hrsg.), Global Japanization? The transnational transformation of the labour process, London und New York: Routledge, 31-59.

Endo, Kôshi (1994): Betriebliche Beförderungskriterien und Karrieremodelle, in: Helmut Demes und Walter Georg (Hrsg.), Gelernte Karriere: Bildung und Berufsverlauf in Japan, München: Iudicium Verlag, 385-420.

Erbe, Annette (2001): Neue Konstellationen und alte Hemmnisse- Anmerkungen zur Umsetzung zweier zentraler Bildungsreformvorhaben, in: Friederike Bosse und Patrick Köllner (Hrsg.), Reformen in Japan, Hamburg: Institut für Asienkunde, 285-292.

Ernst, Angelika (1982): A Segmented Welfare State: The Japanese Approach, in: Zeitschrift für die gesamte Staatswissenschaft (ZgS) 138, 546-564.

Ernst, Angelika (1986): Japans langer Abschied von der Vollbeschäftigung, Arbeitsmarktstrukturen und Arbeitsmarktentwicklung, Hamburg: Institut für Asienkunde.

Ernst, Angelika und Helmut Laumer (1989): Japan an der Schwelle zur globalen Wirtschaftsmacht. Strukturwandel und Internationalisierung, München: Ifo-Institut für Wirtschaftsforschung.

Ernst, Angelika, Hanns Günther Hilpert und Helmut Laumer (1993): Japans Wirtschaft im strukturellen Wandel: Wettbewerbsposition, Ungleichgewichte, Reformbedarf, in: Hanns W. Maull (Hrsg.), Japan und Europa: Getrennte Welten?, Frankfurt a. M. und New York: Campus, 51-84.

Esping-Andersen, Gøsta (1990): The Three Worlds of Welfare Capitalism, Princeton NJ: Princeton University Press.

Esping-Andersen, Gøsta (1997): Hybrid or Unique? : The Japanese Welfare State Between Europe and America, in: Jounal of European Social Policy, Vol. 7, No.3, 179-189.

Evers, Adalbert und Thomas Olk (1996): Wohlfahrtspluralismus-Analytische und normativ-politische Dimensionen eines Leitbegriffs, in: Evers, Adalbert und Thomas Olk (Hrsg.), Wohlfahrtspluralismus. Vom Wohlfahrtsstaat zur Wohlfahrtsgesellschaft, Opladen: Westdeutscher Verlag, 9-60.

Foljanty-Jost, Gesine (1995): Der schlanke japanische Staat: Determinanten staatlicher Effizienz, in: Gesine Foljanty-Jost und Anna-Maria Thränhardt (Hrsg.), Der schlanke japanische Staat. Vorbild oder Schreckbild?, Opladen: Leske + Budrich, 10-27.

Ganßmann, Heiner und Michael Hass (1999): Arbeitsmärkte im Vergleich. Rigidität und Flexibilität auf den Arbeitsmärkten der USA, Japans und der BRD, Marburg: Schüren.

Garon, Sheldon (1987): The State and Labor in Modern Japan, Berkeley: University of California.

Geißler, Rainer (2002): Die Sozialstruktur Deutschland: Die gesellschaftliche Entwicklung vor und nach der Vereinigung; 3., grundlegend überarbeitete Auflage, Wiesbaden: Westdeutscher Verlag.
Gerstenberger, Heide (1976): Staatliche Sozialpolitik als Instrument gesellschaftlicher Kontrolle. Zur Englischen Armengesetzgebung im ersten Drittle des 19. Jahrhunderts, in: Kritische Justiz, 394-406.
Gerstenberger, Heide (1981): Von der Armenpflege zur Sozialpolitik. Plädoyer für eine materialistische Fragestellung, in: Leviathan, 39-61.
Gerstenberger, Heide (1990): Die subjektlose Gewalt. Theorie der Entstehung bürgerlicher Staatsgewalt, Münster: Verlag Westfälisches Dampfboot.
Gerstenberger, Heide (1994): Die dynamische Armutsforschung und das Elend der Welt, in: Leviathan, Heft 1/1994, 7-16.
Ginsburg, Norman (1992): Divisions of Welfare, London: Sage.
Gluck, Carol (1985): Japan's Modern Myths. Ideology in the Late Meiji Period, Princeton: Princeton University Press.
Goodman, Roger, Gorden White und Huck-Ju Kwon, Hrsg. (1998): The East Asian Welfare Model. Welfare Orientalism and the State, London und New York: Routledge.
Gould, Arthur (1993): Capitalist Welfare Systems: A Comparision of Japan, Brirain and Sweden, London and New York: Longman.
Hamm, Brigitte (1992): Soziale Ungleichheit in Japan. eine theoretische Analyse und ein empirischer internationaler Vergleich, Regensburg: Transfer.
Hanada, Masanori und Yasuro Hirano (2000): 'Industrial Welfare' and 'companyist' régulation: an eroding complementarity, in: Robert Boyer und Toshio Yamada (Hrsg.), Japanese Capitalism in Crisis. A regulationist interpretation, London und New York: Routledge, 87-103.
Harada, Sumitaka (1998): The Aging Society, the Family, and Social Policy, in: Junji Banno (Hrsg.), The Political Economy of Japanese Society, Volume 2: Internationalization and Domestic Issues, Oxford und New York: Oxford University Press, 175-228.
Heide, Holger (1999): Arbeitssucht – Skizze der theoretischen Grundlagen für eine rechtsvergleichende empirische Untersuchung, Beiträge zur Sozialökonomischen Handlungsforschung Nr. 2, SEARI (Social Economic Action Reserch Institute) der Universität Bremen, Bremen.
Heidenheimer, Arnord J., Hugh Helco und Carolyn T. Adams (1990). Comparative Public Policy, New York: ST. Martin's Press.
Hemmert, Martin und Ralph Lützeler (1998): Landeskunde und wirtschaftliche Entwicklung seit 1945, in: Deutsches Institut für Japanstudien (Hrsg.), Die Wirtschaft Japans. Strukturen zwischen Kontinuität und Wandel, Berlin: Springer, 1-18.
Higuchi, Yoshio (1997): Trends in Japanese labour markets, in: Mari Sako und Hiroki Sato (Hrsg.), Japanese Labour and Management in Transition. Diversity, flexibility and participation, London und New York: Routledge, 27-52.
Himeoka, Toshiko (2000): Die „betriebszentrierte" Gesellschaft und die Geschlechterverhältnisse in Japan, in: Jürgen Kocka und Claus Offe (Hrsg.), Geschichte und Zukunft der Arbeit, Frankfurt und New York: Campus Verlag, 135-147.

Holzhausen, Arne (1998): Das japanische Beschäftigungssystem in der Krise, Wiesbaden: Gabler.
Ichibangase, Yasuke (1995): Was ist Wohlfahrtsstaat? - Zur Situation Japans, in: Zeitschrift für Sozialreform, Heft 3/4, 137-143.
Janoski, Thomas (1994): Direct state intervention in the labor market: the explanation of active labor market policy from 1950s to 1988 in social democratic, conservative, and liberal regimes, in: Thomas Janoski and Alexander M. Hicks (Hrsg.), The comparative political economy of the welfare state, Cambridge: Cambridge University Press, 54-92.
Jessop, Bob (1992): Regulation und Politik: Integrale Ökonomie und Integraler Staat, in: Alex Demirovic, Hans-Peter Krebs und Thomas Sablowski (Hrsg.), Hegemonie und Staat. Kapitalistische Regulation als Projekt und Prozess, Verlag Westfälisches Dampfboot: Münster, 232-262.
Jessop, Bob (1994): The transition to post-Fordism and the Schumpeterian workfare state, in: Roger Burrows and Brian Loader (Hrsg.), Towards a Post-Fordist Welfare State? , London and New York: Routledge, 13-37.
Johnson, Chalmers (1982): MITI and the Japanese Miracle, Stanford: Stanford University Press.
Johnson, Chalmers (1995): Japan: Who Governs? The Rise of the Developmental State, New York und London: W.W. Norton & Company.
Johnson, Chalmers (1999): The developmental State: Odyssey of a Concept, in: Meredith Woo-Cumings (Hrsg.), The Developmental State, Ithaca und London: Cornell University Press, 32-60.
Jones, Catherine (1993): The Pacific Challenge, in: Catherine Jones (Hrsg.), New Perspectives on the Welfare State in Europe, London: Routledge, 198-217.
Kaiser, Cornelia (2004): Deflation und Arbeitsmarkt in Japan, in: PROKLA. Zeitschrift für kritische Sozialwissenschaft, Heft 134, 34. Jg., Nr. 1,85-104.
Kamppeter, Werner (2004a): Arbeitsmarkt und soziale Sicherungssysteme in Japan. Eine (partielle) Bestandaufnahme (Teil 1), in: Berichte, Nr. 139, Februar 2004, 57-73.
Kamppeter, Werner (2004b): Arbeitsmarkt und soziale Sicherungssysteme in Japan. Eine (partielle) Bestandaufnahme (Teil 2), in: Berichte, Nr. 140, März 2004, 63-70.
Kamppeter, Werner (2004c): Arbeitsmarkt und soziale Sicherungssysteme in Japan. Eine (partielle) Bestandaufnahme (Teil 3), in: Berichte, Nr. 141, April 2004, 79-83.
Kamppeter, Werner (2004d): Arbeitsmarkt und soziale Sicherungssysteme in Japan. Eine (partielle) Bestandaufnahme (Teil 4), in: Berichte, Nr. 142, Mai 2004, 56-71.
Kamppeter, Werner (2004e): Arbeitsmarkt und soziale Sicherungssysteme in Japan. Eine (partielle) Bestandaufnahme (Teil 5), in: Berichte, Nr. 143, Juni 2004, 63-82.
Kamppeter, Werner (2004f): Arbeitsmarkt und soziale Sicherungssysteme in Japan. Eine (partielle) Bestandaufnahme (Teil 6), in: Berichte, Nr. 145, August 2004, 46-65
Kamppeter, Werner (2004g): Arbeitsmarkt und soziale Sicherungssysteme in Japan. Eine (partielle) Bestandaufnahme (Teil 7), in: Berichte, Nr. 146, September 2004, 68-77.

Kanamori, Hisao und Yutaka Kosai, Hrsg. (1997): Japanische Wirtschaft. Aus dem Japanischen übersetzt (Nihon keizai tokuhon, 1994), München und Wien: Oldenbourg Verlag.

Kanbayashi, Chieko (1994): Die Betriebliche Karriere von Frauen, in: Helmut Demes und Walter Georg (Hrsg.), Gelernte Karriere: Bildung und Berufsverlauf in Japan, München: Iudicium Verlag, 441-470.

Kaplan, Eugene (1972): Japan: The Government-Busuness Relationship, Washinton, D.C.: Department of Commerce.

Kaplinsky, R. (1998): Restructiny the Capitalist Labour Process. Some Lessons from the Car Industry, in: Cambridge Journal of Economics, No. 12.

Kato, Tetsuro (1987): Der Neoetaismus im heutigen Japan, in: Prokla Heft 66, 91-105.

Kato, Tetsuro (1997): Die politische Ökonomie des japanischen Karoshi. Der Tod durch Überarbeitung und das Konzept einer „Ergologie", in: Das Argument 218, 83-92.

Kawahito, Hiroshi (1990): Karoshi and its Background. From the "Karoshi Hotline" Program, in: National Defense Counsel for Victims of Karoshi (Hrsg.), Karoshi: When the "Corporate Warrior" dies, Kyoto: Mado Sha, 4-15.

Kenney, Martin und Richard Florida (1988): Beyond Mass Production: Production and the Labor Process in Japan, in: Politics & Society, vol.16, No.1, 121-158.

Kerbo, Harold R (1991): The Distribution of Income in Modern Japan: An Examination of the Structural Determinants of Relative Equality, Duisburger Beiträge zur Soziologischen Forschung, No. 5, Duisburg: Fachbereich 1- Soziologie an der Universität- GH- Duisburg.

Kezuka, Katsutoshi (1993): Atypische Beschäftigungsverhältnisse in Japan, in: WSI Mitteilungen 9/1993, 610-617.

Kjellberg, Anders (1984): Radikalisierung oder Japanisierung? Die Entwicklung des „schwedischen Modells" industrieller Beziehungen in den achtziger Jahren, in: Prokla, Heft 54, 59-77.

Köllner, Patrick (1998): Japans neues Parteien-Puzzle, in: Japan, Februar, 68-72.

Köllner, Patrick (2000): Japan unter Reformdruck, in: Japan aktuell, Februar, 54-60.

Köllner, Patrick und Friederike Bosse (2001): Reformen in Japan - Eine Einführung in die Thematik und den Band, in: Friederike Bosse und Patrick Köllner (Hrsg.), Reformen in Japan, Hamburg: Institut für Asienkunde, 3-22.

Kohl, Jürgen (1992): Armut im internationalen Vergleich. Methodische Probleme und empirische Ergebnisse, in: Stephan Leibfried und Wolfgang Voges (Hrsg.), Armut im modernen Wohlfahrtsstaat, Opladen: Westdeutscher Verlag, 272-299.

Kohl, Jürgen (1993): Der Wohlfahrtsstaat in vergleichender Perspektive. Anmerkung zu Esping-Andersen's „The Three Worlds of Welfare Capitalism", in: Zeitschrift für Sozialreform 39, 67-82.

Kotler, Philip und Hermamawan Kartajaya (2000): Repositioning Asia. From Bubble to Sustainable Economy, Singapore u. a.: John Wiley & Sons.

Kreitz-Sandberg, Susanne (2001): Reformen im japanischen Schulwesen, in: Friederike Bosse und Patrick Köllner (Hrsg.), Reformen in Japan, Hamburg: Institut für Asienkunde, 265-284.

Kronauer, Martin (1997): „Soziale Ausgrenzung“ und „Underclass“: Über neue Formen der gesellschaftlichen Spaltung, in: Leviathan, Heft 1, 28-49.
Krugman, Paul (1999): Die Große Rezession. Was zu tun ist, damit die Weltwirtschaft nicht kippt, Frankfurt a. M. und New York: Campus.
Kwon, Huck-Ju (1997): Beyond European Welfare Regimes: Comparative Perspectives on East Asian Welfare Systems, in: Journal of Social Policy, Vol. 26, No. 4, 467-484.
Lampert, Heinz (1994): Lehrbuch der Sozialpolitik, 3. Auflage, Berlin und Heidelberg: Springer-Verlag.
Legewie, Jochen (1998): Außenwirtschaftliche Verflechtungen, in: Deutsches Institut für Japanstudien (Hrsg.), Die Wirtschaft Japans. Strukturen zwischen Kontinuität und Wandel, Berlin: Springer-Verlag, 293-316
Leibfried, Stephan (1994): „Sozialstaat“ oder „Wohlfahrtsgesellschaft“? Thesen zu einem japanisch-deutschen Sozialpolitikvergleich, in: Soziale Welt 45, 389-410.
Leibfried, Stephan und Martin Seeleib-Kaiser (1995): Japans Sozialpolitik im Spiegel der Modernisierung. Eine Einleitung, in: Zeitschrift für Sozialreform, Heft 3/4, 129-136.
Lipietz, A. (1987): Mirages and Miracles, London: NLB.
Manzenreiter, Wolfram (2000): Ungeregelt, ungesichert, unterbezahlt- Arbeit und Beschäftigung im Schatten des Toyotaismus, in: Manfred Pohl (Hrsg.), Japan 1999/2000: Politik und Wirtschaft, Hamburg: Institut für Asienkunde, 273-307.
Milly, Deborah Joy (1991): Poverty and the Japanese State: Politics, technical analysis, and morality in policy-making, 1945-1975, U.M.I.
Milly, Deborah J (1999): Poverty, Equality, and Growth. The Politics of Economic Need in Postwar Japan, Cambridge, Massachusetts, and London: Harvard University Press.
Ministry of Public Management, Home Affairs, Posts and Telecommnications: Labour Force Survey, http://www.stat.go.jp/english/data/roudou/index.htm.
Mishra, Ramesh (1996): The Welfare of Nations, in: Robert Boyer und Daniel Drache (Hrsg.), States against Markets. The limits of globalization, London und New York: Routledge, 316-333.
Morishima, Michio (1985): Warum Japan so erfolgreich ist. Westliche Technologie und japanisches Ethos: Aus dem Englischen übersetzt (Why has Japan ‚succeeded'? Western technology and the Japanese ethos, 1982), München: Süddeutscher Verlag.
Mouer, Ross und Yoshio Sugimoto (1986): Images of Japanese Society. A Study in the Social Construction of Reality, London und New York: Kegan Paul International.
Murakami, Yasusuke (1987): The Japanese-model Political Economy, in: Kozo Yamamura und Yasukichi Yasuba (Hrsg.), The Political Economy of Japan, Volume 1: The Domestic Transformation, Stanford: Stanford University Press, 33-90.
Nakamura, Keisuke (1997): Work participation. Collective bargaining and joint consultation, in: Mari Sako und Hiroki Sato (Hrsg.), Japanese Labour and Management in Transition. Diversity, flexibility and participation, London und New York: Routledge, 280-295.
Naruse, Tatsuo (1995): Struktur und Funktionen sozialer Dienste in Japan, in: Zeitschrift für Sozialreform, Heft 3/4, 163-175.

Nennstiel, Karin-Ulrike (2001): Reformen des Sozial- und Wohlfahrtssystems in Japan, in: Friederike Bosse und Patrick Köllner (Hrsg.), Reformen in Japan, Hamburg: Institut für Asienkunde, 217-239.
Nomura, Masami (1987): „Der japanische ‚Produktionismus' am Ende? Die Auswirkungen des Handelskonflikts auf die japanische Arbeitsgesellschaft", in: PROKLA 1/1987, 8-30.
Obata, Fumiko (2001): Karojisatsu - Selbstmord wegen Überarbeitung, in: Zeitschrift für Arbeitsrechtspraxis, 129-132.
Oberländer, Christian (1997): Staat und Sozialsystem in Japan, in: Karl Lichtblau und Franz Waldenberger (Hrsg.), Planung, Wettbewerb und Wirtschaftlicher Wandel. Ein japanisch-deutscher Vergleich, Köln: Deutscher Instituts-Verlag, 190-208.
Oberländer, Christian (1998): „Sozialpolitik und Sozialsystem", in: Deutsches Institut für Japanstudien (Hrsg.), Die Wirtschaft Japans- Strukturen zwischen Kontinuität und Wandel, Berlin und Heidelberg: Springer Verlag.
Obinger, Herbert und Uwe Wagschal (1998): Drei Welten des Wohlfahrtsstaates? Das Stratifizierungskonzept in der clusteranalytischen Überprüfung, in: Stephan Lessenich und Ilona Ostner (Hrsg.), Welten des Wohlfahrtskapitalismus. Der Sozialstaat in vergleichender Perspektive, Frankfurt a. M. und New York: Campus,109-135.
Obinger, Herbert und Uwe Wagschal (2000): Von Pionieren und Nachzüglern - Eine Einleitung, in: Herbert Obinger und Uwe Wagschal (Hrsg.), Der gezügelte Wohlfahrtsstaat. Sozialpolitik in reichen Industrienationen, Frankfurt a. M und New York: Campus, 8-21.
Odaka, Kunio (1984): Japanese Management: A Forwardlooking Analysis, Tokyo: Asian Produktivity Organisation.
OECD (1993): Enterprise Tenure, Labour Turnover and Skill Training, in: Employment Outlook 1993, Paris, 119-155.
Ölschleger, Hans Dieter, Helmut Demes, Heinrich Menkhaus, Ulrich Möhwald, Annelie Ortmann und Bettina Post-Kobayashi (1994): Individualität und Egalität im gegenwärtigen Japan: Untersuchungen zu Wertemustern in bezug auf Familie und Arbeitswelt, München: Iudicium Verlag.
Ôsawa, Machiko (1994): Beschäftigungsformen und Karrierechancen für Frauen, in: Helmut Demes und Walter Georg (Hrsg.), Gelernte Karriere: Bildung und Berufsverlauf in Japan, München: Iudicium Verlag, 471-496.
Osawa, Mari (1994): Bye-bye Corporate Warriors: The Formation of a Corporate-Centered Society and Gender-Biased Social Policies in Japan, in: Annals of the Institute of Social Science, No. 35, Tokyo: University of Tokyo, 157-194.
Osawa, Mari (1996): Unternehmenszentrierte Gesellschaft und Arbeit von Frauen im heutigen Japan, in: Ulrich Jürgens (Hrsg.), Stützpfeiler des japanischen Elfolgmodells: Gewerkschaften, Frauenarbeit, Personalmanagement im schlanken Produktionssystem, Düsseldorf: Hans-Böckler-Stiftung, 47-87.
Osawa, Mari (1998): The Feminization of the Labour Market, in: Junji Banno (Hrsg.), The Political Economy of Japanese Society. Volume 2; Internationalization and Domestic Issues, Oxford und New York: Oxford University Press, 143-174.

Oshige, Kotaro (2003): Arbeitsmarktstruktur und industrielle Beziehungen in Japan. Eine Bestandaufnahme mit Thesen zur Zukunftsentwicklung. Duisburger Arbeitspapiere Ostasienwissenschaften, Nr. 50, Institut für Ostasienwissenschaften Gerhard-Mercator-Universität Duisburg.
Osiander, Anja (2000): Die aktuell Krise auf dem japanischen Arbeitsmarkt, in: Japan aktuell, August, 330-340.
Øyen, Else (1986): Comparing Welfare States and their Futures, Aldeshot: Gow
Pahl, Jan (1989): Money and Marriage, Basingstoke: Mcmillan.
Pempel, T. J. (1982): Policy and Politics in Japan: Creative Conservatism, Philadelphia: Temple University.
Pempel, T. J. (1989): Japan's Creative Conservatism. Continuity under Challenge, in: Francis G. Castles (Hrsg.), The Comparative History of Public Policy, Cambridge: Polity Press, 149-191.
Pempel, T. J. (1998): Regime shift. Comparative dynamics of the Japanese political Economy, Ithaca und London: Cornell University Press.
Pempel, T. J. (1999): The enticement of corporatism: Appeals of the 'Japanese model' in developing Asia, in: Dennis L. McNamara (Hrsg.), Capitalism and Korean Capitalism, London und New York: Routledge, 26-53.
Pempel, T. J. und Keiichi Tsunekawa (1979): Corporatism without Labor? In: Philippe Schmitter und Gerhardt Lehmbruch (Hrsg.), Trends towards Corporatist Intermediation, London: Sage, 231-270.
Pieper, Nobert H (1996): Arbeitsmarktpolitik in Deutschland und Japan im Vergleich, Frankfurt a. M. : Peter Lang.
Piore, Michale und Charles Sabel (1984): The Second Industrial Divide. Possibilities for Prosperity, New York: Basic Books.
Pinker, Rober (1986): Social Welfare in Japan and Britain: A Comparative View. Formal and Informal Aspects of Welfare, in: Else Øyen (Hrsg.), Comparing Welfare States and Their Futures, Aldeshot: Gower, 114-128.
Plate, Petra A. (1995): Das japanische Erziehungssystem. Gleichheit und Erfolg?, in: Japan, August, 378-389.
Pohl, Manfred (1989): Hintergründe einer „Einparteien-Demokratie“: Die Anatomie der japanischen Regierungspartei, in: Ulrich Menzel (Hrsg.), Japan: Statt und Gesellschaft, Frankfurt am Main: Suhrkamp, 275-304.
Pohl, Manfred (1996): Produktionsverlagerungen in das Ausland: Beispiele und Hintergründe des sog. „kudoka“, in: Japan, Februar, 66-68.
Pohl, Manfred (1998): Die politischen Parteien, in: Manfred Pohl und Hans Jürgen Meyer (Hrsg.), Länderbericht Japan, Bundeszentrale für politische Bildung, 76-98.
Price, John (2000): Japan's postwar Fordism: an historical perspective on the economic crisis in Japan, in: Paul Bowles und Lawrence T. Woods (Hrsg.), Japan after The Economic Miracle. In Search of New Directions, Dordrecht u. a.: Kluwer academic Publishers, 11-35.
Ragin, Charles C (1994): A qualitative comparative analysis of pension systems, in: Thomas Janoski und Alexander M. Hicks (Hrsg.), The comparative political economy of the welfare state, Cambridge: Cambridge University Press, 320-345.

Reed, Steven R (1993): Making Common Sense of Japan. Pittsburgh und London: University of Pittsburgh Press.

Rieger, Elmar (1998): Wohlfahrtsstaat und Globalisierung. Antikritische zu Erklärungsproblemen und Interpretationsversuch, in: Politische Vierteljahresschrift, Heft 4, 819- 828.

Rieger, Elmar und Stephan Leibfried (1998): Welfare State Limits to Globalization, in: Politics & Society, Vol. 26, No. 3, 363-390.

Rieger; Elmar und Stephan Leibfried (1999): Wohlfahrtsstaat und Sozialpolitik in Ostasien. Der Einfluß von Religion im Kulturvergleich, in: Gert Schmidt und Rainer Trinczek (Hrsg.), Ökonomische und soziale Herausforderung am Ende des zwanzigsten Jahrhunderts (Soziale Welt: Sonderband 13), Baden-Baden: Nomos, 413-499.

Ritlewski, Daniel und Miriam Rohde (1998): Globalisierung und Big Bang: Machen Reformen Japans Finanzsektor fit für den Weltmarkt? in: Japan, April,160-166.

Rohde, Miriam (1998): Globalisierung und Big Bang: Machen Reformen Japans Finanzsektor fit für den Weltmarkt? Teil 2: -Staatliche Aufsicht und Transparenz-, in: Japan aktuell, Dezember, 610-616,

Rose, Richard und Rei Shiratori, Hrsg. (1986): The Welfare State East and West, New York und Oxford: Oxford University Press.

Saburo, Ienaga (1990): Kulturgeschichte Japans: Aus dem Japanischen übersetzt (Nihon Bunka-Shi, 1982) und eingeleitet von Karl Friedrich Zahl, München: Iudicium Verlag.

Sako, Mari (1997): Introduction: forces for homogeneity and diversity in the Japanese industrial relations system, in: Mari Sako und Hiroki Sato (Hrsg.), Japanese Labour and Management in Transition. Diversity, flexibility and participation, London und New York: Routledge, 1-24.

Sawyer, R. (1976): Income Distribution in OECD Countries, OECD Occasional Studies, Paris.

Schad-Seifert, Annette (2002): (Ehe-)Paarhaushalt als Auslaufmodell? Die Debatte um die Parasiten-Singles in Japan, in: Manfred Pohl und Iris Wieczorek (Hrsg.), Japan 2001/2002: Politik und Wirtschaft, Hamburg: Institut für Asienkunde, 228-253.

Schmidt, Manfred G. (1998): Wohlfahrtsregime im Prozeß der europäischen Integration, in: Stephan Lessenich und Ilona Ostner (Hrsg.), Welten des Wohlfahrtskapitalismus, Campus Verlag: Frankfurt/New york, 179-200.

Seifert, Wolfgang (1997): Gewerkschaften in der japanischen Politik von 1970 bis 1990 - der dritte Partner? , Opladen/Wiesbaden: Westdeutscher Verlag.

Seeleib-Kaiser, Martin (1996): Historische Entwicklung und Struktur der Sozialhilfe- und Arbeitsmarktpolitik in Japan und der Bundesrepublik Deutschland, in: Dietrich Thränhardt (Hrsg.), Japan und Deutschland in der Welt nach dem Kalten Krieg, Münster: LIT, 117-164.

Seeleib-Kaiser, Martin (2001): Globalisierung und Sozialpolitik. Ein Vergleich der Diskurse und Wohlfahrtssysteme in Deutschland, Japan und den USA, Frankfurt/New York: Campus Verlag.

Seeleib-Kaiser, Martin und Anna Maria Thränhardt (2000): Wohlfahrtsgesellschaft statt Wohlfahrtsstaat in Japan. Zwischen westlichen Vorbildern und eigenständigem

Modell, in: Herbert Obinger und Uwe Wagschal (Hrsg.), Der gezügelte Wohlfahrtsstaat. Sozialpolitik in reichen Industrienationen, Frankfurt a. M. und New York : Campus, 283-328.

Sen, Amartya (1990): Gender and Cooperative Conflicts, in: Trinker Irene, (Hrsg.), Persistent Inequalities, Women ans World Development, New York: Oxford University Press.

Shinkawa, Toshimitsu und T. J. Pempel (1996): Occupational Welfare and the Japanese Experience, in: Michael Shalev (Hrsg.), The Privatization of Social Policy? Occupational Welfare and the Welfare State in America, Scandinavia and Japan, New York: ST. Martin's Press, 280-326.

Shinoda, Toru (1997): Rengo and policy participation: Japanese-style neo-corporatism? In: Mari Sako und Hiroki Sato (Hrsg.), Japanese Labour and Management in Transition. Diversity, flexibility and participation, London und New York: Routledge, 187-214.

Shiratori, Rei (1986): The Future of the Welfare State, in: Richard Rose and Rei Shiratori (Hrsg.), The Welfare State East and West, New York und Oxford: Oxford University Press, 193-206.

Simmel, Georg (1908): Der Arme, in: Georg Simmel, Soziologie, Leipzig: Verlag von Duncker & Humbolt, 454-493.

Smith, Robert J (1992): The Cultural Context of the Japanese Political Economy, in: Shumpei Kumon and Henry Rosovsky (Hrsg.), The Political Economy of Japan, Volume 3: Culture and Social Dynamics, Stanford: Stanford University Press, 13-31.

Soeda, Yoshiya (1991): The Development of the Public Assistance System in Japan, 1966-83, in: Annals of the Institute of Social Science, Nr. 32, Tokyo: University of Tokyo, 31-66.

Sommer, Monika M. (1999): Leitmotiv Überalterung: Arbeits- und Sozialpolitik in Japan, in: Manfred Pohl (Hrsg.), Japan 1998/1999: Politik und Wirtschaft, Hamburg: Institut für Asienkunde, 209-226.

Sommer, Monika M. (2000): Japanische Arbeits- und Sozialpolitik in Zeiten des Strukturwandels, in: Manfred Pohl (Hrsg.), Japan 1999/2000: Politik und Wirtschaft, Hamburg: Institut für Asienkunde, 250-276.

Sorrentino, Constance (1993): International comparisions of unemployment indicators, in: Monthly Labor Review, March 1993, S. 3-24.

Sutherland, Holly (1995): The Development of Tax-Benefit Models: A View from the UK, Cambridge: University of Cambridge, Department of Applied Economics, DAE Working Papers; 9519.

Tachibanaki, Toshiaki (1996): Public Policies and the Japanese Economy. Savings, Investments, Unemployment, Inequality, Houndmils and London: Macmillan Press.

Takahashi, Mutsuko (1997): The Emergency of Welfare Society in Japan, Aldershot: Ashgata.

Takao, Yasuo (1999): Welfare State Retrenchment- The Case of Japan, in: Jnl Publ. Pol., 19, 3, 265-292.

Takeda, Hiroshi (1995): Soziale Dienste im Spannungsfeld zwischen Zentralstaat und lokalen bzw. regionalen Gebietskörperschaften?, in: Zeitschrift für Sozialreform, Heft 3/4, 175-183.

Takenaka, Akira (1999): Der japanische Wohlfahrtsstaat: ein unvollendetes Gebilde im Wandel?, Trier: Zentrum für Ostasien-Pazifik-Studien.

Tamotsu, Aoki (1996): Der Japandiskurs im historischen Wandel. Zur Kultur und Identität einer Nation: aus dem japanischen Original übersetzt („Nihon bunkaron" no henyô - Sengô nihon no bunka to aidentitî, Tokyo, 1990), München: Iudicium Verlag.

Thränhardt, Anna Maria (1987): Aspekt der Sozialpolitik in Japan; Discussion Papers in Political and Administrative Science, Münster: Institut für Politikwissenschaft der westfälischen Wilhelms Universität Münster.

Thränhardt, Anna Maria (1995): Professionalisierung und Ehrenamtlichkeit - Die Rolle der ehrenamtlichen Wohlfahrtspfleger in der Entwicklung der Sozialarbeit in Japan, in: Zeitschrift für Sozialreform, Heft 3/4, 144-162.

Thränhardt, Anna Maria (1996 a): Kreativer Konservatismus im „Japanischen Modell der Wohlfahrtsgesellschaft", in: Paul Kevenhörster und Dietrich Thränhardt (Hrsg.), Herausforderung an den Wohlfahrtsstaat. Internationalisierung, Individualisierung und gesellschaftlicher Wandel, Münster: LIT, 47-68.

Thränhardt, Anna Maria (1996 b): Japan-Modell einer effektiven Wohlfahrtsgesellschaft?, in: Dietrich Thränhardt (Hrsg.), Japan und Deutschland in der Welt nach dem Kalten Krieg, Münster: LIT, 83-116.

Thränhardt, Anna Maria (1998): Soziale Sicherung in Japan, in: Manfred Pohl und Hans Jürgen Mayer (Hrsg.), Länderbericht Japan: Bundeszentrale für politische Bildung, 439-454.

Thränhardt, Anna Maria (1999): Die japanische Arbeitslosenversicherung in der Krise, in: Manfred Pohl (Hrsg.), Japan 1998/99, Hamburg: Institut für Asienkunde, 227-243.

Tieste; Oliver (2000): Karôshi, ein japanisches Phänomen? Ursachen und rechtliche Hintergründe für den Tod am Arbeitsplatz; eine rechtsvergleichende Studie, Frankfurt a. M. : Peter Lang.

Tieste; Oliver (2003): Der Tod durch Überarbeitung. Arbeits- und sozialversicherungsrechtliche Hintergründe, Frankfurt a. M. : Peter Lang.

Tochimoto, Ichisaburo (1995): Beteiligung und Autonomie - die Errichtung einer dezentralisieren und pluralistischen Wohlfahrtsgesellschaft, in: Zeitschrift für Sozialreform, Heft 3/4, 193-203.

Tölkel, Holger (1998): Japans Eisernes Dreieck?: Staat, Kapital und Arbeit im Prozess der gesellschaftlichen Regulation, Frankfurt am Main, Peter Lang.

Tokunaga, Shigeyoshi (1983): Die Beziehungen zwischen Lohnarbeit und Kapital in japanischen Großunternehmen, in: Leviathan, Heft 1, 79-98.

Uehata, Tetsunojo (1982): Karôshi - due to occupational stress related cardiovascular injuries among middle-aged workers in Japan, in: Journal of Science and Labour, Nr. 67, Part 2.

Uehata, Tetsunojo (1990): A Medical Study of Karoshi, in: National Defense Counsel for Victims of Karoshi (Hrsg.), Karoshi. When the "Corporate Warrior" dies, Kyoto: Mado-Sha, 98-102.
Vogel, Ezra F. (1979): Japan as Number One. Lessons for America, Cambridge, Massachusetts und London: Harvard University Press.
Wagschal, Uwe (2000): Besonderheiten der gezügelten Sozialstaaten, in: Herbert Obinger und Uwe Wagschal (Hrsg.), Der gezügelte Wohlfahrtsstaat. Sozialpolitik in reichen Industrienationen, Frankfurt a. M und New York: Campus, 37-72.
Waldenberger, Franz (2001): Japan an der Schwelle zum dritten Jahrtausend: Mit Reform aus der Krise?, in: Friederike Bosse und Patrick Köllner (Hrsg.), Reformen in Japan, Hamburg: Institut für Asienkunde, 23-37.
Waldenberger, Franz (2001): Japan's Public Debt, in: Friederike Bosse und Patrick Köllner (Hrsg.), Reformen in Japan, Hamburg: Institut für Asienkunde, 193-199.
Walke, Anja (2003a): Japans Lebensversicherungen im Umbruch- Wege aus der Krise-, in: Japan aktuell, April 2003, Hamburg: Institut für Asienkunde, 145-154.
Walke, Anja (2003b): Arbeitsmarkt und Beschäftigung im Zeichen des demografischen Wandels- Wie sich Japan auf Alterung und Entvölkerung vorbereitet. Teil 1: Herausforderungen an die Politik, in: Japan aktuell, Oktober 2003, Hamburg: Institut für Asienkunde, 441-451.
Walke, Anja (2003c): Arbeitsmarkt und Beschäftigung im Zeichen des demografischen Wandels- Wie sich Japan auf Alterung und Entvölkerung vorbereitet. Teil 2: Herausforderungen an die Unternehmen, in: Japan aktuell, Dezember 2003, Hamburg: Institut für Asienkunde, 541-550.
Watanabe, Osamu (1997b): The Weakness of the Contemporary Japanese State, in: Junji Banno (Hrsg.), The Political Economy of Japanese Society, Volume 1: The State or the Market? , Oxford und New York: Oxford University Press, 109-161.
Watanuki, Joji (1986): Is there a ‚Japanese-Type Welfare Society'? , in: International Sociology, Vol. 1, No. 3, September 1986, 259-269.
Weber, Claudia (1998): Chancengleichheit auf Japanisch: Strukturen, Reformen und Perspektiven der Frauenerwerbsarbeit in Japan, Opladen: Leske und Budrich.
Weber-Deutschmann Claudia (1992): Frauen in Japan: Geschlechtsspezifische Arbeits- und Ausbildungsmuster, in: Walter Georg und Ulrike Sattel (Hrsg.), Von Japan lernen? Aspekte von Bildung und Beschäftigung in Japan, Weinheim: Deutscher Studien Verlag, 121-147.
White, Gorden and Roger Goodman (1998): Welfare Orientalism and the search for an East Asian welfare model, in: Roger Goodman, Gorden White and Huck-Ju Kwon (Hrsg.), The East Asian Welfare Model. Welfare Orientalism and the State, London and New York: Routledge, 3-24.
Wilensky, Harold (1975): The Welfare State and Equality, Berkeley CA and Los Angeles CA: University of California Press.
Wolferen, Karel van (1989): The Enigma of Japanese Power. People and Politics in a Stateless Nation, London: Macmillan.
Wolfram, Wallraf (1999): Soziale Sicherheit in Japan, in: Wilhelm Hofmeister und Josef Thesing (Hrsg.), Soziale Sicherheit in Asien, Bonn: Bouvier.

Womack, James, Daniel Jones und Daniel Roose (1990): The Machine that changed the World, New York: Rawson Associates.
Yamada, Toshio (2000): Japanese capitalism and the companyist compromise, in: Robert Boyer und Toshio Yamada (Hrsg.), Japanese Capitalism in Crisis. A regulationist interpretation, London und New York: Routledge, 19-31.
Yamaguchi, Jirô (2001): Result of Unfinished Reforms- Structure of Political and Administrative Reform in Japan in the 1990s, in: Friederike Bosse und Patrick Köllner (Hrsg.), Reformen in Japan, Hamburg: Institut für Asienkunde, 71-87.
Yatsuhiro, Nakagawa (1979): Japan, the Welfare Super-Power, in: Journal of Japanese Studies, Vol. 5, No. 1, 5-51.
Ziegler, Cora (1998): Die Stellung der japanischen Zentralbank und ihr veränderter Einfluss auf die Geldpolitik, in: Japan aktuell, Dezember, 597-609.
Zoweteweji, H (1986): Indirect Remuneration: An International Overview, ILO.
Zwecker, Christof (1994): Rezession und Wertewandel in Japan. Einfluss auf Arbeitsbeziehungen und Management-Philosophien, Göttingen.

5.2 Japanischsprachige Literaturen

Abe, Minoru, Osamu Syamoto, Shirô Rokuhara, Taku Okabe, Tohru Furuse, Chiaki Tsubouchi und Mikio Himeno (1996): Senshinkoku kôteki fujo seido no kokusai hikaku kenkyû (A Comparative Study on Public Assistance System between Developed Countries), in: Shakai jigyô kenkyû shô nenpô (Annual Report of the Social Work Research Institute), No.32: Nihon shakai jigyô daigaku (The Japan College of Social Work), 245-277.

Abe, Minoru (1997): Seikatsu hogo ni okeru fuyô gimu no arikata ni kansuru ichi kôsatsu (Eine Untersuchung über die Unterstützungspflicht von Familien), in: Shakai jigyô kenkyû shô nenpô, No. 33: Nihon shakai jigyô daigaku, 1-16.

Abe, Minoru (1998): Kôteki fujoron (Die Sozialhilfe), Tokyo: Kawashima shoten.

Aizawa, Yoichi (1991): Shakai hoshô no kihon mondai (Das Grundproblem der Sozialhilfe), Tokyo: Miraisha.

Aizawa, Yoichi (1993): Shakai hoshô „kaikaku" to gendai shakai seisakuron (Die Reform der sozialen Sicherung und die Theorie der heutigen Sozialpolitik), Tokyo: Hatsu saku sha.

Aizawa, Yoichi (1994): Nihon gata taikigyô shihai shakai no fukushi zôdanchô (An Aspect of Japanese "Welfare Society" dominated by Big Business), in: Shakai seisaku sôsho henshû iinkai (Hrsg.), Shakai seisaku sôsho, No. 18, Kyoto: Keibunsha, 245-264.

Aoki, Osamu (1997): Hinkon no sedai teki saiseisan (Die Generationsreproduktion der Armut), in: Yôko Shôji, Hiroshi Sugimura und Masayuki Fujimura (Hrsg.), Hinkon, fubyôdô to shakai fukushi (Armut, Ungleichheit und soziale Wohlfahrt), Tokyo: Yûhikaku, 129-148.

Araki, M., Hrsg. (1988): Shakai hoshô hô (Das Gesetz über die Sozialhilfe), Tokyo: Aorin shoin.

Asai, Haruo (2000): Shin jiyû shugi to hi-fukushi kokka he no dô (Der Neoliberalismus und der Weg zum Nicht-Sozialstaat), Tokyo: Akebi shobô.

Asako, Kazumi (1999): Zaisei kôzô kaikaku to nihon keizai (Fiscal Structure Reform and Japanese Economy), in: Keizai kenkyû (The Economic Review), Vol. 50, No. 3: Hitotsubashi daigaku keizai kenkyushô, 238-248.

Azuma, Mitsudoshi (1957): Shakai hoshô hô (Das Gesetz über die Sozialhilfe), Tokyo: Yûhikaku.

Baba, Hiroji (1991): Gendai sekai to nihon kaisha-shugi (Die heutige Welt und der japanische Firmaismus), in: Tokyo daigaku shakaikagaku kenkyusho (Hrsg.), Gendai nihon shakai (Die moderne japanische Gesellschaft), Tokyo: Tokyo daigaku shuppankai, vol. 1, 29-83.

Baba, Keinosuke (1977): Fukushi shakai ikô no nihon teki shoken (Die japanischen Bedingungen zum Wandel der „Wohlfahrtsgesellschaft"), in: Kigan shakai hoshô kenkyû, Vol. 13, No. 3, 2-11.

Baba, Keinosuke (1980): Fukushi Shakai no nihon teki keitai (Die japanische Form der „Wohlfahrtsgesellschaft"), Tokyo: Tôyô keizai shinpôsha.

Bito, Hiroki (1991): Seikatsu hogo no genden o toinaosu (Die erneute Fragestellung zum Grund der Sozialhilfe), in: Hiroki Bito, Hideo Kinoshita und Kentaro

Nakagawa (Hrsg.), Dare mo kaka nakâta seikatsu hogo hô (Das Sozialhilfegesetz, von niemandem geschrieben), Kyoto: Hôritsu bunkasha, 1-38.
Bito, Hiroki, Hideo Kinoshita und Kentaro Nakagawa, Hrsg. (1991): Dare mo kaka nakâta seikatsu hogo hô (Das Sozialhilfegesetz, von niemandem geschrieben), Kyoto: Hôritsu bunkasha.
Bito, Hiroki (1996): Boshi katei no shinno „jiritsu“ no tameni (Zur tatsächlichen „Selbständigkeit“ der allein erziehenden Mütter mit Kindern), in: Hiroki Bito, Hideo Kinoshita und Kentaro Nakagawa (Hrsg.), Seikatsu hogo hô no runesansu (Die Renaissance der Sozialhilfe), Kyoto: Hôritsu bunkasha, 135-166.
Bito, Hiroki, Hideo Kinoshita und Kentaro Nakagawa, Hrsg. (1996): Seikatsu hogo hô no runesansu (Die Renaissance der Sozialhilfe), Kyoto: Hôritsu bunkasha.
Bradshaw, j. und Takafumi Uzuhashi (1997): On fearento famiri ni taisuru zei shakai hoshô kyûfu pakkêji (Die sozialen Leistungen für die Familien von allein Erziehenden Elternteieln), in: Kigan kakei keizai kenkyû, 62-75.
Chô, Hiroshi (1996): Sengo nihon shakai hoshô undô kosei (Die Geschichte der Bewegung zur sozialen Sicherung Japans in der Nachkriegszeit), in: Toshio Sakayori (Hrsg.), Zusetsu. Nihon no shakai hoshô (Eine illustrierte Erklärung: Die sozialen Sicherung Japans), Kyoto: Hôritsu Bunkasha, 264-278.
Chûbachi, Masami (1974): Gendai ni okeru hinkon no imi (Die Bedeutung der Armut in der Gegenwart), in: Kigan shakai hoshô kenkyû, Vol. 9, No. 4, 2-17.
Chuma, Hiroyuki (1995): Nihon gata koyô seido no keizai bunseki (Economic Analysis of the Japanese-Style Employment System), in: Nihon rôdô kenkyû zasshi (The Monthly Journal of the Japan Institute of Labour), Vol. 37, No. 6, Tokyo, 30-37.
Chuô daigaku keizai kenkyûsho, Hrsg. (1997): Shakai hoshô to seikatsu saiteigen (Die soziale Sicherung und die Minimumgrenze des Lebens), Tokyo: Chuô daigaku shuppanbu.
Doi, Yôichi (2001): Kyûsai no yokusei to kokumin no kanka. Kanka kyûsai jigyô (Das beeinflussende Hilfswerk), in: Kikue Uda, Takeshi Takasawa und Kôjun Furukawa (Hrsg.), Shakai fukushi no rekishi (Die Geschichte der Sozialarbeit), Tokyo: Yûhikaku, 223-237.
Eguchi, Eiichi (1979/1980): Gendai no teishotoku sô (Die Schicht des niedrigen Einkommens in der Gegenwart): Band 1-3, Tokyo: Miraisha.
Eguchi, Eiichi (1981): Shakai fukushi kenkyû no shikaku (Der Gesichtspunkt über Forschung der sozialen Wohlfahrt), in: Eiichi Eguchi (Hrsg.), Shakai fukushi to hinkon (Die soziale Wohlfahrt und die Armut), Kyoto: Hôritsu bunkasha, 1-40.
Eguchi, Eiichi, Hrsg. (1981): Shakai fukushi to hinkon (Die soziale Wohlfahrt und die Armut), Kyoto: Hôritsu bunkasha.
Eguchi, Eiichi (1990): Nihon shakai chôsa no mio (Die Perspektiven für die japanische Gesellschaft), Kyoto: Hôritsu bunkasha.
Eguchi, Eiichi, Hrsg. (1987): Seikatsu bunseki kara fukushi e (Von der Lebensanalyse zur Wohlfahrt), Tokyo: Kôseikan.
Eguchi, Eiichi, Hrsg. (1998): Seikatsu bunseki kara fukushi e (Von der Lebensanalyse zur Wohlfahrt), neubearbeitete u. erweiterte Auflage, Tokyo: Kôseikan.
Endô, Saburô (1995): Gendai nihon no zeisei zaisei kaikaku (Die heutige Steuer- und die Finanzreform in Japan), Tokyo: Chûô keizaisha.

Fueki, Shunichi (1996): Seikatsu hogo seido no Rekishi teki suii ni kansuru Oboegaki (Der historische Wandel des Systems der Sozialhilfe), in: Shakai fukushi kenkyû, No. 66, 54-82.
Fuji Research institute Corporation (1996): Waga koku no shotoku kakusa no kakudai to sono mondai ten (Die Erweiterung des Einkommmensunterschieds in Japan).
Fujii, Ryoji (1994): Shakai hoshô no gendai teki katai (Die heutige Aufgabe zur sozialen Sicherung), Tokyo: Kôseikan.
Fujimura, Masayuki (1998): Fukushi kokka, chûrû kaisô, fukushi shakai (Welfare State, Middle Class and Welfare Society), in: Shakai gaku hyoron (Japanese Sociological Review), Vol. 49, No. 3: Nihon shakai gakkai, 352-371.
Fujimura, Masayuki (1999): Fukushi kokka no saihensei (Die Umorganisierung des Sozialstaats), Tokyo: Tokyo daigaku shuppankai.
Fujita, Goichi (1996): Kôreika shakai to rôdô, Shakai mondai (Die alternde Gesellschaft und die Probleme der Beschäftigung und des Soziales), in: Ryôtaro Ishihata und Minoru Sano (Hrsg.), Gendai no shakai seisaku (Die heutige Sozialpolitik), Tokyo: Yûhikaku, 219-244.
Fujita, Yoshitaka (1997): Kigyô nai fukushi to shakai hoshô no ippanteki kankei (General Relationship of Employee Benefits and Social Security), in: Fujita, Yoshitaka und Yuichi Shionoya (Hrsg.), Kigyô nai fukushi to shakai hoshô (Employee Benefits and Social Security), Tokyo: Tokyo daigaku shuppankai.
Fujita, Yoshitaka und Seiyô Kojima (1997): Jûbun (Introduction) in: Fujita, Yoshitaka und Yuichi Shionoya (Hrsg.), Kigyô nai fukushi to shakai hoshô (Employee Benefits and Social Security), Tokyo: Tokyo daigaku shuppankai.
Fujita, Yoshitaka und Yuichi Shionoya, Hrsg. (1997): Kigyô nai fukushi to shakai hoshô (Employee Benefits and Social Security), Tokyo: Tokyo daigaku shuppankai.
Fujiwara, Sôsuke (1994): Kigyô shakai no kokumin seikatsu to rôdô kumiai (Changes in Social Living and Trades Union's Movement), in: Shakai seisaku sôsho henshû iinkai (Hrsg.), Shakai seisaku soshô, No. 18, Kyoto: Keibunsha, 265-298.
Fukuda, Motô (1999): Shakai hoshô no kôzô kaikaku (Die Strukturreform der sozialen Sicherung), Tokyo: Chûô Hôkishuppan.
Fukuhara, Hiroyuki und Tohru Nagayama (1999): Hiyatoi rôdôshi no kôreika.nojuku (The Aging Problem of Day Laborers, in: Shakai-seisaku Gakkai Shi (The Journal of Social Policy and Labor Studies), July 1999, No.1, 21-37.
Fukushima, Toshio (1996): Jidô Teate (Das Kindergeld), in: Toshio Sakayori (Hrsg.), Zusetsu: Nihon no shakai hoshô (Eine illustrierte Erklärung: Die sozialen Sicherung Japans), Kyoto: Hôritsu Bunkasha, 113-114.
Fukuta, Shizuo und Zuaki Miyataka, Hrsg. (1990): Shakai fukushi no jinken teki genri (Das menschenrechtliche Prinzip der sozialen Wohlfahrt), Kyoto: Bunrishi.
Furukawa, Kôjun (1992): Shakai fukushi kyôkyû shisutemu no paradaimu tenkan (Die Umwandlung der Versorgungssystem der sozialen Wohlfahrt), Tokyo:Seishin shobô.
Furuse, Toru und Yûichi Shionoyaô (1999): Senshin sho koku no shakai hoshô 4: Doiichi (Social Security Systems of the Advanced Countries 4: Social Security in Germany), Tokyo: Tokyo daigaku shuppankai.

Futamura, Kazuo (1987): Nihon rôshi kankei no rekishi teki tokushitsu (Die historische Eigenschaft des japanischen Arbeitsverhältnisses), in: Shakai seisaku gakkai nenpô (Annals of the Society for the Study of Social Policy), 77-95.

Goka, Kazumichi (1995): Kôyô. Rôdô ichiba to shakai seisaku (Beschäftigung. Arbeitsmarkt und Sozialpolitik), in: Ryôtaro Ishihata und Tomio Makino (Hrsg.), Shakai seisaku (Sozialpolitik), Kyoto: Mineruba shobô, 95-129.

Goka, Kazumichi (2000a): Hi seiki koyô (Nicht-reguläre Beschäftigung), in: Ôhara shakai mondai kenkyû shô zasshi, No. 501, 13- 29.

Goka, Kazumichi (2000b): Kôzô teki shitsugyô jidai no koyô to chinkin (Problems of Employment and Wage Structural Unemployment), in: Shakai-seisaku Gakkai shi (The Journal of Social Policy and Labor Studies), Oktober 2000, No. 4, Kyoto: Mineruba shobô, 145- 155.

Goka, Kazumichi (2003): Gendai nihon no shitsugyô to fuantei shûgyô (Unemployment and unsecure Work in Japan), in: Shakai-seisaku Gakkai shi (The Journal of Social Policy and Labor Studies), September 2003, No. 10, Kyoto: Hôritsu bunkasha, 3- 21.

Gotô, Michio(1997a): Teikoku shugi to taishû tôgô (Der Imperialismus und die Integration der Massengesellschaft), in: Osamu Watanabe und Michio Gotô (Hrsg), Gendai nihon (Japan in der Gegenwart), Band 2: Gendai teikoku shugi to sekai chitsujo no saihen (Der heutige Imperialismus und die Reorganisation der Weltordnung), Tokyo: Ôtsuki shoten, 17-130.

Gotô, Michio (1997b): Shin fukushi kokka ron josetsu (Der neue Ansatz zum neuen Sozialstaat), in: Osamu Watanabe und Michio Gotô (Hrsg), Gendai nihon (Japan in der Gegenwart), Band 4: Nihon shakaino taikô to kôsô (Die Konfrontation und der Plan in der japanischen Gesellschaft), Tokyo: Ôtsuki shoten, 443-506.

Gotô, Michio (2001): Shakai hoshô kaikaku no gendankai to „kôzô kaikaku“ dai-nimaku (Der heutige Zustand der Reform der sozialen Sicherung und die zweite Strukturreform), Politiku, Vol.2, 8-35.

Gotô, Michio (2002): Han „kôzô kaikaku“ (Die Kontra-Strukturreform), Tokyo: Aoki Shoten.

Gotô, Michio (2004a): Nihon kata shakai hoshô no kôzô (Die Struktur der japanischen sozialen Sicherung), in: Osamu Watanabe (Hrsg.), Kôdo seichô to kigyô shakai (Das hohe Wachstum und die unternehmenszentrierte Gesellschaft), Tokyo: Yoshikawakôbun kan, 190-221.

Gotô, Michio (2004b): Kiro ni tatsu nihon (Am Scheidenweg stehendes Japan), in: Michio Gotô (Hrsg.), Kiro ni tatsu nihon (Am Scheidenweg stehendes Japan), Tokyo: Yoshikawakôbun kann, 7-94.

Gotô, Michio, Hrsg. (2004): Kiro ni tatsu nihon (Am Scheidenweg stehendes Japan), Tokyo: Yoshikawakôbun kann.

Gotô, Minoru (2000): Rôdô kumiai (Gewerkschaft), in: Takeo Nagayama (Hrsg.), Shinban rôdô keizai (Arbeitswirtschaft), Kyoto: Mineruba shobô, 183-211.

Hara, Junsuke und Kazuo Seiyama (1999): Shakai kaisô: Yutakasa no nakano fubyôdô (Social Stratification: Inequality in an Affluent Society), Tokyo: Tokyo daigaku shuppankai.

Harada, Sumitaka (1988): „Nihon kata fukushi shakai" ron no kazokuzô (Das Bild der Familie in der japanischen Wohlfahrtsgesellschaft), in: Tokyo daigaku shakaikagaku kenkyûsho (Institut für Sozialforschung der Tokyo Universität) (Hrsg.), Tenkanki no fukushi kokka (Sozialstaat in der Wende), Band 2, 303-392.

Harada, Sumitaka (1992): Kôreika shakai to kazoku (Die alternde Gesellschaft und die Familie), in: Tokyo daigaku shakaikagaku kenkyûsho (Institut für Sozialforschung der Tokyo Universität) (Hrsg.), Gendai nihon shakai (Die gegenwärtige japanische Gesellschaft), Band 6: Mondai no shosô (Die Aspekte der Frage), 81-146.

Hashimoto, Jiyutô (1991): Taikigyô taisei no keizai kôzô (Die wirtschaftliche Struktur des großunternehmenszentrierten Systems), in: Tokyo daigaku shakaikagaku kenkyûsho (Institut für Sozialforschung der Tokyo Universität) (Hrsg.), Gendai nihon shakai (Die gegenwärtige japanische Gesellschaft), Band 5: Kôzô (Die Struktur), 81-124.

Hashimoto, Hiroko (1996): Josei fukushi o manabu (Die Sozialpolitik für Frauen), Kyoto: Mineruba shobô.

Hattori, Eitarô (1985): Shakai seisaku sôron (Die Einführung der Sozialpolitik), Tokyo: Miraisha.

Hattori, Ryôko (2000): Kazoku teki sekin (Die Verantwortung der Familien), in: Kinko Tamai und Maki Ômori (Hrsg.), Shinhan shakai seisaku o matabu hito no tameni (Sozialpolitik), Kyoto: Sekai shisôshi, 171-196.

Hayakawa, Seiichirô (1991): Shuntô no tenkai to henbô (Die Entwicklung und der Wandel der Frühlingsoffensive), in: Ôhara shakai mondai kenkyû shô zasshi, No. 397, 43-53.

Hayakawa, Seiichirô (1995): Rôshi kankei to shakai seisaku (Das Arbeitsverhältnis und die Sozialpolitik), in: Ryôtaro Ishihata und Tomio Makino (Hrsg.), Shakai seisaku (Sozialpolitik), Kyoto: Mineruba shobô, 129-162.

Hayashi, Naohisa (1991): Takasugiru hadoru (Eine Erschwerung des Zugang zur Sozialhilfe), in: Hiroki Bito, Hideo Kinoshita und Kentaro Nakagawa (Hrsg.), Dare mo kaka nakâta seikatsu hogo hô (Das Sozialhilfegesetz, von niemandem geschrieben), Kyoto: Hôritsu bunkasha, 72-102.

Hayashi, Takehisha (1985): Fukushi kokka no zaisei kôzô (Die Finanzstruktur des Sozialstaats), in: Tokyo daigaku shakaikagaku kenkyûsho (Institut für Sozialforschung der Tokyo Universität) (Hrsg.), Fukushu kokka (Der Sozialstaat), Ban 5: Nihon no keizai to fukushi (Wirtschaft und Wohlfahrt in Japan), 49-108.

Hayashi, Takehisha (1992): Fukushi kokka no zaiseigaku (Die Finanzwissenschaft des Sozialstaats), Tokyo: Yûhikaku.

Hayashi, Takehisha und Eiichi Kato, Hrsg. (1992): Fukushi kokka zaisei no kokusai hikaku (Der internationale Vergleich der Sozialstaatsfinanzen), Tokyo: Tokyo daigaku shuppankai.

Higuchi, Yoshio (1991): Nihon keizai to shûgyô kôdô (Die japanische Wirtschaft und das Verhalten gegenüber der Beschäftigung), Tokyo: Tôyô keizai shinposha.

Himizu, Kôichi (1997): Hinkon. Ison no stiguma to kôteki fujo (Die Armut. Das Stigma der Abhängigkeit und die Sozialhilfe), in: Yôko Shôji, Hiroshi Sugimura und Masayuki Fujimura (Hrsg.), Hinkon, fubyôdô to shakaifukushi (Armut, Ungleichheit und soziale Wohlfahrt), Tokyo: Yûhikaku, 165-180.

Hirao, Takehisha (1994): Gendai nihon no rômu kanri ni kansuru ichi kôsatsu (A Study of Labor Management in Recent Japan), in: Shakai seisaku sôsho henshû iinkai (Hrsg.), Shakai seisaku sôsho, No. 18, Kyoto: Keibunsha, S. 209-228.

Hiraoka, Koichi (1998): Kaigo hoken seido no sôsetsu to fukushi kokka taisei nosaihen (Creation of the Long-term care insurance and its Significance for the Restructuring of the Japanese Welfare State), in: Shakai gaku hyoron (Japanese Sociological Review), Vol. 49, No. 3: Nihon shakai gakkai, 389-406.

Hiroi, Yoshinori (1999): Nihon no shakai hoshô (Die soziale Sicherung in Japan), Tokyo: Iwanami shôten.

Hirowatari, Seigo (1992): Ima, Naniga mondai ka (Nun, Was ist zu tun?), in: Tokyo daigaku shakaikagaku kenkyûsho (Institut für Sozialforschung der Tokyo Universität) (Hrsg.), Gendai nihon shakai (Die gegenwärtige japanische Gesellschaft), Band 6: Mondai no shosô (Die Aspekte der Frage), 1-30.

Hiwatari, Nobuhiro (2002): Chôki keizai teitai shita no zaisei shutsudô to kôzô kaikaku (The Fiscal Stimulus-Structural Reform Quagmire: The Societal Sources of Fiscal Policy U-Turns in the 1990s), in: Shakai kagaku kenkyû (The Journal of Social Science), Vol.53, Nos. 2. 3. March 2002, Institut of Social Science: University of Tokyo, 133-171.

Honda, Junryô (1995): Nihon teki koyô kankô to kazoku seikatsu (Die japanische Beschäftigungspraxis und das Familienleben), in: Kiso keizai kagaku kenkyûsho (Institute of Fundamental Political Economy) (Hrsg.), Nihon gata kigyô shakai to kazoku (Die japanische unternehmenszentrierte Gesellschaft und die Familie), Tokyo: Aoki shôten, 43-70.

Hori, Katsuhiro (1981): Nihon gata fukushi shakai ron (Die Theorie der japanischen Wohlfahrtsgesellschaft), in: Kigan shakai hoshô kenkyû, Vol. 17, No. 1, 37-50.

Hoshino, Shinya (1992): Fukushi kokka to shakai kaisô (Der Sozialstaat und die Sozialschichten), in: Jimbun gaku hô, No. 233: Tokyo toritsu daigaku jimbun gakufu, 1-17.

Hoshino, Shinya (1995): Fukushi kokka chûryô kaisôka ni torinoko sareta shakai fukushi (Die beiseite legende Sozialarbeit im Lauf der Vermehrung der Mittelschicht im Sozialstaat), in: Jimbun gakuhô, No. 261: Tokyo toritsu daigaku jimbun gakufu, 23-85.

Hoshino, Shinya (1996): Waga koku ni okeru hinkon to fubyôdô no sokutei (Die Messung der Armut und der Ungleichheit), in: Ôhara shakai mondai kenkyû shô zasshi, No. 446, 19-33.

Hunahashi, Naomichi (1975): Naibu rôdô ichiba to nenkôseiron (Der innere Arbeitsmarkt und das Senioritätsprinzip), in: Nihon rôdô kyôkai zasshi, März.

Hurukawa, Kôjun (2001): Shakai fukushi kiso kôzô kaikaku (Die gründliche Reform der Struktur der Sozialarbeit), in: Kikue Uda, Takeshi Takasawa und Kôjun Furukawa (Hrsg.), Shakai fukushi no rekishi (Die Geschichte der Sozialarbeit), Tokyo: Yûhikaku, 400-453.

Ibe, Hideo (1978): Fukushi kokka no tenbô (Der Ausblick auf den Sozialstaat), Tokyo: Kawashima shoten.

Ichihara, Mitsuya (1998): Nihon no shakai hoshô no ayumi to atarashii shakai hoshô no kata ni (Der Fortgang der japanischen sozialen Sicherung und die neue Form der sozialen Sicherung), in: Shakai fukushi kenkyû, No. 65: Tetsudô kosaika, 11-18.

Ikeda, Noboru (1997): Taishoku kyûfu ni okeru kôseinenkin kikin no yakuwari to kongo no kadai (The Fund of Pension in the Retirement Payment), in: Fujita, Yoshitaka und Yuichi Shionoya (Hrsg.), Kigyô nai fukushi to shakai hoshô (Employee Benefits and Social Security), Tokyo: Tokyo daigaku shuppankai.

Imura, Kiyoko (1993): Gendai nihon keizai ron (Die heutige Wirtschaft in Japan), Tokyo: Yûhikaku.

Imura, Kiyoko (1995): Kyûjû nendai fukyô no kihon seikaku (Der Charakter der Rezession in den neunziger Jahren), in: Keizai riron gakkai (Hrsg.), Kyûjû nendai fukyô no seikaku (Der Charakter der Rezession in den neunziger Jahren): Aoki shoten, 40-55.

Inagami, Takeshi (2002): Shukkô: Tenseki to iu koyô kankô (Roles of temporary and permanent transfer to an affiliated company), in: Nihon rôdô kenkyû zasshi (The Japanese Journal of Labour Studies), Vol. 44, April 2002, No. 4, 57-59.

Inoue, Hideo (1997): Hinkon: Fubyôdo to kenri hoshô (Armut: Die Ungleichheit und die Sicherung des Rechtsanspruchs), in: Yôko Shôji, Hiroshi Sugimura und Masayuki Fujimura (Hrsg.), Hinkon, fubyôdô to shakaifukushi (Armut, Ungleichheit und soziale Wohlfahrt), Tokyo: Yûhikaku, 223-244.

Inoue, Nobuhiro (2000): Rôdô ichiba (Arbeitsmarkt), in: Kingo Tamai und Maki Ômori (Hrsg.), Shinhan shakai seisaku o matabu hito no tameni (Sozialpolitik), Kyoto: Sekai shisôshi, 48-71.

Inui, Akio (1990): Nihon no Kyôiku to kigyô shakai (Das japanische Bildungssystem und die unternehmenszentrierte Gesellschaft), Tokyo: Ôtsuki shoten.

Inui, Shojo, Kazuo Hatanaka und Kenji Yamashita (1986): Gendai nihon no kokka to hô (Der Staat und das Gesetz Japans in der Gegenwart), Tokyo: Yûhikaku.

Ishi, Hiromitsu, Hrsg. (1997): Zaisei kôzô kaikaku no jôkon (Die Bedingung für die Finanzreform), Tokyo: Tôyô keizai shinpôsha.

Ishida, Tadashi und Kiichi Ogawa, Hrsg. (1978): Shakai seisaku (Sozialpolitik), Tokyo: Aorin shoin shinsha.

Ishida, Tomoko (2001): Nihon ni okeru hitogo to chinkin seidô to shôrai tenbô (Der Wandel der Personalpolitik und des Lohnsystems und der Ausblick in die Zukunft Japans), Tokyo: Tokyo keizai daigaku.

Ishida, Yoshie (2000): Danjo byôdô to koyô mondai (Die Gleichberechtigung von Männer und Frauen und die Frage der Einstellung), in: Takeo Nagayama (Hrsg.), Shinban rôdô keizai (Arbeitswirtschaft), Kyoto: Mineruba shobô, 239-259.

Ishihata, Ryôtaro (1995): Shakai seisaku no kangae kata (Die Ansätze der sozialpolitik), in: Ryôtaro Ishihata und Tomio Makino (Hrsg.), Shakai seisaku (Sozialpolitik), Kyoto: Mineruba shobô, 17-34.

Ishihata, Ryôtaro und Tomio Makino, Hrsg. (1995): Shakai seisaku (Sozialpolitik), Kyoto: Mineruba shobô.

Ishihata, Ryôtaro und Minoru Sano, Hrsg. (1996): Gendai no shakai seisaku (Die heutige Sozialpolitik), Tokyo: Yûhikaku.

Ishikawa, Tsuneo (1994): Nihon no shotoku to tomi no haibun (Distribution of Wealth and Income in Japan), Tokyo: Tokyo daigaku shuppankai.

Itô, Mitsuharu (2000): Nihon keizai no henyô (Die Verwandlung der japanischen Wirtschaft), Tokyo: Iwanami shoten.

Itô, Munetake, Yoshihiro Ôyama und Isao Yoshimuta (1997): Kigyô nenkin jitsumu manyuaru (Das Handbuch über die Betriebsrente), Tokyo: Zaikei shôhôsha.

Itô, Shiyûichi (1997): Kôteki fujo no gendaiteki kinô (Die heutige Funktion der Sozialhilfe), in: Yôko Shôji, Hiroshi Sugimura und Masayuki Fujimura (Hrsg.), Hinkon, fubyôdô to shakaifukushi (Armut, Ungleichheit und soziale Wohlfahrt), Tokyo: Yûhikaku, 149-164.

Itô, Shûhei (1996): Kôteki kaigo hoken to nihon no fukushi seisaku (Die Pflegeversicherung und die japanische Wohlfahrtspolitik), in: Ôhara shakai mondai kenkyû shô zasshi, No. 454, 1-22.

Itô, Shûhei (2002): Kôreisha fukushi sabisu no seisaku dôkô to kôzô henka (Die heutige Sozialarbeit für die alten Menschen und der Strukturwandel), in: Ôhara shakai mondai kenkyû shô zasshi, No. 525, 1-14.

Iwami, Toru (1995): Nihon keizai to kokusai kinyû (Japan in the international Financial System), Tokyo: Tokyo daigaku shuppankai.

Iwata, Masami (1990): Sengo nihon ni okeru hinkon kenkyû no dôkô-Yutakana shakai ni okeru hinkon kenkyû no katai (Der Trend der Armutsforschung in den Nachkriegeszeiten Japans), in: Jimbun gaku hô, No. 224: Tokyo toritsu daigaku jimbun gakufu, 33-73.

Iwata, Masami (1993): Gendai ni okeru kinrôja seikatsu no henyô to seikatsu kôzô (Die Veränderung der Lebensweise der Arbeitnehmer und die Lebensstruktur in der Gegenwart), in: Ôhara shakai mondai kenkyû shô zasshi, No. 411, 1-13.

Iwata, Masami (1995): Sengo shakai fukushi no tenkai to dai toshi saiteihen (Die Entwicklung der Sozialarbeit in den Nachkriegszeiten und die Nähe der Niedrigstschicht), Kyoto: Mineruba shobô.

Iwata, Masami (1996): Koreisha no jiritsu to hinkon fubyôdo no kakudai (Die Selbständigkeit der alten Menschen und die Erweiterung der Armut und der Ungleichheit), in: Ôhara shakai mondai kenkyû shô zasshi, No. 447, 15-25.

Iwata, Masami (1997): Gendai no hinkon to hômuresu (Die Armut und die Obdachlosigkeit in der Gegenwart), in: Yôko Shôji, Hiroshi Sugimura und Masayuki Fujimura (Hrsg.), Hinkon, fubyôdô to shakaifukushi (Armut, Ungleichheit und soziale Wohlfahrt), Tokyo: Yûhikaku, 113-128.

Iwata, Masami (1998): Yôhogosô no seikatsu jittai to seikatsu hogo (Der wirkliche Lebensstand der Bedürftigten und die Sozialhilfe), in: Hiroshi Sugimura, (Hrsg.), Gendai no hinkon to kôteki fujo (Die gegenwärtige Armut und die Sozialhilfe), Tokyo: Hôsô daigaku kyôiku shinkôkai,161-167.

Iwata, Masami (1999): „Hômu resu"toshite no gendai no shitsugyô. Hinkon (The construction of Homelessness in 'Hyper Modern Society', in: Shakai-seisaku Gakkai Shi (The Journal of Social Policy and Labor Studies), July 1999, No.1, 3-19.

Jinno, Naohiko (1998): Shisutemu kaikaku no seiji keizai gaku (Die Politik- und Wirtschaftswissenschaft der Systemreform), Tokyo: Iwanami shoten.

Jinushi, Shigemi und Yoshiko Kido (1978): Seikatsu hoshô ni okeru kigyô no yakuwari (Die Rolle der Unternehmen in der Lebenssicherung), in: Kigan shakai hoshô kenkyû, Vol. 13, No. 4, 10-22.

Jinushi, Shigeyoshi (1985): Kôreika shakai no iryô hoshô (Die Sicherung der ärztlichen Behandlung der alternden Gesellschaft), in: Tokyo daigaku shakaikagaku kenkyûsho (Institut für Sozialforschung der Tokyo Universität) (Hrsg.), Fukushu kokka (Der Sozialstaat), Band 5: Nihon no keizai to fukushi (Wirtschaft und Wohlfahrt in Japan), 289-352.

Jiyu shugi keizai suishi kiko (1983): Survival nihon no sentaku (Das Überleben: Die Wahl Japans), Tokyo: Sanerani itaru nihon sha.

Kagoyama, Takashi (1978): Kôteki fujo ron (Sozialhilfe), Tokyo: Kôseikan.

Kagoyama, Takashi (1982): Saitei seikatsuhi kenkyû (Die Untersuchung über die minimalen Unterhaltskosten), Tokyo: Tomesu schuppan.

Kagoyama, Takashi (1983): Hinkon to Ningen (Die Armut und der Mensch), Tokyo: Tomesu schuppan.

Kamada, Toshiko, Hrsg. (1999): Hinkon to kazoku hôkai (Die Armut und der Zusammenbruch der Familien), Kyoto: Mineruba shobô.

Kamii, Yoshihiko (1993): Minkan taikigyô no rôdô mondai (Die Arbeitsproblematik in privaten Großunternehmen), in: Hideo Totsuka und Shigeyoshi Tokunaga, (Hrsg.), Gendai nihon no rôdô mondai (Die Arbeitsfrage in Japan), Kyoto: Mineruba shobô, 55-90.

Kanaji, Nobuko (1985): Seikatsu mondai kenkyû no riron teki wakugu (Die theoretische Gestaltung in der Forschung über die Lebensfrage), in: Seikatsu mondai kenkyû, No.1: Seikatsu mondai kenkyû kai, 4-19.

Kanaji, Nobuko (1994): Seikatsu mondai kenkyû to bunseki no hohô (Die Forschung über die Lebensfrage und die Methode der Analyse), in: Seikatsu mondai kenkyû, No. 4: Seikatsu mondai kenkyû kai, 11-48.

Kanamori, Hisao, Haruo Shimada und Hideo Ibe, Hrsg. (1992): Kôreika shakai no keizai seisaku (Economic Policy for an Aging Society), Tokyo: Tokyo daigaku shuppankai.

Kanazawa, Seiichi (1998): Kinrôsha setai seikatsu no jittai (Die Untersuchung des wirklichen Sachverhaltens über das Leben der Beschäftigten), in: Eiichi Eguchi (Hrsg.), Seikatsu bunseki kara fukushi e (Von der Lebensanalyse zur Wohlfahrt), neubearbeitete u. erweiterte Auflage, Tokyo: Kôseikan, 201-231.

Kaneko, Masaru (1991): Kigyô shakai no keisei to nihon shakai (Die Herausbildung der unternehmenszentrierten Gesellschaft und die japanische Gesellschaft), in: Tokyo daigaku shakaikagaku kenkyûsho (Institut für Sozialforschung der Tokyo Universität) (Hrsg.), Gendai nihon shakai (Die gegenwärtige japanische Gesellschaft), Band 5: Kôzô (Die Struktur), 125-167.

Kanzaki, Kazuo (1978): Kôyo. Shitsugyô (Die Beschäftigung. Die Arbeitslosigkeit), in: Tadashi Ishida und Kiichi Ogawa (Hrsg.), Shakai seisaku (Sozialpolitik), Tokyo: Aorin shoin shinsha, 257-291.

Karakama, Naoyoshi (1995): Koreisha no seikatsu mondai to nenkin seido (Das Lebensproblem der alten Menschen und das Rentensystem), in: Ôhara shakai mondai kenkyû shô zasshi, No. 443, 17-33.

Karakamu, Naoyoshi (1997): Kôteki nenkin to seikatsu hoshô (Die gesetzliche Rente und die Lebenssicherung), in: Yôko Shôji, Hiroshi Sugimura und Masayuki Fujimura (Hrsg.), Hinkon, fubyôdô to shakaifukushi (Armut, Ungleichheit und soziale Wohlfahrt), Tokyo: Yûhikaku, 181-202.

Karakama, Naoyoshi (1998): Kôteki Nenkin (Die gesetzliche Rente), in: Eiichi Eguchi (Hrsg.), Seikatsu bunseki kara fukushi e (Von der Lebensanalyse zur Wohlfahrt), neubearbeitete u. erweiterte Auflage, Tokyo: Kôseikan, 129-150.

Karakama, Naoyoshi und Tooru Nakayama (1998): Iryô (Die ärztliche Behandlung), in: Eiichi Eguchi, (Hrsg.) Seikatsu bunseki kara fukushi e (Von der Lebensanalyse zur Wohlfahrt), neubearbeitete u. erweiterte Auflage, Tokyo: Kôseikan, 98-127.

Kashihara, Akira (1987/1988): Hinkon no chôsa to sokutei (Die Untersuchung und die Messung der Armut) (1) (2), in: Kôbe gakuin keizai gaku ronshû: Kôbe gakuin daigaku keizai gakkai, 23-65, 1-36.

Katô, Junko (1999): Fukushi kokka no zeishu kôzo no hikaku kenkyû (Die vergleichende Untersuchung über die Struktur der Steuereinnahmen des Sozialstaats), in: Shakaikagaku kenkyû (The Journal of Social Science), Vol. 50, No. 2, Tokyo: University of Tokyo, 77-97.

katsumata, Hisayoshi (1995): Sengo 50-nen no nihon keizai (Die japanische Wirtschaft der 50 Jahren nach dem Krieg), Tokyo: Tôyô keizai shinpôsha.

Kawahito, Hiroshi (1998): Karô jisatsu (Der Selbstmord wegen Überarbeitung), Tokyo: Iwanami shoten.

Kawai, Yukio (1997): Waga koku kôteki fujo seisaku no tokuchô (Die Besonderheit der Sozialhilfepolitik in Japan), in: Hiroshi Sugimura, Yukio Kawai, Kentarô Nakagawa und Kôzô Yuasa, (Hrsg.), Gendai no hinkon to kôteki fujo gyôsei (Die heutige Armut und die Verwaltung der Sozialhilfe), Kyoto: Mineruba shobô, 117-134.

Kawakami, Masako (1986): Kôteki fujo no shôten (Der Fokus der Sozialhilfe), In: Chinkin to shakai hoshô, No. 935, 936: Rôdô shunpôsha, 23-29.

Kawano, Masateru (1991): Shakai fukushi no kenri kôzô (Die Rechtsstruktur der Sozialarbeit), Tokyo: Yûhikaku.

Kawashima, Miho (1993): Tomobataraki setai no seikatsu to seibetsu yakuwari ishiki (Das Leben der Haushalte, in denen die beiden Eheleute arbeiten, und das Bewusstsein über die geschlechtliche Rolle), in: Ôhara shakai mondai kenkyû shô zasshi, No. 411, 14-30.

Keizai kikakuchô sôgô keikakû-kyoku, Hrsg. (1989): Nihon no keizai kôzô (Die Wirtschaftsstruktur in Japan), Tokyo: Tôyô keizai shinpôsha.

Keizai kikakuchô kokumin seikatsu kyoku, Hrsg. (1994): Jikaku to sekinin no aru shakai e (Zur Gesellschaft mit dem Selbstbewusstsein und der Verantwortung), Tokyo: Ôkurasho insatsusho.

Keizai kikakuchô (Wirtschaftsplanungsamt), Hrsg. (1998): Kokumin seikatsu hakusho (White Paper on the national Lifestyle), Tokyo: Ôkurasho insatsu kyoku.

Keizai kikakuchô (Wirtschaftsplanungsamt), Hrsg. (2000): Keizai hakusho (Wirtschaftsweißbuch), Tokyo: Ôkurasho insatsu.

Kenkô hoken kumiai rengo kai, Hrsg. (2000): Shakai hoshô renkan (Social Security Year Book), Tokyo: Tôyô keizai shinpôsha.

Kikuchi Nobuteru (2004): Nitsu no shin jiyûshugi to zaikai (Two Different Neo-Liberalisms and The Japanese Business Community), in: Osamu Watanabe (Hrsg.), Henbô suru „Kigyô shakai“ nihon (Changing Japan's Regime: "Company-Centered Society", Tokyo: Junposha, 183-232.

Kimito, Kimiko (1995): Kazoku. Gender. Kigyô shakai (Familie. Geschlecht. „Unternehmenszentrierte Gesellschaft“), Kyoto: Mineruba shobô.

Kinoshita, Jun (2000): Kigyô shakai (Die „unternehmenszentrierte Gesellschaft“), in: Kinko Tamai und Maki Ômori (Hrsg.), Shinhan shakai seisaku o matabu hito no tameni (Sozialpolitik), Kyoto: Sekai shisôshi, 72-92.

Kinoshita, Takeo (1997a): Nihon teki rôshi kankei no gendankai to nenkô chingin (Das japanische Arbeitsverhältnis und der Senioritätslohn), in: Osamu Watanabe und Michio Gotô (Hrsg.), Gendai nihon (Die Gegenwart Japans), Band 3: Nihon shakai no saihensei to mujun ikô to kôsô (Die Rekonstruktion und der Widerspruch in der japanischen Gesellschaft), Tokyo: Ôtsuki shoten, 125-219.

Kinoshita, Takeo (1997b): Nihon gata shin fukushi kokka senryaku to shakai rôdô undô (Die neue Strategie des japanischen Sozialstaats und die gesellschaftliche und Arbeitsbewegung), in: Osamu Watanabe und Michio Gotô (Hrsg.), Gendai nihon (Die Gegenwart Japans), Band 4: Nihon shakai no taikô to kôsô (Die Konfrontation und der Plan in der japanischen Gesellschaft), Tokyo: Ôtsuki shoten, 116-161.

Kinoshita, Takeo (2002): Chinkin. Koyô no saisekkei (Der neue Plan des Lohnes und der Beschäftigung), in: „Niji to roku. Keizai koyô purojekuto“ Mini seisaku kenkyûkai.

Kinoshita, Takeo (2004): Nihon kata koyô.nenkôchinkin no kaitai katei (Der Zusammenbruch der japanische Beschäftigung und des Senioritätslohnes), in: Michio Gotô (Hrsg.), Kiro ni tatsu nihon (Am Scheidenweg stehendes Japan), Tokyo: Yoshikawakôbun kann, 134-161.

Kishi, Isamu (2001): Kôteki fujo no sengoshi (Die Geschichte der Sozialhilfe in der Nachkriegszeit), Tokyo: Akashi shoten.

Kiso keizai kagaku kenkyûsho (Institute of Fundamental Political Economy), Hrsg. (1992): Nihon gata kigyô shakai no kôzô (Die Struktur der „unternehmenszentrierten Gesellschaft“), Tokyo: Rôdô junpôsha.

Kiso keizai kagaku kenkyûsho (Institute of Fundamental Political Economy), Hrsg. (1995): Nihon gata kigyô shakai to kazoku (Die japanische „unternehmenszentrierte Gesellschaft“ und die Familie), Tokyo: Aoki shoten.

Kitamoto, Yoshiko (1991): Shakai fukushi seido no kakuritsu (Die Herausbildung des Systems der sozialen Wohlfahrt), in: Kazuhiko Yokoyama und Hidenori Tada (Hrsg.), Nihon shakai hoshô no rekishi (Die Geschichte der sozialen Sicherung in Japan), Tokyo: Gakubunsha, 85-104.

Kobayashi, Michio, Hrsg. (1999): Kôteki fujoron (Theorie der Sozialhilfe), Tokyo: Kenpakusha.

Kobayashi, Shôrin (1979): Kigyo nai rôdô ichiba. Rôshi kankei no tokushitsu (Der innerliche Arbeitsmarkt. Die Besonderheit des Arbeitsverhältnisses), in: Mikio Sumiya (Hrsg.), Gendai nihon rôdô mondai (Das heutige Arbeitsproblem), Tokyo: Tokyo daigaku shuppankai, 119-142.

Koga, Akinori (1977): Seikatsu hogo hô ni okeru setai tani to fuyô gimu (Household Unit and Family Maintenance in Livelihood Protection Law), in: Sangyôrôdô kenkyûsho pô (Bulletin of the Research Institute of Industry and Labour), No. 69, 49-60.

Koike, Kazuo (1981): Nihon no jukuren (Die Geschicklichkeit Japans), Tokyo: Yûhikaku.

Kokuritsu shakai hoshô jinkô mondai kenkyûsho (National Institute of Population and Social Security Research) (2003): Shakai hoshô tôkei nenpô (Der Jahresbericht der Statistiken über die soziale Sicherung).

Komura, Toyochika (1990): Kyûjû nendai fukushi seisaku o yomu (Die Lektüre der Sozialpolitik in den neunziger Jahren), Tokyo: Chûô hôki shuppan.

Kon, Masanobu (1996): Yutakana shakai ni okeru seikatsu hogo no yaku wari (Die Form des Sozialhilfegesetzes in der überflüssigen Gesellschaft), in: Shakai fukushi kenkyû shitsu pô, No. 6: Tohoku fukushi daigaku shakai fukushi kenkyûshitsuô, 135-143.

Konishi, Kazuo (1998): Ginkô no furyô saiken to kaiketsu no hôkô (Das Problem der Anleihenpapier und die Richtung auf die Lösung), in: Keizai, November, 14-25.

Konuma, Tadashi (1969): 1960 nendai no koteki fujo (Die Sozialhilfe in den sechziger Jahren), in: Kigan shakai hoshô kenkyû, Vol. 5, No. 4, 31-43.

Konuma, Tadashi (1980): 1970 nendai no seikatsu hogo (Die Sozialhilfe in den siebziger Jahren), in: Kigan shakai hoshô kenkyû, Vol.16, No. 1, 21-35.

Kôsei rôdô shô (Sozial- und Arbeitsministerium) (2002a): Pâto taimu rôdô kenkyûsai saishû hôkoku (Abschlussbericht der Arbeitsgruppe: Part-timer).

Kôsei rôdô shô (Sozial- und Arbeitsministerium) (2002b): Kôsei rôdô hakusho (Sozial- und Arbeitsweißbuch), Tokyo: Gyosei.

Kôsei rôdô shô (Sozial- und Arbeitsministerium) (2004): Rôdô keizai hakusho (Arbeits-und Wirtschaftsweißbuch), Tokyo: Gyosei.

Kôseishô daijin kanbô tôkei jôhôbu (1994): Nijuichi seiki fukushi vision (Der Ausblick auf den Sozialstaat im 21. Jahrhundert), Tokyo: Daiichi hôki.

Kudô, Kofu (1994): Senzen ni okeru shakai teki seikatsu hoshô no nihon teki tokushitsu (Die japanische Besonderheit der Lebenssicherung in den Vorkriegszeiten), in: Keizai gaku ronsan, Vol. 35, No. 1, 2: Chûô daigaku, 87-97.

Kumazawa, Makoto (1989): Nihon teki keiei no meian (Licht und Schatten des japanischen Management), Tokyo: Chikuma shobô.

Kumazawa, Makoto (1997): Nôryoku shugi to kigyô shakai (Das Fähigkeitsprinzip und die „unternehmenszentrierte Gesellschaft"), Tokyo: Iwanami shoten.

Kumon, Shunpei, Yasusuke Murakami und Seizaburô Satô (1979): Bummei toshite no ie shakai (Die *ie*- Gesellschaft als Zivilisation), Tokyo: Chûô kôronsha.

Kurita, Ken, Hrsg. (1992): Gendai nihon no rôshi kankei (Das heutige Arbeitsverhältnis in Japan), Kanagawa: Rôdô kagaku kenkyûsho shuppanbu.

Kurita, Ken (1994): Nihon no rôdô shakai (The World of Labor in Japan), Tokyo: Tokyo daigaku shuppankai.

Makino, Tomio (1994): Nihon gata kigyô shakai to koyô kankô (Japanese Style Capitalism and Employment Practices), in: Shakai seisaku sôsho henshû iinkai (Hrsg.), Shakai seisaku sôsho, No. 18, Kyoto: Keibunsha, 125-144.

Makino, Tomio (1995a): Nihon keizai no tenkan to shakai seisaku (Der Wandel der japanischen Wirtschaft und der Sozialpolitik), in: Ryôtaro Ishihata und Tomio Makino (Hrsg.), Shakai seisaku (Sozialpolitik), Kyoto: Mineruba shobô, 1-16.

Makino, Tomio (1995b): Chinkin to shakai seisaku (Der Lohn und die Sozialpolitik), in: Ryôtaro Ishihata und Tomio Makino (Hrsg.), Shakai seisaku (Sozialpolitik), Kyoto: Mineruba shobô, 35-66.

Makino, Tomio (2000): Nihon teki keiei hôkai to rôdô undô (The Latest Japanese-style Management and Labor Movement), in: Shakai-seisaku Gakkai shi (The Journal of Social Policy and Labor Studies), Oktober 2000, No. 4, Kyoto: Mineruba shobô, 85-100.

Makizono, Kiyoko (1997): Kazoku seisaku toshite no seikatsu hogo (Die Sozialhilfe als eine Familienpolitik), Kyoto: Hôritsu bunkasha.

Marozumi, Masako (2003): Kakei no Jendâka to hinkon sokutei (The Gender Structure of Households and the Measurement of Poverty), in: Shakai-seisaku Gakkai Shi (The Jopurnal of Social Policy and Labor Studies), March 2003, No. 9, Tokyo: Hôritsu bunkasha, 258-279.

Maruo, Naomi (1984): Nihon gata fukushi shakai (Die japanische Wohlfahrtsgesellschaft). NHK bukkusu 455, Tokyo: Nihon hôsô shuppankyôkai.

Maruo, Naomi (1989): Fukushi zaisei to zeisei kaikaku (Die soziale Finanz und die Reform des Steuersystems), in: Kigan shakai hoshô kenkyû, Vol. 25, No. 1, 46-57.

Masamura, Kimihiro (2000): Fukushi kokka kara fukushi shakai he (Vom Sozialstaat zur Wohlfahrtsgesellschaft), Tokyo: Chikuma shobô.

Matsuzaki, Kiyoshi (1991): Hitoto kurashi o kaeru shûrô shido (Der Arbeitsbefehl, der den Mensch und das Leben verändert), in: Hiroki Bito, Hideo Kinoshita und Kentaro Nakagawa (Hrsg.), Dare mo kaka nakâta seikatsu hogo hô (Das Sozialhilfegesetz, von niemandem geschrieben), Kyoto: Hôritsu bunkasha, 104-128.

Mieno, Takashi, Kôichi Hiraoka, Hrsg. (2000): Fukushi seisaku no riron to jissai (Theorie und Praxis in der Sozialpolitik), Tokyo: Toshindo.

Mine, Manabu (1978): Rôshi kankei (Das Arbeitsverhältnis), in: Ishida, Tadashi und Kiichi Ogawa (Hrsg.), Shakai seisaku (Sozialpolitik), Tokyo: Aorin shoin shinsha, 293-330.

Mine, Manabu (1996): Nihon ni okeru rôdô shakai seisaku no wakagumi to so no hendô (Die Arbeits- und gesellschaftliche Politik und die Wandlung in Japan), in: Ôhara shakai mondai kenkyû shô zasshi, No. 456, 1-11.

Mineruba shobô henshûbu, Hrsg. (1998): Shakai fukushi shô roppô (Die 6 Rechte der sozialen Wohlfahrt in Japan), Kyoto: Mineruba shobô.

Mitani, Naoki (2002): Nenkô chingin wa hôkai shite iru no ka (Seniority-based wages), in: Nihon rôdô kenkyû zasshi (The Japanese Journal of Labour Studies), Vol. 44 No. 4, 73- 4.

Mitani, Tetsuo, Noboyoshi Ôyama und Katsuo Nakagawa, Hrsg. (1988): Nihon no shakai gaku (Die Soziologie Japans), Band 11: Shakai mondai (Die soziale Probleme), Tokyo: Tokyo daigaku shuppankai.

Mito, Tadashi (1994a): „*ie*“ toshite no nihon shakai (Die japanische Gesellschaft als “*ie*” (Familie), Tokyo: Yûhikaku.

Mito, Tadashi (1994b): Nihon gata kigyô shakai to kazoku mondai (The Social and Family Qustion under the Japanese 'My Company' System, in: Shakai seisaku sôsho henshû iinkai (Hrsg.), Shakai seisaku sôsho, No. 18, Kyoto: Keibunsha, 3-22.
Mitsuhashi, Tadahiro, Shigeo Uchida, Yoshiki Ikeda (2000): Zeminâru. Nihon keizai nyûmon (Seminar. Die Einführung der japanischen Wirtschaft), Tokyo: Nihon keizai shimbun.
Mitsuya, Yôko (1996): Seikatsu hogo kêsuwâkâ funtôki: Yutakana nihon no mienai hinkon (Eine kleine Geschichte über die Sozialhilfe: Die verdeckte Armut in Japan), Kyoto: Mineruba shobô.
Mitsuyama, Masako (1992): Hatakari kata toshite no pato-taimu bunseki (Die Analyse der Teilzeitarbeiter als einen Beschäftigungsform), in: Ôhara shakai mondai kenkyû shô zasshi, No. 408, 14-27.
Miura, Fumio (1982): Shakai fukushi seisaku no gendai teki katai (Die heutige Aufgabe der Politik der Sozialarbeit), in: Fumio Miura und Masao Mitomo (Hrsg.), Kôza shakai fukushi (Der Kurs der Sozialarbeit), Band 3: Shakai fukushi no seisaku (Die Politik der Sozialarbeit), Tokyo: Yûhikaku, 155-188.
Miura, Fumio (1996): Shakai hoshô seido to shakai fukushi (Das System der sozialen Sicherung und die Sozialarbeit): Kigan shakai hoshô Kenkyû, Vol. 31, No. 4, 337-352.
Miyajima, Hiroshi (1992): Kôreika jidai no shakai keizaigaku: Kazoku, Kigyô, Seifu (Die Sozial- und Wirtschaftswissenschaft in der Zeit der Alterung: Familie, Unternehmen, Regierung), Tokyo: Iwanami Shoten.
Miyamoto, Kenichi (1976/1967): Shakai shihon ron (Die Theorie des Sozialkapitals), neubearbeitet u. erweiterte Auflage, Tokyo Yûhikaku.
Miyamoto, Kenichi (1981): Gendai shihon shugi to kokka (Der heutige Kapitalismus und der Staat), Tokyo: Iwanami shoten.
Miyamoto, Kenichi u. a. Hrsg. (1982): Nihon shihon shugi to zaisei (Der japanische Kapitalismus und die Finanzen), Tokyo: Ôtsuki shoten.
Miyamoto, Kenichi (1987): Nihon no kankyô seisaku (Die japanische Umweltpolitik), Tokyo: Ôtsuki shoten.
Miyamoto, Tarô (1999): Fukushi kokka to iu senryaku (Die Strategie des Sozialstaats), Kyoto: Hôritsu Bunkasha.
Miyata, Kazuaki (1996): Shakai hoshô seido no saikôchiku to 21 seiki he no tenb ô (Die Reorganisation des Systems der sozialen Sicherung und der Ausblick auf 21. Jahrhundert), in: Toshio Sakayori (Hrsg.), Zusetsu. Nihon no shakai hoshô (Eine illustrierte Erklärung. Die sozialen Sicherung Japans), Kyoto: Hôritsu Bunkasha, 289-300.
Miyazaki, Isamu (1992): Fukugô fukyû (komplexe Rezession), Chûôkôrinshi
Miyazaki, Isamu und Teizô Taya (2000): Sekai keizai zusetsu (Die Weltwirtschaft: Eine illustrierte Erklärung), Tokyo: Iwanami shoten.
Mizuno, Asao (1992): Nihon no shitsugyo kôdô (Das Verhalten bei Arbeitslosigkeit in Japan), Tokyo: Chûô daigaku shuppanbu.
Mori, Masumi (1995): Kigyô shakai no naka no seikatsu to rôdô (Das Leben und die Arbeit in der unternehmenszentrierten Gesellschaft), in: Hiromichi Nishimura

(Hrsg.), Gendai nihon no seikatsu mondai (Die Frage des Lebens in der Gegenwart Japans), Kyoto: Mineruba shoten, 177-201.
Mori, Shunichi und Takehiko Hobo (1982): Sengo nihon zaisei kôzô no kiki (Die Krise der Struktur der japanischen Finanz in der Nachkriegszeit), in: Kenichi Miyamoto u. a. (Hrsg.), Nihon shihon shugi to zaisei (Der japanische Kapitalismus und die Fanaz), Tokyo: Ôtsuki shoten, 189-238.
Morioka, Kôji (1992): Nihon gata kigyô shakai to rôdô jikan kôzô no nikyokuka (Die Arbeitsstunden in der „unternehmenszentrierten Gesellschaft"), in: Keizai (Wirtschaft), No. 3, 118-135.
Morioka, Kôji (1995a): Sengo nihon no shakai hendô to kazoku (Der gesellschaftliche Wandel nach dem zweiten Weltkrieg in Japan und die Familie), in: Kiso keizai kagaku kenkyûsho (Institute of Fundamental Political Economy) (Hrsg.), Nihon gata kigyô shakai to kazoku (Die japanische „unternehmenszentrierte Gesellschaft" und die Familie), Tokyo: Aoki shoten, 13-42.
Morioka, Kôji (1995b): Kigyô chûshin shakai no jikan kôzô (Die Struktur der Arbeitszeiten in der „unternehmenszentrierten Gesellschaft"), Tokyo: Aoki Shoten.
Moriyama, Seiichi (1996): Shihonshugi no seisei oyobi sangyô Shihonshugi to shakai seisaku (Die Entstehung des Kapitalismus, die Phase der Industriekapitalismus und die Sozialpolitik), in: Ryôtaro Ishihata und Minoru Sano (Hrsg.), Gendai no shakai seisaku (Die heutige Sozialpolitik), Tokyo: Yûhikaku, 19-39.
Murakami, kimiko (1991a): Shakai fukushi jigyô no kakujû. Tenkai (Die weitere Entwicklung der sozialen Dienste), in: Kazuhiko Yokoyama und Hidenori Tada (Hrsg.), Nihon shakai hoshô no rekishi (Die Geschichte der sozialen Sicherung in Japan), Tokyo: Gakubunsha, 252-269.
Murakami, kimiko (1991b): Shakai fukushi jigyô no seido kaikaku (Die Reform der sozialen Dienste), in: Kazuhiko Yokoyama und Hidenori Tada (Hrsg.), Nihon shakai hoshô no rekishi (Die Geschichte der sozialen Sicherung in Japan), Tokyo: Gakubunsha, 358-379.
Murakami, Kiyoshi (1993a): Nihon no nenkin seido no kaikaku- koremade no keii to kongo no katai (Pension Reforms in Japan: Past Experiences and Future Issues), in: Shakai kagaku kenkyû (The Journal of Social Science), Vol.45, Nr.1, Institute of Social Science: University of Tokyo, 185-199.
Murakami, Kiyoshi (1993b): Nihon no taishokukin. Kigyônenkin (Private Pensions in Japan), in: Shakai kagaku kenkyû (The Journal of Social Science), Vol.45, Nr.1, Institute of Social Science: University of Tokyo, 221-232.
Muramatsu, Michio (1991): 1960nendai to 70nendai no nihon seiji (Die japanische Politik im Zeitraum zwischen 1960 und 70), in: Tokyo daigaku shakaikagaku kenkyûsho (Institut für Sozialforschung der Tokyo Universität) (Hrsg.), Gendai nihon shakai (Die gegenwärtige japanische Gesellschaft), Band 5: Kôzô (Die Struktur), 335-370.
Nagayama, Takeo, Hrsg. (2000): Shinban rôdô keizai (Arbeitswirtschaft), Kyoto: Mineruba shobô.
Naikakufu (Cabinett Office Government of Japan) (2003): Kokumin seikatsu hakusho (White Paper on the national Lifestyle)

Nakagawa, Kentarô (1991): Kiteyokatta fukushi jimusho ni (Zur Erleichterung des Zugang zum Sozialamt), in: Hiroki Bito, Hideo Kinoshita und Kentaro Nakagawa (Hrsg.), Dare mo kaka nakâta seikatsu hogo hô (Das Sozialhilfegesetz, von niemandem geschrieben), Kyoto: Hôritsu bunkasha, 40-69.
Nakagawa, Kentarô (1996): Seizonken no shingai kara nanio matabuka? (Was kann man lernen von der Verletzung des Rechts auf Leben); in: Hiroki Bito, Hideo Kinoshita und Kentaro Nakagawa (Hrsg.), Seikatsu hogo hô no runesansu (Die Renaissance der Sozialhilfe), Kyoto: Hôritsu bunkasha, 1-39.
Nakahara, kôji (1994): Nihon gata kigyô shakai to shakai seisaku no katei (The Problems of Social Policy in Changing Corporate Japan), in: Shakai seisaku sôsho henshû iinkai (Hrsg.), Shakai seisaku sôsho (Research Series of the Study of Social Policy), No. 18, Kyoto: Keibunsha, 101-121.
Nakamura, Akira und Yuzura Takeshita, Hrsg. (1984): Nihon no seisaku katei: Jimintô, yatô, kanryô (Der politische Prozess in Japan: LDP, Oppositionspartei und Bürokratie), Tokyo: Azusa schuppansha.
Nakamura, Masato (2000): Shakai kôzô no hendô to rôshi kankei (Social Change and Industrial Relations-Recent Trends in Japan), in: Shakai-seisaku Gakkai shi (The Journal of Social Policy and Labor Studies), Oktober 2000, No. 4, Kyoto: Mineruba shobô, 55-67.
Nakanishi, Shintaro (1997): 90 nendai nihon shakai no saihensei und seikatsu mondai (Die Reorganisation und das Lebensfrage in den neunziger Jahren), in: Osamu Watanabe und Michio Gotô (Hrsg.), Gendai nihon (Japan in der Gegenwart), Band 3: Nihon shakai no saihensei to mujun (Die Reorganisation und die Kontrdiktion), Tokyo: Ôtsuki shoten, 15-121.
Nakano, Mami (2003): Rôdôsha haken no kakundai to rôdôhô (Enlargement of Dispatched Workers and Labor Law), in: Shakai-seisaku Gakkai shi (The Journal of Social Policy and Labor Studies), March 2003, No. 9, Kyoto: Hôritsu bunkasha, 44-57.
Nakashizuka, Michi (1993): Iryô Hoken seisaku no tenkai katei- Shakai hoshô seido kosô to seisaku kettei katei no seijika (Two Incentives to the Development of Health Insurance Policy in Post-war Japan: Conceptional Renewal and Involvement in Party Politics), In: Sengo nihon no shakai keizai seisaku (The Development of Social and Economic Policies in Post-war Japan), Nenpô kindai nihon kenkyû 15, Tokyo: Yamakawa shuppansha, 1-42.
Nihon Keizai Shinbun, Hrsg. (1992): Zeminaru. Nihon keizai nyûmon (Seminar. Die Einführung der japanischen Wirtschaft), Tokyo: Nihon Keizai Shinbun
Nihon keizai seisaku gakkai, Hrsg. (1995): Nihon no shakai keizai shisutemu (Das Sozial- und Wirtschaftssystem in Japan), Tokyo: Yûhikaku.
Nihon shakai jigyô daigaku kyûhin seido kenkyûkai (1960): Nihon no kyûhin seido (Das Hilfswerk in Japan), Tokyo: Keisô shobô.
Nihon seisansei honbu (1992): Rôshi kankei hakushô (Das Weißbuch des Arbeitsverhältnisses).
Niino, Naohiko (1992): Nihon gata fukushi kokka zaisei no tokushitsu (Die Eigenschaft des Finanzsystems im japanischen Sozialstaats), in: Takehisha Hayashi und

Eiichi Kato (Hrsg.), Fukushi kokka zaisei no kokusai hikaku (Der internationale Vergleich der Sozialstaatsfinanzen), Tokyo: Tokyo daigaku shuppankai, 217-238.
Nikkeiren (1995): Shin jidai no nihon teki keiei (Das japanische Management in der neuen Zeit), Tokyo: Nikkeiren.
Ninomiya, Atsumi (1995): Gendai nihon no kazoku seisaku to tomobataraki kazoku no fukushi (Die heutige Familienpolitik in Japan und die Wohlfahrt der Famile, in denen die beiden Eheleute arbeiten), in: Kiso keizai kagaku kenkyûshô (Hrsg.), Nihon gata kigyô Shakai to kazoku (Die japanische „unternehmenszentrierte Gesellschaft“ und die Familie): Aoki shoten, 143-172.
Ninomiya, Atsumi (1997a): Gendai nihon no kigyô shakai to fukushi kokka no saihensei (Die heutige japanische „unternehmenszentrierte Gesellschaft“ und die Reorganisation des Sozialstaats), in: Chinkin to shakai hoshô, No. 1193, 1194, 10-29.
Ninomiya, Atsumi (1997b): 21 seiki no shakai hoshô to shin fukushi kokka he no tenbô (Die soziale Sicherung im 21. Jahrhundert und die Aussicht auf neuen Sozialstaat), in: Sôgô shakai fukushi kenkyû No. 11, 70-82.
Ninomiya, Atsumi (1997c): Gendai nihon no kigyo shakai to fukushi kokka no taikô (Die japanische „unternehmenszentrierte Gesellschaft“ und die Konfrontation des Sozialstaats), in: Osamu Watanabe und Michio Gotô (Hrsg), Gendai nihon (Japan in der Gegenwart), Band 4: Nihon shakaino taikô to kôsô (Die Konfrontation und der Plan in der japanischen Gesellschaft), Tokyo: Ôtsuki shoten, 380-442.
Ninomiya, Atsumi (2001a): Shakai hoshô saihen to fukushi kôsô kaikaku (Die Reorganisation der sozialen Sicherung und die Reform der Sozialstruktur), in: Politiku, Vol.2, 4-7.
Ninomiya, Atsumi (2001b): 21 Seiki no shakai hoshô to fukushi kokka (Die soziale Sicherung und der Sozialstaat des 21. Jahrhunderts), in: Politiku, Vol.2, 96-143.
Ninomiya, Atsumi (2002): Nihon keizai no kiki to shin fukushi kokka he no michi (Die Krise der japanischen Wirtschaft und auf dem Weg zum Sozialstaat), Tokyo: Shin nihon shuppansha.
Ninomiya, Atsumi (2004): Shin fukushi kokka kensetsu to heiwa kôsô (Der Aufbau des neuen Sozialstaats und des Friedensplans), in: Osamu Watanabe und Susumu Wada (Hrsg.), Sensô to gendai (Der Krieg und die Gegenwart), Band 5: Heiwa chitsujo keisei no katai (Die Aufgabe zur Herausbildung des Freidens), Tokyo: Ôtsuki shoten.
Nishikawa, Jiyun (1991): Sekai keizai nyûmon (Die Einführung der Weltwirtschaft), Tokyo: Iwanami shoten.
Nishikawa, Jun (1994): Hinkon (Armut), Tokyo: Iwanami shoten.
Nishimura, Hiromichi (1995), Hrsg.: Gendai nihon no seikatsu mondai (Die Frage des Lebens in der Gegenwart Japans), Kyoto: Mineruba shobô.
Nishimura, Mariko (2000): Iryô (Die Krankenversicherung), in: Kinko Tamai und Maki Ômori (Hrsg.), Shinhan shakai seisaku o matabu hito no tameni (Sozialpolitik), Kyoto: Sekai shisôshi, 122-147.
Nishio, Yûgo (1994): Hinkon, Sutigguma, Kôteki fujo (Armut, Stigma, Sozialhilfe), Tokyo: Aikawa shobô.

Nishio, Yûgo (1999): Hinkon no sedaikan keishô ni kansuru kenkyû (Eine Untersuchung über die Generationsfolge der Armut), Tokyo: Aikawa shobô.
Nishioka, Yukiyasu (1996): Dokusen shihonsugi dankai to shakai seisaku no hatten (Die Phase des Monopolkapitalismus und die Entwicklung der Sozialpolitik), in: Ryôtaro Ishihata und Minoru Sano (Hrsg.), Gendai no shakai seisaku (Sozialpolitik), Tokyo: Yûhikaku, 41-63.
Nishioka, Yukiyasu (2002): Iryô „Kôzô Kaikaku" to kokumin kaihoken taisei (Die Strukturreform der ärztlichen Versorgung und das System der Nationalen Krankenversicherung), in: Ôhara shakai mondai kenkyû shô zasshi, No. 525, 15-34.
Nishitani, Satoshi (1992): Yutori shakai no jôken (Die Bedingungen der gelassenen Gesellschaft), Tokyo: Rôdô junposha.
Nitta, Michio (1995): Baburu hôkai go no nihon no koyô hendô (Employment Practices after the Collapse of the Bubble Economy), in: Shakai kagaku kenkyû (The Journal of Social Science), Vol. 47, No. 2: Institute of Social Science University of Tokyo, 15-37.
Niwata, Noriaki (1973): Shakai hoshô ron (Die Theorie der sozialen Sicherung), Tokyo: Yûhikaku.
Niwata, Noriaki (1982): Shakai hoshô no katai to zaisei (Die Form der sozialen Sicherung und die Fananzen), Tokyo: Chikura shobô.
Noguchi, Yukio (1980): Zaisei kiki no kôzô (Die Struktur der Finanzkrise), Tokyo: Tôyô keizai shinpôsha.
Noguchi, Yukio (1993): Nihon keizai kaikaku no kôzô (Die Struktur der Wirtschaftsreform in Japan), Tokyo: Tôyô keizai shinpôsha.
Nomura, Masami (1998): Koyô fuan (Die unstabile Beschäftigung), Tokyo: Iwanami shoten.
Nomura, Masami (2000): Kisei kanwa to nihongata shihonshugi (Deregulation and Japanese-style Capitalism), in: Shakai seisaku Gakkai shi (The Journal of Social Policy and Labor Studies), Oktober 2000, No. 4, Kyoto: Mineruba shobô, 5-26.
Nozuka, Masayoshi (1994): Shûshinkoyô to rôdôjin no jiritsu (Lifetime Employment and Workers' Independence), in: Shakai seisaku sôsho (Research Series of the Study of Social Policy), Oktober 1994, No. 18, Kyoto: Keibunsha, 187-207.
Ôba, Sôsaku (1986): Sengo. Nihon rôdô undô shôshi (Die Nachkriegszeit. Die kurzgefasste Geschichte der japanischen Arbeitsbewegung), Tokyo: Nihon seisansei honfu.
Ogawa, Kazunori (1996): Shotoku Hoshô (Die Einkommenssicherung), in: Toshio Sakayori (Hrsg.), Zusetsu. Nihon no shakai hoshô (Eine illustrierte Erklärung: Die sozialen Sicherung Japans), Kyoto: Hôritsu Bunkasha, 81-112.
Ogawa, Kiichi (1978): Shakai hoken. Kôteki fujo (Die soziale Versicherung. Die Fürsorge), in: Ishida, Tadashi und Kiichi Ogawa, (Hrsg.), Shakai seisaku (Sozialpolitik), Tokyo: Aorin shoin shinsha, 181-220.
Ogawa, Masaaki (1995): Shakai hoshô ken (Das soziale Grundrecht), Tokyo: Jichitai kenkyûsha.
Ogawa, Noboru (1996): Chinkin seisaku to shotoku bunpai (Die Lohnpolitik und die Einkommensumverteilung), in: Ryôtaro Ishihata und Minoru Sano (Hrsg.), Gendai no shakai seisaku (Sozialpolitik), Tokyo: Yûhikaku, 89-123.

Ogino, Katsuhiko (2002): Shuntô no yakuwari ha owatta no ka (Role of Shunto), in: Nihon rôdô kenkyû zasshi (The Japanese Journal of Labour Studies), Vol. 44, No. 4, 71-72.

Ogoshi, Yônosuke (1993): Nihon teki koyô kankô o meguru ronten (Die Beschäftigungspraxis in Japan), in: Chinkin to shakai hoshô, No. 1117, 4-12.

Ogoshi, Yônosuke (1994): Nihon gata kigyô shakai to shakai seisaku (The Japanese Employment System and Its Present Characteristics), in: Shakai seisaku sôsho, Oktober 1994, No. 18, Kyoto: Keibunsha, 145-170.

Ogoshi, Yônosuke (2000): Rôdô ichiba (Arbeitsmarkt), in: Takeo Nagayama (Hrsg.), Shinban Rôdô keizai (Arbeitswirtschaft), Kyoto: Mineruba shobô, 35-79.

Ogura, Jôji (1957): Kyûbô no genjittai ni tsuite, in: Jimbungaku (Studies in Humanities), No. 30: Doshisha University, 35-64.

Ogura, Kazuya (2002): Hi tenkei koyô no kokusai hikaku (International Comparision of Atypical Employment: Concepts and Current Situation in Japan, U.S. and European Countries), in: Nihon rôdô kenkyû zasshi (The Japanese Journal of Labour Studies), Vol. 44, August 2002, No. 8, 3-17.

Ohtake, Fumio (1999): Kô shitsugyôsharitsu jidai ni okeru koyô seisaku (Employment Policies for the Unemployment Problem), in: Nihon rôdô kenkyû zasshi (The Monthly Journal of the Japan Institute of Labour), Vol. 41, May 1999, No. 5, 14-26.

Okamoto, Takiko (1991): Kyûhin seido no hensen (Der Wandel des Systems der Armenhilfe), in: Kazuhiko Yokoyama und Hidenori Tada (Hrsg.), Nihon shakai hoshô no rekishi (Die Geschichte der sozialen Sicherung in Japan), Tokyo: Gakubunsha, 20-41.

Okamura, Junichi (1994): Shakai fukushi genron (Die Grundlage der sozialen Wohlfahrt), Kyoto: Hôritsu bunkasha.

Okamura, Shigeo, Shinji Takata und Hiroyasu Funabiki (1979): Shakai fukushi no hohô (Die Methode der sozialen Wohlfahrt), Tokyo: Kei sô shobô.

Okazaki, Yûji (2001): Koizumi „kôzô kaikaku" rosen ni okeru shakai hoshô kaikaku ron (Das Konzept der Reform der sozialen Sicherung in der „Strukturreform" von Koizumi), Politiku, Vol.2, 73-94.

Ôkôchi, Kazuo (1954): Shakai seisaku no kihon mondai (Das Grundproblem in der Sozialpolitik), Tokyo: Nihon hyôron shin sha.

Ôkôchi, Kazuo (1979): Shakai hoshô nyûmon (Die Einführung der sozialen Sicherung), Tokyo: Aorin shoin shinsha.

Okumura, Hiroshi (1992): Kaisha honi shugi ha kuzuwaruka (Ist die unternehmenszentrierte Gesellschaft zusammengebrochen?), Tokyo: Iwanami shoten.

Okuno-Fujiwara, Masahiro (1999): Gendai nihon kokka shistemu to shistemu kaikaku - Gyôsei kaikaku o miau shiten - (The Contemporary State System and Its Reform - How We Should Evaluate the Administrative Reform in Japan -), in: Keizai kenkyû (The Economic Review), Vol. 50, No. 3: Hitotsubashi daigaku keizai kenkyushô, 206-218.

Ômori, Maki (2000): Rôdô kijun (Der Arbeitsschutz), in: Kinko Tamai und Maki Ômori (Hrsg.), Shinhan shakai seisaku o matabu hito no tameni (Sozialpolitik), Kyoto: Sekai shisôshi, 24-47.

Ono, Tetsuo, Mitsuteru Tsuda, Seishi Okada und Hideo Ikeda, Hrsg. (1997): Kôteki fujo to shakai fukushi sabisu (Die Sozialhilfe und die Sozialarbeit), Kyoto: Mineruba shobô.

Ono, Yoshiyasu (1998): Keiki to keizai seisaku (Die Konjuktur und die Wirtschaftspolitik), Tokyo: Iwanami shoten.

Ôsawa, Machiko (1993): Keizai henka to josei rôdô (Der Wirtschaftswandel und die Frauenarbeit in Japan), Tokyo: Nihon keizai hyôron sha.

Osawa, Mari (1992): Gendai nihon shakai to josei (Die gegenwärtige japanische Gesellschaft und die Frauen), in: Tokyo daigaku shakaikagaku kenkyûsho (Institut für Sozialforschung der Tokyo- Universität) (Hrsg.), Gendai nihon shakai (Die gegenwärtige japanische Gesellschaft), Band 6: Mondai no shosô (Die Aspekte der Frage), 33-79.

Osawa, Mari (1993a): Kigyô chûshin shakai o koete: Gendai nihon o „jenda" de yomu (Jenseits der unternehmenszentrierten Gesellschaft: Das heutige Japan aus der Geschlechtsperspektive von „Gender"), Tokyo: Jiji tsûshinsha.

Osawa, Mari (1993b): Nihon gata fukushi kokka (Der japanische Sozialstaat), in: Hideo Totsuka und Shigeyoshi Tokunaga (Hrsg.), Gendai nihon no rôdô mondai (Das Arbeitsfrage in der Gegenwart Japans), Kyoto: Mineruba shobô, 229-261.

Osawa, Mari (1995): Kigyô chûshin shakai ha hengaku sareru noka (Can a "Corporate-Centered Society" be changed?), in: Shakai kagaku kenkyû (The Journal of Social Science), Vol. 47, No. 2: Institute of Social Science University of Tokyo, 124-142.

Ôsu, Shiji (1998): Teishotokusô no sonzai to sorehe no taiô ni tsuiteno ichi shiron (Das Vorhanden der niedrigen Einkommensschichten und die Gegenmaßnahmen), in: Keizai gaku ronsan, Vol. 38, No. 3 und 4: Chûô daigaku, 57-80.

Ôsu, Shiji (2003a, b): Shitsugyô no seikatsu hoshô (Die Lebenssicherung der Arbeitslosogkeit), in: Fukushi no hiroba, 03-9: 8-17 und 03-10: 32-39.

Ôtake, Fumio (1998): Rôdô Keizaigaku nyûmon (Die Einführung der Arbeitswirtschaftswissenschaft), Tokyo: Nihon keizai shinbun sha.

Ôyama, Hiroshi, Shigeru Sumitani, Shôgô Takegawa und Kôichi Hiraoka, Hrsg. (2000): Fukushi kokka he no shiza (Die Perspektiven des Sozialstaats): Yuragi kara shai kôchiku he, Kyoto: Mineruba shobô.

Rôdô shô (Arbeitsministerium), Hrsg. (1999): Rôdô hakusho (Arbeitsweißbuch), Tokyo: Nihon rôdô kenkyû kikô.

Saga, Yoshinko (1996): Hômuresu to seikatsu hogo (Die Obdachlose und die Sozialhilfe), in: Chinkin to shakai hoshô, No. 1176, 49-54.

Saguchi, Kazuo (1992): Koyô mondai no tenkan (Die Umwandlung der Beschäftigungsfrage), in: Ken Kurita (Hrsg.), Gendai nihon no rôshi mondai (Das heutige Problem der Arbeit in Japan), Tokyo: Rôdô kagaku kenkyûshô, 73-102.

Saguchi, Takashi (1985): Nihon no iryô hoken to iryô seido (Die Krankenversicherung und das System der ärztlichen Behandlung in Japan), in: Tokyo daigaku shakaikagaku kenkyûsho (Institut für Sozialforschung der Tokyo Universität) (Hrsg.), Fukushu kokka (Der Sozialstaat), Band 5: Nihon no keizai to fukushi (Wirtschaft und Wohlfahrt in Japan), 239-287.

Sakaguchi, Masayuki (1996): Shakai hoshô (Die soziale Sicherung), in: Ryôtaro Ishihata und Minoru Sano (Hrsg.), Gendai no shakai seisaku (Die heutige Sozialpolitik), Tokyo: Yûhikaku, 159-193.

Sakamoto, Shigeo (1994): Zaitaku kaigo to rôjin hoken fukushi keikaku (Health Welfare Support Plan for the Elderly), in: The Journal of Law and Economics, Vol. 42, No. 2: Shizuoka University, 81-106.

Sakayori, Toshio, Hrsg. (1996): Zusetsu. Nihon no shakai hoshô (Eine illustrierte Erklärung: Die sozialen Sicherung Japans), Kyoto: Hôritsu Bunkasha.

Sanada, Naoshi, Hrsg. (1975): Shakai fukushi rôdô (Der Sozialdienst), Kyoto: Hôritsu Bunkasha.

Sanada, Naoshi, Hrsg. (1979): Sengo nihon shakai fukushi ronsô (Die Debatten über die Sozialarbeit in den Nachkriegszeiten in Japan), Kyoto: Hôritsu Bunkasha.

Sano, Minoru (1996): Gendai shakai seisaku ron no tenkai to haikei (Die Entwicklung und die Umstände der Theorien der Sozialpolitik in der Gegenwart Japans), in: Ryôtaro Ishihata und Minoru Sano (Hrsg.), Gendai no shakai seisaku (Die heutige Sozialpolitik), Tokyo: Yûhikaku, 331-351.

Sasaki, Takeshi (1991): Kôzoteki saihensei no seiji katei (Die Politik der strukturellen Reorganisation), in: Tokyo daigaku shakaikagaku kenkyûsho (Institut für Sozialforschung der Tokyo Universität) (Hrsg.), Gendai nihon shakai (Die gegenwärtige japanische Gesellschaft), Band 5: Kôzô (Die Struktur), 371-406.

Satô, Susumu (1984): Nihon gata fukushi kokka no hô seisaku no tenkai katei (Die Entwicklung der Rechtspolitik des japanischen Sozialstaat), in: Tokyo daigaku shakaikagaku kenkyûsho (Institut für Sozialforschung der Tokyo Universität) (Hrsg.), Fukushu kokka (Der Sozialstaat), Band 4: Nihon no hô to fukushi (Japanische Recht und Wohlfahrt in Japan): Tokyo daigaku shuppankai (Universitätsverlag der Tokyo Universität), 133-181.

Satô, Susumu (1985): Shakai fukushi gyô zaisei ron (Die Verwaltungs- und Finanztheorie der sozialen Wohlfahrt), Tokyo: Seishion shobô.

Satô, Susumu, Hrsg. (1993): Kokusaika jidai no fukushi kata to tenbô (Die Form der Wohlfahrt und ihrer Aussicht in den Zeiten der Internationalisierung), Tokyo: Hitotsubu.

Satô, Susumu (1996): Shakai hoshô to shakai fukushi no hô to hôseisaku (Die soziale Sicherung und das Gesetz und die Gesetzpolitik der Sozialarbeit), Tokyo: Seishion shobô.

Satô, Yoshio (1998): Konnichi ni okeru "jûkyo shôshitsu sha" homeless no seisei to kakudai (Die Entstehung und die Erweiterung der Obdachlosen in der Gegenwart), in: Eiichi Eguchi (Hrsg.), Seikatsu bunseki kara fukushi e (Von der Lebensanalyse zur Wohlfahrt), neubearbeitete u. erweiterte Auflage, Tokyo: Kôseikan, 244-252.

Satomi, Kenji (1981): Nihon gata fukushi shakai ron no fukushi seisaku (Die Sozialpolitik in der japanischen Wohlgfahrtsgesellschaft), in: Shakai mondai kenkyû, Vol. 31, No. 2, 3, 4: College of Social Welfare University of Osaka Prefecture, 93-122.

Satomi, Kenji (1995a): "Shakai hoshô shôrai zei iinkai da 2-shi hôkoku" no kenshô (Die Prüfung des zweiten Bericht von Kommission für das zukünftige Modell der sozialen Sicherung), in: Shakai mondai kenkyû, Vol. 44, No. 2: College of Social Welfare University of Osaka Prefacture, 61-95.

Satomi, Kenji (1995b): Kokumin seikatsu to fukushi seisaku no ronten (Das Leben der Bevölkerung und der Streitpunkt der sozialen Sicherung), in: Ôhara shakai mondai kenkyû shô zasshi, No. 443, 1-16.
Satomi, Kenji (2002): Kôteki nenkin seidô no dôkô to ronten (Das heutige staatliche Rentensystem und der Streitpunkt), in: Ôhara shakai mondai kenkyû shô zasshi, No. 524, 1-17.
Seiyama, Rei (1995): Rôdô jikan to shakai seisaku (Die Arbeitsstunden und die Sozialpolitik), in: Ryôtaro Ishihata und Tomio Makino (Hrsg.), Shakai seisaku (Sozialpolitik), Kyoto: Mineruba shobô, 67-94.
Sekiguchi, Isao (1996): Shûshin kôyô sei (Das System der lebenslangen Beschäftigung), Tokyo: Bunchintô.
Shakai hoshô kenkyûsho (The Social Development Research Institute), Hrsg. (1983): Shakai hoshô no kihon mondai (The Basic Problem of Social Security), Tokyo: Tokyo daigaku shuppankai.
Shakai hoshô kenkyûsho (The Social Development Research Institute), Hrsg. (1993): Josei to shakai hoshô (Women and Social Security), Tokyo: Tokyo daigaku shuppankai.
Shakai hoshô kenkyûsho (The Social Development Research Institute), Hrsg. (1994): Gendai kazoku to shakai hoshô: kekkon, shusshô, ikuji (Contemporary Family and Social Security: Marriage, Birth and Child Care), Tokyo: Tokyo daigaku shuppankai.
Shakai hoshô kenkyûsho (The Social Development Research Institute), Hrsg. (1996): Shakai fukushi ni okeru shimin sanka (Citizen Participation in Social Welfare), Tokyo: Tokyo daigaku shuppankai.
Shakai seisaku gakkai (Verein für Sozialpolitik), Hrsg. (1991): Shakai hôsho kaikaku no genkyokumen (Die gegenwärtige Situation der Reform der sozialen Sicherung), Shakai seisaku gakkai nenpô (Jahrbücher der Vereins für Sozialpolitik), No.35, Tokyo: O cha no mizu shobô.
Shakai seisaku gakkai (Verein für Sozialpolitik), Hrsg. (1991): Shakai seisaku kenkyû no hôhô to ryôiki (Methoden und Bereiche der sozialpolitischen Forschung), Reihe: Sozialpolitik, Band 15, Kyoto: Keibunsha.
Shakai seisaku gakkai (Verein für Sozialpolitik), Hrsg. (1992): Shakai seisaku gaku to seikatsu no ronri (Sozialpolitik und die Logik des Lebens), Reihe: Sozialpolitik, Band 16, Kyoto: Keibunsha.
Shakai seisaku gakkai (Society for the Study of Social Policy), Hrsg. (1993): Shakai seisaku gakkai nenpo (Annals of the Society for the Study of Social Policy), No. 37: Gendai no josei rôdô to Shakai seisaku (Contemporary Female Labour and Social Policy), Tokyo: O cha no mizu shobô.
Shakai seisaku gakkai (Society for the Study of Social Policy), Hrsg. (1999): Shakai seisaku gakkai shi (The Journal of Social Policy and Labor Studies), No. 1: Hiyatoi rôdôsha, hômuresu to Gendai nihon (Issues on Day Laborers and Homeless People in Contemporary Japan), Tokyo: O cha no mizu shobô.
Shakai seisaku gakkai (Society for the Study of Social Policy), Hrsg. (2000): Shakai seisaku gakkai shi (The Journal of Social Policy and Labor Studies), No. 3: Shakai

seisaku ni okeru kokka to chiiki (State and Region in Social Policy): Tokyo: O cha no mizu shobô.
Shakai seisaku kenkyû henshû iinkai, Hrsg. (2000): Shakai seisaku kenkyû (Journal of Social Policy Studies), No. 1: Tokushû: Shakai seisaku kenkyû no furontia (Special Feature: The Frontiers of Social Policy Studies), Tokyo: Tôshindô.
Shakai seisaku sôsho henshû iinkai, Hrsg. (1994): Shakai seisaku sôsho (Research Series of the Study of Social Policy), Oktober 1994, No. 18: Nihon gata kigyô shakai to shakai seisaku (Japanese-type Corporate Society and Social Policy), Kyoto: Keibunsha.
Shakai seisaku sôsho henshû iinkai, Hrsg. (1998): Shakai seisaku sôsho (Research Series of the Study of Social Policy), No. 22: Shakai seisaku gakkai 100nen - Hyakunen no ayumi to raiseiki ni mukatte - (A Centennial of Social Policy Academy: Past and Future), Kyoto: Keibunsha.
Shakamoto, Shigeo (1990): Kôreika shakai ron to shakai hoshô seido kaikaku (Reconsideration of Social Security System in Aging Society), in: Shizuoka daigaku hokei kenkyû (The Journal of Law and Economics), Vol. 39, No. 1: Shizuoka University, 1-36.
Shima, Yasuhiko (1997): kôkyô seikatsu toshite no shataku seido no bunseki (The Analyse of the Home Supply by Company), in: Yoshitaka Fujita und Yuichi Shionoya (Hrsg.), Kigyô nai fukushi to shakai hoshô (Employee Benefits and Social Security), Tokyo: Tokyo daigaku shuppankai, 219-246.
Shimada, Haruo (1994): Nihon no koyô (Japans Beschäftigung): 21 seiki he no saisettkei (Die Neugestaltung für das 21. Jahrhundert), Tokyo: Chikuma shobô.
Shimizu, Hidehiko (1991a): Nenkin hoken no kakujû. Tenkai (Die weitere Entwicklung der Rentenversicherung), in: Kazuhiko Yokoyama und Hidenori Tada (Hrsg.), Nihon shakai hoshô no rekishi (Die Geschichte der sozialen Sicherung in Japan), Tokyo: Gakubunsha, 187-218.
Shimizu, Hidehiko (1991b): Nenkin Hoken no seido kaikaku (Die Reform der Rentenversicherung), in: Kazuhiko Yokoyama und Hidenori Tada (Hrsg.), Nihon shakai hoshô no rekishi (Die Geschichte der sozialen Sicherung in Japan), Tokyo: Gakubunsha, 299-321.
Shimizu, Kôichi (1991a): Seikatsu hogo seido no tenkai (Die Entwicklung des Systems der Sozialhilfe), in: Kazuhiko Yokoyama und Hidenori Tada (Hrsg.), Nihon shakai hoshô no rekishi (Die Geschichte der sozialen Sicherung in Japan), Tokyo: Gakubunsha, 231-251.
Shimizu, Kôichi (1991b): Seikatsu hogo no seido kaikaku (Die Reform der Sozialhilfe), in: Kazuhiko Yokoyama und Hidenori Tada (Hrsg.), Nihon shakai hoshô no rekishi (Die Geschichte der sozialen Sicherung in Japan), Tokyo: Gakubunsha, 341-357.
Shimizu, Kôichi (1996): Seikatsu hogo hô no kochoku ka to sono honsitsu teki genin (Die Erstarrung der Sozialhilfe und ihre Ursache), in: Kigan shakai hoshô kenkyû, Vol. 32, No. 3: Shakai hoshô kenkyû sho, 319-328.
Shimomura, Yukihito (1996): Koushite souru jidô no jiritsu (Die Selbständigkeit der Kinder), in: Hiroki Bito, Hideo Kinoshita und Kentaro Nakagawa (Hrsg.), Seikatsu hogo hô no runesansu (Die Renaissance der Sozialhilfe), Kyoto: Hôritsu bunkasha, 99-129.

Shin nihon teki keiei shisutemu nado kenkyû purojekuto (Forschungsprojekt zum neuen japanischen Managementsystem), Hrsg. (1995): Shin jidai no „Nihon gata keiei“ (Die „japanische Beschäftigung“ in der Neuen Ära), Tokyo: Nihon keiei mono dantai renmei (Nikkeiren).

Shin shakai fukushi gakushû sôsho henshû iinkai, Hrsg. (1998): Kôteki fujo ron (Sozialhilfe), Tokyo: Shakai fukushi hôjin zenkoku shakai fukushi kyôgikai.

Shindô, Muneyuki (1996): Fukushi gyôsei to kanryôsei (Die soziale Verwaltung und die Bürokratie), Tokyo: Iwanami shoten.

Shinkawa, Toshimitsu (1993): Nihon gata fukushi no seiji keizaigaku (Die politische Ökonomie der japanischen Wohlfahrt), Tokyo: Sanichi shobô.

Shinotsuka, Eiko (1992): Boshi setai no hinkon o meguru mondai (Die Armut der Haushalte der allein erziehenden Mütter), in: Nihon keizai kenkyû, No. 22.

Shiota, Sakiko (1995): Danjo byôdô to shakai seisaku (Die Geschlechtsgleichheit und die Sozialpolitik), in: Ryôtaro Ishihata und Tomio Makino (Hrsg.), Shakai seisaku (Sozialpolitik), Kyoto: Mineruba shobô, 205-248.

Shishido, Zenichi (1999): Atarashii kigyô shisutemu no mosaku (Eine Überlegung über das neuen Unternehmenssystem), in: Shakai kagaku kenkyû, Vol. 50, No. 4, Tokyo: University of Tokyo, 13-38.

Shôji, Yôko, Hiroshi Sugimura und Masayuki Fujimura, Hrsg. (1997): Hinkon, fubyôdô to shakaifukushi (Armut, Ungleichheit und soziale Wohlfahrt), Tokyo: Yûhikaku.

Shôji, Yôko (1997): Hitori shikazoku no hinkon (Die Armut in der allein erziehenden Familien), in: Yôko Shôji, Hiroshi Sugimura und Masayuki Fujimura (Hrsg.), Hinkon, fubyôdô to shakaifukushi (Armut, Ungleichheit und soziale Wohlfahrt), Tokyo: Yûhikaku, 85-112.

Shôya, Reiko (1976): Hihogôsô no seikatsu jittai to hoshô misubakari (The Actual Life Conditions of the Poor and the Minimum Standard of the Public Assistance), in: Shakai mondai kenkyû (The Journal of Social Problems), Vol. 26, No. 1, 2, 3, 4: Osaka College of Social Work, 29-44.

Shôya, Reiko (1996): Gendai no hinkon no shosô to kôteki fujo (Die Armut und die Sozialhilfe), Kyoto: Keibunsha.

Shôya, Reiko (1998): Nakoya sasajima ni okeru nojikuja no seikatsu to seisaku katai (The Realities of Homeless in Sasashima, Nagoya and the Administrative Task), in: Shakai seisaku gakkai nenpo (Annals of the Society for the Study of Social Policy), No. 42, Tokyo.

Soeda, Yoshiya (1988): Seikatsu hogo seido no tenkai (Die Entwicklung des Systems der Sozialhilfe), in: Tokyo daigaku shakaikagaku kenkyûsho (Institut für Sozialforschung der Tokyo Universität) (Hrsg.), Tenkanki no fukushi kokka (Sozialstaat in der Wende), Band 2, 171-248.

Soeda, Yoshiya (1995): Seikatsu hogo seido no shakaishi (A Social History of Public Assistance in Japan), Tokyo: Tokyo daigaku shuppankai (University of Tokyo Press).

Soeda, Yoshiya und Noriko Tarukawa, Hrsg. (2000): Gendai kazoku to kazoku seikatsu (Die heutige Familie und die Familienpolitik), Kyoto: Mineruba shobô.

Sohara, Toshimitsu (1985): Tei shotoku setai to seikatsu hogo (Der Haushalt mit niedrigem Einkommen und die Sozialhilfe), in: Shakai hoshô kenkyûsho (Hrsg.), Fukushi seisaku no kihon mondai (Das Grundproblem der Wohlfahrtspolitik), Tokyo: Tokyo daigaku Shuppankai.

Sômuchô (Amt für allgemeine Angelegenheit): Rôdôriki chôsa nenpô (Jahresbericht der Untersuchung zu den Arbeitskräften).

Sôrifu shakaihoshô seido shingikai jimukyoku (1998): Shakai hoshô tokei nenpô (Jahrbücher über die soziale Wohlfahrt), Tokyo: Hôken.

Sudô, Midori (1991): Shakai Hoken seido no ayumi (Der Gang des Systems der sozialen Versicherung), in: Kazuhiko Yokoyama und Hidenori Tada (Hrsg.), Nihon shakai hoshô no rekishi (Die Geschichte der sozialen Sicherung in Japan), Tokyo: Gakubunsha, 42-63.

Suganuma, Takashi (1991a): Shitsugyô hoken seido no seiritsu (Die Entstehung der des Systems der Arbeitslosenversicherung), in: Kazuhiko Yokoyama und Hidenori Tada (Hrsg.), Nihon shakai hoshô no rekishi (Die Geschichte der sozialen Sicherung in Japan), Tokyo: Gakubunsha, 105-114.

Suganuma, Takashi (1991b): Shitsugyô hoken seido no tenkai (Die Entwicklung des Systems der Arbeitslosenversicherung), in: Kazuhiko Yokoyama und Hidenori Tada (Hrsg.), Nihon shakai hoshô no rekishi (Die Geschichte der sozialen Sicherung in Japan), Tokyo: Gakubunsha, 219-224.

Suganuma, Takashi (1991c): Koyô hoken no seritsu. Tenkai (Die Herausbildung der Beschäftigungsversicherung), in: Kazuhiko Yokoyama und Hidenori Tada (Hrsg.), Nihon shakai hoshô no rekishi (Die Geschichte der sozialen Sicherung in Japan), Tokyo: Gakubunsha, 322-334.

Sugimura, Hiroshi (1997a): Hinkon mondai he no gendai teki shiza (Die heutige Perspektive zur Armut), in: Yôko Shôji, Hiroshi Sugimura und Masayuki Fujimura (Hrsg.), Hinkon, fubyôdô to shakaifukushi (Armut, Ungleichheit und soziale Wohlfahrt), Tokyo: Yûhikaku, 1-19.

Sugimura, Hiroshi (1997b): Waga koku ni okeru teishotoku. Hinkon mondai (Das niedrige Einkommen und die Armut in Japan), in: Yôko Shôji, Hiroshi Sugimura und Masayuki Fujimura (Hrsg.), Hinkon, fubyôdô to shakaifukushi (Armut, Ungleichheit und soziale Wohlfahrt), Tokyo: Yûhikaku, 67-84.

Sugimura, Hiroshi (1997c): Teishotoku. Hinkon mondai no keisei to bunpu (Die Herausbildung und die Verbreitung des nierdigen Einkommens und der Armut), in: Hiroshi Sugimura, Yukio Kawai, Kentarô Nakagawa und Kôzô Yuasa (Hrsg.), Gendai no hinkon to kôteki fujo Gyôsei (Die heutige Armut und die Sozialhilfeverwaltung), Kyoto: Mineruba shobô, 22- 42.

Sugimura, Hiroshi, Hrsg. (1998): Gendai no hinkon to kôteki fujo (Die heutige Armut und die Sozialhilfe), Tokyo: Hôsô daigaku kyôiku shinkôkai.

Sugimura, Hiroshi, Yukio Kawai, Kentarô Nakagawa und Kôzô Yuasa, Hrsg. (1997): Gendai no hinkon to kôteki fujo Gyôsei (Die heutige Armut und die Sozialhilfeverwaltung), Kyoto: Mineruba shobô.

Sumiya, Mikio (1979): Sengo rôdô mondai no kôzô (Die Struktur der Arbeitsfrage nach dem Zweiten Weltkrieg), in: Mikio Sumiya (Hrsg.), Gendai nihon rôdô mondai (Die Arbeitsfrage in Japan), Tokyo: Tokyo daigaku shuppankai.

Sumiya, Mikio, Hrsg. (1991): Shakai hoshô no atarashi riron o motomete (Zur neuen Theorie der sozialen Wohlfahrt), Tokyo: Tokyo daigaku shuppankai.
Suzuki, Yoshiji (1994): Nihon teki seisan shisutemu to kigyô shakai (Japanese Production System, Management and Workers), Sapporo: Hokkaidô daigaku tosho kankôkai.
Suzuki, Yoshio (1994): Nihon keizai no shôraizô (Das Zukunfstbild der japanischen Wirtschaft), Tokyo: Tôyô keizai shinpôsha.
Tabata, Hirokuni (1991a): Gendai nihon no kigyô. Shakai. Kokka (Die Unternehmen, die Gesellschaft und der Staat in der gegenwärtigen japanischen Gesellschaft), in: Tokyo daigaku shakaikagaku kenkyûsho (Institut für Sozialforschung der Tokyo Universität) (Hrsg.), Gendai nihon shakai (Die gegenwärtige japanische Gesellschaft), Band 5: Kôzô (Die Struktur), 1-26.
Tabata, Hirokuni (1991b): Gendai nihon shakai to rôshi kankei (Die gegenwärtige japanische Gesellschaft und das Arbeitsverhältnis), in: Tokyo daigaku shakaikagaku kenkyûsho (Institut für Sozialforschung der Tokyo Universität) (Hrsg.), Gendai nihon shakai (Die gegenwärtige japanische Gesellschaft), Band 5: Kôzô (Die Struktur), 217-270.
Tabata, Hirokuni (1993): Kôkigyô no rôshi kankei (Das Arbeitsverhältnis in den öffentlichen Unternehmen), in: Hideo Totsuka und Shigeyoshi Tokunaga (Hrsg.), Gendai nihon no rôdô mondai (Die Arbeitsfrage in der Gegenwart Japans), Kyoto: Mineruba shobô, 91-120.
Tachibanaki, Toshiaki (1997): Kigyô nai rôdô Seisaku (Die Arbeitspolitik innerhalb des Unternehmens), in: Naohiro Yashiro (Hrsg.), kôreika shakai no seikatsu hoshô system (Towards the Market-oriented Aging Society), Tokyo: Tokyo daigaku shuppankai, 99-116.
Tachibanaki, Toshiaki (1998): Nihon no keizai kakusa (Der wirtschaftliche Unterschied in Japan), 1998: Iwanami shoten.
Tachibanaki, Toshiaki (1999): Shitsu gyôsha ji no shotoku hoshô seido no yakuwa to sono keizai kôka (Income Support Programmes during Unemployment: Their Roles and Economic Effects), in: Nihon rôdô kenkyû zasshi (The Monthly Journal of the Japan Institute of Labour), Vol. 41, No. 5, 41-53.
Tada, Hidenori (1991a): Seikatsu hogo seido no kakuritsu (Die Herausbildung des Systems der Sozialhilfe), in: Kazuhiko Yokoyama und Hidenori Tada (Hrsg.), Nihon shakai hoshô no rekishi (Die Geschichte der sozialen Sicherung in Japan), Tokyo: Gakubunsha, 70-84.
Tada, Hidenori (1991b): Bunritsu kata Kokumin kainenkin taisei no kakuritsu (Die Herausbildung der segmentierten Nationalen Rentenversicherung), in: Kazuhiko Yokoyama und Hidenori Tada (Hrsg.), Nihon shakai hoshô no rekishi (Die Geschichte der sozialen Sicherung in Japan), Tokyo: Gakubunsha, 140-162.
Tada, Hidenori (2001): Kyugoho no seiritsu (Die Herausbildung des Hilfsgesetzes), in: Kikue Uda, Takeshi Takasawa und Kôjun Furukawa (Hrsg.), Shakai fukushi no rekishi (The History of Social Welfare), Tokyo: Yûhikaku, 257-274.
Taguchi, Fukuji, Hrsg. (1989): Keinzu shugi fukushi kokka (Der Sozialstaat im Keynesianismus), Tokyo: Aoki shoten.

Takada, Kazuo, Hrsg. (1997): Japanese Social Security for the twenty-first Century: Shakai seisaku gakkai nenpô (Annals of the Society for the Study of Social Policy), May. 1997, No. 41, Tokyo: O cha no mizushobô.

Takafuji, Akira (2002): Shakai hoshôhô genri kôtai no katei to genrô oyobi kadai (Der Prozess und der Zustand des zurückgehenden Prinzips der Sozialgesetzes und seine Aufgabe), in: Ôhara shakai mondai kenkyû shô zasshi, No. 523, 1-11.

Takahashi, Takeshi (1978): Seikatsu hoshô ni okeru kigyô no yakuwari (Die Rolle der Unternehmen in der Lebenssicherung), in: Kiganshakai hoshô kenkyû, Vol. 13, No. 4, 2-10.

Takahashi, Yûkichi (1989): Kigyô shakai to rôdô kumiai (Die „unternehmenszentriete Gesellschaft" und die Gewerkschaft), Tokyo: Rôdô kagaku kenkyûsho shuppanbu.

Takahashi, Yûkichi (1992): Gendai Nihon no kigyô shakai to chingin: shôshin kanri (Administration of Wage and Promotion in Recent Japan), in: Shakai seisaku gakkai (Society for the Study of Social Policy) (Hrsg), Shakai seisaku gakkai nenpo (Annals of the Society for the Study of Social Policy), No. 36: Gendai Nihon no rômu kanri (Labour-Management in Recent Japan), Tokyo: O cha no mizu shobô, 15-35.

Takahashi, Yûkichi (1996): Rôdô kumiai seisaku to rôshi kankei (Die Gewerkschaftspolitik und das Arbeitsverhältnis), in: Ryôtaro Ishihata und Minoru Sano (Hrsg.), Gendai no shakai seisaku (Sozialpolitik), Tokyo: Yûhikaku, 65-88.

Takanashi, Akira (1979): „Shuntô no shûen" to rôdô kumiai undô no Tenkan (Das Ende der Frühlingsoffensive und der Wandel der Gewerkschaftsbewegung), in: Mikio Sumiya (Hrsg.), Gendai nihon rôdô mondai (Die Arbeitsfrage in Japan), Tokyo: Tokyo daigaku shuppankai, 143-157.

Takanashi, Akira, Hrsg. (1994): Kawaru nihon kata koyô (Die japanische Beschäftigung in der Umwandlung), Tokyo: Nihon keizai shinbunsha.

Takasawa, Takeshi (2001): Senji Kôsei jigyô (Die Sozialarbeit in der Kriegszeit), in: Kikue Uda, Takeshi Takasawa und Kôjun Furukawa (Hrsg.), Shakai fukushi no rekishi (Die Geschichte der Sozialarbeit), Tokyo: Yûhikaku, 275-292.

Takasawa, Takeshi (2001): Haisen to sengo shakai fukushi no seiritsu (Die Kriegsniederlage und die Herausbildung der Sozialarbeit in der Nachkriegszeit), in: Kikue Uda, Takeshi Takasawa und Kôjun Furukawa (Hrsg.), Shakai fukushi no rekishi (Die Geschichte der Sozialarbeit), Tokyo: Yûhikaku, 294-312.

Takayama, Toshimitsu (1976): Ôtoshi ni okeru teishotokusô no chôsa (Die Untersuchung über die Schicht mit niedrigem Einkommen in den Großstädten): Rat für soziale Wohlfahrt in Hokkaido.

Takechi, Hideyuki (1988/1989): Seikatsu hogo gyôsei to tekiseika seisaku (Die Sozialhilfepraxis und die Rationalisierungsmaßnahmen) (1) (2): Kigan shakai hoshô kenkyû, Vol. 24, No. 3, 4, 335-353, 450-467.

Takeda, Hiroshi (1996): 80nendai kôkaku to shakai hoshô yosan (Die Verwaltungsreform in den achtziger Jahren und das Sozialbudget), in: Toshio Sakayori, (Hrsg.), Zusetsu: Nihon no shakai hoshô (Eine illustrierte Erklärung: Die sozialen Sicherung Japans), Kyoto: Hôritsu Bunkasha, 70-71.

Takegawa, Shôgo (1999): Shakai seisaku no nakano gendai: Fukushi kokka to fukushi shakai (Welfare State and Welfare Society: Challenge for Social Policy), Tokyo: Tokyo daigaku shuppankai.

Takei, Akira (1989): Gendai shakai hoshô ron (Die Theorie der sozialen Sicherung in der Gegenwart), Tokyo: Kobundô shuppansha.

Takenaka, Emiko (1996): Rôdô ichiba (Arbeitsmarkt), in: Ryôtaro Ishihata und Minoru Sano (Hrsg.), Gendai no shakai seisaku (Sozialpolitik), Tokyo: Yûhikaku, 125-157.

Takeuchi, Yasuo (1998): Nihon no owari (Das Ende Japans), Tokyo: Nihon keizai shinbunsha.

Tamai, Kingo (1998): Dai tenkango no hiyatoi rôdôsha mondai (Das Problem der Tagelöhner in der Zeit der Umwandlung), in: Osaka shiritsu bunsho kan kenkyû kiyô, Vol. 10, 3-20.

Tamai, Kingo (2000): Nenkin (Die Rentenversicherung), in: Kinko Tamai und Maki Ômori (Hrsg.), Shinhan shakai seisaku o matabu hito no tameni (Sozialpolitik), Kyoto: Sekai shisôshi, 96-121.

Tamai, Kingo und Maki Ômori, Hrsg. (2000): Shinhan shakai seisaku o matabu hito no tameni (Sozialpolitik), Kyoto: Sekai shisôshi.

Tamura, Masao (1997): Nenkin kikin no zaisei o meguru mondai (Financial Problems on Pension Funds), in: Nihon rôdô kenkyû zasshi (The Monthly Journal of the Japan Institute of Labour), Vol. 39, No. 5, Tokyo, 12-21.

Tamura, Yoshio, Hrsg. (1997): Zusetsu nihon no zaisei (Eine illustrierte Erklärung der japanischen Finanzen): Tokyo: Tôyô keizai shinpôsha.

Tanaka, Naoki u. a (2000): Gurôbarizâshon to nihon no seiji keizai shisutemu (Die Globalisierung und das politische und wirtschaftliche System in Japan), in: Shakai kagaku kenkyû, Vol. 51, No. 5/6, Tokyo: University of Tokyo.

Teruaki, Itsuko (1989): Yutaka sa to wa nani ka (Was ist die Überflüssigkeit), Tokyo: Iwanami shoten.

Tokita, Yoshihisa (1997): „Kôzô teki shitsugyô" jidai no nihon shihon shugi (Der japanische Kapitalismus in der Zeit der strukturellen Arbeitslosigkeit), Tokyo: Shin nihon schuppansha.

Totsuka, Hideo und Shigeyoshi Tokunaga, Hrsg. (1993): Gendai nihon no rôdô mondai (Das Arbeitsfrage in der Gegenwart Japans), Kyoto: Mineruba shobô.

Tokyo daigaku shakaikagaku kenkyûsho (Institut für Sozialforschung der Tokyo Universität), Hrsg. (1984/1985): Fukushu kokka (Der Sozialstaat), Band 1-6: Tokyo daigaku shuppankai (Universitätsverlag der Tokyo Universität).

Band 1: Fukushi kokka no keisei (Die Entstehung des Sozialstaats), 1984.

Band 2: Fukushi kokka no tenkai: 1 (Die Entwicklung des Sozialstaats, Teil 1), 1985.

Band 3: Fukushi kokka no tenkai: 2 (Die Entwicklung des Sozialstaats, Teil 2), 1985.

Band 4: Nihon no hô to fukushi (Japanische Recht und Wohlfahrt in Japan), 1984.

Band 5: Nihon no keizai to fukushi (Wirtschaft und Wohlfahrt in Japan), 1985.

Band 6: Nihon no shakai to fukushi (Gesellschaft und Wohlfahrt in Japan),1985.

Tokyo daigaku shakaikagaku kenkyûsho (Institut für Sozialforschung der Tokyo Universität), Hrsg. (1988): Tenkanki no fukushi kokka, jô/ge (Sozialstaat in der Wende, 2 Bänder), Tokyo: Tokyo daigaku shuppankai.

Tokyo daigaku shakaikagaku kenkyûsho (Institut für Sozialforschung der Tokyo Universität), Hrsg. (1991): Gendai nihon shakai (Die gegenwärtige japanische Gesellschaft), Band 1: Katai to shikaku (Die Aufgaben und die Perspektiven), Tokyo: Tokyo daigaku shuppankai.

Tokyo daigaku shakaikagaku kenkyûsho (Institut für Sozialforschung der Tokyo Universität), Hrsg. (1991): Gendai nihon shakai (Die gegenwärtige japanische Gesellschaft), Band 5: Kôzô (Die Struktur), Tokyo: Tokyo daigaku shuppankai

Tokyo daigaku shakaikagaku kenkyûsho (Institut für Sozialforschung der Tokyo Universität), Hrsg. (1992): Gendai nihon shakai (Die gegenwärtige japanische Gesellschaft), Band 6: Mondai no shosô (Die Aspekte der Frage), Tokyo: Tokyo daigaku shuppankai.

Tominaga, Kenichi (1992): Sengo nihon no shakai kaisô to sono hendô (Die Sozialschicht und deren Wandel in der Nachkriegszeit), in: Tokyo daigaku shakaikagaku kenkyûsho (Institut für Sozialforschung der Tokyo Universität) (Hrsg.), Gendai nihon shakai (Die gegenwärtige japanische Gesellschaft), Band 6: Mondai no shosô (Die Aspekte der Frage), 429-495.

Tsuchida, Takeshi (1991): Iryô hoken no seido kaikaku (Die Reform der Krankenversicherung), in: Kazuhiko Yokoyama und Hidenori Tada (Hrsg.), Nihon shakai hoshô no rekishi (Die Geschichte der sozialen Sicherung in Japan), Tokyo: Gakubunsha, 277-298.

Tsuda, Masumi und Yamada Takao, Hrsg. (1985): Shakai seisaku no shisô to rekishi (Der Gedanke und die Geschichte in der Sozialpolitik), Tokyo: Chikura shobô.

Tsuru, Tamiko (1997): Shakai teate to seikatsu hoshô (Das Sozialgeld und die Lebenssicherung), in: Yôko Shôji, Hiroshi Sugimura und Masayuki Fujimura (Hrsg.), Hinkon, fubyôdô to shakaifukushi (Armut, Ungleichheit und soziale Wohlfahrt), Tokyo: Yûhikaku, 203-220.

Uda, Kikue, Takeshi Takasawa und Kôjun Furukawa, Hrsg. (2001): Shakai fukushi no rekishi (Die Geschichte der Sozialarbeit), Tokyo: Yûhikaku.

Udô, Eiko (2001): Jutsukyû kisoku no seiritsu to igi (Die Herausbildung der Armenverordnung und deren Bedeutung), in: Kikue Uda, Takeshi Takasawa und Kôjun Furukawa (Hrsg.), Shakai fukushi no rekishi (Die Geschichte der Sozialarbeit), Tokyo: Yûhikaku, 210-222.

Ueda, Tatsuzo (1993): Nihon keizai no futae kôzo to kigyô kibôkan chinkin kakusa (Wage Differentials between Large and Small Scales Enterprises in Relation to the Dual Structure of the Japanese Economy), in: Bulletin of the Faculty of Sociology Kansai University, Vol. 24, No. 2, Osaka, 1-46.

Ujihara, Shôjirô (1966): Nihon rôdô mondai kenkyû (Die Untersuchung über das japanisches Arbeitsproblem), Tokyo: Tokyo daigaku shuppankai.

Ujihara, Shôjirô (1985): Kôreika shakai ni okeru kigyô no taiô (Die Maßnahmen der Unternehmen gegen die alternde Gesellschaft), in: Tokyo daigaku shakaikagaku kenkyûsho (Institut für Sozialforschung der Tokyo Universität) (Hrsg.), Fukushu kokka (Der Sozialstaat), Band 5: Nihon no keizai to fukushi (Wirtschaft und Wohlfahrt in Japan), 353-421.

Umezawa, Shôhei (1998): Gendai fukushi seisaku no keisei katei (Der Herausbildungsprozess der heutigen Wohlfahrtspolitik), Tokyo: Chûô Hôkishuppan.

Umino, Hiroshi (2000a): Tenkanki 90nendai no chinkin mondai (The Wage Problems in Japan during the 1990s), in: Shakai-seisaku Gakkai shi (The Journal of Social Policy and Labor Studies), Oktober 2000, No. 4, Kyoto: Mineruba shobô, 103-124.

Umino, Hiroshi (2000b): Chinkin (Lohn), in: Takeo Nagayama (Hrsg.), Shinban rôdô keizai (Arbeitswirtschaft), Kyoto: Mineruba shobô, 81-123.

Unno, Yahiro (1995): Kyûjû nendai fukyô to keizai seisaku (Die Rezession in den neunziger Jahren und die Wirtschaftspolitik), in: Keizai riron gakkai (Hrsg.), Kyûjû nendai fukyô no seikaku (Die Besonderheit der Rezession in den neunziger Jahren): Aoki shoten, 6-39.

Unno, Yahiro (2004): Nihon keizai no Tenkan (Der Wandel der japanischen Wirtschaft), in: Michio Gotô (Hrsg.), Kiro ni tatsu nihon (Am Scheidenweg stehendes Japan), Tokyo: Yoshikawakôbun kann, 95-133.

Ushiro, Fusao (1989): Kigyô kokka nihon no dôyô - Saihensei no kiseki (Die Unruhe des Unternehmensstaats Japans - Spuren der Reorganisation), in: Fukuji Taguchi (Hrsg.), Keinzu shugi fukushi kokka (Der Sozialstaat im Keynesianismus), Tokyo: Aoki shoten, 201-239.

Uzuhashi, Takafumi (1995): Fukushi kokka no ruikeiron to nihon no ichi (Die Typologie des Sozialstaats und die Stellung Japans), in: Ôhara shakai mondai kenkyû shô zasshi, No. 445, 1-14.

Uzuhashi, Takafumi (1997): Gendai fukushi kokka no kokusai hikaku: Nihon moderu no ichi zuketo tenbô (Der internationale Vergleich des heutigen Sozialstaats: Die Stellung des japanischen Modells und die Aussicht), Tokyo: Nihon hyôronsha.

Uzuhashi, Takafumi (1999): Kôteki fujo seido no kokusai hikaku - OECD 24 kyoku no naka no nihon no ichi (Der internationale Vergleich des Systems der Sozialhilfe - Die Stellung Japans in den 24 OECD Ländern, in: Kaigai shakai hoshô jôbô, No. 127, 72-82.

Wada, Yumiko und Mitsuhiko Kimura (1998): Sengo nihon no hinkon (Die Armut Japans in den Nachkriegszeiten), in: Kigan shakai hoshô kenkyû, Vol. 34, No. 1, 90-102.

Wakisaka, Akira (2003): Pato-taimu-no kikan rôdôka ni tsuite ("Part-timers" as "core" workers in Japan), in: Shakai-seisaku Gakkai shi (The Journal of Social Policy and Labor Studies), March 2003, No. 9, Kyoto: Hôritsu bunkasha, 26-43.

Watanabe, Noriyasu (1997): Shokuiki (kigyô) nenkin seido no genjô to katai (Private Pensions in Japan), in: Nihon rôdô kenkyû zasshi (The Monthly Journal of the Japan Institute of Labours), Vol. 39, No. 5, Tokyo, 2-11.

Watanabe, Osamu (1990): Yutakana shakai nihon no kôzô (Die Struktur der Überflussgesellschaft Japans), Tokyo: Rôdô junpôsha.

Watanabe, Osamu (1991): Gendai nihon shakai to shakai minshu shugi (Die gegenwärtige japanische Gesellschaft und die soziale Demokratie), in: Tokyo daigaku shakaikagaku kenkyûsho (Institut für Sozialforschung der Tokyo Universität)

(Hrsg.), Gendai nihon shakai (Die gegenwärtige japanische Gesellschaft), Band 5: Kôzô (Die Struktur), 271-334.

Watanabe, Osamu (1996b): Gendai nihon (Japan in der Gegenwart), Band 1: Gendai nihon no teikoku shugika: Keisei to kôzo (Der heutige Imperialismus Japans: Die Herausbildung und die Struktur), Tokyo: Otsuki shoten.

Watanabe, Osamu (1997a): Teikokushugi teki Kaikaku to taikô no senryaku (Die imperialistische Reform
und die Kontrastrategie), in: Osamu Watanabe und Michio Gotô (Hrsg), Gendai nihon (Japan in der Gegenwart), Band 4: Nihon shakai no taikô to kôsô (Die Konfrontation und der Plan in der japanischen Gesellschaft), Tokyo: Ôtsuki shoten, 20-114.

Watanabe, Osamu (1998): Nihon to ha dôiu kunika do kohe mukatte ikunoka: „Kaikaku"no jidai nihon no kozô bunsek (Auf welches Ziel richtet Japan: Die Strukturanalyse Japans in der Zeit der Reform), Tokyo: Kyôikushiryô schuppankai.

Watanabe, Osamu (1999): Kigyô shakai nihon wa dokohe ikunoka (In welche Richtung geht Japan als die unternehmenszentrierte Gesellschaft?), Tokyo: Kyôiku shiryô shuppankai.

Watanabe, Osamu (2004a): Kaihatsu. Kigyô shakai no kôzô to sono saihensei (Restucturing of Japan's Developmental State and Company-Centered Society), in: Osamu Watanabe (Hrsg.), Henbô suru „Kigyô shakai" nihon (Changing Japan's Regime: "Company-Centered Society", Tokyo: Junposha, 23-114.

Watanabe, Osamu (2004b): Seiji kaikaku kara hoshu nidai seitosei he (Regime Change and its Bottleneck in Developmental State), in: Osamu Watanabe (Hrsg.), Henbô suru „Kigyô shakai" nihon (Changing Japan's Regime: "Company-Centered Society", Tokyo: Junposha, 139-182.

Watanabe, Osamu, Hrsg. (2004c): Kôdo seichô to kigyô shakai (Das hohe Wachstum und die unternehmenszentrierte Gesellschaft), Tokyo: Yoshikawakôbun kann.

Watanabe, Osamu, Hrsg. (2004d): Henbô suru „Kigyô shakai" nihon (Changing Japan's Regime: "Company-Centered Society", Tokyo: Junposha.

Watanabe, Osamu und Michio Gotô, Hrsg. (1997a): Gendai nihon (Japan in der Gegenwart), Band 2: Gendai teikoku shugi to sekai chitsujo no saihen (Der heutige Imperialismus und die Reorganisation der Weltordnung), Tokyo: Ôtsuki shoten.

Watanabe, Osamu und Michio Gotô, Hrsg. (1997b): Gendai nihon (Japan in der Gegenwart), Band 3: Nihon shakai no saihensei to mujun (Die Reorganisierung und der Wiederspruch der japanischen Gesellschaft), Tokyo: Ôtsuki shoten.

Watanabe, Osamu und Michio Gotô, Hrsg. (1997c): Gendai nihon (Japan in der Gegenwart), Band 4: Nihon shakai no taikô to kôsô (Die Konfrontation und der Plan in der japanischen Gesellschaft), Tokyo: Ôtsuki shoten.

Watanabe, Sadao (2000): Rôshi kankei (Das Arbeitsverhältnis), in: Takeo Nagayama (Hrsg.), Shinban rôdô keizai (Arbeitswirtschaft), Kyoto: Mineruba shobô.

Yamada, Hirofumi (2000): Korenara wakaru kinyukeizai (Finanzwirtschaft), Tokyo: Ôtsuki shoten.

Yamada, Nobuyuki (1998): Fukushi kokka keisei ni okeru sai to hensa- Ruikei ron no shatei to genkai- (Differences and Variances in the Formation of Welfare States: The Range and Limit of Typologies of the Welfare State), in: Shakaigaku hyôron

(Japanese Sociological Review), Vol. 49, No. 2: Nihon shakai gakkai (Japan Sociological Society), 255-269.
Yamada, Yûzo (1968): Shakai hoshô kenkyû josetsu (Die Einleitung der sozialen Sicherung), Tokyo: Tokyo daigaku shuppankai.
Yamaguchi, Sachio (2001): Kôdo seichô to shakai fukushi (Das hohe Wachstum und die Sozialarbeit), in: Kikue Uda, Takeshi Takasawa und Kôjun Furukawa (Hrsg.), Shakai fukushi no rekishi (Die Geschichte der Sozialarbeit), Tokyo: Yûhikaku, 330-344.
Yamamoto, Kiyoshi (1991): Taikigyô no rôshi kankei (Das Arbeitsverhältnis der Großunternehmen), in: Tokyo daigaku shakaikagaku kenkyûsho (Institut für Sozialforschung der Tokyo Universität) (Hrsg.), Gendai nihon shakai (Die gegenwärtige japanische Gesellschaft), Band 5: Kôzô (Die Struktur), 169-216.
Yamazaki, Hiroaki (1985): Nihon ni okeru rôrei nenkin seido no tenkai katei (Der Entwicklungsprozess des Altersrentensystems in Japan), in: Tokyo daigaku shakaikagaku kenkyûsho (Institut für Sozialforschung der Tokyo Universität) (Hrsg.), Fukushu kokka (Der Sozialstaat), Band 5: Nihon no keizai to fukushi (Wirtschaft und Wohlfahrt in Japan), 171-237.
Yamazaki, Hiroaki (1988): Kôsei nenkin seido no "bappon kaisei" katei (Die "durchgreifende Reform" der Beschäftigtenrentenversicherung), in: Tokyo daigaku shakaikagaku kenkyûsho (Institut für Sozialforschung der Tokyo Universität) (Hrsg.), Tenkanki no fukushi kokka (Sozialstaat in der Wende), Band 2, 79-169.
Yamazaki, Hiroaki (1993): Hiyôsha rôrei nenkin seidoshi gaisetsu- nihon no kesu (The History of the Employees' Pension System in Japan: An Overview), in: Shakai kagaku kenkyû (The Jounal of Social Science), Vol.45, Nr.1, Institute of Social Science: University of Tokyo, 170-184.
Yanagawa, Kazuo (1996): "Hanei" no kageno ho-muresu mondai (Das Problem der Obdachlose im Schatten des Gedeihen), in: Hiroki Bito, Hideo Kinoshita und Kentaro Nakagawa (Hrsg.), Seikatsu hogo hô no runesansu (Renaissance der Sozialhilfe), Kyoto: Hôritsu bunkasha, 175-208.
Yanagizawa, Toshikatsu (1995): Kôreika shakai to shakai seisaku (Die alternde Gesellschaft und die Sozialpolitik), in: Ryôtaro Ishihata und Tomio Makino (Hrsg.), Shakai seisaku (Sozialpolitik), Kyoto: Mineruba shobô, 163-204.
Yashiro, Naohiro (1982): Atarashii nihon gata fukushi shakai ni hôkô (Die Richtung der neuen japanischen Wohlfahrtsgesellschaft), in: Chochiku tokeizai, Nr. 131, 32-41.
Yashiro, Naohiro, Hrsg. (1997): Kôreika shakai no shakai hoshô (Towards the Marketoriented Aging Society), Tokyo: Tokyo daigaku shuppankai.
Yashiro, Naohiro und Akiko Oishi (1995): Keizai kankyô no henka to nihon tekikoyô kankô (Japanese Employment Practices under Changing Economic Circumstances), in: Nihon rôdô kenkyû zasshi (The Monthly Journal of the Japan Institute of Labours), Vol. 37, No. 6, Tokyo, 38-47.
Yashiro, Naohiro und Yutaka Harada, Hrsg. (1998): Nihon teki koyô to kokumin seikatsu (Die japanische Beschäftigung und das Leben der Bevölkerung), Tokyo: Tôyô keizai shinpôsha.

Yasukawa, Etsuko (1994): Nihon gata kigyô shakai to kazoku mondai (The Social and Family Qustion under the Japanese „My Company" System), in: Shakai seisaku sôsho henshû iinkai (Hrsg), Shakai seisaku sôsho (Research Series of the Study of Social Policy), Oktober 1994, No. 18: Nihon gata kigyô shakai to shakai seisaku (Japanese-type Corporate Society and Social Policy), Kyoto: Keibunsha, 23-50.

Yokoyama, Kazuhiko (1985): Sengo nihon no shakai hoshô no tenkai (Die Entwicklung der sozialen Sicherung in der Nachkriegszeit in Japan), in: Tokyo daigaku shakaikagaku kenkyûsho (Institut für Sozialforschung der Tokyo Universität) (Hrsg.), Fukushu kokka (Der Sozialstaat), Bd. 5: Nihon no keizai to fukushi (Wirtschaft und Wohlfahrt in Japan), 3-48.

Yokoyama, Kazuhiko (1988): „Fukushi gannen" igo no shakai hoshô (Die soziale Sicherung nach dem ersten Jahr des Sozialstaats), in: Tokyo daigaku shakaikagaku kenkyûsho (Institut für Sozialforschung der Tokyo Universität) (Hrsg.), Tenkanki no fukushi kokka (Sozialstaat in der Wende), Band 2, 3-78.

Yokoyama, Kazuhiko (1991a): Bunritsu kata kokumon kaihoken taisei no kakuritsu (Die Herausbildung der segmentierten Nationalen Krankenversicherung), in: Kazuhiko Yokoyama und Hidenori Tada (Hrsg.), Nihon shakai hoshô no rekishi (Die Geschichte der sozialen Sicherung in Japan), Tokyo: Gakubunsha, 123-139.

Yokoyama, Kazuhiko (1991b): Iryô hoken seido no kakujû. tenkai (Die weitere Entwicklung des Systems der Krankenversicherung), in: Kazuhiko Yokoyama und Hidenori Tada (Hrsg.), Nihon shakai hoshô no rekishi (Die Geschichte der sozialen Sicherung in Japan), Tokyo: Gakubunsha, 168-185.

Yokoyama, Kazuhiko (1991c): Jidô teate no seido kaikaku (Die Reform des Kindergeldes), in: Kazuhiko Yokoyama und Hidenori Tada (Hrsg.), Nihon shakai hoshô no rekishi (Die Geschichte der sozialen Sicherung in Japan), Tokyo: Gakubunsha, 380-397.

Yokoyama, Kazuhiko (2001a): Shakai fukushi to kaihoken taisei (Die soziale Wohlfahrt und das System der Nationalen Versicherung), in: Kikue Uda, Takeshi Takasawa und Kôjun Furukawa (Hrsg.), Shakai fukushi no rekishi (Die Geschichte der Sozialarbeit), Tokyo: Yûhikaku, 315-329.

Yokoyama, Kazuhiko (2001b): Kôdo seichô no hatan to shakai fukushi (Das Ende des hohen Wachstums und die soziale Wohlfahrt), in: Kikue Uda, Takeshi Takasawa und Kôjun Furukawa (Hrsg.), Shakai fukushi no rekishi (Die Geschichte der Sozialarbeit), Tokyo: Yûhikaku, 345-364.

Yokoyama, Kazuhiko und Hidenori Tada, Hrsg. (1991): Nihon shakai hoshô no rekishi (Die Geschichte der sozialen Sicherung in Japan), Tokyo: Gakubunsha.

Yokoyama, Toshikazu (2001): Shakai hoshô to kokumin keizai (Die soziale Sicherung und die nationale Wirtschaft), in: politiku, Vol. 2, 36-53.

Yonekura, Seiichiro (1999): Keiei kakumei no kôzô (Die Struktur der Managementrevolution), Tokyo: Iwanami shoten.

Yoshida, Hideo (1977): Gendai shakai hoshô no kiki to katai (Die heutige Krise der sozialen Sicherung), in: Shakai rôdô kenkyû (Society and Labour), Vol. 23, No. 3/4: Hosei daigaku shakai gakubu gakkai, 95-120.

Yoshida, Kyôji (2001): Shakai jigyô (Die Sozialarbeit), in: Kikue Uda, Takeshi Takasawa und Kôjun Furukawa (Hrsg.), Shakai fukushi no rekishi (Die Geschichte der Sozialarbeit), Tokyo: Yûhikaku, 238-256.

Yoshida, Kyûichi, Hrsg. (1981): Shakai fukushi no keisei to katai (Die Entwicklung und die Form der Sozialarbeit), Tokyo: Kawashima Shoten.

Yoshida, Kyûichi (1989): Nihon shakai fukushi shisôshi (Die Gedankegeschichte der japanischen sozialen Wohlfahrt), Tokyo: Kawashima shoten.

Yoshida, Kyûichi (1993): Nihon hinkon shi (Die Geschichte der japanischen Armut), Tokyo: Kawashima Shoten.

Yoshida, Kyûichi (1994): Nihon no shakai fukushi shiso (Der Gedanke der japanischen sozialen Wohlfahrt), Tokyo: Kei sô shobô.

Yoshida, Kyûichi (1995): Nihon no hinkon (Die Armut in Japan), Tokyo: Kei sô shobô.

Yoshikawa, Hiroshi (1999): Tenkaki no nihon keizai (Die japanische Wirtschaft in der Zeit des Wandels), Tokyo: Iwanami shoten.

Yoshimura, Rimpei (1999): Hômuresu to seikatsu hogo gyôsei (Japan's Homeless with/without Public Assistance System), in: Shakai -seisaku Gakkai Shi (The Journal of Social Policy and Labor Studies), July 1999, No.1, 67-84.

Yoshimura, Rimpei (2000): Hinkonsen to kôteki fujo (Die Armutsgrenze und die Sozialhilfe), in: Kinko Tamai und Maki Ômori (Hrsg.), Shinhan shakai seisaku o matabu hito no tameni (Sozialpolitik), Kyoto: Sekai shisôshi, 148-167.

Zenkoku rôdô kumiai sô rengô, Hrsg. (1993): Gendai no rôdôsha kaikyu (Die Arbeiterklasse in der Gegenwart), Tokyo: Shin nihon schuppan sha.

Zenkoku shakai fukushi kyôgikai (1998): Seikatsu hogo techô (Das Notizbuch der Sozialhilfe), Tokyo.

5.3 Koreanischsprachige Literaturen

Lee, Hae-Young (1997): Ilbon eu taezikkum zaedo (Das System der japanischen Abschiedsprämie), Seoul: Nodong yeonkuwon.

Park, Whon-Gu und Sun-Hi Gang (1991): Ilbon chuntu imkum gyoshub eu guzo wa teukjing (Die Struktur und die Besonderheit des japanischen „*Shuntô*“, Seoul: Nodong yeonkuwon.

Kolibri 360 GmbH
Ferdinand-Jühlke-Straße 7
99095 Erfurt, Deutschland
produktsicherheit@kolibri360.de

Druck:
CPI Druckdienstleistungen GmbH
im Auftrag der
Kolibri 360 GmbH
Ferdinand-Jühlke-Str. 7
99095 Erfurt